PLUTARQUE

DE LA MUSIQUE

ΠΕΡΙ ΜΟΥΣΙΚΗΣ

ÉDITION CRITIQUE ET EXPLICATIVE

PAR

Henri WEIL   et   Th. REINACH
MEMBRE DE L'INSTITUT   D CTEUR È ETTRES

PARIS
ERNEST LEROUX, ÉDITEUR
28, RUE BONAPARTE
—
1900

PLUTARQUE

DE LA MUSIQUE

ΠΕΡΙ ΜΟΥΣΙΚΗΣ

LE PUY-EN-VELAY

IMPRIMERIE RÉGIS MARCHESSOU

PLUTARQUE

DE LA MUSIQUE

ΠΕΡΙ ΜΟΥΣΙΚΗΣ

ÉDITION CRITIQUE ET EXPLICATIVE

PAR

Henri WEIL   et   Th. REINACH
MEMBRE DE L'INSTITUT   DOCTEUR ÈS LETTRES

PARIS
ERNEST LEROUX, ÉDITEUR
28, RUE BONAPARTE
1900

INTRODUCTION

Le Dialogue sur la Musique de Plutarque est un des documents les plus précieux que nous ait légués l'antiquité pour la connaissance de la musique hellénique. C'est même le seul qui nous renseigne avec un peu de détail sur l'histoire de cet art, principalement pendant les périodes les plus anciennes, et sur les principes de la critique musicale, telle qu'elle s'était développée au ɪvᵉ siècle avant J. C. sous l'influence des écoles philosophiques. Aussi ce petit traité n'a-t-il pas cessé d'attirer l'attention des musicologues depuis la Renaissance. Si Meibom n'a pas cru devoir le comprendre dans sa collection, longtemps classique, des *Auctores musici septem,* l'académicien Burette au xvɪɪɪᵉ siècle, Volkmann et Westphal dans le nôtre en ont fait l'objet d'éditions spéciales et de savants commentaires. Il nous a semblé pourtant que, même après ces travaux, il restait beaucoup à faire soit pour en améliorer le texte, misérablement corrompu, soit pour en élucider le sens en profitant des dernières découvertes philologiques. Tel est le double objet de la présente publication.

Importance historique du Dialogue; travaux dont il a été l'objet.

I

De la composition du De Musica.

Le traité de Plutarque, nous l'avons dit, présente surtout

Du genre littéraire auquel il appartient.

un intérêt documentaire ; comme œuvre littéraire, sa valeur est des plus médiocres. Par sa forme il appartient, suivant le mot d'un de ses éditeurs, au genre *Deipnosophistique*, c'est-à-dire à cette classe d'ouvrages qui mettent en scène un cénacle de convives lettrés, s'entretenant, pendant ou après un banquet, de questions érudites. Ce genre, dont Platon et Xénophon avaient donné les premiers modèles, fut fréquemment cultivé à l'époque alexandrine et romaine ; il nous en reste des spécimens considérables, les *Questions de table* de Plutarque, le *Banquet des Sophistes* d'Athénée, les *Saturnales* de Macrobe ; un ouvrage célèbre de cette catégorie, qui nous intéresse ici tout particulièrement, étaient les *Propos de table mêlés* (Συμμικτὰ συμποτικά) d'Aristoxène. Mais si Plutarque, dans son âge mûr, devait manier ce genre avec dextérité et non sans charme, le *De Musica* accuse une plume encore novice. La forme dialoguée n'est là que pour fournir un cadre, peut-être aussi une excuse, à une composition lâche et décousue ; l'auteur n'a su en tirer parti ni pour animer son sujet par des controverses, ni pour l'égayer par ces détails de couleur locale et ces traits de caractère où excellaient les maîtres du genre.

Analyse du Dialogue. Préambule.

Un hôte érudit, Onésicratès, que l'auteur appelle « son bon maître », a réuni à dîner, le second jour des Saturnales, quelques amis, entre autres deux experts en musique, Lysias et Sotérichos. Le repas achevé, il propose comme sujet d'entretien l'histoire et l'utilité de la musique. Chacun des deux spécialistes prend alors successivement la parole et la garde sans interruption jusqu'à la fin de son exposé : au lieu d'un dialogue proprement dit, nous avons donc ici deux véritables conférences, qui, par endroits même, se répètent l'une l'autre.

Cependant l'auteur, comme il s'en fait le compliment par la bouche d'Onésicratès (§ 431 suiv.), a prétendu marquer d'un caractère propre chacun des deux orateurs.

Lysias, citharède de profession, est plus court, plus sec

et plus technique. Il expose l'origine et le progrès des dif- *Conférence de Lysias.*
férents genres de musique, la succession des musiciens
célèbres depuis les commencements mythiques de l'art jusqu'à la seconde école musicale de Sparte, qui marque l'avènement du lyrisme choral. Son exposé, fondé sur des documents authentiques, poètes, historiens, inscriptions, qu'il
cite chemin faisant, vise surtout à l'exactitude et à la précision chronologique. Après une digression assez déplacée
sur l'invention du genre enharmonique, il termine par un
aperçu rapide et confus de l'histoire des innovations rythmiques et par quelques doléances sur la corruption de la
musique contemporaine.

La conférence de Sotérichos « l'Alexandrin » est trois *Conférence de Sotérichos.*
fois plus longue que celle de Lysias; elle a aussi plus
d'envolée et se place à un point de vue plus large. Elle
traite d'abord de l'origine divine de la musique, spécialement de la musique de flûte ; elle exalte la gravité et la
pureté de l'art ancien comparé à l'art moderne. A propos
des modes rejetés par Platon dans la *République,* l'orateur
entre dans d'intéressants détails sur l'origine, la date et le
caractère moral des différents modes. Puis il développe
et s'efforce de justifier par divers exemples le paradoxe,
que la pénurie des éléments mis en œuvre par la musique
ancienne ne tenait pas à l'ignorance, mais à un parti-pris
de sobriété et de restriction. De là, par une transition un
peu brusque, il passe à l'exposé des connaissances harmoniques de Platon, rattaché au texte célèbre du *Timée*
sur la création de l'âme. Platon le conduit à Aristote, dont
il commente assez péniblement la théorie mathématique et
métaphysique de l'harmonie. Revenant ensuite au panégyrique de la musique archaïque et sévère, il éclaire par
quelques faits son caractère éminemment éducatif; puis,
allant au devant des objections, il retrace à grands traits
les progrès successifs de l'art musical, progrès légitimes
d'abord, ensuite, à partir de Lasos d'Hermione, complica-

tions, raffinements, qui, à entendre ce *laudator temporis acti*, n'étaient plus que décadence et corruption. Cette partie, la plus intéressante et la plus étoffée du discours, se termine par une longue citation du poète comique Phérécrate. Une anecdote, empruntée à Aristoxène, amène ensuite le conférencier à insister sur l'importance d'une bonne éducation musicale; il développe à ce sujet tout un programme, assez incohérent dans l'état du texte, mais remarquable par l'élévation et la finesse de certaines vues : Sotérichos, c'est-à-dire Aristoxène, réclame pour le musicien, et spécialement pour le critique musical, un savoir encyclopédique, où les connaissances techniques soient fortifiées et éclairées par la philosophie, sans laquelle on ne peut discerner ni atteindre l'*éthos*, but suprême de l'art. De ces hauteurs, l'orateur redescend à une nouvelle attaque contre la musique contemporaine, lui reprochant notamment l'abandon injustifié du genre enharmonique. Puis il termine par quelques considérations sur l'utilité de la musique, appuyées sur des citations d'Homère.

Conclusion. Onésicratès reprend alors la parole : il esquisse sommairement, d'après Aristoxène, le rôle de la musique dans les banquets, et une brève allusion à l'harmonie des mondes amène la conclusion du dialogue.

II

Des sources du De Musica.

Défauts de composition. Anachronismes dus au plagiat. On le voit par cette rapide analyse : le Dialogue sur la Musique ne brille ni par la rigueur du plan, ni par l'art de la composition. Excepté dans les parties assez soignées du début et de la fin, l'auteur n'a eu pour objet que de jeter sur le papier, en les soudant tant bien que mal les uns aux autres, les extraits de ses lectures musicologiques. Il n'a même pas pris toujours la peine de donner à ses découpures une forme littéraire : dans la conférence de Lysias plusieurs paragraphes sont tout entiers en style indirect, sans que cette forme soit justifiée par un nom d'auteur suivi de φησί [1]. Bien plus, le compilateur, copiant des auteurs qui ont vécu quatre cents ans avant lui, oublie à chaque instant de tenir compte de cet éloignement et de remettre les choses au point par quelques retouches nécessaires. De là de plaisants anachronismes. L'expression οἱ νῦν désigne constamment, non pas des contemporains de Plutarque, mais des contemporains d'Héraclide et d'Aristoxène. Bien certainement le public du premier siècle après l'ère chrétienne n'avait jamais entendu parler des *Dorionistes* et des *Antigénidistes* qui sont donnés (§§ 197-198) comme des écoles d'aulètes rivales « du temps présent ». Il en est de même des musiciens obscurs énumérés au § 195. Et lorsque, dans un paragraphe textuellement copié d'Aristoxène, Sotérichos déclare que tous les professeurs de musique avant lui, οἱ πρὸ ἡμῶν, ne se sont occupés que du genre enharmonique (§ 331), on ne sait s'il faut s'irriter ou sourire de tant de négligence dans l'emprunt.

Ces exemples, qu'il serait facile de multiplier, prouvent du moins que l'auteur du Dialogue a fidèlement transcrit les ouvrages anciens qui lui fournissaient son érudition de circonstance. C'est un service dont il faut lui être reconnaissant, dans le naufrage de la littérature musicale de la bonne époque ; on le serait davantage si Plutarque avait toujours pris soin de noter clairement l'étendue et la provenance de ses emprunts. Malheureusement, l'auteur du *De Musica*, de même que presque tous les compilateurs, ne nomme que de loin en loin et comme incidemment les sources immédiates de son information ; le plus souvent, il les dissimule sous un fastueux étalage de citations *primaires,* qu'il ne connaît,

Désignation insuffisante des sources.

---

1. Exemples : §§ 39-40 ; § 110, etc.

bien entendu, que de deuxième main, à travers ses autorités immédiates. Aussi la détermination de celles-ci ne va-t-elle pas sans quelque difficulté. Cependant, grâce surtout aux efforts sagaces de Westphal, le travail de « dissection » du *De Musica* est très avancé, et près des trois quarts de cet ouvrage peuvent être rapportés avec certitude à leurs sources véritables.

Héraclide du Pont. Commençons par l'exposé chronologique du développement de la musique archaïque, qui forme le noyau de la conférence de Lysias (§§ 22-103). Si l'on fait abstraction de l'alinéa du début (§§ 22-24), tiré à la dernière heure du tardif compilateur Alexandre Polyhistor [1], tout ce morceau est intégralement pris dans un ouvrage du platonicien Héraclide du Pont, éminent polygraphe du IVe siècle [2], et que Plutarque, dans ses autres ouvrages, a plusieurs fois cité [3]. Plutarque lui-même indique cette source pour le chapitre relatif aux origines mythologiques (§§ 25-34), qui débute par les mots Ἡρακλείδης δ' ἐν τῆι συναγωγῆι τῶν <εὐδοκιμησάντων> ἐν μουσικῆι ; mais bien certainement l'extrait ne s'arrête pas là, car : 1° le titre de l'ouvrage d'Héraclide [4] montre

---

1. Plutarque l'a encore cité, *Quaest. rom.* 104 (les citations des ouvrages apocryphes sont négligeables). Il n'est pas impossible que notre § 82, d'une érudition spéciale si inutile, vienne aussi de Polyhistor.

2. Les fragments d'Héraclide ont été réunis en dernier lieu par O. Voss, *De Heraclidis Pontici vita et scriptis*, Rostock, 1896. L'analyse du fragment musical (p. 80 suiv.) témoigne d'une grande inexpérience.

3. *Solon*, c. 22 et 31 ; *Camille*, c. 22 ; *Périclès*, c. 27 ; *Utrum anima an corpus*, c. 5 ; *De audiendis poetis*, c. 1 ; *De gloria Atheniensium*, c. 3. Voss soupçonne qu'Héraclide a encore été mis à contribution dans le *Septem sapientium convivium* et le *De genio Socratis*.

4. Ce titre, il est vrai, n'est que restitué. Voss, qui restitue τῆι συναγωγῆι τῶν περὶ μουσικῆς, identifie cet ouvrage avec le Περὶ μουσικῆς qui avait deux livres suivant Diogène Laërce (V, 6, 87), mais dont le troisième livre est cité par Athénée (X, 455 D ; XIV, 624 E). Nous rapporterions volontiers à cet ouvrage les fragments de Voss n°s 23 (Ath., XV, 701 E et 85 (Photius, s. v. Λίνον). A l'appui de l'opinion de Voss, on peut faire observer que le Περὶ Φρυγίας de Polyhistor est également cité par Plutarque sous le nom de συναγωγὴ τῶν περὶ Φρυγίας (§ 22). Quant à la citation d'Héraclide, ἐν τῆι μουσικῆι εἰσαγω-

qu'il s'occupait également de la période historique; 2° le discours indirect, indice de la citation, se prolonge jusqu'au § 40 [1]. De plus, tout le reste de ce développement est d'une uniformité de ton et de méthode qui révèle l'emploi d'un document unique : comment admettre, par exemple, qu'au § 26 la Chronique de Sicyone soit citée à travers Héraclide, et que, plus loin (§§ 46, 55, 60), les ἀναγεγραφότες — c'est-à-dire la même Chronique — aient été consultés directement?

Voici, enfin, un argument qui a échappé à Westphal. Le paragraphe de Pollux (IV, 65) sur les modes ou harmonies est, comme on l'a reconnu depuis longtemps [2], dérivé d'Héraclide : en effet, il reproduit une classification des modes, spéciale à cet écrivain, en modes purement grecs (Dorien, Iastien, Éolien) et en barbares (Phrygien, Lydien); il nomme aussi en passant le mode Locrien. Or, ces six harmonies reparaissent dans un fragment d'Héraclide (ἐν τρίτωι περὶ Μουσικῆς) conservé par Athénée (XV, 624 C-626 A). Dès lors, il y a lieu de croire que c'est également d'Héraclide que proviennent les renseignements de Pollux sur les nomes citharodiques et aulodiques (IV, 65 et 79). Or, ces renseignements sont à peu près identiques à ceux que donne Plutarque (§§ 43-44, 55). De part et d'autre, ce sont les mêmes noms (sauf l' Ὄρθιος, qui a disparu chez Plutarque), et les deux auteurs attribuent pareillement à Clonas les nomes aulodiques [3] Ἀπόθετος et Σχοινίων. Comme Clonas est un personnage des plus obscurs, dont le nom n'apparaît nulle part ailleurs que

Rapports avec Pollux.

γῆι, ap. Porphyre, sur Ptol., p. 213 (p. 53 et 135 Jan, *Musici graeci*), elle paraît n'être qu'un abrégé de Xénocrate et d'attribution plus que douteuse (Heinze, *Xenokrates*, p. 6 ; Voss, p. 84.)

1. Au § 36, où on lit ἔφη, nous avons notes 35-40) proposé de sous-entendre Λυσίας, mais ce rappel du conférencier serait inutile et insolite. Après mûre réflexion nous croyons donc qu'il vaut mieux sous-entendre Ἡρακλείδης, bien que l'usage et l'analogie du § 25 eussent réclamé φησί.

2. Rohde, *De Pollucis fontibus*, p. 69.

3. Αὐλητικοί chez Pollux est une bourde de copiste ; la même faute se rencontre plusieurs fois dans notre dialogue.

chez Plutarque et Pollux, on peut affirmer que les deux compilateurs l'ont puisé à la même source qui, dans l'espèce, ne peut être qu'Héraclide.

Rapport avec Douris.   Remarquons qu'il n'est pas absolument nécessaire que Pollux ait puisé *directement* dans Héraclide ; on peut admettre un ou plusieurs intermédiaires. Car le savant pontique faisait autorité en ces matières et avait été mis librement à contribution par ses successeurs de l'époque alexandrine. Nous en avons la preuve dans les deux textes parallèles suivants que nous transcrivons l'un d'après Plutarque, l'autre d'après Douris :

Plutarque, *De Musica,* § 70.   Douris, fr. 83 Müller (FGH., II, 488).

Ἐκλήθη δ' Ἀσιὰς (ἡ κιθάρα) διὰ τὸ κεχρῆσθαι τοὺς Λεσβίους αὐτῆι κιθαρωιδοὺς πρὸς τῆι Ἀσίαι κατοικοῦντας.

Δοῦριν δὲ Ἀριστοκλῆς [1] φησὶ λέγειν ὅτι ἐκλήθη Ἀσιὰς ἀπὸ τῶν χρωμένων Λεσβίων, οἵτινες οἰκοῦσι πρὸς τῆι Ἀσίαι.

L'identité des termes exclut la possibilité d'une simple rencontre. Il faut en conclure, puisque Plutarque représente Héraclide, que Douris avait copié (sans le nommer) Héraclide, pour être, à son tour, cité par Aristoclès [2].

Sources d'Héraclide.   Le grand fragment d'Héraclide sur les harmonies, dont nous venons de parler, porte la marque d'un auteur érudit, très versé dans la lecture des poètes anciens et modernes. Le même caractère se retrouve dans les extraits,

---

1. *Libri* Ἀριστοτέλης (= Ps. Aristote, fr. 259 Rose), *corr.* Müller. Nous penserions plutôt à la lettre d'Aristoclès sur les instruments de musique (Ath. XIV, 636 F qu'à son Περὶ χορῶν.

2. Nous aurions dû être plus affirmatifs dans la note 71. Il n'est pas admissible que Plutarque ait ici abandonné son guide ordinaire pour consulter soit Douris, soit Aristoclès. Notons en passant qu'une autre étymologie musicale de Douris (ἀπὸ τοῦ Κιθαιρῶνος · ὅτι Ἀμφίων ἐκεῖσε ἐμουσικεύετο) a été déplacée dans l'*Etymologicum magnum* : elle se rapporte sûrement à κίθαρις, instrument de musique, et non à κίθαρος, poisson.

mal cousus ensemble, qui forment la conférence de Lysias. L'auteur cite non seulement Homère et Pindare, mais Alcman, Hipponax, Pratinas ; il connaît *de auditu* un hyporchème de Xénodamos et les nomes de Timothée. Au temps de Plutarque, plusieurs de ces auteurs avaient certainement péri ou étaient devenus extrêmement rares, et les citations qu'on en trouve à l'époque romaine sont toutes de deuxième ou de troisième main. La même observation s'applique au règlement ancien des Panathénées cité à propos de l'élégie primitive (§ 59). Mais le savoir d'Héraclide lui-même n'est pas toujours original et il paraît avoir largement utilisé deux documents d'érudits plus anciens : l'*anagraphé* de Sicyone et l'ouvrage de Glaucos de Rhégium.

L'*anagraphé* de Sicyone, qui lui a fourni la charpente chronologique de son exposé, était sans aucun doute une chronique lapidaire consacrée par quelque érudit dans un des nombreux temples de Sicyone [1]. Nous pouvons nous faire une idée des documents de ce genre d'après la Chronique de Paros et la Chronique capitoline. Semblablement, le *Pinax* d'Aristote et de Callisthène, où étaient réunis les noms des vainqueurs aux jeux pythiques et des organisateurs du concours, avait été consacré officiellement dans le temple de Delphes [2]. La Chronique de Sicyone, rédigée probablement avec une grande concision, paraît avoir eu un objet analogue, exclusivement musical et littéraire [3]. Elle donnait d'abord une liste de poètes mythiques, dont quelques-uns, ce semble, fabriqués pour les besoins de la cause

<small>*Chronique de Sicyone.*</small>

---

1. Probablement celui d'Apollon (Pausanias, II, 7, 8) où l'on montrait les flûtes de Marsyas.

2. Voir l'inscription si bien restituée par Homolle, *Bull. corr. hell.*, XXII, pp. 260 suiv.

3. On a voulu, sans raison, y voir la source des listes fabuleuses de rois de Sicyone, transmises par Castor (Eusèbe) et Pausanias. (Cf. Frick, in *Jahrbücher für Philologie*, 1873, p. 707; Lübbert, *De Pindaro Clisthenis censore*, Bonn, 1884.) Plutarque dit expressément § 64) que l'inscription était consacrée aux poètes, ἐν τῆι ἀναγραφῆι τῆι περὶ τῶν ποιητῶν.

(Anthès, Piéros), d'autres empruntés à la tradition épique (Amphion, Thamyris) ou delphique (Philammon), ou encore naïvement extraits des fictions d'Homère (Démodocos, Phémios). On a vivement reproché à Héraclide la crédulité et le manque de critique dont il a fait preuve en reproduisant des renseignements aussi suspects [1]; mais il faudrait posséder le texte original de son ouvrage pour savoir de quel ton il les reproduisait. Il est difficile de croire qu'un auteur aussi savant et, sur tant de points, en avance sur son siècle, eût accepté de pareilles fables sans d'expresses réserves ou sans les corriger par un demi-sourire suffisant pour avertir le lecteur. Heureusement, le chroniqueur de Sicyone ne s'était pas borné à cette époque nébuleuse. Arrivé aux temps historiques, il donnait des renseignements précis sur Terpandre et ses victoires pythiques (§ 46), Clonas et ses nomes aulodiques (§§ 55 et 64), les victoires pythiques de Sacadas (§ 60). Il descendait donc au moins jusqu'au commencement du vɪ° siècle. La mention répétée des jeux pythiques [2] prouve que l'auteur avait mis à contribution les fastes et les traditions de Delphes. Sa nationalité est incertaine (on peut hésiter entre la Béotie et le Péloponnèse [3]); quant à son époque, à la différence de plusieurs critiques, nous ne la croyons pas très ancienne, car son tableau des musiciens mythiques sent l'influence de l'enseignement sophistique de la seconde partie du ve siècle. En outre, il marquait les époques d'après les prêtresses d'Argos (§ 26);

---

1. *Homo ad mentiendum paratissimus et in odorandis aliorum fraudibus hebetissimus*, dit Lobeck (*Aglaophamus*, p. 328).

2. C'est bien à tort que Bergk (*Griechische Literaturgeschichte*, II, pp. 149 et 384), et Westphal (ad Plut., p. 66) ont cru qu'il s'agissait des Πύθια de Sicyone (Pindare, *Nem.*, IX, 2 et Schol., X, 43; *Isthm.*, III, 44; Hérodote, V, 67; Athénée, VIII, p. 351 E. D'abord ce concours n'a probablement été institué que par le tyran Clisthène vers 572; ensuite, les trois victoires de Sacadas (§ 60) sont bien celles de Delphes, mentionnées par Pausanias, X, 7, 4-5.

3. Il faudrait sûrement opter pour cette dernière origine s'il était certain que le § 91 fût tiré de la Chronique.

or, le premier historien, à notre connaissance, qui ait employé ce comput est Hellanicos [1], et c'est à sa Chronique — Ἱέρειαι Ἥρας — que remontent, sans aucun doute, les dates argiennes de Thucydide (II, 2; IV, 133), de Denys d'Halicarnasse (I, 72), de la table Borgia (Jahn, *Bilderchroniken*, p. 8). Dès lors, il y a toute apparence que la chronique de Sicyone a été composée après celle d'Hellanicos, donc au plus tôt dans les dernières années du ve siècle [2]. Cette date, relativement récente, diminue beaucoup la valeur de ses renseignements sur les hommes et les choses du viie et du vi^e siècle; et, en effet, nous voyons que sur plusieurs points ils étaient en contradiction avec d'autres traditions, recueillies également par Héraclide.

Le second guide suivi par Héraclide était Glaucos de Rhégium, ou, comme il disait en langage archaïque, Glaucos d'Italie [3]. Cet auteur, qui est encore cité, mais sans doute indirectement, par le chroniqueur Apollodore, Diogène Laërce et Harpocration, a vécu dans la seconde moitié du ve siècle [4]. Il est expressément donné comme contemporain de Démocrite; son ouvrage, Περὶ τῶν ἀρχαίων ποιητῶν τε καὶ μουσικῶν, était parfois attribué à l'orateur Antiphon. Nous croyons, avec Westphal contre Volk-

Glaucos de Rhégium.

---

1. *Frag. hist. graec.*, I, p. xxvii et 51; fr. 44-53; IV, p. 633. L'opinion contraire (Niese, *Hermes*, XXIII, 86) est dénuée de tout fondement. Bien entendu la Chronique d'Hellanicos suppose l'existence d'un registre sacerdotal dans le genre de celui d'Halicarnasse (CIG. 2655).

2. Nous ignorons naturellement pourquoi l'auteur l'avait consacrée dans un temple de Sicyone. Mais cette ville était un centre important de la culture de la musique; ses concours étaient réputés, ses musiciens et ses poètes célèbres (Bacchiadas, Pythocritos, Ariphron, Praxilla, Épigénès). On peut supposer que notre chroniqueur y avait vécu ou qu'il y avait été couronné.

3. Fragments recueillis par C. Müller (FHG., II, 23 suiv,) et Hiller (*Rheinisches Museum*, XL, pp. 398-436).

4. Il est remarquable que Glaucos ne sait rien encore (§§ 49-50) de l'origine barbare d'Orphée; c'est une marque d'ancienneté. Cf. F. Weber, *Platonische Notizen über Orpheus*, prog. Munich, 1899, où d'ailleurs le témoignage de Glaucos est omis.

mann, que Plutarque ne l'a connu qu'à travers Héraclide. Les passages où l'autorité de Glaucos est formellement invoquée (§§ 47 suiv.[1], 81 suiv., 98 suiv., 103) se rapportent soit à la détermination de l'époque relative des anciens compositeurs, soit à celle de leurs emprunts et influences réciproques, soit à l'attribution exacte des anciens nomes[2]; ils attestent un esprit chercheur, raisonneur et volontiers combatif. L'importance que Glaucos attribue à l'aulétique primitive, la haute antiquité qu'il assigne à son mythique créateur Olympos, inspirateur de Thalétas et de Stésichore, permettraient de croire que Glaucos était issu d'une famille d'aulètes. On sait, d'ailleurs, que vers le milieu du ve siècle la musique de flûte jouissait dans le monde grec, et particulièrement à Athènes, d'une grande vogue ; elle avait même pénétré dans l'enseignement classique d'où elle ne fut expulsée qu'au temps d'Alcibiade.

Les harmoniciens. En dehors de la Chronique sicyonienne et de Glaucos, Lysias, c'est-à-dire Héraclide, allègue encore à diverses reprises l'opinion divergente de « quelques-uns » ou de « certains auteurs » sur des points de détail (§§ 57, 58, 62, 72, 78, 82, 84, 93, 97, 101). Ces allusions sont trop vagues pour qu'on puisse chercher à décider si Héraclide avait réellement consulté ces auteurs ou s'il ne les connaissait qu'à travers Glaucos. Cependant un passage doit nous arrêter ; c'est celui où l'auteur, à propos des nomes aulétiques de Polymnestos, demande s'il est vrai, « comme le disent les harmoniciens » (οἱ ἁρμονικοί), que ce poète ait utilisé le nome orthien (d'Olympos) et répond qu'il ne peut rien affirmer à ce sujet puisque les anciens (οἱ ἀρχαῖοι) n'en ont rien dit (§§ 87-88). Les ἁρμονικοί, dont il est si souvent question

---

1. Nous rétractons l'opinion exprimée note 52, où nous avons indûment attribué à la Chronique une chronologie qui appartient à Glaucos.

2. D'après cela on reconnaît sûrement la main de Glaucos dans le § 78 et probablement aussi dans Héraclide, fr. 79 Voss (*Vit. Hom.*, VI, West., p. 31), sur l'ancienneté relative d'Homère et d'Hésiode.

chez Aristoxène qui revendiquait pour lui-même le nom plus large de μουσικός, ce sont les professeurs de musique et principalement d'harmonie (au sens antique) dont l'enseignement a fleuri au vᵉ et au ivᵉ siècle, depuis Lasos d'Hermione : Damon d'Athènes, Épigonos, Ératoclès, Pythagore de Zacynthe, Agénor de Mitylène, etc. [1]. Leur enseignement était surtout oral et Héraclide a pu fréquenter leurs cours, comme tant de beaux esprits du temps. Mais, sans aucun doute, quelques-uns d'entre eux avaient aussi rédigé et publié des ouvrages techniques où des renseignements historiques, plus ou moins exacts, trouvaient place : Aristoxène fait allusion à des publications de ce genre et sa polémique même en présuppose l'existence.

Nous verrons plus loin qu'il est question, à propos de l'invention du mode lydien relâché, d'un ouvrage appelé Ἱστορικὰ τῆς ἁρμονικῆς, où cette invention était attribuée à un aulète du vᵉ siècle (§ 158) ; cette compilation anonyme était apparemment sortie de l'enseignement des harmoniciens. En tout cas, il est intéressant de voir Héraclide opposer, comme de peu de poids, le témoignage des ἁρμονικοί contemporains, de l'« école », à celui des ἀρχαῖοι, c'est-à-dire non seulement des poètes, dont il invoque si volontiers le témoignage, mais encore des érudits du vᵉ siècle, comme Glaucos. Il y a tout lieu de croire que dans plusieurs cas où Héraclide oppose l'opinion de Glaucos ou de la Chronique de Sicyone à celle d'auteurs anonymes, c'est également aux harmoniciens qu'il fait allusion [2].

Vers la fin de la conférence de Lysias, Plutarque, apparemment rebuté par la sécheresse des nomenclatures chronologiques d'Héraclide, a brusquement inséré un long mor-

Aristoxène de Tarente.
a) *Dans la première partie du Dialogue.*

---

1. Aristote (*Topic.* A 15, p. 107) emploie ce terme même en parlant des Pythagoriciens (οἱ κατὰ τοὺς ἀριθμοὺς ἁρμονικοί) ; plus tard, on oppose volontiers ceux-ci sous le nom de κανονικοί aux ἁρμονικοί proprement dits.

2. Par exemple, au § 84, où il est également question d'une prétendue imitation du nome orthien.

ceau d'Aristoxène relatif à l'invention du genre enharmonique par Olympos (§§ 104-117). Comme nous apprenons plus loin (§ 150) que dans son premier livre Περὶ Μουσικῆς Aristoxène s'occupait de l'invention du mode lydien par Olympos, C. Müller a supposé que notre extrait provenait du même ouvrage, mais on ne saurait rien affirmer à cet égard, la citation du § 150 étant faite évidemment de seconde main. Il est plus que probable que le petit morceau 124-125 où il est question des « corrupteurs » de la musique remonte également à Aristoxène : Crexos (compositeur rarement cité), Timothée, Philoxène sont parmi ses « bêtes noires » ordinaires, et l'expression, qui paraît empruntée à Eschyle [1], φιλάνθρωπος τρόπος, détournée de son sens primitif pour désigner le « style populaire », reparaît sous le nom de φιλανθρωπία dans un fragment célèbre d'Aristoxène (FHG., II, 271) conservé par Thémistius. Quant au résumé si court et si insuffisant de l'histoire des rythmes (§§ 118-123) qui sépare ces deux morceaux, nous ne nous prononçons pas sur son origine.

b) Dans la seconde partie. Si Aristoxène a ainsi déjà été mis à contribution dans la première partie du *De Musica*, la seconde partie, c'est-à-dire la conférence de Sotérichos et le discours final d'Onésicratès qui s'y rattache étroitement, dépend encore plus étroitement de cet auteur : on peut affirmer avec Westphal que près de la moitié de ces chapitres est de provenance aristoxénienne, et par là il faut entendre non pas simplement un résumé dont Aristoxène aurait fourni la substance, mais des extraits *textuels,* quoique hachés et mal liés ensemble. Plutarque, sans dissimuler complètement ces emprunts, ne les avoue que partiellement : à le prendre au pied de la lettre, il ne serait redevable à Aristoxène que de l'anecdote sur Télésias (§§ 316-321) et du mot sur le rôle calmant de la musique dans les banquets homériques

---

1. *Prométhée,* 11 et 28.

(§§ 439-441). Mais il y aurait naïveté à s'en tenir là ; si Plutarque n'a nommé expressément Aristoxène que dans deux passages, comme pour se mettre en règle avec sa conscience, l'examen le plus superficiel révèle une parfaite conformité de style et d'idées : 1° entre ces passages et un contexte bien plus étendu ; 2° entre ce contexte et les fragments d'Aristoxène parvenus à nous par une autre voie. Nous avons relevé en note, chemin faisant, quelques-unes de ces coïncidences ; il serait fastidieux de les énumérer toutes. Contentons-nous d'en tirer le bilan.

Nous considérons donc comme aristoxéniens :

1° Le développement érudit et ingénieux du paradoxe, d'ailleurs insoutenable, que c'est volontairement que les anciens ont renoncé à l'emploi de certains éléments et procédés musicaux (§§ 168-205). Indépendamment de coïncidences de détail, ce morceau se rencontre avec l'extrait d'Aristoxène précédemment étudié (§§ 104-117) dans l'admiration des airs spondiaques d'Olympos ; de plus, les compositeurs archaïsants cités, en partie très obscurs, appartiennent sûrement au IV⁰ siècle ; *Extraits aristoxéniens.*
a) Historiques.

2° Le morceau sur le rôle éducatif de la musique chez les anciens opposé à la « muse théâtrale » des modernes (§§ 255-267). Nous savons par Strabon (I, 2, 3) l'importance attachée par Aristoxène à l'influence éducative de la musique ; nous savons aussi qu'il avait écrit un ouvrage en dix livres au moins sur les lois éducatives (fr. 78-79). Érudition, doctrine, style, tout porte ici la marque distinctive du maître de Tarente. A ce morceau il semble qu'on doive rattacher, malgré le long intervalle qui les sépare dans la mosaïque de Plutarque ;

3° Les quelques réflexions supplémentaires sur les lois répressives des innovations musicales et sur Pythagore (§§ 388-393). A la vérité, on est un peu étonné de voir ici Aristoxène *sembler* approuver sans réserve l'intrusion des considérations mathématiques dans l'enseignement harmonique et la limitation de cet enseignement à la portée d'octave : deux tendances contre lesquelles il s'élève dans plus d'un passage de ses écrits. On pourrait donc être tenté de retrancher à Aristoxène, pour y voir une addition personnelle de Plutarque, au moins le paragraphe relatif à Pythagore (§§ 390-393). Toutefois, ce qu'il y a d'excessif dans cette adhésion aux principes pythagoriciens pouvait être modifié et atténué par le contexte primitif. On ne doit pas oublier d'ailleurs qu'Aristoxène, dont le système fut plus tard opposé non sans excès à celui de Pythagore, avait écrit la biographie de ce philosophe (fr. 1-12 Müller) et un exposé du système pythagoricien, dont il subsiste d'importants fragments;

4° L'apologie du genre enharmonique contre ses détracteurs contemporains (§§ 394-407). C'est là encore un des thèmes favoris d'Aristoxène. Tout en blâmant énergiquement ses prédécesseurs d'avoir limité l'enseignement harmonique à celui du genre enharmonique, il ne s'élevait pas avec moins de vivacité contre le discrédit où ce genre était tombé de son temps. Dans un fragment conservé par Plutarque lui-même (*Quaest. conviv.*, VII, 8, 1) il raille ces gens efféminés qui « vomissent de la bile » dès qu'ils entendent une mélodie enharmonique. Nous n'avons pas à rechercher ici les causes de l'étonnante fortune et de l'abandon presque subit de ce genre de mélopée si factice : contentons-nous de dire qu'entre l'enharmonique primitif, celui des vieux airs de libation, — qui n'est qu'un diatonique simplifié ou rudimentaire — et l'enharmonique à *diésis* du ve siècle il n'y a guère qu'une identité de nom. L'introduction, dans la mélopée, de ces petits intervalles, impossibles à déterminer exactement et à chanter juste, paraît être due à l'influence de la musique orientale, où ils sont encore employés en « glissade » de nos jours; les Grecs, avec leur esprit raisonneur et subtil, voulurent appliquer à ces « sons de passage » des règles précises et une évaluation mathématique ; ils trouvèrent un charme dans la difficulté même qu'en présentaient la perception et l'exécution. Il y avait là, en réalité, une perversion du goût, et la réaction du IVᵉ siècle contre le genre enharmonique marque un retour au véritable génie hellénique, c'est-à-dire européen. Mais l'enharmonique avait pour lui la routine des écoles, son emploi prépondérant dans la notation musicale, enfin le prestige de son antiquité, qu'une équivoque perpétuelle faisait remonter à un passé fabuleux. De là cette vive résistance d'Aristoxène, conservateur aussi obstiné dans la pratique musicale que novateur hardi en théorie. Cette résistance valut au genre enharmonique l'honneur de se maintenir jusqu'à la fin de la civilisation antique dans les manuels d'harmonie, comme une relique respectée du passé. Mais il va sans dire qu'au temps de Plutarque il y avait longtemps que nul ne songeait à le ressusciter dans la musique réelle ; il n'y était plus représenté que par certaines nuances d'accord du diatonique et du chromatique, où, sous l'influence précisément de la diésis enharmonique, l'intervalle initial du tétracorde continuait à être resserré bien au-dessous des limites du demi-ton.

A ces quatre extraits que relie une idée commune, — la supériorité de la musique ancienne sur la moderne, du style sévère sur le style varié et fleuri, — on peut rattacher :

5° L'anecdote du musicien Télésias, victime d'une passion tardive pour le style nouveau, mais sauvé par l'influence persistante de sa bonne éducation première (§§ 316-321)[1]. Rappelons que cette anecdote est expressément donnée comme extraite d'Aristoxène.

Nous venons de dire qu'à côté du praticien routinier, rebelle aux nouveautés, et de l'historien érudit, mais sans

b) Extraits philosophiques.

---

1. Westphal a noté que l'expression quasi-technique διαπονεῖν, employée dans ce morceau, se retrouve dans le fragment d'Aristoxène conservé par Thémistius, or. 33. Cf. ἐκπονήσας, § 420.

b

critique, il y avait chez Aristoxène un professeur aux vues larges et élevées ; le premier, il paraît avoir sinon conçu, du moins introduit dans l'enseignement, comme dans la critique musicale, la notion de la musique envisagée dans toute son étendue, avec la multiplicité et la solidarité mutuelle de ses parties, avec les liens étroits qui l'unissent à la « philosophie », c'est-à-dire à l'esthétique et à la morale. Ce côté si intéressant de l'enseignement d'Aristoxène, qu'on entrevoit à peine dans les débris de ses ouvrages copiés à l'époque byzantine, est représenté dans le *De Musica* par

6° Un très long morceau défiguré par des lacunes et des transpositions accidentelles (§§ 322-387), mais où transparaît néanmoins d'un bout à l'autre le génie systématique et encyclopédique du μουσικός par excellence. Nous avons d'ailleurs signalé (§§ 330 et suiv.) des coïncidences littérales avec les fragments des *Harmoniques,* qui ne laissent aucun doute sur la provenance de tout ce développement.

Nous rapporterons à la même source, avec une certitude presque complète :

7° Le chapitre sur l'utilité morale de la musique, avec son éloge du παιδευτικὸς τρόπος (§ 420) et son commentaire de certains passages homériques (§§ 408-428) ;

8° Les réflexions d'Onésicratès sur l'emploi de la musique dans les banquets (§§ 434-442), morceau où l'autorité d'Aristoxène est expressément alléguée (§ 439).

De quel ouvrage proviennent ces extraits. En définitive, sur un total de 320 paragraphes que comprennent les discours de Sotérichos et d'Onésicratès, nous avons trouvé que 184 doivent, tantôt avec une certitude absolue, tantôt avec une grande probabilité, être attribués à Aristoxène. Quant à savoir si tous ces morceaux sont extraits d'un seul et même ouvrage du musicien de Tarente ou de plusieurs et desquels, c'est une question qui nous paraît insoluble dans l'état actuel de la littérature. Osann et C. Müller ont appelé l'attention sur un ouvrage d'Aristoxène intitulé Συμμικτὰ συμποτικά, dont un fragment (fr. 90) nous a été conservé par Athénée (XIV, 632 A). Il s'agit là d'une comparaison touchante entre l'état des théâtres, envahis par une musique barbare et prostituée (πάνδημος), et la ville grecque de Posidonia (Paestum), où l'hellénisme, détruit par la conquête barbare, ne survit plus dans le souvenir et les larmes du peuple qu'à l'occasion d'une fête annuelle. Ce fragment prouve, comme on devait s'y attendre, que dans les *Propos mêlés de table* il était, entre autres sujets, question de musique, et, dès lors, il est raisonnable de rapporter à cet ouvrage le passage du *De Musica* relatif au rôle de la musique dans les banquets, qui y était parfaitement à sa place. On peut aussi, sans témérité, rapporter à la même source quelques textes d'un caractère anecdotique, bien approprié à un pot-pourri d'érudition, par exemple l'historiette de Télésias ou même l'invention de l'enharmonique par Olympos. Mais c'est aller trop loin, croyons-nous, que de prétendre, avec Westphal, que *tous* les morceaux aristoxéniens du *De Musica* (ainsi que le fragment conservé par Thémistius) proviennent nécessairement des Συμμικτὰ συμποτικά. Il nous semble, par exemple, que le grand chapitre sur l'enseignement et la critique musicale est rédigé d'un ton trop dogmatique pour des *Propos de table*. On peut pardonner à un auteur novice, comme celui du *De Musica*, de l'avoir inséré dans un Dialogue prétendu symposiaque; cette faute de goût serait plus grave de la part d'Aristoxène et justifierait pour le coup la condamnation portée par Épicure contre les dissertations musicales *inter pocula* [1]. Ce morceau et d'autres du même genre sentent bien plutôt le conférencier ou le professeur que le causeur; et, si restreinte que l'on suppose la bibliothèque du jeune Plutarque, il n'y a vraiment aucune raison de lui refuser la connaissance de tous les écrits d'Aristoxène autres que les Συμμικτὰ συμποτικά. Sur ce point donc nous conclurons par un *Non liquet*,

---

1. Ap. Plutarque, *Non posse suaviter vivi*, etc., pp. 1095 C et suiv.

auquel on pourrait sans scrupule ajouter un *Non interest*.

Autres sources du De Musica.

Déduction faite des parties aristoxéniennes et des remplissages insignifiants [1], la conférence de Sotérichos comprend encore quatre grands morceaux dont la provenance est très difficile à déterminer : 1° origine apollinique de la musique de flûte (§§ 130-143) ; 2° harmonies proscrites par Platon (§§ 147-167) ; 3° commentaire des textes de Platon et d'Aristote sur la proportion harmonique (§§ 206-254) ; 4° histoire des progrès et de la corruption de la musique jusqu'à Philoxène (§§ 268-315).

Texte sur l'origine apollinique de la musique de flûte.

Le premier morceau est attribué par Westphal à Plutarque lui-même ; mais il est peu probable que le compilateur inexpérimenté que nous ont révélé les parties empruntées à Héraclide et à Aristoxène ait pu, de lui-même, faire les lectures étendues que suppose cette mosaïque de citations poétiques et historiques. On ne doit pas non plus penser à Aristoxène, non seulement parce que l'on y rencontre des noms d'auteurs plus récents (§ 138), mais encore parce que nous savons, d'autre part, qu'Aristoxène considérait la musique de flûte comme inférieure en dignité à celle de cithare (fr. 61 Müller = Ath., IV, 174 E). Nous sommes porté à croire que la source de Plutarque est ici quelque traité sur la musique de flûte, œuvre d'un érudit alexandrin plus récent qu'Istros (cité au § 138), c'est-à-dire postérieur à l'an 250 avant J.-C. [2].

Texte sur les harmonies de Platon.

Le morceau sur les harmonies de Platon provient également d'un ouvrage alexandrin érudit, probablement d'un commentaire sur les *loci musici* de Platon, dans le genre de celui, que nous avons conservé, de Théon de Smyrne sur les mathématiques chez Platon. En raison de l'autorité

---

1. L'un de ces remplissages (§§ 144-146) pourrait bien être lui-même aristoxénien ; voir le commentaire.

2. Nous connaissons de nom beaucoup d'auteurs de ce genre : Alexion, Archestratos, Phillis de Délos, Pyrrhandros, Aristoclès, etc.

presque religieuse qui s'attachait au nom de Platon, il a dû
existé plusieurs commentaires de cette sorte, qui ont été
une mine d'information pour les musicologues de la décadence : c'est d'un de ces commentaires sur le livre III de la
République qu'Aristide Quintilien a extrait ses renseignements si curieux sur les harmonies des πάνυ παλαιότατοι[1]. Le
commentateur utilisé par Plutarque cite non seulement divers poètes anciens, mais des œuvres d'érudition : le premier et le deuxième livre des Μουσικά d'Aristoxène, un traité
de Denys l'Iambe (grammairien alexandrin des environs de
l'an 250), enfin, un ouvrage assez énigmatique désigné sous
le nom de Ἱστορικὰ τῆς ἁρμονικῆς. Nos prédécesseurs, par
un facile changement de texte au § 158 (φησί pour φασί), ont
fait de ce dernier livre un ouvrage d'Aristoxène ; mais ce
titre ne figure pas ailleurs sur la longue liste de ses œuvres
et il nous paraît plus probable qu'il s'agit de quelque compilation anonyme née dans les écoles des harmoniciens. Quoi
qu'il en soit, on ne peut faire que des conjectures dénuées
de fondement sur l'auteur probable de ce commentaire érudit ; le nom de Denys d'Halicarnasse le jeune, mis en avant
par Westphal, n'a pas plus de vraisemblance que tel autre
qu'on pourrait citer. Quant à la bizarre omission du mode
phrygien, parmi les harmonies admises par Platon, nous
ne savons s'il faut en rendre responsable le commentateur
alexandrin ou Plutarque lui-même.

Le troisième morceau pourrait, en grande partie, être *Texte sur l'harmonie mathématique.*
l'œuvre personnelle de Plutarque. L'éducation philosophique qu'il avait reçue comportait forcément la lecture de
Platon et d'Aristote, seuls auteurs commentés dans ce texte ;
son goût persistant et malheureux pour les spéculations
musico-mathématiques est attesté par son traité *De procreatione animae in Timaeo* où reparaît la même citation

---

[1]. *De Mus.*, I, 9 *ad fin.* Après l'explication des diagrammes de ces modes le compilateur se réfère précisément à notre texte de Platon.

du *Timée;* de plus, l'insupportable longueur et la gaucherie de la démonstration conviennent bien à un auteur novice, fier d'étaler un savoir fraîchement acquis. Nous ferions cependant des réserves pour la paraphrase d'Aristote et notamment pour le dernier alinéa (§§ 251-254) qui paraît être extrait d'Aristoxène (voir le Commentaire).

<small>Texte sur les εὑρήματα.</small> Le quatrième morceau anonyme est le plus considérable et le plus intéressant de tous ; il est bien fâcheux qu'on ne puisse pas en déterminer la provenance. Plutarque lui-même paraît en décliner la paternité en invoquant dès le début l'autorité des historiens spéciaux, οἱ ἱστορήσαντες τὰ τοιαῦτα (§ 270). Comme les plus récents ouvrages cités sont le *Chiron* de Phérécrate (fin du v° siècle) et le *Plutus* (commencement du iv°), il n'est pas nécessaire de descendre jusqu'à l'époque alexandrine proprement dite; cela n'est même pas probable, car l'auteur connaissait encore les vieux airs du vii° et du vi° siècle, τὰ ἀρχαῖα μέλη (§ 292), qui avaient sans doute péri aux temps alexandrins. Il serait tentant de reconnaître ici la main d'Héraclide et de supposer que Plutarque a réparti les extraits de cet auteur, comme ceux d'Aristoxène, entre la première et la deuxième partie du dialogue. Malheureusement, il y a contradiction entre le § 278, où Archiloque est nommé comme inventeur du rythme crétique, et le § 99 où Héraclide, sur l'autorité de Glaucos, lui refusait la connaissance de ce rythme. Dira-t-on que le mot κρητικός est pris, dans ces deux passages, en deux sens différents (crétique-péon et crétique-ditrochée)? mais cette divergence même de vocabulaire exclut l'idée d'un auteur commun. Avec plus de vraisemblance pourrait-on songer à Aristoxène. Comme l'auteur de ce résumé historique, Aristoxène s'est occupé de déterminer les auteurs et les époques des εὑρήματα musicaux (fr. 41, 56, 68, 70 Müller); il attribuait à Olympos l'invention de l'enharmonique (fr. 69) ; il se servait de τόνος au sens de mode, de κρητικός au sens de ditrochée. Ajoutons que l'esprit ultra-conservateur

que respire toute la seconde moitié de cet historique, les railleries facilement accueillies contre tous les prétendus « corrupteurs » de la musique, depuis Lasos jusqu'à Philoxène, sont tout à fait dans le goût d'Aristoxène. Cependant, en l'absence de tout critérium décisif, nous nous abstiendrons d'une attribution précise. Westphal attribue, avec de grandes réserves, ce quatrième morceau au même érudit alexandrin que le second (§§ 147-167), c'est-à-dire, suivant lui, à Denys d'Halicarnasse le jeune. On pourrait aussi songer aux Ἱστορικὰ τῆς ἁρμονικῆς.

III

Attribution du dialogue.

Quelles que soient les lacunes et les incertitudes de cette analyse, il en ressort, croyons-nous, avec évidence que le *Dialogue de la Musique* n'est pas, comme on serait tenté de le croire au premier abord, un véritable travail de marqueterie, fruit laborieux de lectures immenses, mais bien une compilation assez hâtive, dont les différentes parties, taillées à coups de ciseaux dans un petit nombre d'ouvrages facilement accessibles, ont été ensuite fort négligemment rapiécées. L'auteur visiblement inexpérimenté de cette compilation est-il Plutarque ? Cette attribution, qui repose sur le témoignage unanime des manuscrits, a été souvent contestée, et il est même d'usage de citer notre traité sous le nom de « pseudo-Plutarque [1] ». Amyot fut le premier à en suspecter l'authenticité pour des raisons de style sur la nature desquelles, d'ailleurs, il ne s'est pas expliqué [2]. De

Opinion d'Amyot et de Benseler.

---

[1]. Les plus récents historiens de la littérature grecque, MM. Christ et Croiset, éludent la question ou la passent complètement sous silence.
[2]. « Et le style ne semble point être de Plutarque ». Préface de la traduction du *Dialogue*.

nos jours, G. Benseler, auquel on doit des recherches curieuses sur la fréquence relative de l'*hiatus* dans les ouvrages de prose grecque, a formulé le premier, croyons-nous, une condamnation fondée sur des motifs précis. Elle se borne à ceci : Plutarque, dans ses écrits authentiques, a toujours évité les *hiatus* censés illégitimes. Or, l'*hiatus* abonde dans le *De Musica*[1].

Opinion de Volkmann. Volkmann, qui, dans son édition spéciale du *De Musica*, en avait défendu l'authenticité, s'est, dans sa Biographie de Plutarque, rallié à l'opinion d'Amyot et de Benseler[2]. L'*hiatus,* dit-il, se rencontre à chaque pas dans le *De Musica,* même dans les parties — c'est Volkmann qui parle — qui sont sûrement l'œuvre du compilateur; donc le traité n'est pas de Plutarque. On pourrait objecter qu'un auteur n'arrive pas du premier coup à des règles de style immuables et que Plutarque a bien pu, dans un écrit de jeunesse, méconnaître une règle d'euphonie qu'il devait, dans son âge mûr, apprendre à respecter davantage. « Cela est possible, répond Volkmann, mais peu probable. » A cette raison, selon lui majeure, Volkmann ajoute d'autres considérations de médiocre portée. Dans aucun autre écrit, dit-il, Plutarque ne sert au lecteur de longs extraits aussi peu démarqués ; pourquoi aurait-il débuté dans la carrière littéraire par une compilation aussi informe ? Pourquoi aussi, dans les *Questions de table,* où il relate tant de scènes de banquet de sa jeunesse, ne fait-il pas la moindre allusion à ce prétendu entretien ? Et Volkmann conclut que notre dialogue, œuvre de quelque obscur grammairien, a été introduit dans la collection des *Moralia* de Plutarque par l'éditeur byzantin qui l'a formée au x° siècle ; il aurait remarqué dans cet écrit anonyme des vues esthétiques, une connaissance des lois de l'harmonie mathématique qui

---

1. *De hiatu in scriptoribus Graecis,* pars I. Freiburg, 1841 (p. 536 suiv.).
2. *Plutarchs Leben und Werke,* I, p. 170-179.

se retrouvent ailleurs chez Plutarque. En terminant, Volkmann est disposé à adopter une opinion émise en passant par Westphal et, croyons-nous, comme une simple boutade [1] : à savoir que l'auteur pourrait bien être le fils de Plutarque, Plutarque le jeune.

Arguments philologiques. Fuhr.

Les arguments de style contre l'authenticité du Dialogue ont été repris plus récemment par Fuhr [2] et par Weissenberger [3]. Fuhr a fait une étude spéciale de la locution τε καί qui, d'après ses recherches, aurait été presque complètement proscrite par Plutarque, soit dans ses *Vies*, soit dans ses œuvres morales. Or, cette locution se rencontre fréquemment dans le *De Musica*, même dans les quatorze chapitres dont Westphal attribue la rédaction à Plutarque : Fuhr en cite dix exemples. Mais on doit observer que sur ce nombre il y en a cinq (§§ 135, 420, 421, 441, deux fois), qui, à notre avis, proviennent certainement d'extraits d'auteurs plus anciens ; quant aux cinq autres, l'un (§ 228) se trouve dans une citation *textuelle* d'Aristote, les quatre restants (§§ 250 deux fois, 251, 254) appartiennent à un court morceau philosophique dont, nous avons, pour d'autres raisons, cru devoir contester la paternité au compilateur. Il nous semble donc que l'argumentation de Fuhr est dénuée de valeur.

Weissenberger.

Elle a été cependant reprise par Weissenberger avec encore moins de critique. Cet auteur, sans distinguer entre les parties d'emprunt et les parties originales, a compté trente-sept exemples de la locution τε καί dans le *De Musica*, proportion énorme qui ne se retrouve que dans des écrits sûrement apocryphes (*De fato*, onze exemples ; *De placitis*, vingt-six ; *Consolatio ad Apollonium*, onze) ; mais Weissen-

1. Édition du *De Musica*, p. 32.
2. Fuhr, *Excurse zu den attischen Rednern*, dans *Rheinisches Museum*, Neue Folge, XXXIII (1878), pp. 590 suiv. Voir surtout pp. 589-590.
3. Weissenberger, *Die Sprache Plutarchs von Chaeronea und die pseudoplutarchischen Schriften* (progr. de Straubing), II (1896), pp. 47-51.

berger avoue lui-même que la locution se rencontre huit fois dans la *Vie de Sertorius*, et il lui aurait suffi d'ouvrir l'index de l'*Aristoxène* de Marquard pour se convaincre combien elle est fréquente chez cet auteur et, par conséquent, combien elle doit l'être dans un ouvrage comme le *De Musica*, dont la moitié environ est prise dans Aristoxène. Si c'est à cela que se réduit ce que Weissenberger appelle son « argument capital », on devine quelle peut être la portée des autres faits de grammaire ou de lexique qu'il a relevés, et que nous croyons devoir reléguer en note [1]. Nous voulons seulement citer un exemple de la manière dont il a conduit son enquête. Dans son premier programme (p. 22), Weissenberger fait observer que la pseudo-proposition ἕως se rencontre très souvent (*häufig*) dans les écrits apocryphes de Plutarque, fréquemment (*oft*) dans la combinaison ἕως εἰς. Dans le second programme (p. 48), à propos du § 296 du *De Musica*[2], nous lisons : « la locution ἕως εἰς ne se rencontre qu'ici » (*erscheint nur hier*). Sans insister sur cette contradiction nous ajoutons : 1° que dans le *De Musica* même ἕως εἰς se rencontre une seconde fois, quelques lignes plus bas (§ 299); 2° que l'un et l'autre passage nous ont semblé, pour des raisons de fond, être une interpolation tardive. En réalité, la locution ἕως εἰς appartient au grec hellénistique vulgaire (Polybe, les Septante) et s'est répandue à la basse époque, en partie sous l'influence du latin *usque ad* [3].

---

1. Seraient contraires au bel usage ou à l'usage de Plutarque : le féminin χρησίμη (au lieu de χρήσιμος), les plus-que-parfaits sans augment (παρακεκλήκει, συντετέλεστο, συμβεβήκει, γεγένητο), les locutions τοτὲ μέν... τοτὲ δέ (§ 107), οὕτως ἔχουσα πέφυκε (§ 245), l'emploi latinisant du passif, les formules oratoires (ἄγε δή, ἐπεὶ ἐμπεφανίκαμεν..., δείξομεν, etc.). Ne se rencontrent que dans les écrits apocryphes de Plutarque ἤτοι... ἤ (§ 405), ὑπολαμβάνω ὅτι (§ 437). Weissenberger est encore choqué des épithètes σεμνός pour Pythagore (§ 390), καλός pour Homère (§§ 408, 436), χρηστός pour Phocion (§ 1), « surnom qui n'est pas mentionné dans la *Vie* de ce général ».

2. Weissenberger cite p. 1114 C; c'est un lapsus ou une faute d'impression pour 1141 C.

3. Cp. Thesaurus, p. 2643 A ; ἄχρι εἰς se lit déjà dans Xénophon (*Anab.*, V, 5, 4).

Quant aux raisons d'ordre littéraire, alléguées par Weissenberger, elles se confondent avec celles de Volkmann ou n'en sont qu'une variante. Assurément, le *Dialogue sur la musique* est, comme œuvre d'art et même comme habile compilation, très inférieur aux *Questions de table*; en résulte-t-il nécessairement que les deux écrits ne soient pas du même auteur, à différentes périodes de son développement littéraire ? Objecter que le jeune Plutarque n'aurait sûrement (*sicherlich*) pas osé choisir pour ouvrage de début une thèse aussi difficile, c'est méconnaître singulièrement l'audace et la confiance illimitée en soi, qui sont précisément l'apanage de la jeunesse.

Nous ne croyons donc pas qu'aucun des arguments philologiques avancés contre l'attribution traditionnelle entraîne la conviction. D'ailleurs, il est toujours infiniment délicat d'invoquer des raisons de style ou de vocabulaire quand il s'agit d'auteurs de l'époque romaine ; à combien plus forte raison en présence d'un traité comme le nôtre, où, sauf les quelques paragraphes du début et de la fin qui constituent l'encadrement du dialogue, il n'y a peut-être pas une page que l'auteur ait réellement tirée de son cru ! Ce n'est pas Plutarque que nous avons ici sous les yeux, c'est tantôt Héraclide Pontique, tantôt Aristoxène, tantôt tel savant alexandrin ; et s'il y a des disparates dans le style, elles s'expliquent à merveille par cette variété d'originaux, juxtaposés plutôt que fondus par le compilateur. *Réfutation des objections tirées du style.*

Cependant si, au lieu de s'attarder à des minuties grammaticales, on s'attache à l'esprit général de cette compilation et à la physionomie littéraire des « parties d'encadrement », on sera frappé de la conformité parfaite qu'offrent l'un et l'autre avec les œuvres authentiques de Plutarque. Déjà Burette a fait observer l'analogie remarquable qui existe entre l'entrée en matière anecdotique de notre traité et les débuts des traités *De audiendis poetis, De adulatore et amico*, etc. Le même commentateur a montré qu'entre *Analogie avec les autres ouvrages de Plutarque.*

les théories et les connaissances musicales du *De Musica* et celles des autres ouvrages de Plutarque, il y a un parfait accord. C'est un fait dont on pourra s'assurer en jetant les yeux sur l'analyse sommaire des passages de Plutarque relatifs à la musique que nous donnons en appendice à cette Introduction. On constatera que là, comme dans notre traité, se retrouve la trace de la double influence subie par Plutarque en cette matière : celle d'Aristoxène, auquel il doit ses vues sur la mission morale et éducatrice de la musique, le culte de la musique sévère, les doléances sans cesse répétées sur la corruption de l'art musical à partir du IV° siècle ; et puis celle des commentateurs de Platon, plus ou moins imprégnés de pythagorisme, qui lui ont donné le goût des spéculations mathématiques et métaphysiques sur les relations acoustiques des sons. Nous citerons comme particulièrement caractéristiques de cette double tendance : d'une part, le chapitre terminal (IX, 15) des *Questions de table*, où Ammonius, c'est-à-dire Aristoxène, déplore la corruption et la prostitution de la « musique de théâtre », en termes presque identiques à ceux du *De Musica*; d'autre part, la plus grande partie du traité *De procreatione animae in Timaeo* qui reprend, en les développant, et à propos du même texte de Platon, les explications sur les moyennes et sur la proportion harmoniques qui remplissent tant de pages du *De Musica*.

Omission dans le catalogue de Lamprias.   On peut encore invoquer en faveur de l'authenticité du traité l'attribution qu'en font à Plutarque tous les manuscrits, ce qui donne à penser tout au moins qu'il avait pris place de bonne heure dans la collection de ses œuvres morales : Plutarque n'étant pas classé comme musicologue de profession, on ne voit pas bien d'où serait venue l'idée de lui attribuer le *De Musica* s'il n'en était pas réellement l'auteur. L'opinion d'Amsel [1], que le *De Musica* aurait été inséré

---

1. *De vi atque indole rhythmorum*, p. 152.

dans la collection plutarchienne au XIII° siècle *ab homine docto aliquo*, manque de fondement et même de vraisemblance. Il est vrai que le traité ne figure pas dans le catalogue des œuvres de Plutarque, dit de Lamprias, qui se lit en tête de plusieurs de nos manuscrits de Plutarque [1]. Mais il y a longtemps qu'on a démontré : 1° que ce catalogue n'est pas l'œuvre d'un prétendu fils de Plutarque, mais bien d'un grammairien du IX° siècle; 2° que, bien que renfermant 227 numéros, il est incomplet *in fine*, attendu que plusieurs ouvrages de Plutarque, cités par Stobée, ne s'y rencontrent pas [2]. Le silence de ce document ne prouve donc pas le caractère apocryphe du dialogue, pas plus, d'ailleurs, que son témoignage ne suffirait à en établir l'authenticité.

Il nous reste à mentionner un dernier argument : c'est celui qu'on peut tirer du nom d'Onésicratès, l'amphitryon de notre banquet musical. Ce nom, très rare, qui ne s'est rencontré que sur un petit nombre d'inscriptions [3], est précisément celui d'un médecin de Chéronée, ami de Plutarque, dont il parle ainsi dans les *Questions de table* (V, 5) : « A mon retour d'Alexandrie, dit-il, il n'y eut aucun de mes amis qui ne voulût me donner à dîner. Comme on invitait tous ceux que l'on savait liés avec moi de parenté ou d'amitié, le festin était ordinairement fort tumultueux, et, pour cette raison, il finissait de bonne heure. Le médecin Onésicratès m'ayant traité à son tour, ne voulut pas inviter un grand nombre de convives, mais seulement ceux avec qui il me connaissait des rapports plus intimes [4]... » On a supposé depuis longtemps, et nous croyons cette suppo-

L'Onésicratès du Dialogue et l'Onésicratès des Questions de table.

---

1. Édition Bernardakis, VII, 473 suiv. Publié pour la première fois par Hoeschel (XVI° siècle), d'après un manuscrit de Florence.
2. Cf. Wachsmuth, *Philologus*, XVIII, 577; Treu, *Der sogenannte Lampriaskatalog*, Waldenburg, 1873; Weissenberger, *op. cit.*, II, 5.
3. Voir l'index du CIA., III, et à Thespies, CIGS., 1753.
4. Ἐπειδὴ δ' Ὀνησικράτης ὁ ἰατρὸς οὐ πολλοὺς, ἀλλὰ τοὺς σφόδρα συνήθεις καὶ οἰκειοτάτους παρέλαβεν ἐπὶ τὸ δεῖπνον.

sition fort vraisemblable, que l'Onésicratès des *Questions de table* et l'Onésicratès du *De Musica* sont un seul et même personnage. Le nom, la liaison avec Plutarque, le choix restreint d'un petit nombre de convives distingués sont autant de traits communs entre les deux Onésicratès. Contre cette identification on a cependant objecté que le premier est simplement qualifié de médecin et d'ami de Plutarque, tandis que le second est traité de maître (διδάσκαλος) par l'auteur de notre dialogue. A cela on peut répondre que le titre de διδάσκαλος peut s'employer dans un sens assez large, *honoris causa;* mais nous ne croyons pas cette réponse bonne. Il semble, en effet, résulter des premiers paragraphes ainsi que du § 431 du *De Musica* qu'Onésicratès était bien, dans toute la force du terme, le maître, le professeur de l'auteur. Mais peut-on en tirer argument contre l'identité des deux Onésicratès? Galien ne s'est-il pas occupé à la fois de sciences médicales, de philosophie, de grammaire ? N'en est-il pas de même de Sextus Empiricus? Pourquoi, dans une petite ville comme Chéronée, un médecin n'eût-il pu cumuler ses occupations professionnelles avec l'enseignement des sciences et de l'histoire, de même que le petit bazar des bourgs de province réunit dans ses rayons des marchandises qui, dans la grande ville, forment l'objet d'autant de spécialités distinctes? Nous serions même porté à voir une allusion assez fine à ce cumul dans le § 418 du Dialogue où il est question du « très sage Chiron, qui enseignait à la fois la *musique,* la justice et la *médecine* ». Sous le nom de Chiron, n'est-ce pas à son hôte que Sotérichos adresse ici un compliment discret? Remarquons, en outre, qu'il ressort des premières pages du Dialogue que l'enseignement littéraire d'Onésicratès ne se bornait pas à la musique. Il y est question (§ 11) d'un entretien qui avait eu lieu la veille, c'est-à-dire le premier jour des Saturnales, sur un sujet de grammaire. Ou nous nous trompons fort, ou ces mots font allusion à un dialogue du même auteur, qui avait pour objet la grammaire et son histoire, comme le dialogue conservé a pour objet la musique. Là encore, le jeune Plutarque aura utilisé ses « cahiers de notes » de l'enseignement encyclopédique d'Onésicratès.

Époque de l'ouvrage.

Plutarque n'a pu se contenter d'un pareil enseignement et surtout en tirer gloire qu'avant d'avoir entendu à Athènes et à Alexandrie des maîtres d'une bien autre réputation. Aussi, à son retour d'Alexandrie, Onésicratès n'est-il plus son « maître », mais simplement son « ami ». Le *Dialogue de la musique* n'est donc pas seulement, comme l'a vu Westphal, une œuvre de la jeunesse de Plutarque, mais bien de sa première jeunesse, antérieur à son éducation universitaire proprement dite [1]. Nous devons y voir le fruit de ses avides lectures d'adolescent, du premier enseignement, varié et suggestif, mais forcément superficiel, qu'il avait reçu dans sa ville natale. Il y a tout lieu de croire que cet essai juvénile, comme son pendant supposé, le dialogue sur la grammaire, ne fut pas destiné à la grande publicité ; il dut circuler dans un milieu restreint de parents et d'amis qui, sans doute, y admirèrent les marques d'une érudition précoce et d'un talent naissant d'écrivain. Le manuscrit original, surchargé de ratures, de corrections, d'additions marginales et autres, dut rester dans les papiers de Plutarque et n'en fut tiré qu'après sa mort par un éditeur plus pieux qu'intelligent, sans doute un fils du défunt [2]. Par là s'expliqueraient l'état déplorable et le désordre bizarre dans lesquels le texte nous en est parvenu.

---

1. La date du début de celle-ci n'est pas exactement connue, mais, en 66, Plutarque étudiait encore à Athènes (*De E delphico*, c. 1); c'est donc là, à notre avis, un *terminus ante quem* pour la composition du dialogue.

2. Tel paraît avoir été le cas de l'*Amatorius*, s'il ne faut pas voir une simple fiction dans l'encadrement du dialogue. Cf. Christ, *Griechische Literaturgeschichte* (3º éd.), p. 650.

IV

Des manuscrits et de l'état du texte.

<small>Classement des manuscrits.</small> Le Dialogue sur la musique, à la différence de plusieurs autres ouvrages de Plutarque, n'est cité par aucun auteur ancien à nous connu. Son histoire littéraire, pour parler comme Burette, ne commence pour nous qu'avec la « renaissance byzantine » et les premiers manuscrits. Nous avons dressé plus loin (Appendice I) une liste aussi complète que possible de ceux-ci ; disons simplement ici qu'ils se divisent en deux groupes, suivant qu'ils contiennent un choix plus ou moins étendu d'œuvres de Plutarque ou bien des traités musicaux et mathématiques de divers auteurs. Les plus anciens manuscrits du premier groupe sont A de Paris (daté de 1296) et deux *vaticani* du XIIIe siècle (R1 = Vat. 139, R4 = Vat. 1013). Le second groupe a pour principaux représentants un manuscrit de Venise (V1 = Marc. App. VI, 10), du XIIe siècle, et ses *neveux* ou *petits-neveux* F2 (Laur. LIX, 1), R2 (Vat. 186), R3 (Vat. 192) et F1 (Laur. LVIII, 29), qui sont du XIVe et du XVe. Tous les autres manuscrits paraissent dériver en droite ligne de ceux-là et sont, par conséquent, dénués de valeur critique. Il est possible que des collations plus complètes auraient permis de simplifier encore ce *stemma*, qui reste assez compliqué, mais l'établissement du texte n'en aurait certainement pas profité. En effet, si l'on écarte les *apographa* de basse époque (XVe et XVIe siècle), qui sont criblés de fautes bizarres de toute espèce, les manuscrits du *De Musica* présentent entre eux une remarquable conformité générale dans le bien comme dans le mal ; la division en deux groupes ne correspond nullement à deux recensions différentes, mais tout au plus à

deux branches issues du même tronc [1]; et l'on peut affirmer que tous nos « chefs de famille » dérivent, à travers un ou deux intermédiaires tout au plus, d'un seul et même archétype qui offrait déjà tous les caractères et presque toutes les fautes de la vulgate.

Cet archétype, dont nous pouvons reconstituer la physionomie en retenant les éléments communs à tous nos manuscrits, avait un texte extrêmement corrompu et présentait un véritable répertoire de toutes les altérations paléographiques imaginables. Nous ne pouvons songer à donner ici la nomenclature de toutes les fautes qui ont été corrigées, soit par nos devanciers, soit par nous-mêmes. Mais, laissant de côté celles qui proviennent de causes psychologiques — comme la substitution d'un mot familier à un mot rare, la correction à rebours, etc., — ou physiologiques — comme la répétition d'une syllabe, l'influence par écho de la terminaison d'un mot sur celle du mot suivant, — ou enfin à des étourderies pures et simples, nous devons relever ici, comme intéressant la date de l'archétype :

L'archétype. 1° Altérations des mots.

1° Les fautes dues à une prononciation tardive, et notamment aux progrès de l'*itacisme* amenant des confusions d'orthographe :

Exemples : § 41. ΚΑΠΙΚΗΔΕΙΟC devenu ΚΑΠΙ(ων)τε ΚΑΙ ΔΕΙΟC. § 80 ΕΝΑΤΟΝ devenu ἕνα τῶν. § 157 εἴπερ pour ᾗπερ. § 181. ΗΓΝΟΗΤΟ ΥΠ'ΟΛΥΜΠΟΥ devient ἠγνόει τοῦ Ὀλύμπου. § 232. αὐτοῖς devenu αὐτῆς. § 260. πάλιν pour πάλην. § 278. τὸ κρητικόν devient τὸ προκριτικόν. § 284. διθύραμβον pour διθυράμβων.

2° Celles qui peuvent être attribuées à la ressemblance de certaines lettres dans l'écriture onciale (notamment ΟϹΘΕ, ΑΛΔ, ΗΑ, ΓΤΠ, ΝΗΠ).

Exemples : § 62. ϹΤΡΟΦΗΝ devient ϹΤΡΟΦΑΝ. § 99.

---

1. Au § 373 les *Plutarchiani* omettent εἶναι qu'ont les *Musici* ; c'est l'inverse pour κατά au § 378.

ΠΑΙΩΝΑ devenu ΜΑΡΩΝΑ. § 138. ΑΝΤΙΚΛΕΙΔΗϹ devient ΑΝΤΙΚΛΗϹ (l'œil a sauté de Λ à Δ). § 156. ΑΥΘΙϹ devient ΑΥϹΙϹ. § 162. ΜΕΓΓΑΛΟΥ ou ΜΕΓΙΑΛΟΥ devient ΜΕΤΕΛΛΟΥ. § 163. ΑΙΟΛΙΟΥ devient ΛΥΔΙΟΥ. § 221. ΑΠΟ ΓΑΡ ΥΠΑΤΗϹ donne ΑΠΟ ΓΑΡ ΠΑΡΥΠΑΤΗϹ. § 229. ΓΕΩΜΕΤΡΙΑΝ changé en ΙϹΟΜΕΤΡΙΑΝ. § 279. ΗΡΩΙΟΥ devient ΠΡΩΤΟΥ. § 313. ΑΠΕΛΥϹΕ devient ΑΠΕΛΥϹΕ. § 383. ΞΥΝΘΕϹΙΝ devient ΞΥΝΟΙϹΙΝ. § 420. ΕΙΓΟΥΝ devient ΕΙΤ'ΟΥΝ. § 436. ΠΑΡΑΠΟΤΟΝΩϹ devient ΠΑΡΑΤΕΤΟΝΩϹ.

3° Celles qui proviennent de la ressemblance de certaines lettres dans l'écriture minuscule.

Exemples : § 178. τούτοις pour ταύταις. § 196. ταῦτ' pour τοῦτ'. §§ 205-206 (exemple particulièrement probant) δεδειγμένου devient δεδειγμένον et entraîne le changement de δ' ὅτι en ὅτι δέ.

Date de l'archétype.

Les fautes de cette dernière catégorie, quoique peu nombreuses, nous autorisent, ce semble, à affirmer que l'ancêtre commun de tous nos manuscrits était déjà écrit en minuscule et ne remontait donc pas au-delà du IXe siècle. Mais, d'autre part, comme les confusions dues à l'emploi de l'onciale sont beaucoup plus nombreuses, il n'y a pas lieu d'admettre d'intermédiaire entre le prototype oncial et l'archétype minuscule. On placera donc avec vraisemblance ce dernier au IXe ou Xe siècle, époque de la première renaissance des études scientifiques à Byzance.

Omissions.

A côté des altérations de mots se placent les *omissions* qui portent tantôt sur un seul mot, tantôt sur un groupe de mots, parfois sur des lignes entières ; elles sont dues en très grande majorité à des répétitions de mots ou de syllabes, identiques ou quasi identiques, soit consécutifs, soit séparés par un petit intervalle (*homoioteleuta, homoiarcta,* etc.) : l'œil du copiste a sauté du premier élément similaire au second.

En voici quelques exemples typiques : nous plaçons entre crochets obliques le mot ou les mots omis et signalons par des majuscules les éléments similaires.

§ 25. ΤΩΝ < εὐδοκιμησάνΤΩΝ > ἐν μουσικῇ. § 30. Omission de πλάνας. § 43. Omission de οὐ après πρότερον (ον et ου se confondent dans la minuscule). § 67. ταύΤΗΝ < ΤΗΝ > ἐπωνυμίαν. § 68. καθ᾽ ἕκασΤΟΝ < ΤΟ > νενομισμένον. Entre 68 et 69 lacune indéterminée. — § 74. κατὰ ΤΟΝ < αὐΤΟΝ > χρόνον. §. 80. τοῦ ΜαρσύΟΥ < ΤΟΥ > πεποιηκότος. § 91. κατασταθῆνΑΙ < ΚΑΙ > τὰ. Après Ἄργει mot sauté. § 101. γεγονένΑΙ < ΚΑΙ > περί. § 122. μέν<ΤΟΙ> ΤΟΥ καλοῦ. § 123. ΚΑΙνοτομία < ΚΑΙ > Στησιχόρειος. § 124. ΚΑΤ<ΑΤ>ΑΥΤΗΝ. — φιλάνΘΡΩΠΟΝ < ΤΡΟΠΟΝ >. § 171. ΤΟΥ<ΤΟΥ> ΤΟΥC. § 232. ΚΑΤΑ < τὸν ἁρμονικὸν καὶ ΚΑΤΑ > τὸν ἀριθμητικόν. § 246. Συνέστηκε δέ<ΦΗCΙ> ΦΥCΙκώτατα. § 251. οὐράνΙΑΙ <ΚΑΙ> θεῖαι. § 252. ΚΑΙ <ΑΙ> ἄλλαι. § 317. ποιηΤΑΙ < μελῶν ΚΑΙ > κρουμάτων. § 325. εἶΝΑΙ < τούτων τε ΚΑΙ> τῆς τούτοις. § 344. ΠΕΡΙ < χωρισμοῦ εἶτα ΠΕΡΙ > συνεχείας. § 351. τοῦ ἡρμοσΜΕΝΟΥ < καὶ τοῦ λεγοΜΕΝΟΥ > ξύνεσιν. § 356. μέρη ΤΗC < ποιήσεως καὶ ΤΗC> ἑρμηνείας. § 357. Lacune d'une ligne. § 358-9. καὶ αὕτη ὑπο<Κεῖται · οὐ μόνον> Κρίνειε. § 362. ἐπὶ ΤΩΝ <ἠθῶν καὶ ΤΩΝ > παθῶν.

Les *additions* ou *interpolations* sont plus rares dans notre texte que les omissions : ce qui n'a rien de surprenant, s'agissant d'un ouvrage qui n'a, en somme, pas été beaucoup lu dans les écoles et n'a, par conséquent, guère exercé la *scribendi cacoethes* des glossateurs. En dehors de quelques mots isolés, nés de redoublements fautifs (§ 165 : παρθένεια [ἄλλα] Ἀλκμᾶνι) ou de simples étourderies (§ 403 : συντόνου [καὶ] διατόνου), les interpolations consistent ordinairement en courtes gloses *supplétives* ou *explicatives* du texte, qui, de la marge, se sont introduites dans celui-ci, parfois en expulsant les mots qu'elles voulaient éclaircir. Exemples : § 173 : τὴν χρῆσιν (ou φύσιν); § 244 en entier; § 301 : τὴν ποίησιν substitué à ἐκείνην; § 376 : τὸ Ὀλύμπου ἐναρμόνιον γένος; § 389 : ἐπιχειρήσαντα.

Additions.

Quelquefois, la glose s'est introduite à un endroit différent de celui que visait le glossateur; par exemple, § 251, les mots : διὰ τὴν ἁρμονίαν (glose de 252 ?) et μετὰ θεοῦ... ἀνθρώποις (glose de 254 ?) ; § 296 : ἕως εἰς Μελανιππίδην, etc. (glose de 298 ?) ; § 299 en entier (glose de 294 ?). Enfin, dans quelques cas, le *processus* est plus compliqué. Au § 230, il nous a semblé que les mots τὰ μέλη provenaient d'une correction *fautive* des mots τὰ μέρη du § 229. Au § 287 Πολύμνηστον, glose explicative de αὐτόν, paraît s'être corrompu en πολύ μείζω avant de se glisser dans le texte. Au § 381, les mots τῶν Δωρίων, glose inexacte écrite en surcharge ou en marge, ont été pour plus de sûreté intercalés *deux fois*, l'une et l'autre à contre sens. Quant à l'origine des mots, sûrement interpolés ou corrompus, καὶ τῶι ῥυθμῶι (§ 186), elle demeure incertaine.

Transpositions. Les *transpositions*, qui ont joué un si grand rôle dans l'histoire de notre texte, ont souvent une origine analogue à celle des interpolations. Ce sont parfois des phrases omises par un copiste, récrites en marge par un reviseur ou par le copiste lui-même, et ensuite insérées à une fausse place du texte par le copiste suivant. Parmi les *adscripta-transposita* de copistes, nous citerons le § 114 ; au § 176, les mots καὶ πρὸς παραμέσην qui, omis après καὶ πρὸς μέσην, se sont égarés dans le § 179, après πρός τε παρανήτην ; au § 313, les vers 24-26, avec l'« avis au lecteur », ἡ δὲ Μουσικὴ λέγει ταῦτα ; aux §§ 376-377, les mots τεχνικῶς... παίωνος. En ce qui concerne les §§ 340-342, qui ne sont sûrement pas à leur place là où les donnent les manuscrits, on peut admettre également une origine de ce genre. Enfin, dans le cas des mots διατόνου χρώματος ἁρμονίας (§ 325), nous avons certainement à faire à un *adscriptum* du § 331, mais nous ne pouvons pas décider si cet *adscriptum* constituait un « repentir » du copiste ou une glose, d'ailleurs exacte.

Ajoutés de Plutarque. Les *adscripta-transposita* de copistes, dont il vient d'être question, se reconnaissent en général au fait qu'ils correspondent à une véritable lacune du sens dans le passage auquel ils étaient réellement destinés. D'autres paragraphes, certainement transposés, n'offrent pas le même caractère et ne peuvent pas davantage être considérés comme des gloses. Il ne reste, dès lors, qu'à y voir des additions du manuscrit original de Plutarque, écrites soit dans les marges, soit sur des bouts de papyrus indépendants, et que son éditeur posthume aura insérés un peu au hasard dans le texte, en se guidant trop souvent sur des rapprochements superficiels. Le rétablissement de ces « *ajoutés* » à leur place exacte est une des tâches les plus délicates de l'éditeur moderne et une de celles où son intervention risque le plus d'être critiquée. Nous n'avons pas cru cependant devoir reculer devant un certain nombre de changements de ce genre, sans lesquels la suite des idées nous paraissait totalement brouillée ; il nous eût paru injurieux pour la mémoire de Plutarque de lui attribuer, même à ses débuts littéraires, une pareille incohérence. Nous signalerons notamment les §§ 22-24, 38, 58-64, 80 (qui pourrait, à la rigueur, être une glose), 87-88, 158-159, 163, 273, 295-297 ; notre commentaire donne, dans chaque cas, les raisons de la transposition adoptée et, autant que possible, celle de la fausse place assignée à ces morceaux par l'éditeur antique. Il n'est pas impossible cependant que, dans certains cas, la transposition remonte même à une date plus ancienne, et que Plutarque l'ait trouvée déjà effectuée dans les manuscrits d'Héraclide ou de tel commentateur alexandrin qu'il avait sous les yeux.

Enfin, nous signalerons une grande transposition, déjà reconnue et corrigée par Westphal, celle des §§ 363-387 qui ont changé de place avec 329-362. Ici, l'on se retrouve, semble-t-il, en présence d'une simple interversion de feuillets du Codex archétype, comme celle que Mauromnatès a si heureusement découverte dans le traité *De procreatione animae*. *Interversion de feuillets.*

* * *

Nous en avons dit assez pour faire apprécier au lecteur à la fois l'intérêt et la difficulté de la tâche que nous avons entreprise ; ce sont là deux titres à la bienveillance, nous dirons même volontiers à l'indulgence de la critique. Nous lui livrons l'œuvre de trois années avec la conscience de n'y avoir épargné ni le temps ni la peine ; à elle de juger s'ils n'ont pas été perdus et si le *Dialogue sur la Musique* sort de nos mains amélioré dans quelques-unes de ses parties et éclairé dans quelques autres : c'est à ce résultat que s'est borné notre ambition.

Théodore R<small>EINACH</small>.

APPENDICE

A. MANUSCRITS

Manuscrits de Paris.

A (A de Wyttenbach et de Westphal). *De Mus.* : 2ᵉ partie, folios 103-107.

Daté de 1296.

Fonds grec 1671. Comprend la plus grande partie des œuvres de Plutarque (Vies et Morales) ; les œuvres morales, qui viennent en second lieu, ont une pagination distincte. In-folio parchemin, sur deux colonnes ; écriture fine, serrée, régulière, mais obscurcie par une multitude d'abréviations et de ligatures ; l'*iota* muet est tantôt souscrit, tantôt supprimé. Provient des bibliothèques de Jean Lascaris et du cardinal Ridolfi [1].

Collationné par Th. Reinach.

E R[egius] 1 de Burette, E de Wyttenbach, D? de Westphal). *De Mus.* : folios 610-618.

Fin du xivᵉ siècle (?).

Fonds grec 1672. Œuvres complètes de Plutarque. In-folio parchemin, sur deux colonnes ; écriture magnifique, comme moulée. Provient de la Bibliothèque du Sérail (à la première et à la dernière page il porte le sceau des empereurs ottomans) ; acquis en 1687, avec quatorze autres manuscrits grecs et un latin, par Girardin, ambassadeur près la Porte, pour la somme totale de 1,671 livres [2]. Le ms. E, comme l'a déjà

---

1. Voir le Πίναξ τῶν βιβλίων τοῦ Λασκάρεως, publié par K.-K. Müller (*Centralblatt für Bibliothekswesen*, 1884, I, p. 408 et l'inventaire des manuscrits de Jean Lascaris, publié par P. de Nolhac (*Mélanges de l'École de Rome*, 1886, t. VI, nᵒ 27. La cote ancienne donnée dans ce dernier inventaire (« nᵒ 36 della 12 » se retrouve tracée de la main de Mathieu Devaris sur le feuillet de garde de notre manuscrit Renseignements de M. H. Omont.

2. Cp. lettre de Girardin à Louvois du 10 mars 1687 (ms. français 7168, fol. 84 vᵒ-86), note de Louvois du 31 mai 1687 'ms. 7169, fol. 364 vᵒ), mention

remarqué Wyttenbach, est copié sur A, en le complétant par d'autres sources pour les dialogues qui manquent dans ce dernier par exemple, les *Questions de table*). En ce qui concerne le *De Musica* la copie est textuelle (sauf quelques étourderies) et, par conséquent, la valeur diplomatique de E nulle.

Collationné par Bernardakis, puis par Th. Reinach. Autrefois par Burette qui l'assigne au xiii° siècle.

Par[isinus] 3 R[egius] 3 de Burette, K de Wyttenbach [1], B? de Westphal, n° 109 de Jan [2]). *De Mus.* : folios 101 v°-116.

xv° siècle.

Fonds grec 2451. Manuscrit musical (*Harmoniques* de Ptolémée avec le commentaire du Ps. Porphyre, Plut. *De Musica*). Petit in-folio en papier, d'une écriture courante et vulgaire, peu d'*iotas* souscrits; les noms propres surlignés. Provient du fonds Médicis. Ce manuscrit paraît être une copie de F1 (Laur. 58, 29); en particulier, dans les deux manuscrits la particule γοῦν est toujours remplacée par οὖν.

Collationné par Th. Reinach. Antérieurement par Burette.

Par[isinus] 4 R2 de Burette, E? de Westphal, n° 114 de Jan), *De Mus.* : folios 181 v°-197 r°.

xvi° siècle (écrit par Michel Damascène).

Fonds grec 2456. Manuscrit musical *Musici scriptores* de Meibom, Ptolémée, Ps. Porphyre, Plut.). In-folio en papier; vilaine écriture criblée de fautes, souvent corrigées après coup. Provient de la bibliothèque de Fontainebleau (n° 2179). Jan voit dans notre manuscrit une copie de V3 Marcianus 322), opinion qui n'est pas suffisamment confirmée (en ce qui concerne le *De Musica*) par la collation partielle du manuscrit de Venise. Il semble bien plutôt que Par. 4 dérive de V1 [3], peut-être par un intermédiaire.

Collationné par Th. Reinach.

Par[isinus] 5 Z? de Westphal, n° 115 de Jan . Pages 295-321.

Daté de 1537, écrit par Ange Vergèce pour François Ier.

Fonds grec 2457. Manuscrit musical (même contenu que Par. 4). Petit in-folio en papier; écriture jolie et régulière, texte très fautif. Le

---

du paiement, 2 novembre 1687 *Comptes des bâtiments du roi*, éd. Guiffrey, II, col. 1200 . Voir Ansse de Villoison, *Notices et extraits des manuscrits*, VIII, 2e partie, pp. 1-32; H. Omont, *Missions archéologiques françaises en Orient aux* xviie *et* xviiie *siècles*, pp. 253-264. (Renseignements communiqués par H. Omont.)

1. Par moment Wyttenbach, trompé sans doute par ses notes, distingue K de Paris. 3.

2. *Musici scriptores græci* Leipzig, 1895 , p. xi suiv.

3. Cf. par exemple § 82 : V, Par. 3, 5 Ὑγινίδου; Par. 4 Ὑγριδοῦ.

copiste paraît avoir pris pour base le texte du Par. 4, en consultant de temps en temps un manuscrit de contrôle, peut-être A.

Collationné par Th. Reinach.

Manuscrits de Venise [1].

V1 ou simplement V[enetus] (n° 1 de Jan, n° XV de Studemund [2]. Folios 61 r°-77 v°.

Fin du xıı^e siècle.

Marcianus Append. VI, 10. Manuscrit musical (Ptolémée, Plut., partie de Porphyre, Arist. Quintilien, Anon. Bellermann, Bacchius, Denys, Hymnes). Petit in-folio parchemin, écrit sur deux colonnes [3]. Provient des bibliothèques Trevisani et Barbari (xve s.), puis du couvent Saint-Michel près Murano ; transféré à Venise en 1789. Le texte présente de l'analogie avec les Paris. 4 et 5 (ainsi, aux §§ 243-244, les trois manuscrits omettent les mots τῆς ὑπάτης · τῆς γὰρ μέσης ἡ παραμέση), mais est plus correct.

Collationné par Th. Reinach.

V[enetus] 2 (n° 180 de Jan, n° VII ou P de Studemund). Folios 175 r° et suiv.

Écrit par Jean Rhosos en 1455.

Marcianus 248. Œuvres morales de Plutarque. In-folio, parchemin ; pas d'*iotas* souscrits. Fils de R1 (Vat. 139).

Collationné par Studemund (les 8 premiers chapitres seulement).

V[enetus] 3 (n° 184 ou U de Jan, n° XIII ou K de Studemund). Folios 90 r° et suiv.

Écrit par le même Jean Rhosos avant 1472, probablement en 1449.

Marcianus 322 [4]. Manuscrit musical (Ar. Quintilien, Bryenne, Plut., Cléonide, Euclide, Aristoxène, Alypius, Gaudence, Nicomaque, Ptolémée, Ps. Porphyre). Grand in-4°, parchemin ; pas d'*iotas* souscrits. Provient de la bibliothèque du cardinal Bessarion. D'après Studemund ce manuscrit serait copié sur R2 (Vat. 186) ou sur un manuscrit semblable.

Collationné par Studemund (les 5 premiers chapitres).

---

1. Catalogue (de Zanetti), 1740, in-folio, 2 vol.
2. Les collations des manuscrits italiens par Marquard et Studemund sont consignées à la fin du livre *De vi atque indole rhythmorum* de G. Amsel, pp. 156 suiv.
3. Voir un échantillon de l'écriture dans Jan, pl. II.
4. Le « Marc. 250 », que Wyttenbach dit avoir collationné pour le *De Musica*, ne renferme pas notre dialogue.

Manuscrit de Bologne.

Bo[noniensis] (Z de Studemund) [1].

xvi⁰ siècle.

Bon. 2048. Manuscrit musical *variorum* en 5 volumes. Le *De Musica* se lit au premier volume.

Manuscrits de Florence [2].

F[lorentinus] 1 (n⁰ 26 de Jan, n⁰ X ou F de Studemund). *De Mus.* : folios 304 r⁰-312 r⁰.

xv⁰ siècle.

Laurentianus plut. LVIII, cod. 27. Manuscrit miscellané (opuscules de Planude, Psellus, etc., Ptol. Harm., partie du Ps. Porphyre, Plut. . In-8⁰, papier, caractères très fins. Frère ou père de Par. 3, fils d'un manuscrit semblable à R3 Vat. 192 .

Collationné par Studemund (les 19 premiers chapitres).

F[lorentinus] 2 (n⁰ 27 de Jan, n⁰ I ou A de Studemund . Folios 41 r⁰ et suiv. (Ancienne pagination ; pp. 38-43, Bandini .

xiv⁰ siècle.

Laurentianus, plut. LIX, 1. Manuscrit miscellané (œuvres de Platon, Théon de Smyrne, Plutarque). Grand in-folio, « bombycin » ; écriture fine et assez effacée; nombreuses ligatures et abréviations ; emploi capricieux de l'*iota* souscrit. Quelques notes marginales (σῆ) pour signaler les passages remarquables. F2 marche souvent d'accord avec V1 et son groupe; mais il a aussi quelques leçons qui lui sont particulières et excellentes (§ 81, ὅ τινες ; § 123, καὶ Στησιχόρειος ; § 221, ὑπάτης) et une glose bizarre insérée dans le texte (§ 221).

Collationné par Marquard pour Studemund et de nouveau par Th. Reinach.

F[lorentinus] 3 (n⁰ 28 de Jan). *De Mus.* : folios 225 r⁰-234 r⁰.

xiv⁰ siècle.

Laurentianus, pl. LXXX, 5. Œuvres morales de Plutarque. Grand in-4⁰, en papier. Bonne écriture, peu d'abréviations, peu d'*iotas* muets. Les noms propres sont surlignés. F3 est sûrement un fils de R1, dont il reproduit les moindres bévues, en y ajoutant quelques-unes de son cru. La copie paraît avoir été faite avant la dernière revision de R1, car au § 206, où R1 portait primitivement οὔτ' ἀπειρία et où ἀγνοία a ensuite

---

1. Studemund désigne par la même lettre le Neap. III C1.
2. Catalogue par Bandini, 1764, 3 vol. in-folio.

été rajouté en surcharge, d'une encre plus noire, F3 porte simplement
οὔτ' ἀπειρια.

Collationné par Th. Reinach.

F[lorentinus] 4 (n° 29 de Jan, n° IV ou M de Studemund. *De Mus.* : folios 115 v°-126 r°.

Fin du xv° siècle.
Laurentianus, pl. LXXX, 21. Choix d'œuvres morales de Plutarque. Petit in-folio, papier. D'après Studemund, copie de R4 (Vat. 1013). Non collationné.

F[lorentinus] 5 (n° 30 de Jan, n° VI ou L de Studemund). *De Mus.* : folios 185 v°-201 r°.

xiv° siècle.
Laurentianus, pl. LXXX, 22. Choix d'œuvres morales de Plutarque. In-4°, « bombycin », de la bibliothèque de Philelphe. Serait d'après Studemund (qui en a collationné les 19 premiers chapitres) une copie de R1 (Vat. 139), mais au § 141 le reviseur a corrigé un mot (στέλλεσθαι en φέρεσθαι) d'après R4 (Vat. 1013).

F[lorentinus] 6 (n° 31 de Jan, n° IV ou Y de Studemund). *De Mus.* : folios 70 r°-90 v°.

xv° ou xvi° siècle.
Laurentianus, pl. LXXX, 30. Choix d'œuvres morales de Plutarque. In-8°, papier. D'après Studemund, qui l'a collationné, copie incorrecte de F4. La copie a dû être faite avant la revision de F4 (§ 50 : μεμισημένος F6 = F4, première main).

F[lorentinus] 7. (Mss. acquisiti, n° 40 = Vitelli, *Studi italiani di filologia*, I, p. 199).

xvi° siècle.
Manuscrit musical (Plutarque, Pseudo-Porphyre). Non collationné.

Manuscrits de Rome.

R[omanus] 1 (n° 146 de Jan, n° V ou V de Studemund). *De Mus.* : folios 246 r°-255 r°.

xiii° siècle.
Vaticanus 139. Œuvres diverses de Plutarque. In-folio, parchemin, sur deux colonnes ; donne constamment l'*iota* souscrit. D'après Studemund, ce manuscrit corrigé par une main contemporaine (V³ de Studemund) est le frère de V2, très probablement de F5 et peut-être de N1. J'ai constaté, en outre, qu'il est sûrement le père de F3.

Les dix-neuf premiers chapitres collationnés par Studemund, le reste par Th. Reinach.

R[omanus] 2 (n° 148 *a* de Jan, n° XII ou Q de Studemund). *De Mus.* : folios 86 r° suiv.

xiv° siècle, seconde moitié.
Vaticanus 186. Manuscrit musical (Ptolémée, Plutarque, Pseudo-Porphyre, etc.). Petit in-4°, « bombycin ». D'après Studemund serait le père de V3 et sans grande valeur.
Studemund a collationné les 5 premiers chapitres.

R[omanus] 3 (n° 149 *a* de Jan, n° IX ou R de Studemund. *De Mus.* : folios 214 v°-221 v°.

xiv° siècle.
Vaticanus 192. Manuscrit musical (Psellus, Euclide, Ar. Quint., fr. de Théon, Ptol., Plut. tableaux). In-folio, bombycin (?). Pas d'*iotas* souscrits, beaucoup de fautes d'accent. D'après Studemund proche parent de F1 (qui pourrait être son « neveu ») et s'accorde, en général, avec R1, F5, V2, N1. J'ai constaté de remarquables concordances avec V1 (par exemple § 305, vers 9).
Collationné par Franz, dont les notes ont été utilisées par Volkmann, et par Studemund (8 chapitres seulement). Partiellement revisé (chapitres 9-21, 26-30) par Th. Reinach.

R[omanus] 4 n° 133 de Jan, n° II ou N de Studemund. *De Mus.* : folios 299 v°-308 r°.

Fin du xiii° siècle.
Vaticanus 1013. Œuvres diverses de Plutarque. Grand in-4°, bombycin (?). Pas d'*iota* souscrit. D'après Studemund, original de F4 et utilisé par le correcteur de F5 § 141.
Collationné par Studemund (les 20 premiers chapitres).

R[omanus] 5 (n° 138 *a* de Jan, n° XVI de Studemund). *De Mus.* : folios 4 v°-14 v°.

xv°-xvi° siècle, copié par Scipio Carteromachus.
Vaticanus 1374. Manuscrit miscellané (Nic. Grég., Plut., etc.). In-8°, papier. Provient de la bibliothèque de Fulvio Orsini.
Non collationné.

R[omanus] 6 ou Barb[erinus] (n° XIV ou B de Studemund. *De Mus.* : pp. 271-294.

xvi° siècle.
Barberinus 270. In-folio, papier. Le copiste a dû consulter plusieurs manuscrits, mais son travail pullule de fautes grossières.
Collationné par Studemund.

Manuscrits de Naples [1].

N[eapolitanus] 1 n° 75 de Jan, Z de Studemund). *De Mus.* : folios 91 r° et suiv.

xv° siècle, œuvre d'un copiste Pierre.

Neap. III C1 Cyrillus, II, p. 339). Petit in-folio en papier et parchemin. Manuscrit musical (Nicomaque Arithm., Plut., Ptol. Harm., Ps. Porph., Ar. Quint., Anon. Bell., Bacchius, Denys, Hymnes). Peu d'*iotas* souscrits, beaucoup de *ny* euphoniques inutiles; corrections d'accents par une main contemporaine. Jan voit dans ce manuscrit un petits-fils de V1. Un dérivé de notre manuscrit se trouve à Modène (Jan).

Collationné par Studemund (les 8 premiers chapitres).

N[eapolitanus] 2 n° 77 de Jan . *De Mus.* : folios 52-68.

Fin du xv° siècle, de plusieurs mains.

Neap. III C3 (Cyrillus, II, p. 344). In-octavo, papier. Manuscrit musical (fr. du Ps. Porphyre, tableaux, Ptol. Harm., Plut., Théon, Nicomaque, etc.).

Manuscrit d'Oxford (Bibl. Bodléienne).

Oxon[iensis Bodleianus] misc. 200 (Cat. Coxe, pp. 756-757), folios 65-78.

Ms. miscellané du xvi° siècle, in-8°, papier Prodrome, Proclus, Psellus, etc.).

Manuscrit de Munich.

Mon[acensis] 215.

xv° siècle. In-4°, papier. Copie de V1.

Principaux manuscrits perdus.

Valg[ulianus].

Ms. utilisé par le traducteur Valgulius (1507).

P[etavianus].

Ms. du père Petau, dont les variantes sont consignées à la suite de l'édition Wechel (Francfort, 1599), reproduite dans les éditions de 1620

---

1. Catalogue par Cirillo, 1826, in-4°, 2 vol.

et de 1624. C'est d'après l'édition de 1624 que nous citons ces variantes. Ce manuscrit contenait « aliquot opuscula moralium ».

Stemma codicum [1].

1° Codices Plutarchiani.

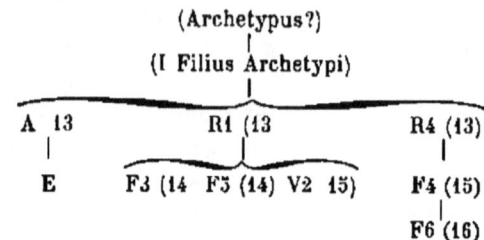

2° Codices musici.

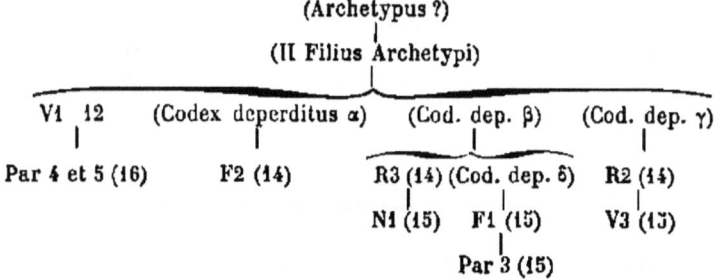

B. IMPRIMÉS.

Éditions et traductions spéciales du « De Musica ».

1507. Traduction latine par C. VALGULIUS, précédée d'une dissertation adressée à Titus Pyrrhinus. Brescia, 1507, in-folio. (Bibl. Mazarine 26234. Manque à la Bibl. nationale).

Cet opuscule a été réimprimé à Paris, en 1521, dans *Opuscula Plutarchi Cheronei... in officina Ascensiana*, in-folio [folios cv v°-cxv r°. Bibl. nat. inv. rés. J. 744 et 765. Graesse cite encore une réimpression de Paris (1517), une de Bâle chez Cratander (1530?) et une de Venise (1532).

La traduction de Valgulio a été reproduite dans le Plutarque d'Isengrin et dans celui d'Estienne (*Moralia latinè*, III, 509-536).

Valgulio a utilisé un manuscrit qui paraît aujourd'hui perdu. Son introduction est une compilation informe, d'après Pollux, Porphyre, etc.

1735. Texte, traduction française, remarques et épilogue, par

---

1. Les nombres entre parenthèses désignent les siècles.

P. J. Burette. Paris, impr. royale (1735), in-4° (Bibl. nat. Inv. V, 12214). Tiré à petit nombre (12 exemplaires, d'après la *Vie* de Burette, imprimée en tête du catalogue de ses livres).

Cet ouvrage est un tirage à part des mémoires de Burette, publiés dans les Mémoires de l'Académie des Inscriptions et Belles-Lettres, savoir : Tome VIII (1732). Pp. 27 suiv. Examen du traité de Plutarque sur la musique. Pp. 44 suiv. Observations touchant l'histoire littéraire du dialogue. Pp. 80 suiv. Analyse du dialogue. Tome X (1736). Pp. 112 suiv. Dialogue de Plutarque sur la musique, texte grec et traduction française. Pp. 180-310. Remarques sur le dialogue (divisées en alinéas numérotés. Tome XIII (1740). Pp. 173-316. Suite des remarques. Tome XV (1743). Pp. 293-394. Suite. Tome XVII (1751). Pp. 31-60. Fin. Pp. 61-126. Dissertation-épilogue, comparaison de la théorie de l'ancienne musique et de la moderne.

La traduction de Burette a été reproduite dans la réimpression du Plutarque d'Amyot, par Brotier (tome XXII).

Burette reproduit le texte de l'édition Wechel (1599), mais note en marge des variantes tirées : 1° de trois manuscrits de Paris (Regius I, 1860 = E ; R2, 2179 = Par. 4 ; R3, 2717 = Par. 3) ; 2° des manuscrits de A(lde), B(ongars), P et au), T(urnèbe), V(ulcob), variantes fournies par les éditions de Francfort et de Paris ; 3° des notes manuscrites de Meziriac (*vide infra*). Ce sont surtout ces dernières qui donnent quelque valeur à l'édition de Burette, mais il a quelquefois oublié de faire remonter à Meziriac l'honneur des corrections qu'il lui empruntait.

Burette avait entrepris son travail pour tirer du dialogue « une preuve convaincante et sans réplique de l'ignorance où étaient les anciens sur ce que nous appelons contrepoint ou musique à plusieurs parties » (*Mém. acad.*, VIII, 27). Le chapitre xix aurait dû lui prouver précisément le contraire, au moins en ce qui touche la musique à *deux* parties. Les Remarques très prolixes de Burette touchent, d'ailleurs, beaucoup plus à l'histoire littéraire qu'à l'histoire musicale et ont aujourd'hui perdu presque toute valeur. Les observations techniques témoignent d'une connaissance médiocre du sujet.

1856. Plutarchi *De Musica* edidit Ricardus Volkmann. Leipzig, Teubner, 1856, in-8°. (Texte, traduction latine, commentaire en latin, *epimetrum, indices.*)

Le texte est celui de Dübner (1841) avec quelques corrections conjecturales (rarement heureuses) et des variantes empruntées au Vat. 192 (R3), d'après la collation de Franz. Dans ses notes, Volkmann a réuni beaucoup de textes intéressants, mais il entend mal le sujet.

1865. Plutarch über die Musik von Rud. Westphal. Breslau, Leuckart, 1865, in-8°. (Texte, traduction allemande, commentaire jusqu'à notre § 104.)

L'*apparatus* critique est abondant, mais inexact et capricieux ; Westphal n'a même pas indiqué le sens des sigles employées. Plusieurs des corrections conjecturales, surtout des transpositions, sont brillantes ; d'autres inutiles ou téméraires. Le commentaire, inachevé et plein de hors d'œuvre, renferme des vues ingénieuses et profondes sur les sources et la composition du dialogue. Cf. encore Westphal, *Aristoxenos von Tarent*, II, pp. ccvii suiv. où Westphal a reproduit presque toute l'Introduction de son édition.

Éditions ou traductions générales de Plutarque ou des Œuvres morales de Plutarque, renfermant le « De Musica ».

1509 Édition princeps). Plutarchi opuscula LXXXXII...Venetiis mense martio MDIX, in aedibus Aldi et Andreae Asulani soceri, petit in-folio. [*De Mus.* : folios 652-666.]

Bibl. nat. Inv. Rés. J. 94. Exemplaire qui a appartenu successivement à A. et Et. Turnèbe et à G. Bourdelot ; il est chargé de notes marginales d'écritures diverses.

Le texte, établi (d'après les manuscrits de Venise de Bessarion, si l'on en croit Graesse) par Démétrius Ducas de Crète est médiocre et criblé de fautes typographiques.

1541. Ethica — in latinum conversa — a Iano Cornario recognita. Basileae, ap. M. Isengrinium. Réimprimée en 1555.

C'est une collection de traductions *Variorum*. L'édition originale est citée par Graesse ; *non vidi*. La réimpression est à la Sorbonne (LGh31). Le *De Mus.* (traduction de Valgulius) f° 19 v°-25 v° ; le commentaire f° 267 v°-270 r°.

1542. Plutarchi Chaeronei Moralia Opuscula, multis mendarum milibus expurgata. Basileae, Frœben et Bischof, 1542, in-folio. [*De Mus.* : p. 547-549.]

Bibl. de la Sorbonne, LGh30. Manque à la Bibliothèque nationale. Fabricius-Harless, V, 206, cite un exemplaire avec notes manuscrites à la bibliothèque de Leyde (Catal., p. 165, n° 128).

Reproduction du texte de l'Aldine avec quelques corrections.

1542-1551 (Œuvres morales). Lyon, Seb. Gryphius, in-8°, 3 vol. Latin seulement.

Citée par Graesse. *Non vidi*.

1570. Plutarchi Chaeronensis Moralia... Guilielmo Xylandro Augustano interprete. Parisiis, Iac. Dupuys (ou Basileae, Th. Guarinus), 1570, in-folio. [*De Mus.*: pp. 564[1]-575.]

---

1. Et non 504, comme le dit la Table.

Bibl. nat. Inv. Rés. J. 697.

Réimpressions : Bâle 1572 et 1579 ; Francfort 1592 (Wechel), 1603 et 1619 (Saur).

Le travail de Xylander est resté la base de toutes les traductions latines ultérieures. On lui doit aussi quelques bonnes corrections.

Xylander a donné aussi une édition grecque des Œuvres morales (Basileae, per Episcopium et Nicolai Fr[œben] heredes, 1574, in-fol.). Elle est citée par Fabricius-Harless, V, 206 et Graesse, V, 357. *Non vidi.*

1572. Plutarchi Chaeronensis quae extant opera, cum latina interpretatione... Henr. STEPHANI annotationibus... Paris et Genève, 1572, in-8° (vol. 1-3 Moralia graecè, 4-6 Vitae gr., 7-9 Moral. latinè, 10-12 Vitae lat., 13 Notae, Index.) [*De Mus.* : III, pp. 2072-2101 en grec, IX, pp. 509-536 en latin d'après Valgulius.]

Bibl. nat. Inv. Rés. J. 2056-2068. Le texte est celui de Bâle, les corrections peu nombreuses et souvent sans valeur.

1572. Les Œuvres meslées de Plutarque translatées de grec en français par Jacques AMYOT, évêque d'Auxerre. 1 tome en 2 volumes in-folio. Paris, Vascosan, 1572.

Fait suite à la 2ᵉ édition des *Vies* (Vascosan 1565, 1 tome en 2 volumes). Manque à la Bibl. nat. La 2ᵉ édition des *Morales* (Vascosan, 1574) avec la 3ᵉ des *Vies* (ib. 1567) forme 13 volumes in-8°, dont 7 (= 2 tomes), nᵒˢ 1-VII, pour les *Morales* [Bibl. nat. Inv. Rés. J. 2088-2094]. [*De Mus.* : VI, p. 813 v°-834 v°. Parmi les nombreuses réimpressions nous citerons seulement l'édition in-folio de 1582 (Paris, Macé, 2 vol. en 1 ; *De Mus.* : II, fol. 666 r°-674 v°) et l'édition in-8° de 1783-1787 (Paris, Cussac, 22 vol. avec notes de Brotier et Vauvilliers ; le *De Mus.*, dans la trad. de Burette, est au vol. XXII).

Amyot a utilisé quelques bonnes corrections, probablement de Turnèbe [1]. En tête de notre traité il écrit : « Ce traité n'appartient point ou bien peu [2] à la musique de plusieurs voix accordées ou entrelassées ensemble qui est aujourd'hui en usage, ains à la façon ancienne qui consistoit en la convenance du chant avec le sens et la mesure de la lettre, et la bonne grâce du geste; et le style ne semble point être de Plutarque. » C'est à ma connaissance le premier doute exprimé sur l'authenticité du traité.

1599. Plutarchi Chaeronensis quae extant omnia, cum latina interpretatione Cruserii et Xylandri... Francofurti, ap. Andr. WECHELI heredes Claud. Marnium et Jo. Aubrium. 1599. In-folio, 2 vol. [*De Mus.* : II, pp. 1131-1146.]

---

1. Cf. Blignières, *Essai sur Amyot* (Paris, 1851), p. 208 suiv.
2. Cette restriction est digne de remarque.

Bibl. nat. Inv. J. 698-706 (exemplaire incomplet, interfolié avec la trad. d'Amyot, éd. de Genève 1604). Sorbonne LGh29.

Réimpressions : Francfort, Wechel 1605 (Fabricius Harless); ibid., ex officina Aubriorum et Schleuchii 1620 (avec le traité *De Fluviis* d'après Maussac); Paris, Ant. Stephanus, 1624 (avec la vie de Plutarque par J. Rualdus); Leyde, Elzévir, 1653.

Le texte des *Morales* de Wechel est celui d'Estienne (c'est-à-dire à peu près celui de Bâle) ; la traduction et les notes sont de Xylander. L'appendice donne (pp. 77-78 et 80 de l'éd. de Paris) les variantes de divers manuscrits (Alde, Bongars, Petau, Turnèbe, Vulcob); celles du manuscrit Petau, aujourd'hui perdu, sont particulièrement intéressantes. — C'est d'après les pages et sous-pages (lettres) de l'édition Wechel que l'on cite ordinairement Plutarque. Nous les avons reproduites en marge de notre texte.

1603. Plutarch's Morals translated into english by Philemon HOLLAND. London, in-folio, 1603.

Réimprimé en 1657.

1684. Plutarch's Morals translated by several hands (M. Morgan, etc.). London, in-8°, 1684. 5 vol.

Réimpressions : 1691, 1694, 1704, 1718.

1778. Plutarchi Chaeronensis quae supersunt omnia graecè et latinè... rec. J. J. REISKE. Leipzig, Georg, 1774-1782. 12 vol. grand in-8° (1-5 Vitae, 6-10 Moralia, 11-12 Indices).

Le *De Mus.*, se lit au tome X (1778), pp. 648-701. Ce volume (et en général les cinq derniers) est l'œuvre de Hesler, Reiske étant mort en 1774. Les notes critiques ne donnent guère que les variantes du manuscrit de Petau et les conjectures de Xylander. Aucune trace de collation nouvelle.

1795. Œuvres morales de Plutarque, traduites par (l'abbé) D. RICARD. Paris, 1783-1794. 17 vol. in-12. [Le *De Mus.* dans le dernier volume.]

Plusieurs réimpressions. La traduction est assez fidèle et élégante, mais s'égare souvent dans les passages techniques.

1795 (?). Plutarchs moralische Abhandlungen, übersetzt von Jo. Fr. S. KALTWASSER. Francfort, 1783-1795, 6 vol.

Brunet donne 9 volumes, dont le dernier aurait paru en 1808.

1801. Plutarchi Chaeronensis quae supersunt omnia graecè cum adnot. var... opera Io. G. HUTTEN. Tübingen, Cotta, 1791-1801. 13 vol. in-8°.

Reproduction du texte de Reiske.

1800. Plutarchi Moralia graeca emendavit, notationem emendationum et latinam Xylandri interpretationem subjunxit... Dan. WYTTENBACH. Oxford, 1795-1830, in-8°. 8 tomes (en 9 ou 15 vol.) : 1-5 texte, 6-7 commentaire inachevé, 8 *Index graecitatis*.

Le *De Mus.* se lit au tome V (1800), pp. 623-689. Le texte en est fondé sur l'apparat de Burette, un Venetus inexactement coté 250 et les mss. E et K (Par. 3) de Paris, très mal collationnés pour Wytt. (cf. tome I, p. CLXXI). Pas de commentaire. On doit à Wytt. la division (très défectueuse) en chapitres et quelques bonnes corrections conjecturales.

Réimpression : Leipzig, 1796-1834 (5 tom. en 10 vol.). L'index seul : Leipzig, 1835, 2 vol. L'édition stéréotype de Tauchnitz (Leipzig, 1815, 1820, 1829), 6 vol. in-16, reproduit le texte de Wyttenbach.

1827-1828 (?). Oposcoli morali di Plutarco... da Francesco AMBROSOLI. Milano, 1827, in-8°.

Je ne sais si cette collection comprend le *De Mus.*

1839. Plutarchi scripta moralia ex codd. quos possidet Regia bibliotheca omnibus ab Κόντῳ cum Reiskiana ed. collatis emendavit Fred. DÜBNER. Graecè et latinè. Paris, Didot, 1841. 2 vol. grand in-8°. [*De Mus.* : II, pp. 1382-1402.]

Un premier tirage avait paru en 1839 chez Béthune et Duckett. La collation de Kontos utilisée par Dübner est conservée à la Bibl. nat. Elle est très imparfaite. Dübner a sur plusieurs points amélioré le texte et la traduction de Wyttenbach.

1861. Plutarchs Werke...übersetzt von BAEHR, Reichhardt, Rosch und Schnitzer. Stuttgart, 1827-1861, in-16.

Le *De Mus.* se lit au tome L et dernier.

1868. Œuvres morales de Plutarque, traduites par V. BÉTOLAUD. Paris, Hachette, in-12, 1868-70.

1871. Morals of Plutarch... translated by several hands, under the direction of W. GOODWIN. London, 1871. 5 vol.

Réimpression : Boston, 1874.

1895. Plutarchi Chaeronensis Moralia recognovit Gregorius N. BERNARDAKIS. Lipsiae, Teubner, in-16, 1888-1896. [*De Mus.* : tome VI, 1895, pp. 487-530.]

Bern. a collationné E de Paris et Ven. 322 (cf. tome I, pp. XI et XIII). Il a proposé quelques conjectures d'inégale valeur.

Ouvrages divers.

Notes manuscrites de BACHET DE MÉZIRIAC (mort en 1638) sur le texte de Plutarque [1].

Le manuscrit, après avoir fait partie des cabinets des abbés Sevin et Sallier, est aujourd'hui à la Bibl. Nat. (Suppl. grec, n°⁸ 781-785). Les notes sur le *De Musica* se trouvent au volume 1 (781), pp. 176-189 et au volume 2 (782), pp. 322-325. Elles ont été utilisées, mais pas très complètement, par Burette.

Mériziac préparait une nouvelle traduction générale de Plutarque (voir son *Discours sur la traduction*, 1635); aussi ses notes visent-elles principalement les erreurs d'Amyot; mais elles renferment quelques corrections magistrales.

WYTTENBACH, *Lexicon Plutarcheum*, 1843.

WESTERMANN, *De Plutarchi vita et scriptis*. Lipsiae, 1855.

VOLKMANN (R.), *Leben, Schriften und Philosophie des Plutarch*. Berlin, 1869. Sur le *De Mus.*: pp. 170-179.

TREU, *Zur Geschichte der Ueberlieferung von Plutarchs Moralia*, programmes de Breslau, I (1877), II 1884.

FUHR, *Excurse zu den attischen Rednern*, dans *Rheinisches Museum*, Neue Folge, XXXIII (1878), pp. 565 suiv. Il est question du *De Mus.*, aux pp. 589 et suiv.

AMSEL G.), *De vi atque indole rhythmorum quid veteres iudicaverint* (Breslauer philologische Abhandlungen, I, 3, 1887), § 5 (p. 152 suiv.): *Ad Pseudo Plutarchum De Musica*.

WEISSENBERGER (B.), *Die Sprache Plutarchs von Chaeronea und die pseudo-plutarchischen Schriften*. Progr. du gymnase de Straubing, I (1895), II (1896). In-8°. Voir surtout pp. 82 suiv.

LALOY (L.). Quels sont les accords cités dans le chapitre XIX du Περὶ Μουσικῆς? *Revue de Philologie*, XXIII (1899), pp. 132 suiv. Anciennes gammes enharmoniques (*De Mus.*, chap. IX), ibid., pp. 238 suiv.

---

[1]. Nous rangeons cet ouvrage parmi les imprimés à raison de sa destination.

C. LOCI PLUTARCHI DE MUSICA [1]

Définitions élémentaires.

De animae procreatione in Timaeo, c. 27 (II, 1255 Didot).

Ἔστιν — ἁρμονία τὸ ἐκ φθόγγων καὶ διαστημάτων, καὶ φθόγγος μὲν ἓν καὶ ταὐτόν, διάστημα δὲ φθόγγων ἑτερότης καὶ διαφορά, μιχθέντων δὲ τούτων ᾠδὴ γίγνεται καὶ μέλος.

Platonicae quaestiones, III, 1, 7 (II, 1225 Didot).

La musique est l'art suprême selon Platon, car τὰ ἁρμονικὰ (γίνεται) τῶι κινουμένωι σώματι φωνῆς προσγενομένης.

Le son.

Platonicae quaestiones, VII, 9 (II, 1231 Didot).

L'air véhicule du son : ἔστι γὰρ ἡ φωνὴ πληγὴ τοῦ αἰσθανομένου δι' ὤτων ὑπ' ἀέρος (cf. *Quaest. conv.*, VIII, 3, 3 : ἡ δὲ φωνή, πληγὴ σώματος διηχοῦς).

Les intervalles.

De animae procreatione in Timaeo, c. 17 (II, 1248 Didot).

Ἔστι γὰρ διάστημα ἐν μελωιδίαι πᾶν τὸ περιεχόμενον ὑπὸ δυεῖν φθόγγων ἀνομοίων τῆι τάσει.

Le leimma.

De animae procreatione in Timaeo, c. 17-18 (II, 1248 suiv. Didot).

Résumé de l'enseignement pythagoricien (τῶν εἰωθότων ἐν ταῖς Πυθαγορικαῖς σχολαῖς λέγεσθαι) sur la question du *leimma*. Le *ton* est la différence entre la quinte et la quarte. Les harmoniciens croient pouvoir le diviser en deux parties égales ou demi-tons; les Pythagoriciens y ont renoncé et appellent λεῖμμα la plus petite des deux

---

[1]. Notre collection est plus complète que celle de Burette ; cependant nous n'avons pas cru devoir recueillir jusqu'à la moindre phrase où un terme musical quelconque est prononcé ; nous offrons au lecteur un choix abondant, non un *corpus*.

moitiés, ὅτι τοῦ ἡμίσεος ἀπολείπει ; pour eux donc la quarte vaut
deux tons plus un leimma. Les harmoniciens invoquent la sensation, les mathématiciens le raisonnement. Soient, en effet, démontrés les rapports 2 1 (octave), 3 2 (quinte), 4/3 (quarte, 9 8
(ton) : on peut les vérifier expérimentalement en comparant soit
les longueurs de deux *auloi* ἰσόκοιλοι, soit les poids tenseurs [1] des
cordes ; on a d'ailleurs $\frac{2}{1} \times \frac{3}{2} + \frac{4}{3}$ et aussi $\frac{3}{2} : \frac{4}{3} = \frac{9}{8}$. Or, le
rapport $\frac{9}{8}$ ne peut se diviser en deux moitiés égales, car entre
18 ($= 9 \times 2$) et 16 (8×2 le terme moyen est 17 et $\frac{18}{17} < \frac{17}{16}$.
Donc aussi le ton ne peut se diviser en deux intervalles égaux.
— Pour déterminer le *leimma* on prendra comme termes
extrêmes de la quarte les nombres 256 et 192. Intercalant deux
tons on obtient la succession 192 216 243 (Λ) 256. Le reste
256 243 (différence 13 est le λεῖμμα. Si l'on prend pour termes
extrêmes du tétracorde les nombres 216 et 288 et qu'on insère
les tons aux deux extrémités, la série sera 216 243 (Λ) 256 288.
L'excès 13 ($= 256 - 243$ est clairement plus petit que ($243 - 216$)
et à plus forte raison que ($288 - 256$. Donc la quarte vaut deux
tons plus un *leimma* et non pas deux tons et demi [2].

La succession des sons, l'emméleia.

De animae procreatione in Timaeo, IV, 5 II, 1241 Didot).

Un musicien ne crée pas le son et le mouvement, ἐμμελῆ δὲ
φωνὴν καὶ κίνησιν εὔρυθμον.

De virtute morali, c. 12 (I, 547 Didot).

La musique réalise τὸ ἐμμελές non pas en supprimant le grave
et l'aigu, mais en les tempérant. (Même idée, *De tranquillitate
animi*, c. 15 ; I, 574 Didot.)

Intervalles emmèles.

Quaestiones convivales, IX, 8 (II, 904 Didot).

---

1. Τῶν χορδῶν ἡ τῶι διπλασίωι κατατεινομένη βάρει τῆς ἑτέρας ὀξύτερον (φθέγξεται ὡς νήτη πρὸς ὑπάτην. Grossière erreur d'observation qui se retrouve chez Théon, c. 12 et ailleurs.
2. Pour toute cette démonstration cf. Ptolémée, *Harm.*, I, 10 ; Nicomaque, *Excerpta*, § 2 (p. 267, Jan) ; Anon. Vatic. in *Revue des études grecques*, X, 318 suiv.

En quoi les intervalles emmèles diffèrent-ils des consonants [1] ?

De animae procreatione in Timaeo, XVII, 7 (II, 1249 Didot).

L'intervalle emmèle est celui dont les sons, émis successivement, impressionnent agréablement l'oreille, mais émis simultanément, la froissent; dans l'intervalle consonant, ils la réjouissent dans les deux cas.

De defectu oraculorum, c. 36 (I, 522 Didot).

Dans l'ἡρμοσμένον il y a cinq positions de tétracordes, cinq intervalles μελῳδούμενα [2].

Les consonances.

De amicorum multitudine, c. 8 (I, 115 Didot).

L'harmonie instrumentale réalise la consonance avec des sons opposés, grâce à une sorte de similitude entre l'aigu et le grave [3]; dans l'harmonie de l'amitié, tout doit être égal et pareil.

Conjugalia praecepta, c. 11 (I, 163 Didot).

Quand on produit ensemble deux sons consonants, c'est le plus grave qui donne le chant [4]; de même dans le mariage, l'accord doit régner en tout, mais la volonté du mari doit prédominer.

Quaestiones convivales, IX, 9 (II, 904 Didot).

Quelle est la cause de la consonance? Pourquoi, quand deux sons consonants sont émis ensemble, est-ce la mélodie du plus grave qui se produit?

Platonicae quaestiones, VII, 9 (II, 1231 Didot).

Les sons aigus sont rapides, les sons graves sont lents. Quand ils sont émis ensemble, les sons aigus frappent d'abord les sens; quand les aigus sont déjà expirants, le grave arrive à son tour et leur mélange δι' ὁμοπάθειαν produit le plaisir de la consonance.

---

1. D'après plusieurs théoriciens (Ptol., I, 4, 7; Porph., p. 328), l'intervalle emmèle est toujours exprimé par une fraction de la forme $\frac{n+1}{n}$. Cf. Gevaert, I, 100.

2. Voir plus loin, Nombre des consonances.

3. Δι' ἀντιφώνων ἔχει τὸ σύμφωνον. Nous ne croyons pas que ces termes soient pris ici dans leur sens rigoureusement technique et nous ne saurions accepter les conséquences que tirent de ce texte Wagener, *Mémoire sur la symphonie*, p. 24, et Gevaert, *Problèmes musicaux*, p. 159.

4. Cf. Ps. Aristote, *Probl.*, XIX, 12 et 49.

Nombre des consonances.

De E apud Delphos, c. 10 (I, 475 Didot).

Prédilection de la musique pour le nombre cinq. Il y a cinq consonances seulement, contrairement à l'opinion de ceux qui consultent la sensation, car ce sont les rapports numériques (simples) qui déterminent la consonance : 4 3 pour la quarte, 3/2 pour la quinte, 2/1 pour l'octave, 3/1 pour l'octave et quinte, 4/1 pour la double octave. Quant à la consonance d'octave et quarte, qu'introduisent les harmoniciens, elle sort de la mesure [1]. Il y a aussi 5 positions de tétracordes [2], 5 modes [3], 5 intervalles premiers [4] : diésis, demi-ton, ton, trihémiton, diton.

Relations numériques qui engendrent les consonances.

De stoicorum repugnantiis, XX, 4 (II, p. 1276 Didot).

...ἐκ νήτης καὶ ὑπάτης γίγνεται σύμφωνον.

Quaestiones convivales, III, 9, 1 (II, 798 Didot).

Les canoniciens (οἱ περὶ λύραν κανονικοί) disent que le rapport 3 2 produit la quinte, le rapport 2/1 l'octave, le rapport 4/3 la quarte (τὴν διὰ τεσσάρων ἀμυδροτάτην οὖσαν).

De animae procreatione in Timaeo, c. 12-15 (II, 1243 suiv. Didot.

Les Pythagoriciens appellent le nombre 5 τρόπος, ὅπερ ἐστὶ φθόγγος, οἰόμενοι τῶν τοῦ τόνου διαστημάτων πρῶτον εἶναι φθεγκτὸν τὸ πέμπτον [5] ; ils appellent 13 λεῖμμα ou δίεσις, 35 ἁρμονία ($= 6 + 8 + 9 +$

---

1. C'est la théorie pythagoricienne (Macrobe, *In somn. Scip.*, II, 1 ; Dionysios, § 29, p. 107 Bellermann), réfutée par Ptolémée (*Harm.*, I, 7) et écartée par Aristoxène (p. 20 Meib.).
2. Hypates, moyennes, conjointes, disjointes, hyperbolées.
3. Εἴτε τόνους ἢ τρόπους εἴθ' ἁρμονίας χρὴ καλεῖν. Les cinq modes primitifs sont probablement ceux qui ont donné leurs noms aux cinq tons les plus usuels (Aristoxène, p. 37 Meib.) : Hypodorien (Éolien), Mixolydien, Dorien, Phrygien, Lydien.
4. Τὰ μελῳδούμενα μόνα. Le mot est employé ici dans un sens restreint, familier à Aristoxène.
5. Le cinquième du ton? D'après la méthode d'Archytas l'intervalle entre la parhypate et la lichanos dans le genre enharmonique (petite diésis enharmonique) était exprimé par la fraction 36 : 35, qui correspond *à peu près* à un 5ᵉ de ton (le ton ayant pour expression $9/8 = 36/32$).

12). La quarte a pour expression 6/8, la quinte 6/9, l'octave 6/12, le ton 8/9. Ils représentaient le ton par le nombre 27 ; d'où le nom λεῖμμα pour 13, ἀπολείπει γὰρ μονάδι τοῦ ἡμίσεος [1]. La tétractys platonicienne doit être disposée ainsi :

$$\begin{array}{c} 1 \\ 2 \quad 3 \\ 4 \quad\quad 9 \\ 8 \quad\quad\quad 27 \end{array}$$

On y trouve les rapports des consonances, savoir : 2 : 1 (octave), 3 : 2 (quinte), 4 : 3 (quarte), 3 : 1 (octave et quinte), 4 : 1 (double octave); en outre, 9 : 8 (ton). Le total des nombres impairs donne 40 (= ton + leimma). On a aussi, en quadruplant les 4 premiers nombres, $40 = 4 + 8 + 12 + 16$; or, $16/12 =$ quarte, $16/8 =$ octave; $16/4 =$ double octave; $12/8 =$ quinte ; $12/4 =$ octave et quinte. — Les nombres 6 (hypate), 8 (mèse), 12 (nète), forment la proportion harmonique.

Harmonie simultanée.

Quaestiones convivales, IV, 1, 2, 7 (II, 803 Didot).

Dangers des mélanges. Ὅθεν που καὶ τὰς πολυχορδίας μετὰ πολλῆς οἱ μουσικοὶ κινοῦσιν εὐλαβείας, ⟨αἷς⟩ οὐδὲν ἄλλο κακὸν ἢ τὸ μικτόν ἐστι καὶ ποικίλον.

Noms des notes.

Quaestiones convivales, IX, 14, 3-4 (II, 909-910 Didot).

Pourquoi les anciens comptaient-ils trois Muses? Est-ce à cause des trois genres harmoniques (διάτονον χρωματικὸν ἐναρμόνιον), ou des trois sons limites [2], nète, mèse, hypate? Ces trois derniers noms sont ceux que les Delphiens donnaient aux Muses, οὐκ ὀρθῶς ἑνὶ μαθήματι, μᾶλλον δὲ μορίωι μαθήματος ἑνός, τοῦ μουσικοῦ τῶι γ' ἁρμονικῶι [3], προστιθέντες. — Un autre interlocuteur prétend que ces noms ne sont pas ceux des notes, mais des trois zônes entre lesquelles est divisé l'univers : hypate (étoiles fixes), mèse (planètes), nète (monde sublunaire).

1. Étymologie fantaisiste.
2. Οἱ τὰ διαστήματα παρέχοντες *an* περιέχοντες?) ὅροι.
3. Cf. Aristoxène, p. 2 Meib.

Platonicae quaestiones, IX, 1 II, 1233-1234 Didot).

Ὑπάτη signifie suprême : τὸ γὰρ ἄνω καὶ πρῶτον ὕπατον οἱ παλαιοὶ προσηγόρευον. Νεάτη signifie le lieu inférieur, les morts sont appelés νέρτεροι. — La mèse consonne à la quarte avec l'hypate, à la quinte avec la nète.

La mèse.

De virtute morali, c. 6 I, 539 Didot).

La vertu est une moyenne entre des extrêmes comme la mèse entre l'hypate et la nète.

Les genres.

Quaestiones convivales, IX, 7 II, 904 Didot).

Τίς αἰτία τῆς εἰς τριάδα διαιρέσεως τῶν μελῶν [1].

Le chromatique.

Quaestiones convivales, III, 1, 1 (II, 783 Didot).

La scène est chez l'harmonicien Ératon [2] qui donne un grand festin. Ammonios critique le luxe des couronnes; ce luxe l'étonne de la part d'un hôte qui blâme les *coloratures* (παραχρώσεις) [3] dans les airs et reproche à Agathon d'avoir le premier, dit-on, introduit et mêlé le chromatique dans la tragédie quand il fit jouer les *Mysiens* [4].

L'enharmonique.

Quaestiones convivales, VII, 8, 1 (II, 867 Didot).

Les dialogues de Platon sont dédaignés par ces efféminés, aux oreilles gâtées par l'ignorance, qui, comme le dit Aristoxène (fr. 74), vomissent de la bile quand ils entendent de l'enharmonique.

1. S'agit-il vraiment des 3 genres ou des 3 modes principaux (cf. le nome trimèle ou encore de la division triadique des odes chorales?
2. C'était aussi un citharède de profession (*ib.*, IX, 1, 2 et 14, 1).
3. Cf. Aristote, *Polit.*, VIII, 7 : τῶν μελῶν τὰ σύντονα καὶ παρακεχρωσμένα.
4. Cf. *De Mus.*, § 187 et la note.

Les modes.

De Pythiae oraculis, c. 18 (I, 491 Didot).

Pindare, à propos d'un mode (? τρόπου μελωιδίας, négligé de son temps, dit être embarrassé... (lacune) [1].

De audiendo, c. 15 (I, 56 Didot).

Euripide, faisant répéter un chant, entend rire un des choreutes : « Si tu n'étais pas insensible et ignare, dit-il, tu ne rirais pas quand je chante sur le mode mixolydien. »

De profectibus in virtute, c. 13 (I, 100 Didot).

On peut pécher par excès de roideur ou de mollesse ; Plutarque compare ces deux écueils à des ὑπερβολαὶ Δώριοι ἢ Λύδιοι.

Amatorius, c. 16, 12 (II, 927 Didot).

Τὰ βαχχικὰ καὶ κορυβαντικὰ σκιρτήματα τὸν ῥυθμὸν μεταβάλλοντες ἐκ τροχαίου καὶ τὸ μέλος ἐκ Φρυγίου πραΰνουσι καὶ καταπαύουσιν [2].

Les tons et les modulations.

De animae procreatione in Timaeo, c. 16 (II, 1248 Didot).

Dans une métabole harmonique (= changement de ton) le diagramme tout entier est surtendu dans la même proportion que le nombre initial.

De adulatore et amico, c. 11 (I, 67 Didot).

Un véritable ami est comme l'ἁρμονικός qui sait changer de ton à propos, le flatteur joue toujours la même gamme, ἀφ' ἑνὸς διαγράμματος.

De cohibenda ira, c. 1 I, 549 Didot).

Καθάπερ ἐν διαγραμμάτων μεταβολαῖς νῆταί τινες πρὸς ἑτέρας νήτας τάξιν ὑπάτων λαμβάνουσιν.

An seni sit gerenda respublica, c. 18 (II, 968 Didot).

Ὥσπερ γὰρ, εἰ καθῆκον ἦν ᾄδοντας διατελεῖν, ἔδει, πολλῶν τόνων καὶ

---

1. S'agit-il du style spondiaque ou du mode locrien ?
2. Cf. *De Mus.*, § 377.

τρόπων ὑποκειμένων φωνῆς, οὓς ἁρμονίας οἱ μουσικοὶ καλοῦσι [1], μὴ τὸν ὀξὺν ἅμα καὶ σύντονον διώκειν γέροντας γενομένους, ἀλλ' ἐν ὧι τὸ ῥάιδιον ἔπεστι μετὰ τοῦ πρέποντος ἤθους, etc.

L'exécution musicale.

Quaestiones convivales, VIII, 9, 3, 9 (II, 893 Didot).

Ῥυθμοὶ καὶ ἁρμονίαι λόγους ἔχουσιν · ἃ δὲ πλημμελοῦσιν ἄνθρωποι περὶ λύραν καὶ ὠιδὴν καὶ ὄρχησιν, οὐκ ἄν τις περιλάβοι.

Musique chorale.

De communibus notitiis, XIII, 4 (II, 1303 Didot).

... χοροῦ μέν ἐστιν ἐμμέλεια, μηθενὸς ἀπᾴδοντος ἐν αὐτῶι.

Des instruments.

Platonicae quaestiones, IX, 2 (II, 1234 Didot).

Dans la lyre l'hypate occupe la place suprême (τὸν ἀνωτάτω καὶ πρῶτον τόπον), dans la flûte la plus basse (τὸν κάτω καὶ τὸν τελευταῖον). La mèse, à quelque endroit de la lyre qu'on la place (?), si on l'accorde, sonnera plus grave que la nète, plus aigu que l'hypate.

La lyre.

De Iside et Osiride, c. 55 (I, 456 Didot).

Légende de Coptos : Hermès ayant enlevé les nerfs de Typhon s'en sert comme de cordes (pour la lyre).

De educatione puerorum, c. 13 (I, 10 Didot).

On relâche (de temps à autre) les cordes de la lyre pour mieux les tendre ensuite.

Instituta Laconica, c. 17 (I, 294 Didot).

Anecdotes sur les démêlés des éphores avec Terpandre et Timothée.

De profectibus in virtute, c. 13 (I, 100 Didot).

---

[1]. Jamais dans un langage technique le ton (échelle de transposition) ne s'est appelé ἁρμονία.

Les éphores laissent à Phrynis le choix des deux cordes à couper [1].

De Alexandri seu virtute seu fortuna I, c. 10 (I, 406 Didot).

On offre à Alexandre la lyre de Pâris. Il la refuse. N'a-t-il pas celle d'Achille ?

De Pythiae oraculis, c. 16 I, 490 Didot).

Le plectre d'or consacré à Apollon par les Mégariens.

De genio Socratis, c. 20 (I, 712 Didot).

Peut-on prétendre que le musicien qui sait se servir de la lyre relâchée ne le pourra plus ὅταν συστῆι τοῖς τόνοις ἢ καθαρμοσθῆι?

Quaestiones convivales, II, 1, 8 (II, 767 Didot).

Bon mot de Démosthène de Mitylène à un mélomane : ἂν πρῶτον τὴν κιθάραν δήσηις.

Praecepta gerendae reipublicae, c. 6 (II, 980 Didot).

Ὥσπερ οἱ μουσικοὶ τὴν θίξιν ἀξιοῦσι τῶν χορδῶν ἠθικὴν καταφαίνεσθαι, μὴ κρουστικήν [2]...

De unius in republica dominatione, c. 4 (II, 1008 Didot).

Ὥσπερ οὖν ὁ ἁρμονικὸς καὶ μουσικὸς ἀνὴρ παντὶ μὲν ὀργάνωι χρήσεται προσωιδῶι τεχνικῶς ἁρμοσάμενος, καὶ λόγωι κρούων ἕκαστον, ὡς πέφυκεν ἐμμελὲς ὑπηχεῖν · ἤδη μέντοι συμβούλωι Πλάτωνι χρησάμενος [3], πηκτίδας, σαμβύκας καὶ ψαλτήρια πολύφθογγα καὶ βαρβίτους καὶ τρίγωνα παραπέμψας, τὴν λύραν καὶ τὴν κιθάραν προτιμήσει (κτλ.).

La flûte.

Vie d'Alcibiade, c. 2 (I, 230 Didot.

Alcibiade enfant avait de l'aversion pour l'étude de la flûte : 1° parce qu'elle déforme les traits du visage ; 2° parce que, à la différence de la lyre, elle ne permet pas de chanter en s'accompagnant. « Bon pour les Thébains ! mais nous adorons Athéna qui a jeté la flûte et Apollon qui a écorché le flûtiste. » Par son

---

1. Cf. *Apopht. Laconica, Emprepes*, I, 270 Didot et *ibid.*, mots anonymes, n° 30, p. 288, ψάλτην ἐπιδημήσαντα ἐζημίωσαν, ὅτι δακτύλοις κιθαρίζει.
2. Cf. *De Musica*, § 361.
3. *Resp.*, p. 399 D.

influence sur la jeunesse, l'exercice de la flûte fut décrié et les hommes libres l'abandonnèrent [1].

Quaestiones convivales, III, 8, 2 (II, 797 Didot).

La thrénodie et la flûte ἐπικήδειος émeuvent au début la passion et font couler les larmes, peu à peu elles calment la douleur.

De E apud Delphos, c. 21 (I, 481 Didot).

La flûte a été d'abord exclusivement employée au deuil et aux chants lugubres : c'est plus tard seulement qu'on a osé la mêler à la joie et à toute espèce de sentiment.

De audiendo, c. 7 (I, 50 Didot).

Τῶν ὑπὸ αὐλὸν ᾀδόντων αἱ πολλαὶ τοὺς ἀκούοντας ἁμαρτίαι διαφεύγουσιν [2].

Conjugalia praecepta, prooem. (I, 163 Didot).

Ἕνα τῶν αὐλητικῶν νόμων Ἱππόθορον ἐκάλουν, μέλος τι τοῖς ἵπποις ὁρμῆς ἐπεγερτικόν, κτλ.

Septem sapientum convivium, c. 5 (I, 178 Didot).

Les fabricants de flûtes, au lieu d'os de cerfs, emploient des os d'ânes, qu'on prétend plus sonores.

Quaestiones Romanae, 55 (I, 342 Didot).

Sur une fête où les joueurs de flûte se promenaient publiquement en vêtements de femme.

Quaestiones graecae, 28 (I, 366 Didot).

Sur un temple de Ténédos où il est défendu aux joueurs de flûte d'entrer.

De cohibenda ira, c. 6 (I, 552 Didot).

Athéna, avertie par un satyre, jette les flûtes qui déformaient son visage. Plus tard, ὁ Μαρσύας φορβειᾶ τινὶ καὶ περιστομίοις τοῦ πνεύματος τὸ ῥαγδαῖον ἐγκαθεῖρξε, καὶ τοῦ προσώπου κατεκόσμησε καὶ ἀπέκρυψε τὴν ἀνωμαλίαν ·

χρυσῶι δ' αἰγλήεντι συνήρμοσεν ἀμφιδασείας
κόρσας, καὶ στόμα λάβρον ὀπισθοδέτοισιν ἱμᾶσιν.

---

1. Cf. Aristote, *Polit.*, VIII, 6.
2. Cf. Ps. Aristote, *Prob.*, XIX, 43 : ἔτι ὁ μὲν αὐλὸς πολλὰ — συγκρύπτει τῶν τοῦ ᾠδοῦ ἁμαρτημάτων.

Quaestiones convivales, II, 4 (II, 773 Didot).

Καὶ τὸν αὐλὸν ἡρμόσθαι λέγουσι, καὶ κρούματα τὰ αὐλήματα καλοῦσιν, ἀπὸ τῆς λύρας λαμβάνοντες τὰς προσηγορίας.

Aristophanis et Menandri comparatio, c. 2 (II, 1040 Didot).

Ἐὰν δέ τινος ἄρα τερατείας εἰς τὸ πρᾶγμα καὶ ψόφου δεήσηι, καθάπερ αὐλοῦ πάντρητον ἀνασπάσας [1], ταχὺ πάλιν καὶ πιθανῶς ἐπέλαβε [2] (Ménandre), καὶ κατέστησε τὴν φωνὴν εἰς τὸ οἰκεῖον.

La syringe.

De cohibenda ira, c. 6 (I, 552 Didot).

Γαΐωι Γράκχωι τῶι ῥήτορι — διηρμοσμένον ἦν συρίγγιον, ὧι τὴν φωνὴν οἱ ἁρμονικοὶ σχολῆι ἐπ' ἀμφότερα διὰ τῶν τόνων ἄγουσι [3].

Le sistre.

De Iside et Osiride, c. 63 (I, 460 Didot).
Description et symbolisme de cet instrument.

Problèmes divers sur les instruments, etc.

Non posse suaviter vivi secundum Epicurum, c. 13 II, 1339 sq. Didot).

Épicure, partisan des spectacles, condamne, dans son Περὶ βασιλείας, l'usage de discuter à table (παρὰ πότον) des problèmes de musique et de philologie. Plutarque s'indigne : Κιθαρῳδῶν καὶ αὐλητῶν ἕωθεν ἀκροασόμενος εἰς τὸ θέατρον βαδίζεις, ἐν δὲ συμποσίωι Θεοφράστου περὶ συμφωνιῶν διαλεγομένου καὶ Ἀριστοξένου περὶ μεταβολῶν καὶ Ἀριστοφάνους περὶ Ὁμήρου τὰ ὦτα καταλήψηι... Quel concert a charmé Épicure et Métrodore plus que n'ont intéressé Aristote, Théophraste, Dicéarque et Hiéronyme οἱ περὶ χορῶν λόγοι καὶ διδασκαλιῶν, καὶ τὰ περὶ [4] αὐλῶν προβλήματα καὶ ῥυθμῶν καὶ ἁρμονιῶν ; οἷον, διὰ

---

1. Cf. les textes réunis *De Musica*, note 196.
2. ἐπέλαβε Emperius (*libri* ἐπέβαλε).
3. Cf. *Tib. Gracchus*, c. 2, où, au lieu du συρίγγιον, Plutarque nomme φωνασκικὸν ὄργανον, ὧι τοὺς φθόγγους ἀναβιβάζουσιν.
4. *Libri* δι'; correx.

τί τῶν ἴσων αὐλῶν ὁ στενότερος <ὀξύτερον, ὁ δ' εὐρύτερος> [1] βαρύτερον φθέγγεται · καὶ διὰ τί, τῆς σύριγγος ἀνασπωμένης πᾶσιν ὀξύνεται τοῖς φθόγγοις, κλινομένης δέ, πάλιν βαρύνεται [2] · καὶ συναχθεὶς πρὸς τὸν ἕτερον, βαρύτερον, διασχεθεὶς [3] δ' ὀξύτερον ἠχεῖ · καὶ δήποτε τῶν θεάτρων ἂν ἄχυρα τῆς ὀρχήστρας κατασκεδάσῃς ἢ χοῦν, ὁ ἦχος [4] τυφλοῦται · καὶ χαλκοῦν Ἀλέξανδρον ἐν Πέλληι βουλόμενον ποιῆσαι τὸ προσκήνιον οὐκ εἴασεν ὁ τεχνίτης, ὡς διαφθεροῦντα τῶν ὑποκριτῶν τὴν φωνήν · καὶ τί δήποτε τῶν γενῶν διαχεῖ τὸ χρωματικόν, ἡ δ' ἁρμονία συνίστησιν...

Physiologie musicale.

Quaestiones convivales, I, 7 (II, 757 Didot).

Οἱ μουσικοὶ γηρῶντες ὀξύτερον ἁρμόζονται καὶ σκληρότερον, οἷον ὑπὸ πληγῆς τῆς συντόνου φωνῆς ἐγείροντες τὸ αἰσθητήριον.

Ibid., VIII, 3 (II, 878 sq. Didot).

Pourquoi le son se fait-il mieux entendre la nuit que le jour?

Enseignement de la musique.

An seni sit gerenda respublica, c. 12 (II, 966 Didot).

Οἱ γράμματα καὶ μουσικὴν διδάσκοντες αὐτοὶ προανακρούονται καὶ προαναγινώσκουσιν ὑφηγούμενοι τοῖς μανθάνουσιν.

De stoicorum repugnantiis, XI, 4 (II, 1269 Didot).

D'après les stoïciens, les musiciens ordonnent à leurs élèves λύρισαι καὶ ᾆσαι sans se croire forcés d'ajouter ἐμμελῶς καὶ συμφώνως, et ils les châtient s'ils ne le font pas.

Histoire musicale.

De solertia animalium, c. 20 (II, 1192 Didot).

D'après Démocrite le chant humain a pour origine l'imitation du cygne et du rossignol.

---

1. *Suppl.* Rasmus, *contrà* Gevaert, *Problèmes musicaux*, p. 123.
2. *Libri* βαρύνει, corr. Rasmus. Le sujet est αὐλός.
3. *Libri* διαχθείς, corr. Madvig.
4. *Libri* λαός, corr. Reiske. *Alii aliter.*

De Iside et Osiride, c. 3 (I, 430 Didot).

Hermès passe pour avoir inventé la grammaire et la musique.

Ibid., c. 17 (I, 437).

Manéros prétendu inventeur de la musique.

Instituta Laconica, c. 16 (I, 294 Didot).

Les Spartiates employaient les rythmes ἐμβατήριοι dans les chœurs et au son de la flûte en marchant à l'ennemi [1]. Lycurgue associe la musique à l'éducation guerrière.

Ibid., c. 17.

Attachement des Lacédémoniens à l'ancienne musique. Anecdotes sur Terpandre et Timothée [2].

Regum apophthegmata. Archelai, IV (I, 211 Didot).

Anecdote sur Archélaos et sur Timothée.

Ibid., Epaminondae, XX (I, 233-234 Didot).

Son mot sur les aulètes Antigénidas et Tellên.

De Alexandri seu virtute seu fortuna, II, 1-2 (I, 409 suiv. Didot).

Anecdotes sur les rapports de différents musiciens avec des rois : Denys l'ancien et un citharède, Archélaos et Timothée, Atéas et l'aulète Isménias, Philippe et un ψάλτης, Alexandre et le citharède Aristonicos, Alexandre et l'aulète Antigénidas.

De se ipsum laudando, c. 1 (I, 652 Didot).

Vanité de Timothée après sa victoire sur Phrynis.

De sera numinis vindicta, c. 13 (I, 674-675 Didot).

Terpandre ; origine du dicton μετὰ Λέσβιον ᾠδόν.

Concours musicaux.

Quaestiones convivales, V, 2, 1 (II, 820 Didot).

Le concours musical de Delphes ne comportait d'abord que trois exercices : aulète pythique, citharistique, citharédie.

1. Cf. *Apopht. Laconica, Agesilas*, 36 (I, 257 Didot).
2. Cf. *De Mus.*, § 389.

Expression des sentiments par la musique.

De virtute morali, c. 4 (I, 537 Didot).

Les instruments musicaux (ψαλτήρια, λύραι, πηκτίδες, αὐλοί), quoique privés d'âme, partagent notre joie, notre tristesse, nos chants, nos voluptés. Mot de Zénon à ses disciples en allant entendre le citharède Amébée [1] : « Allons voir l'harmonie et le chant que peuvent émettre, sous l'empire de la règle et du nombre, des entrailles, des nerfs, du bois et des os. »

Quaestiones convivales, I, 5 (II, 753 suiv. Didot).

Discussion du thème : « L'amour enseigne la musique. » Un des convives analyse le livre de Théophraste sur la musique; ce philosophe la ramène à trois sources : λύπη, ἡδονή, ἐνθουσιασμός.

Pouvoir calmant de la musique.

De superstitione, c. 5 (I, 198 Didot).

Paraphrase du texte de Platon (*Timée*, 47 D) sur la mission calmante et régulatrice de la musique dans la nature humaine.

De virtute morali, c. 3 (I, 536 Didot).

Pythagore sachant que tout, dans l'âme, n'est pas raison, a recommandé l'emploi de la musique comme séductrice et comme adjuvante de la philosophie.

De Iside et Osiride, c. 80 (I, 469 Didot).

Les Pythagoriciens employaient les accords de la lyre avant de s'endormir, pour exorciser τὸ ἐμπαθὲς καὶ ἄλογον τῆς ψυχῆς.

Éloge de la musique sévère.

De Pythiae oraculis, c. 6 (I, 484 Didot).

Citation de Pindare, fr. 32 (également cité, *De anim. procr.*, c. 33) : Cadmus entend d'Apollon « μουσικὰν ὀρθάν », οὐχ ἡδεῖαν οὐδὲ τρυφερὰν οὐδ' ἐπικεκλασμένην τοῖς μέλεσιν [2].

---

1. Même anecdote, *De procr. anim.*, c. 33, etc.
2. Cf. *De Mus.*, § 204.

De superstitione, c. 3 (I, 196-197 Didot).

« Δικαίωι τῶι στόματι » τοὺς κιθαρωιδοὺς ἐκέλευον ᾄδειν οἱ τὴν νόμιμον μουσικὴν σώζειν δοκοῦντες.

Corruption de la musique.

Quaestiones convivales, IX, 15, 17-18 (II, 914 Didot).

Décadence et corruption de la danse. Καὶ γὰρ αὕτη καὶ πάνδημόν τινα ποιητικὴν προσεταιρισαμένη, τῆς δ' οὐρανίας ἐκπεσοῦσ' ἐκείνης, τῶν μὲν ἐμπλήκτων καὶ ἀνοήτων κρατεῖ θεάτρων, ὥσπερ τύραννος ὑπήκοον ἑαυτῆι πεποιημένη μουσικὴν ὀλίγου δεῖν ἅπασαν, τὴν δὲ παρὰ τοῖς νοῦν ἔχουσι καὶ θείοις ἀνδράσιν ὡς ἀληθῶς τιμὴν ἀπολώλεκε [1].

De esu carnium, II, 2 (II, 1219-1220 Didot).

Οὕτως ἀκοὴ νοσήσασα μουσικὴν διέφθειρεν, ἀφ' ἧς τὸ θρυπτόμενον καὶ θηλυνόμενον αἰσχρὰς ποθεῖ ψηλαφήσεις καὶ γυναικώδεις γαργαλισμούς.

De audiendis poetis, c. 4 (I, 23 Didot).

Dans l'histoire d'Aphrodite, Homère a voulu nous montrer qu'une mauvaise musique, des chants lascifs, des récits malhonnêtes pervertissent les mœurs et amollissent les caractères.

Quaestiones convivales, VII, 5 (II, 858 suiv. Didot).

Un joueur de flûte, amené au banquet, à force d'airs entraînants et lascifs finit par faire perdre toute retenue aux convives. Les plaisirs de l'oreille ne sont pas le privilège de l'homme. Mélodie, rythme, danse, chant, à travers les sens atteignent l'âme et la chatouillent. Danger des airs efféminés et des chansons voluptueuses. Le remède est dans la lecture des poètes sérieux.

La musique à table.

Quaestiones convivales, VII, 1 (II, 865 sq. Didot).

S'il faut admettre des joueurs de flûte dans un repas.

Quaestiones convivales, VII, 8, 4 (II, 868 Didot).

La cithare, depuis Homère, est associée aux festins. Supprimons seulement les accents lugubres et plaintifs. La flûte n'est pas moins indispensable pour accompagner les libations et le

---

[1]. Cf. Aristoxène, fragment 90 ; *De Mus.*, §§ 146, 262, 265.

péan ; mais que le musicien se modère et n'excite pas βόμβυξι καὶ πολυχορδίαις les esprits déjà échauffés par le vin. Exemple tiré des troupeaux qu'on éveille ou endort σιγμοῖς καὶ ποππυσμοῖς ἀμελέσιν ἢ σύριγξι καὶ στρόμβοις. On ne doit pas souffrir le jeu de la flûte ou de la lyre sans chant ou paroles ; Marsyas a été châtié pour avoir osé φορβειᾶι καὶ αὐλοῖς ἐπιστομίσας ἑαυτὸν ψιλῶι μέλει διαγωνίζεσθαι πρὸς ὠιδὴν καὶ κιθάραν.

Conjugalia praecepta, c. 38 (I, 170 Didot).

Plutarque (?) approuve Euripide d'avoir condamné l'usage de la lyre dans les festins ; c'est contre la colère et le deuil qu'il faut invoquer le secours de la musique.

(Cette opinion d'Euripide est au contraire combattue dans les *Quaest. conv.,* VII, 7, 7.)

Les animaux et la musique.

De solertia animalium, c. 3 (II, 1177 Didot).

On attire (κηλοῦσι) les cerfs et les chevaux avec les syringes et les *auloi.* On fait sortir les crabes de leurs trous en jouant du fifre (φώτιγξι). On fait monter l'alose sur l'eau en chantant et en battant des mains, etc.

Cf. encore sur ce sujet *Quaest. conv.,* VII, 5, et *Septem sap. conv.,* 19 (I, 193 Didot).

Harmonie de l'âme.

De animae procreatione in Timaeo, c. 3 (II, 1240 Didot.

L'âme, comme l'a montré Platon [1], est constituée suivant l'harmonie, elle n'est pas harmonie.

Harmonie des sphères.

De animae procreatione in Timaeo, c. 31-32 (II. 1258 suiv. Didot).

Plutarque énumère, d'après les Pythagoriciens, les relations numériques entre les volumes des astres, etc. La lune, après avoir traversé six signes du Zodiaque, se présente pleine comme une consonance d'octave ἐν ἑξατόνωι [2]. D'après les « Chaldéens »,

---

1. *Phaedo,* p. 92.
2. Les Pythagoriciens savaient cependant que l'octave ne vaut pas 6 tons.

les durées des saisons sont entre elles dans des rapports musicaux : printemps à automne = quarte, printemps à hiver = quinte, printemps à été = octave [1]. « Quelques-uns » rangent les astres dans l'ordre de la gamme : Terre proslambanomène [2], Lune hypate, Mercure diatonos, Vénus lichanos, Soleil mèse, Fixes nète. — D'autres distribuent les astres entre les tétracordes : Hypates (Lune à Soleil, Mercure et Vénus), Moyennes (Soleil, etc., à Mars), Conjointes (Mars à Jupiter), Disjointes (Jupiter à Saturne), Hyperbolées (Saturne aux Fixes [3]). — Dans un autre système on observe que les sons dits fixes (2 hypates, 3 nètes, 1 mèse, 1 paramèse) sont en nombre égal aux planètes ; par l'addition du proslambanomène (un ton au-dessous de l'hypate des hypates [4]), le système embrasse deux octaves, mais la quinte se trouve « contre nature » au-dessous de la quarte. Platon, au contraire, plaçait le proslambanomène à l'aigu [5].

Si les anciens théologiens ont placé des instruments de musique dans les mains des dieux, c'est pour indiquer que l'harmonie et la consonance sont œuvre divine par excellence. Mais il serait ridicule de chercher les rapports harmoniques dans le joug de la lyre, la carapace et les chevilles au lieu de les chercher dans les sons ; de même, il est probable qu'il existe des rapports mesurés entre les volumes, parcours et vitesses des astres, mais la mesure exacte nous en échappe.

---

1. D'après cela les durées seraient : été 6, hiver 8, automne 9, printemps 12. Les chiffres d'Euripide étaient quatre mois pour l'été et l'hiver, deux mois pour les deux autres saisons.

2. Ce mot est pris ici dans le sens (abusif) d'hyperhypate, car Plutarque ajoute que le soleil est à la quinte de la terre.

3. Plutarque paraît avoir cru que les tétracordes conjoint et disjoint se font suite !

4. Lire : Τόνωι διαφέροντα τῆς <ὑπάτων> ὑπάτης.

5. Le texte cité (*Resp.*, 617 B) ne prouve rien de semblable ; il paraît viser l'octocorde.

SIGNES CONVENTIONNELS ET ABRÉVIATIONS

[ ] Mots donnés par les manuscrits et que nous retranchons du texte.
< > Mots omis par les manuscrits et que nous insérons.
.... Lacune.
* Signale une leçon adoptée qui ne se trouve dans aucun manuscrit.
„....„ Morceau transposé.
(***) Signale une place occupée dans les manuscrits par un morceau que nous avons transposé ailleurs.
† Mot ou passage corrompu.
+ (Dans les diagrammes musicaux). Note surélevée d'un demi-dièze (quart de ton).

Les numéros de pages et les lettres marquant les subdvisions de pages placés en manchettes sont ceux de la vulgate (édition Wechel, 1599, 1620 et 1624). Les numéros de chapitres sont ceux de Wyttenbach. Les numéros de paragraphes insérés en caractères gras dans le texte sont nouveaux.

Libb. ou *codd.* = tous les manuscrits connus.
A = Parisinus 1671.
E = Parisinus 1672 (copie de A).
Par. 3 = Parisinus 2451 (K de Wyttenbach).
Par. 4 = Parisinus 2456.
Par. 5 = Parisinus 2457.
F1 = Laurentianus, pluteus 58, 29 (Florence).
F2 = Laurentianus 59, 1.
F3 = Laurentianus 80, 5.
F5 = Laurentianus 80, 22.

LXXII SIGNES CONVENTIONNELS ET ABRÉVIATIONS

F6 = Laurentianus 80, 30.
R1 = Vaticanus 139.
R2 = Vaticanus 186.
R3 = Vaticanus 192.
R4 — Vaticanus 1013.
Barb — Barberinus 270 (Rome).
V1 ou simplement V = Marcianus App. VI, 10 (Venise).
V2 = Marcianus 248.
V3 = Marcianus 322.
N1 = Neapolitanus III C1.
P = Petavianus, manuscrit aujourd'hui perdu de Petau, dont les leçons sont reproduites à la suite de l'édition Wechel.

Les noms des éditeurs sont ou écrits en toutes lettres ou désignés par les abréviations suivantes :

Al(de Manuce); St = Henri Estienne; Xy(lander); We(chel); Re(iske); Wy(ttenbach); Du(bner); Volkm(ann); Westph(al); Bern(ardakis).

De même pour les noms des traducteurs et commentateurs, nous avons employé quelquefois les abréviations :

Valg(ulius); Am(yot); Mezir(iac); Bur(ette).

La sigle *edd.* ou *vulg.* désigne la totalité ou la plupart des éditions consultées.

Dans les notes critiques les corrections particulièrement importantes sont signalées par des lettres espacées (pour le grec) et des *italiques*.

ΠΕΡΙ ΜΟΥΣΙΚΗΣ

ΠΕΡΙ ΜΟΥΣΙΚΗΣ

[Τὰ τοῦ διαλόγου πρόσωπα · Ὀνησικράτης, Σωτήριχος, Λυσίας.]

(1) Ἡ μὲν Φωκίωνος τοῦ Χρηστοῦ γυνὴ κόσμον αὐτῆς ἔλεγεν εἶναι τὰ Φωκίωνος στρατηγήματα · (2) ἐγὼ δὲ κόσμον ἐμὸν οὐ μόνον ἴδιον, ἀλλὰ γὰρ καὶ κοινὸν τῶν οἰκείων πάντων ἡγοῦμαι τὴν τοῦ ἐμοῦ διδασκάλου περὶ λόγους σπουδήν. (3) Τῶν μὲν γὰρ στρατηγῶν τὰ ἐπιφανέστατα κατορθώματα σωτηρίας μόνον οἴδαμεν τῆς ἐκ τῶν παραχρῆμα κινδύνων αἴτια γιγνόμενα στρατιώταις ὀλίγοις ἢ πόλει μιᾶι ἢ κἂν ἑνί τινι ἔθνει, βελτίους δ' οὐδαμῶς ποιοῦντα οὔτε τοὺς στρατιώτας οὔτε τοὺς πολίτας, ἀλλ' οὐδὲ τοὺς ὁμοεθνεῖς · (4) τὴν δὲ παιδείαν, οὐσίαν εὐδαιμονίας οὖσαν αἰτίαν τ' εὐβουλίας, οὐ μόνον ἔστιν εὑρεῖν ἢ οἴκωι ἢ πόλει ἢ ἔθνει χρησίμην, ἀλλὰ παντὶ τῶι τῶν ἀνθρώπων γένει. (5) Ὅσωι οὖν ἡ ἐκ παιδείας ὠφέλεια μείζων πάντων στρατηγημάτων, τοσούτωι καὶ ἡ περὶ *αὐτὴν *μνήμης ἀξία *σπουδή.

N. C. — INSCRIPTIO. Verba τὰ τοῦ διαλόγου, etc., modo adduntur in adnotationis modum (AE), modo desunt omnino (Par. 3, 4, 5, V, etc.). — **1.** αὐτῆς] Multi codd. (V1 et 3, F6, R2 et 3, Barb., N1 etc. αὐτῆς. — **2.** κοινὸν] P : κοινῶν. — **3.** οἴδαμεν om. P. — **4.** οὐσίαν] N1 : οὐσίας. — παντὶ τῶι τῶν ἀνθρώπων] Par. 3 om. τῶν. F1 : ἀνθρώπῳ. — **5.** ἡ περὶ αὐτὴν μνήμης ἀξία σπουδή] Codd. edd. : ἡ περὶ (om. Par. 3 αὐτῆς μνήμη ἀξία σπουδῆς. *Correximus.* Volkm. coni. : μᾶλλον ἀξία, sive ἀξιωτέρα.

1. Plutarque, *Vie de Phocion*, 19 : ἐμοὶ δέ, ἔφη, κόσμος ἐστὶ Φωκίων εἰκοστὸν ἔτος ἤδη στρατηγῶν Ἀθηναίων (voir aussi Stobée, LXXIV, 54 où les mss. ont Φίλωνος. D'après cette version la femme de Phocion était fière non des στρατηγήματα de son mari, mais de ses στρατηγίαι; il faut pourtant s'abstenir de corriger le texte du *De Musica;* de pareilles anecdotes, d'une

DE LA MUSIQUE

Personnages du dialogue : Onésicratès, Sotérichos, Lysias.

I. — *Préambule.*

Éloge de l'étude.

La femme de Phocion, surnommé l'Honnête, disait qu'elle avait pour parure les exploits militaires de son mari. Quant à moi, je regarde comme une parure, non seulement pour moi-même, mais pour tous mes familiers, le zèle de mon maître pour l'étude. Et, en effet, les succès les plus illustres des hommes de guerre se bornent, on le sait, à sauver d'un péril momentané quelques soldats, ou une seule ville, ou tout au plus un seul pays ; jamais ils n'ont rendu meilleurs ni les soldats, ni les habitants de la ville ou du pays. Mais l'instruction, qui est l'essence du bonheur et la source de la sagesse, ne limite pas son utilité à une maison, à une ville ou à un pays, mais l'étend au genre humain tout entier. Autant donc les avantages qu'on retire de l'instruction l'emportent sur tous les exploits militaires, autant le zèle qui a l'instruction pour objet est digne de mémoire.

authenticité douteuse (le mot de Cornélie est de la même famille), pouvaient être transmises sous plusieurs formes.

5. Cf. Xénophon, *Banquet*, 1 : τὰ μετὰ σπουδῆς πραττόμενα ἀξιομνημόνευτα εἶναι. Ce rapprochement et le rappel du mot σπουδή employé au § 2 justifient notre correction : c'est le zèle pour l'érudition qui est digne de mémoire, et non la mémoire de l'érudition qui est digne de zèle. — Quant à l'emploi de ἀξία pour ἀξιωτέρα après ὅσωι μείζων, c'est un prétendu hellénisme qui correspond à l'idiotisme inverse, beaucoup plus fréquent, τοσούτωι avec le comp. suivi de ὅσωι avec le positif (Thesaurus, col. 2297) ; nous n'en connaissons pas d'autre exemple et peut-être la correction de Volkmann devrait-elle être adoptée.

c. 2 (6) Τῆι γοῦν δευτέραι τῶν Κρονίων ἡμέραι ὁ καλὸς Ὀνησικράτης ἐπὶ τὴν ἑστίασιν ἄνδρας μουσικῆς ἐπιστήμονας παρακεκλήκει· (7) ἦσαν δὲ Σωτήριχος Ἀλεξανδρεὺς καὶ Λυσίας, εἷς τις τῶν σύνταξιν παρ' αὐτοῦ λαμβανόντων. (8) Ἐπεὶ δὲ τὰ νομιζόμενα συντετέλεστο·

« Τὸ μὲν αἴτιον τῆς ἀνθρώπου φωνῆς, ἔφη, ὅ τί ποτ' ἐστίν, ὦ D ἑταῖροι, νῦν ἐπιζητεῖν οὐ συμποτικόν· (9 σχολῆς γὰρ νηφαλιωτέρας δεῖται τὸ θεώρημα. (10) Ἐπεὶ δ' ὁρίζονται τὴν φωνὴν οἱ ἄριστοι γραμματικοὶ « ἀέρα πεπληγμένον αἰσθητὸν ἀκοῆι », 11) τυγχάνομέν τε χθὲς ἐζητηκότες περὶ γραμματικῆς, ὡς τέχνης ἐπιτηδείου ˙γράμμασι τὰς φωνὰς δημιουργεῖν καὶ ταμιεύειν τῆι ἀναμνήσει, (12) ἴδωμεν τίς μετὰ ταύτην δευτέρα πρέπουσα φωνῆι ἐπιστήμη· οἶμαι δ' ὅτι μουσική. (13) Ὑμνεῖν γὰρ εὐσεβὲς καὶ προηγούμενον

N. C. — 6. γοῦν] Par. 3, F1 : οὖν — ἑστίασιν] P : ἑστίαν. — παρακεκλήκει] P : παρεκεκλήκει. — 7. Λυσίας εἷς τις τῶν] τις om. F1, Par. 3. — Par. 4 : τις εἷς. — 8. ὦ ἑταῖροι] om. Par. 3. — P om. ὦ. — 10. ἄριστοι P : ἀόριστοι. — 11. τυγχάνομεν Bern. coni. : ἐτυγχάνομεν. — περὶ γρ.] F4 et 6 : περὶ τῆς γρ. — γράμμασι] libb. : γραμμαῖς, corr. Herwerden. — 12. AE : ἐπιστήμη.

---

6. Les Κρονία peuvent être une fête grecque : une fête de ce nom se célébrait à Athènes le 12 Hécatombéon, à Rhodes également en été, à Olympie le jour de l'équinoxe du printemps ; à Thèbes, elle était accompagnée d'un concours musical (Ps. Plut., *Vit. Hom.* A, c. 4). Mais nulle part il n'est dit que cette fête durât plusieurs jours, tandis que nous savons que les Saturnales romaines, beaucoup plus importantes, et toujours accompagnées de festins, duraient 3 jours au temps d'Auguste, 5 au temps de Caligula. Nous croyons donc qu'il s'agit ici des Saturnales romaines, dont la mode avait passé en pays grec et qui avaient sans doute absorbé les vieilles Κρονία. On se rappellera que le dialogue érudit de Macrobe a également pour cadre un banquet de Saturnales. La fête romaine commençait le 17 décembre; le banquet d'Onésicratès eut donc lieu le 18.

Sur la personne d'Onésicratès et les conclusions qui en ressortent pour l'authenticité et la date de notre dialogue, voir l'Introduction. Il va sans dire que le dîner offert par Onésicratès comportait d'autres convives que Sotérichos, Lysias et le narrateur : au § 15 l'amphitryon invitera les deux musiciens à faire part de leur savoir à *leurs* amis, τοὺς ἑταίρους.

10. Le mot φωνή, qui désigne primitivement la voix, le son émis par des êtres animés Aristote, *De anima*, II, 8, 9, p. 420 B s'est appliqué aussi, par la suite, au son des instruments, φωνὴ ὀργανική (Aristoxène, *Harm.*, p. 24 Meibom . Il est pris ici dans un sens assez général. La définition citée

II. — *Occasion et objet de l'entretien.*

Or donc, le deuxième jour des Saturnales, l'excellent Onésicratès avait invité, entre autres, au festin quelques amis savants en musique : c'étaient Sotérichos d'Alexandrie et Lysias, un de ceux qui recevaient de lui une pension. Quand les rites d'usage furent accomplis :

« Rechercher à cette heure, dit-il, quel est le principe de la voix humaine, ce serait là, mes amis, un sujet déplacé dans un banquet : cette étude exige plus de loisir et de sobriété. Mais puisque la voix est définie par les meilleurs grammairiens « une percussion de l'air, sensible à l'ouïe », et puisque le hasard a voulu qu'hier nous nous soyons occupés de la grammaire, considérée comme l'art de figurer par des lettres les sons de la voix et de les conserver pour la mémoire, voyons quelle est, après celle-ci, la deuxième science qui se rapporte à la voix. Je pense que c'est la musique. N'est-ce pas, en effet, un acte pieux, un devoir principal pour les hommes de célébrer par des chants les

Le dîner des Saturnales chez Onésicratès.

Allocution d'Onésicratès. La voix et les sciences qui s'y rapportent : grammaire, musique.

---

concorde presque littéralement avec celle que donnait Diogène de Babylone, chef de l'école stoïcienne vers le milieu du IIᵉ siècle et auteur d'une τέχνη περὶ φωνῆς : Ἔστι δὲ φωνὴ ἀὴρ πεπληγμένος ἢ τὸ ἴδιον αἰσθητὸν ἀκοῆς, ὥς φησι Διογένης ὁ Βαβυλώνιος (Diogène Laërce, VII, 55). Cette définition manque dans l'utile compilation de Ch. Johnson (*Musical pitch and the measurement of intervals among the ancient Greeks*, Baltimore, 1896) où l'on trouvera réunies (p. 6 suiv.) plusieurs autres définitions de la voix ou du son (ψόφος), plus ou moins analogues à la nôtre (Platon, *Timée*, p. 67 B ; Aristote, *De anima*, II, 8, 11, p. 420 B ; Adraste ap. Théon de Smyrne, p. 50 Hiller ; Plutarque, *Quaest. Platon.*, VII, 9 ; Ptolémée, *Harm.*, I, 1 ; Nicomaque, *Enchir.*, c. 4 ; Aristide Quintilien, I, 4).

11. Les anciens ne se sont jamais affranchis, dans leurs définitions de la grammaire, de la conception primitive renfermée dans l'étymologie du mot γραμματική. On peut voir dans le *Cratyle* de Platon (p. 318 Didot) des idées analogues à celles qui sont indiquées ici : les syllabes et les lettres servent à imiter l'essence des choses, à refléter leur image ; celui qui les combine est un δημιουργός ὀνομάτων, etc.

12. Ce parallèle entre les deux sciences du son, grammaire et musique, remonte au moins à Platon *Philèbe*, p. 402 Didot) ; il est développé par Adraste (ap. Théon de Smyrne, p. 49) et Sextus Empiricus y fait également allusion (*Adv. Mus.*, 4). Volkmann fait observer que dans le banquet chez Ammonius (Plut., *Quaest. symp.*, IX) on discute d'abord des questions grammaticales ch. 2-6), puis des questions musicales (ch. 7-9).

ΠΕΡΙ ΜΟΥΣΙΚΗΣ

ἀνθρώποις τοὺς χαρισαμένους αὐτοῖς μόνοις τὴν ἔναρθρον φωνὴν θεούς · (14) τοῦτο δὲ καὶ Ὅμηρος ἐπεσημήνατο ἐν οἷς λέγει ·

οἱ δὲ πανημέριοι μολπῆι θεὸν ἱλάσκοντο,
καλὸν ἀείδοντες παιήονα, κοῦροι Ἀχαιῶν,
μέλποντες Ἑκάεργον · ὁ δὲ φρένα τέρπετ' ἀκούων.

(15) Ἄγε δή, ὦ μουσικῆς θιασῶται, τίς πρῶτος ἐχρήσατο μουσικῆι ἀναμνήσατε τοὺς ἑταίρους, καὶ τί εὗρε πρὸς αὔξησιν ταύτης ὁ χρόνος, καὶ τίνες γεγόνασιν εὐδόκιμοι τῶν τὴν μουσικὴν ἐπιστήμην μεταχειρισαμένων · (16) ἀλλὰ μὴν καὶ εἰς πόσα καὶ εἰς τίνα χρήσιμον τὸ ἐπιτήδευμα. »

(17 Ταῦτα μὲν εἶπεν ὁ διδάσκαλος · ὁ δὲ Λυσίας ὑπολαβών ·

(18) « Παρὰ πολλοῖς, ἔφη, ἐζητημένον πρόβλημα ἐπιζητεῖς, ἀγαθὲ Ὀνησίκρατες. (19) Τῶν τε γὰρ Πλατωνικῶν οἱ πλεῖστοι καὶ τῶν ἀπὸ τοῦ Περιπάτου φιλοσόφων οἱ ἄριστοι περί τε τῆς ἀρχαίας μουσικῆς συντάξαι ἐσπούδασαν καὶ περὶ τῆς * αὐτῆι γεγενημένης παραφθορᾶς · (20) ἀλλὰ γὰρ καὶ γραμματικῶν καὶ ἁρμονικῶν οἱ ἐπ' ἄκρον παιδείας ἐληλακότες πολλὴν σπουδὴν περὶ τοῦτο πεποίηνται. (21) Πολλὴ γοῦν ἡ τῶν συντεταχότων διαφωνία.

** (22) Ἀλέξανδρος * μὲν ἐν τῆι συναγωγῆι τῶν περὶ Φρυγίας

N. C. — 13. χαρισαμένους] V3 : χαριζομένους. — 14. ἐπεσημήνατο] P : ἐπεμήνατο. — 15. γεγόνασιν εὐδόκιμοι] optimi libb. et Dubner. Vulgo : εὐδ. γεγ. sic F4 et 6, Barb.). — 16. Par. 3 : εἴς τινα καὶ εἰς πόσα. — χρήσιμον] P : χρήσιμα. — 18. F6 : παραβολαῖς.. ἐζητημένα. R3 : ἐζητημένον τό. — 19. ἄριστοι] P : ἀόριστοι. — αὐτῆι] Xylander. AEV, etc. : αὐτοῖς (E corr. in αὐτῆς); Par. 3, 4, P, V3 : αὐτῆς ; R3 αὐτοῖς ex αὐτῆς corr. — παραφθορᾶς] Par. 4, 5, R2, V3, P : παραφορᾶς. — 21. ἡ] Par. 4 : οἱ. — 22-24. Libri post 48 ; transposuimus. — 22. μὲν] libri : δέ. Correximus.

---

14. Iliade, I, 472-474.
19-20. Parmi les péripatéticiens qui se sont livrés à des recherches sur l'histoire de la musique on cite Aristote, Théophraste, Aristoxène, Chaméléon, Phanias, Dicéarque, Hiéronyme, Adraste ; parmi les platoniciens, Héraclide de Pont, Ératosthène, Thrasylle. Les grammairiens sont, par exemple, Juba et Claude Didyme ; pour les harmoniciens voir l'Introduction. Burette compare, pour l'expression ἐπ' ἄκρον παιδείας, l'hémistiche d'Empédocle (Plut., De pluribus amicis, p. 93 B) σοφίης ἐπ' ἄκροισι θαμίζειν. Cf. aussi Eschyle, Cho. 940 : ἔλασε δ' ἐς τὸ πᾶν.

22-24. = Alexandre Polyhistor, fr. 52 Müller (FHG. III, 233). Cet ali-

dieux qui, par une grâce particulière, ont accordé à eux seuls une voix articulée? C'est ce qu'Homère lui-même a fait entendre dans ces vers :

Eux, pendant tout le jour, apaisaient le dieu par leur chant, — entonnant un beau péan, les fils des Achéens ; — ils chantaient Celui qui frappe au loin, et lui, réjouissait son cœur à les entendre.

« Allons donc, confrères en musique, rappelez à nos amis qui le premier a cultivé cet art, comment il s'est perfectionné avec le temps, quels hommes sont devenus célèbres parmi ceux qui ont pratiqué la science musicale, enfin de quel nombre et de quelle nature sont les avantages qu'on retire de cet exercice. » *Définition de l'objet de l'entretien.*

III. — *De l'origine de la musique.*

Ainsi parla le maître. Alors Lysias, prenant la parole : *Discours de Lysias. Difficulté du problème, variété des opinions.*
« C'est un problème souvent agité, dit-il, cher Onésicratès, que tu soulèves. La plupart des Platoniciens et les meilleurs philosophes du Lycée se sont, en effet, appliqués à écrire sur l'ancienne musique et sur la dégénérescence qu'elle a subie. De même, parmi les grammairiens et les harmoniciens, ceux qui ont atteint le savoir le plus élevé se sont beaucoup occupés de ce sujet. Aussi existe-t-il entre les auteurs les plus grandes divergences d'opinion.

« D'une part, Alexandre, dans son Recueil sur la Phrygie, *Opinion d'Alexandre Polyhistor.*

---

néa, dans les manuscrits, vient entre les §§ 48 et 49 où on l'interprétait comme une longue parenthèse commentant les mots τοὺς πρώτους ποιήσαντας αὐλητικήν. Mais, même en employant l'artifice typographique imaginé par Westphal, cela est inadmissible : 1° parce que des parenthèses de cette longueur sont contraires aux habitudes de style de Plutarque ; 2° parce que dans notre alinéa il n'est pas seulement question des créateurs de l'aulétique, mais des inventeurs de la musique instrumentale *in genere* (voir plus loin, notes 22 et 23). La place naturelle d'un pareil développement est donc en tête de l'histoire des origines de la musique ; il est même nécessaire que la version empruntée à Héraclide (25-34) ait un pendant, puisqu'elle commence par les mots Ἡρακλείδης δέ et que l'auteur a annoncé 21) qu'il y avait sur ce sujet de grandes divergences entre ses autorités ; or, si l'on accepte la leçon

κρούματα Ὄλυμπον ἔφη πρῶτον εἰς τοὺς Ἕλληνας κομίσαι, (23) ἔτι δὲ καὶ τοὺς Ἰδαίους Δακτύλους · (24) Ὕαγνιν δὲ πρῶτον αὐλῆσαι, εἶτα τὸν τούτου υἱὸν Μαρσύαν, εἶτ' Ὄλυμπον. **

p. 1151, F
c. 3

(25) Ἡρακλείδης δ'ἐν τῆι συναγωγῆι τῶν <εὐδοκιμησάντων>

N. C. — **23.** V3 : Ἰδαίας. — **24.** Par. 4 : Ὕαγριν. — **25.** εὐδοκιμησάντων *addidimus* (Bergk, *Gr. Lit.* I, 404 : διαλαμψάντων).

---

des manuscrits, il n'y aurait, en ce qui concerne du moins l'origine de la musique, aucune divergence signalée! Le déplacement a entraîné le changement de μέν en δέ.

Al. Polyhistor est un contemporain de Sylla et de Cicéron. Il est assez rare que Plutarque cite des autorités aussi récentes, surtout quand il s'agit, comme ici, d'un simple compilateur ; c'est une marque d'inexpérience. Le Περὶ Φρυγίας ou les Φρυγιακά (fr. 48) de Polyhistor avaient au moins trois livres ; le fr. 48 (Pseudo-Plut., *De fluviis*, 10), tiré du livre III, racontait l'histoire de Marsyas ; on peut donc supposer que notre fragment provient du même livre.

22. Clément d'Alexandrie, *Strom.*, I, 16, p. 789 Migne : φασὶ δὲ... κρούματα (εὑρεῖν) Ὄλυμπον ὁμοίως τὸν Φρύγα ; cf. Anecd. Cramer, IV, 400 : κρούματα Ὄλυμπος Μυσός. Quoique le mot κρούματα ait fini par s'appliquer aux instruments à vent, tels que la trompette (Plut., *De soll. anim.*, 19, p. 973 E ; Pollux, IV, 84) et la flûte (Plut., *Quaest. conviv.*, II, 4, p. 638 C ; VII, 5, p. 704 E ; Pollux IV, 88 ; VII, 88 ; Machon, ap. Ath. VIII, p. 337 C) au point de signifier αὐλήματα (*Quaest. conviv.*, II, 4), ce terme désigne primitivement et essentiellement la musique des instruments à cordes, et je ne doute pas qu'il ne soit pris ici dans ce sens (*sic* Amyot, Ritschl, C. Müller). Sans doute, dans la tradition qui a prévalu, le nom d'Olympos est spécialement associé à la musique de flûte ; mais il subsiste encore des traces d'une version qui lui attribuait aussi l'invention de la musique à cordes. Cf. Suidas, Ὄλυμπος, 2° article : Ὀλ. Μαίονος Μυσός, αὐλητὴς καὶ ποιητὴς μελῶν καὶ ἐλεγείων, ἡγεμών τε γενόμενος τῆς κρουματικῆς μουσικῆς <καὶ> τῆς διὰ τῶν αὐλῶν ; 3° article : Ὀλ. ὁ τοὺς νόμους τῆς κιθαρωιδίας ἐκθεὶς καὶ διδάξας. Un doublet d'Olympos, Hyagnis, est donné pour inventeur de la guitare (*infrà*, n. 24. Sur les vases peints Marsyas lui-même est quelquefois armé de la cithare (Robert, *Jahrbuch*, V, 229). En sa qualité d'Asiatique, Al. Polyhistor a dû choisir la version la plus flatteuse pour l'amour-propre de ses compatriotes ; encore remarquera-t-on qu'il n'attribue pas à Olympos l'*invention* de la musique à cordes, mais seulement son introduction en Grèce.

23. Les Dactyles, ordinairement au nombre de trois, sont des génies industrieux que la légende place tantôt en Crète, tantôt en Phrygie, où ils se rattachent au cycle de Rhéa. Leur rôle musical est multiple : 1° ils ont inventé le rythme dactylique, simple jeu de mots étymologique (Diomède, p. 474 Putsch) ; 2° ils ont inventé les rythmes musicaux en général : Clem. Alex. *Strom.*, I, 15, p. 781 Migne : τινὲς... τῶν Ἰδαίων καλουμένων Δακτύλων σοφούς τινας πρώτους γενέσθαι λέγουσιν · εἰς οὓς ἥ τε τῶν Ἐφεσίων λεγομένων γραμμάτων καὶ ἡ τῶν κατὰ μουσικὴν εὕρεσις ῥυθμῶν ἀναφέρεται (δι' ἣν αἰτίαν οἱ παρὰ τοῖς μουσικοῖς δάκτυλοι τὴν προσηγορίαν εἰλή-

dit qu'Olympos le premier introduisit parmi les Grecs le jeu des instruments à cordes, en même temps que les Dactyles de l'Ida; Hyagnis aurait été le premier joueur de flûte, ensuite son fils Marsyas, puis Olympos.

« De son côté, Héraclide, dans son Recueil des musiciens   *Opinion d'Hé-*

φασι). Φρύγες δὲ ἦσαν καὶ βάρβαροι οἱ Ἰδαῖοι Δάκτυλοι. Solin, c. 11, 6 (p. 72, Mommsen, 2ᵉ éd. = Isidore, *Origg.*, XI, 6) (dans une description de la Crète) : *Studium musicum inde coeptum, cum Idaei Dactyli modulos* (= rythmes) *crepitu ac tinnitu aeris deprehensos in versificum ordinem transtulissent*. Ce dernier texte nous montre le lien entre l'activité métallurgique des Dactyles et leur découverte musicale : c'est du va et vient mesuré du marteau de forge qu'est né le rythme poétique. On remarquera que Solin pense aux Dactyles crétois, Clément aux Dactyles phrygiens; cette dernière forme de la légende est certainement la plus primitive et c'est celle que dut avoir en vue Alexandre dans ses Φρυγιακά. Mais il est difficile de savoir ce qu'il entend au juste par les κρούματα des Dactyles. Hoeck (*Kreta*, I, 226), assimilant arbitrairement les Dactyles aux Curètes, dont on connaît la musique bruyante, croit qu'il s'agit de musique de cymbales (*percutiuntur acetabula, unde crumata dicta*, Cassiodore, *De Mus.*, p. 556 Ven.) ou de castagnettes (*crusmata*, Martial, VI, 71). Du reste, le texte de Plutarque pourrait être mutilé : il est singulier que la même « introduction » soit attribuée à Olympos et aux Dactyles, qui nulle part ailleurs ne sont associés.

24. Hyagnis ou Ἄγνις Clem. Alex. I, 16, p. 789 Migne; mosaïque de Trèves, *Antike Denkmæler*, I, 49), c'est-à-dire sans doute Wagnis, est probablement un dieu phrygien de la région de Célènes où le place la Chronique de Paros l. 19-20). Ramsay le rapproche de Hyès = Attis. On lui attribue de nombreuses inventions : 1° la flûte, ou du moins l'art d'en jouer (marbre de Paros; Plut. *infrà*, § 82; Dioscoride, *Anth. Pal.* IX, 340); 2° le tricorde (Clem. Alex.); 3° le genre diatonique (τὴν διάτονον ἁρμονίαν? peut-être faut-il lire τὴν ἁρμονίαν, l'enharmonique; Clem. Alex.); 4° l'harmonie phrygienne (marbre de Paros, Aristoxène fr. 70=FHG. II, 287, Ath. XIV, 624 B); 5° les nomes (aulétiques) Μητρός, Διονύσου, Πανός, et un quatrième dont le nom est perdu (marbre de Paros). D'après Callistrate d'Héraclée (FHG. IV, 353) il aurait appris l'*aulodie* des Mariandynes. — Marsyas le Silène est originairement le dieu du fleuve Marsyas, qui coulait à Célènes et était censé sortir d'un étang où poussaient des roseaux propres à la fabrication des embouchures de flûte (Strabon, XII, 8, 15; cf. Pausanias, X, 30, 9); à partir du vᵉ siècle, il symbolisa en Grèce la musique de flûte phrygienne, en opposition avec la musique de cithare d'Apollon. On le fait quelquefois, comme ici, fils d'Hyagnis (Suid. Ὄλυμπος, 2°), d'autres fois, de Maiandros, d'OEagros, même d'Olympos Apollodore). On lui attribue souvent l'invention de la flûte double et de la syringe (Métrodore de Chios, FHG. III, 205, etc.). Clément (I, 16, p. 789 M.) fait de Marsyas l'inventeur des harmonies phrygienne (de même Pline VII, 204), mixophrygienne (?) et mixolydienne. — Pour Olympos, voir plus loin, notes 76 suiv.

25-34. Héraclide de Pont. Sur la question de savoir si la συναγωγὴ τῶν < εὐδοκιμησάντων > ἐν μουσικῇ (la leçon du manuscrit n'est pas grecque)

ἐν μουσικῆι τὴν κιθαρωιδίαν καὶ τὴν κιθαρωιδικὴν ποίησιν πρῶτόν p. 1132 φησιν Ἀμφίονα ἐπινοῆσαι τὸν Διὸς καὶ Ἀντιόπης, τοῦ πατρὸς δηλονότι διδάξαντος αὐτόν. (26) Πιστοῦται δὲ τοῦτο ἐκ τῆς ἀναγραφῆς τῆς ἐν Σικυῶνι ἀποκειμένης, δι' ἧς τάς τε ἱερείας τὰς ἐν Ἄργει καὶ τοὺς ποιητὰς καὶ τοὺς μουσικοὺς ὀνομάζει. (27) Κατὰ δὲ τὴν αὐτὴν ἡλικίαν καὶ Λίνον τὸν ἐξ Εὐβοίας θρήνους πεποιηκέναι λέγει, (28) καὶ Ἄνθην τὸν ἐξ Ἀνθηδόνος τῆς Βοιωτίας ὕμνους, (29) καὶ

N. C. — 25. τὴν κιθαρωιδίαν καὶ[om. Volkm. et jam R3. — τὸν Διός] Par. 3 : τοῦ Διός. — 26. τάς τε ἱερείας τάς] Par. 4 : τάς τε τὰς ἱερείας τάς R2, V3 : τὰς ἱερείας τάς. — 27. κατὰ δὲ τὴν αὐτὴν ἡλικίαν] αὐτήν om. Par. 5.

doit être considérée comme un ouvrage spécial de ce polygraphe ou comme une section de son περὶ Μουσικῆς, voir l'Introduction. Toute la « préhistoire » de la musique contenue dans notre chapitre ne mérite aucune créance ; mais c'est trop dire que d'attribuer à Héraclide « l'invention » des musiciens légendaires dont les noms suivent, ou même de le soupçonner avec Bergk *Griech. Literaturgeschichte*, I, 404) d'avoir embelli la « tradition » par des conjectures personnelles et arbitraires. Nous estimons qu'Héraclide n'a fait que résumer et coordonner les inventions des poètes et des logographes antérieurs, fondées elles-mêmes en partie sur des légendes locales. Notre § 26 prouve même que ce travail de coordination avait déjà été tout fait, ou au moins tout préparé, par les rédacteurs de la Chronique de Sicyone. Le trait caractéristique de cette tradition, nettement opposée à celle d'Alexandre Polyhistor et de Clément d'Alexandrie (qui remonte probablement à Éphore), est d'être exclusivement hellénique, d'ignorer résolument toutes les influences barbares dans le premier développement de la musique grecque ; elle se rattache ainsi à la réaction nationaliste du vᵉ siècle. — La plupart des textes relatifs aux poètes mythiques ont été réunis par Clinton, *Fasti hellenici*, 1, 340 suiv.

25. Amphion, inventeur de la citharodie : Pline, VII, 204 : *Musicam Amphion* (invenit)... *Lydios modulos Amphion... citharam Amphion. Cithara cum cantu* (cecinit primus) *Amphion.* Amphion apparaît comme musicien pour la première fois chez Hésiode (fr. 60 Rz.) et Eumèle (fr. 12 Kink.); cf. en général Kalkmann, *Pausanias*, p. 255. (D'après une étymologie vraisemblable, Ἀμφίων, celui qui marche autour de la terre, serait à l'origine un dieu solaire : cf. Ad. Schmidt, *Griechische Chronologie*, p. 83.) Suivant la tradition ordinaire, Amphion reçoit la lyre d'Hermès, d'Apollon ou des Muses ; seul Eustathe, comme ici Héraclide, la lui fait recevoir de Zeus (Eust. ad. Odyss. XI, 260).

26. Sur la Chronique de Sicyone, voir l'Introduction.

27. Linos est, à l'origine (*Iliade*, XVIII, 569-570, le nom d'un chant populaire, d'un caractère probablement plaintif, et terminé par le refrain αἴλινε qu'on a expliqué par diverses étymologies. Puis on étendit ce nom à toute une catégorie de chants thrénétiques, ἃς λινωιδίας ἐκάλεσαν (Schol. B. Iliad. ad. loc.). Dès le temps d'Hésiode, on personnifie Linos et on fait de lui une sorte d'Adonis, fils de la

célèbres, rapporte que la citharodie et la composition citharodique eurent pour premier inventeur Amphion, fils de Zeus et d'Antiope, qui reçut apparemment les leçons de son père. Il fonde cette opinion sur le registre lapidaire déposé à Sicyone, d'après lequel il énumère les prêtresses d'Argos, les compositeurs et les musiciens. A la même époque, dit-il, Linos d'Eubée composa des thrènes ; Anthès, d'Anthédon en Béotie, des hymnes ; Piéros, de Piérie, les poèmes sur

raclide. Musiciens mythiques et demi-mythiques jusqu'à la guerre de Troie.

muse Uranie, et victime d'une mort prématurée. Enfin, le héros des chants en devient l'auteur, l'ancêtre des citharèdes : — *cithara... cum cantu* (cecinit primus) *Amphion, ut alii, Linus* Pline VII, 204), — un musicien rival d'Apollon, etc. Pourtant je ne connais pas de texte antérieur à Héraclide (ou plutôt à la Chronique de Sicyone) qui lui attribue des compositions musicales. La légende de Linos était surtout localisée à Argos, en Béotie (Thèbes, Hélicon) et en Eubée (Chalcis), d'où notre texte le fait natif. Suidas distingue un Λίνος Χαλκιδεύς et un Λίνος Θηβαῖος, plus jeune. On avait cherché aussi à concilier les deux principales légendes en le faisant naître à Thèbes et mourir à Chalcis : c'est la version de l'épitaphe gravée sur la prétendue tombe de Linos à Chalcis et conservée par Diogène Laërce (*Prooem.* 4) et l'*Anth. Pal.* VII, 616 (= Preger, *Inscr. gr. metricae*, n° 239) ; mais il y avait aussi un tombeau de Linos à Thèbes. — Les manuscrits de Plutarque et, en général, des prosateurs accentuent Αἴνος, mais dans les vers on accentue et on scande Αἴνος.

28. En général, Anthès ou Anthos est donné pour seigneur de Trézène Strabon) et pour *fondateur* non d'Anthédon de Béotie, mais d'une Anthédon d'Argolide, la même qui fut plus tard appelée Calaurie (Aristote, fr. 596-597 Rose = Ath. I, p. 31 C ; Plut. *Qu. graec.*, p. 295 E . D'autres lui attribuent la fondation d'Anthéia près

d'Argos (Paus. II, 30, 8), d'Anthana en Laconie (Philostephanos ap. St. Byz.), d'Halicarnasse (Strabon, VIII, 6, 14 ; XIV, 2, 16). Quant à Anthédon de Béotie, elle aurait été fondée par Anthédon, fils de Dios, fils d'Anthès, fils de Poseidon (St. Byz. Pour Pausanias A. est aussi fils de Poseidon). Il semble donc que les mots τῆς Βοιωτίας soient une addition malencontreuse de Plutarque ou d'Héraclide. — Quant aux « hymnes d'Anthès » ils ne sont mentionnés nulle part ailleurs. C'est à tort qu'on a voulu identifier Anthès avec Ἄνθιππος inventeur, selon certains mss. de Pollux (IV, 78), du mode σύντονος λυδιστί. ; voir *infra*, n. 150. Le seul texte tant soit peu parallèle, malheureusement mutilé au point d'être inintelligible, est celui de St. Byz. v° Ἀνθάνα : Ἀνθάνα, πόλις Λακωνική, μία τῶν ἑκατόν. Κέκληται δέ, ὡς Φιλοστέφανος, παρὰ Ἄνθην τοῦ Ποσειδῶνος.... (Meineke supplée : ἐκ ταύτης ἐγένετο ὁ δεῖνα) ὃν Κλεομένης (roi de Lacédémone, environ 519-490 avant J.-C.), ὁ Ἀεωνίδου ἀδελφός, ἀνελὼν καὶ ἐκδείρας ἔγραψεν ἐν τῶι δέρματι τοὺς χρησμοὺς ὧδε τηρεῖσθαι. Il s'agit probablement des oracles des Pisistratides que Cléomène avait rapportés d'Athènes après leur expulsion (Hérod. V, 90) ; or les oracles sont quelquefois appelés ὕμνοι Hésych. s. v. ; CIG. 2144). Serait-ce là l'origine des « hymnes d'Anthès » ?

29. Les Muses étaient adorées à l'Hélicon sous le nom de Πιερίδες, qui atteste l'origine thrace (ou thessa-

ΠΕΡΙ ΜΟΥΣΙΚΗΣ

* Πίερον τὸν ἐκ Πιερίας τὰ περὶ τὰς Μούσας ποιήματα · (30) ἀλλὰ
καὶ Φιλάμμωνα τὸν Δελφὸν Λητοῦς τε <πλάνας> καὶ Ἀρτέμιδος
καὶ Ἀπόλλωνος γένεσιν δηλῶσαι ἐν μέλεσι καὶ χοροὺς πρῶτον περὶ
B τὸ ἐν Δελφοῖς ἱερὸν στῆσαι · (31) Θάμυριν δέ, τὸ γένος Θρᾶικα,
εὐφωνότερον καὶ ἐμμελέστερον πάντων τῶν τότε ἆισαι, ὡς ταῖς
Μούσαις, κατὰ τοὺς ποιητάς, εἰς ἀγῶνα καταστῆναι. (32) Πεποιηκέναι δὲ τοῦτον ἱστορεῖται Τιτάνων πρὸς τοὺς θεοὺς πόλεμον · (33)

N. C. — 29. Πίερον] Par. 4, 5. Ceteri Πιέριον (in Par. 3 correctum ex Πίερον.
— 30. τὸν Δελφόν] F4 et 6, P : τὸν ἀδελφόν (et sic vulgo olim). E : τὸν τὸν
Δελφόν. — πλάνας] (aut πλάνους, *addidimus*. — γένεσιν] P : γέννεσιν (*sic*). —
χοροὺς] N1, Barb. : χωρούς. — 31. Θρᾶικα R3 et Volkmann : Θρᾶκα καὶ εὐφ. —
καταστῆναι] V3 : καταστῆσαι.

lienne?) de ce culte; quand l'étymologie géographique de ce nom ne
fut plus comprise, on le prit pour un
patronymique et on en tira le mythique Πίερος (non Πιέριος ; le « père
des Muses » ou l'introducteur du
culte des Muses Pausanias devint
ensuite, par une transformation nouvelle, l'auteur de poèmes sur les
Muses. La version qui fait des Pié-
rides, filles de Piéros, les rivales des
Muses (Nicandre, ap. Ant. Lib. 9 ;
Ovide, *Mét.*, V, 300; Paus., IX, 29,
3-4 , est encore plus récente.
30. Philammon est le prototype
mythique des citharèdes et des maîtres de chœur delphiques. Plusieurs
lui donnent pour prédécesseur le Crétois Chrysothémis Paus., X, 7, 2;
Proclus, *Chrestom.*, p. 245 Westphal . Le sujet de ses chants est celui
des nomes et hymnes delphiques,
comme le proème « homérique »
(n° III à Apollon, et le second hymne
delphique *Bull. Corr. hell.*, XVIII,
345 . Jamais, dans ces poèmes, il
n'est question de la « naissance » de
Latone, d'où l'insertion nécessaire du
mot πλάνας dans notre texte. — Sur
les chœurs de danse institués par
Philammon, cf. Phérécyde d'Athènes,
fr. 63 Muller (FHG. I, 87 = Schol.

Od., XIX, 432) : Φιλάμμων... ὃς καὶ
πρῶτος ἐδόκει χοροὺς συστήσασθαι παρ-
θένων; Syncelle, p. 307 : ὁ πρῶτον στήσας
Πυθοῖ χορόν; Eus. Arm. ad 733. — Le
mythe de Philammon paraît être d'origine phocidienne Toepffer, *Attische
Genealogie*, p. 258 ; on a fait de lui
le compagnon des Argonautes, le père
de Thamyris et d'Eumolpe, le fondateur des mystères de Lerne. Son nom
reste énigmatique; le culte d'Ammon,
venu d'Égypte à Cyrène, est, il est
vrai, attesté en Béotie dès la fin du
vi° siècle Paus., IX, 16, 1 ; mais on
n'aperçoit pas quel rapport il pourrait
avoir avec la musique apollinique ni
avec Delphes, malgré la statue d'Ammon sur un char dédiée à Delphes par
les Cyrénéens Paus., X, 13, 5 et les
relations d'amitié qui paraissent avoir
existé entre l'oracle libyen d'Ammon
et l'oracle d'Apollon à Delphes.
31. La légende du combat de Thamyris et des Muses se trouve déjà
dans le Catalogue *Iliade*, II, 595
suiv. où la scène est placée à *Dórion*
en Messénie, et dans Hésiode (fr. 47
Didot) où elle se passe dans la plaine
Dótienne en Thessalie. — Dans notre
texte, comme dans plusieurs autres,
Thamyris est regardé comme un chan-
teur, c'est-à-dire un citharède : ce-

les Muses. Puis Philammon, le Delphien, célébra dans ses chants *les erreurs* de Latone et la naissance d'Artémis et d'Apollon ; le premier il institua des chœurs auprès du temple de Delphes. Thamyris, Thrace de nation, l'emporta sur tous ses contemporains par la sonorité et l'harmonie de son chant, au point, si l'on en croit les poètes, qu'il osa provoquer les Muses à une lutte ; on raconte que le même personnage composa un poème sur la guerre des Titans

pendant Platon le considère comme le représentant de la κιθάρισις pure (*Ion*, p. 538) ; de même Pline, VII, 204 : *Dorios modulos invenit) Thamyris Thrax... cithara sine voce cecinit Thamyris primus*. Cette version paraît dériver d'une fausse interprétation des vers du Catalogue (v. 599-600) αὐτὰρ ἀοιδήν θεσπεσίην ἀφέλοντο (les Muses καὶ ἐκλέλαθον κιθαριστύν. — On remarquera que Thamyris est le seul barbare qui figure dans la liste de Sicyone ; sans doute sa gloire avait été trop nettement consacrée par Homère pour qu'on pût le passer sous silence. Déjà dans le Catalogue Thamyris est un Thrace ; de même chez les poètes du vᵉ siècle (*Thamyris* de Sophocle, *Rhésus*) : cependant on avait aussi essayé de le naturaliser grec. Plusieurs font de lui le fils de Philammon, son prédécesseur à Delphes (Paus., X, 7, 25 ; d'après Conon, il naît en Attique et émigre en Scythie où les barbares le choisissent pour roi.

32. Quoique Thamyris fût considéré, dans la chronologie littéraire artificielle, comme un poète épique, « le 8ᵉ ou le 5ᵉ avant Homère » (Suidas), qu'on lui attribuât une *Théogonie* (Suid.), une *Cosmogonie* (Tzetzès, *Chil.*, VII, 92), il n'est nulle part ailleurs question d'une *Titanomachie* de Thamyris. En revanche, un texte obscur, peut-être mutilé, en attribue une à Musée : Schol. Apoll., III, 1179 : ἐν δὲ τῆι γ´ Μουσαῖος Τιτανογραφίαι [*leg.* : ἐν δὲ τῶι γ´ τῆς Μουσαίου Τιτανο- μαχίας?] λέγεται, etc., Or, Musée, ou du moins l'un des Musées, le Thébain, passait pour fils de Thamyris (Suid. Μουσαῖος 3º). Il est donc au moins possible qu'après καταστῆναι il faille admettre une lacune où se trouvaient les mots : ἐκ δὲ τούτου Μουσαῖον λέγεται γεγονέναι, ou autres équivalents. — La Titanomachie préhistorique (qu'il ne faut pas confondre avec le poème cyclique sur le même sujet) était la source présumée de l'épisode correspondant dans la *Théogonie* d'Hésiode.

33. Démodocos est l'aède phéacien qui chante successivement la querelle d'Ulysse et d'Achille (*Od.*, VIII, 72-82), les amours d'Arès et d'Aphrodite découverts et châtiés par Héphæstos (*ib.*, 266-369), l'histoire du cheval de bois et de la prise d'Ilion (*ib.*, 499-520). Notre texte ne retient que ces deux derniers poèmes et désigne très singulièrement l'épisode des amours coupables d'Aphrodite par les mots Ἀφροδίτης καὶ Ἡφαίστου γάμος. L'identification de Schéria, la terre fabuleuse des Phéaciens, avec Corcyre est déjà classique au temps de Thucydide (I, 25). — L'érudition alexandrine avait aussi transformé en un poète réel l'aède à qui Agamemnon confie la garde de Clytemnestre (*Od.*, III, 267) : Démétrius de Phalère Schol. HMQR *ad loc.*) savait qu'il s'appelait également Démodocos et avait déclamé des poèmes épiques dans un concours à Delphes.

γεγονέναι δὲ καὶ Δημόδοχον Κερκυραῖον παλαιὸν μουσικόν, ὃν πεποιηκέναι Ἰλίου τε πόρθησιν καὶ Ἀφροδίτης καὶ Ἡφαίστου γάμον · (**34**) ἀλλὰ μὴν καὶ Φήμιον Ἰθακήσιον νόστον τῶν ἀπὸ Τροίας μετ' Ἀγαμέμονος ἀνακομισθέντων ποιῆσαι.

(**35**) Οὐ λελυμένην δ' εἶναι τῶν προειρημένων τὴν τῶν ποιημάτων λέξιν καὶ μέτρον οὐκ ἔχουσαν, ἀλλὰ καθάπερ Στησιχόρου τε καὶ τῶν ἀρχαίων μελοποιῶν, οἵ, ποιοῦντες ἔπη, τούτοις μέλη περιετίθεσαν. (**36**) Καὶ γὰρ τὸν Τέρπανδρον, ἔφη, κιθαρῳδικῶν ποιητὴν ὄντα νόμων, κατὰ νόμον ἕκαστον τοῖς ἔπεσι τοῖς ἑαυτοῦ καὶ τοῖς Ὁμήρου μέλη περιτιθέντα ᾄδειν ἐν τοῖς ἀγῶσιν · (**37**) [ἀποφῆναι δὲ τοῦτον

N. C. — **34**. νόστον τῶν] Par. 3 4 5, R2, V, V3 : νόστον τόν. — **35**. Par. 3 : τῶν προειρημένων ποιημάτων τὴν λέξιν. — Στησιχόρου] Wytt : ἡ Στησιχόρου. **36**. V, N1 : κιθαρῳδικόν. — R1 V2 : κατὰ νόμων. — τοῖς ἑαυτοῦ] P : τοῦ ἑαυτοῦ; Par. 3 : τοῖς αὐτοῦ. — **37**. *Verba* ἀποφῆναι...νόμοις *damnavit Volkm.*

---

34. Phémios, fils de Terpios, l'aède des prétendants de Pénélope, est plusieurs fois nommé dans l'*Odyssée*. C'est dans le premier chant (I, 325 suiv.) qu'il raconte le retour des compagnons d'Agamemnon. Platon fait de lui un rhapsode (*Ion*, p. 533). Son nom et celui de son père suffisent à lui enlever tout caractère historique.

35-40. Malgré l'emploi du discours indirect, il ne semble pas que ce morceau continue la citation d'Héraclide commencée au § 25 ; après ἔφη on doit sous-entendre Λυσίας (pour Héraclide il y aurait φησί. Mais très probablement les renseignements donnés émanent toujours d'Héraclide. — Il est singulier que Plutarque parle ici des rythmes de Terpandre, Clonas, Polymnestos, avant d'avoir défini l'époque où ils ont vécu. Probablement Héraclide, voulant déterminer par conjecture les rythmes employés par les poètes-musiciens préhistoriques dont il vient de parler, se fondait sur l'analogie offerte par les compositions des premiers lyriques réels dont l'histoire eût conservé le souvenir et des fragments.

35. La λέξις λελυμένη ou ἀπολελυμένη n'est pas la prose (πεζή, ψιλὴ λέξις ; c'est un langage rythmé, c'est-à-dire marqué par le retour fréquent, souvent continu, de certaines formes rythmiques, mais auquel manque la division en vers κατὰ στίχον ou en strophes régulières et symétriques (κατὰ σχέσιν). Cf. Héphestion, Περὶ ποιήματος, c. 3 (p. 66 Westphal : τῶν δὲ κατὰ συστήματα γεγραμμένων... ἀπολελυμένα (ἐστὶ) ἃ εἰκῇ γέγραπται καὶ ἄνευ μέτρου ὡρισμένου, οἷόν εἰσιν οἱ νόμοι οἱ κιθαρῳδικοὶ Τιμοθέου ; ajoutez le dithyrambe nouveau, les monodies d'Euripide, mais non avec Aristide Quintilien I, 29, p. 58 Meib.) la parabase comique ! En latin ces rythmes libres s'appellent *numeri lege soluti* (Horace, *Carm.*, IV, 2, 11), *numeri modis liberi* (Censorinus, c. 9). Il est souvent bien difficile de les distinguer d'une « prose nombreuse » (cf. Denys d'Halicarnasse, *De comp.*

et des dieux. Un autre vieux musicien aurait été Demodocos, de Corcyre, qui mit en vers le sac d'Ilion et le mariage d'Aphrodite et d'Héphæstos ; puis encore Phémios d'Ithaque, qui célébra le retour des héros revenus de Troie avec Agamemnon.

« Les textes de ces premières compositions n'étaient pas en rythmes libres, affranchis de mesure régulière, mais pareils à ceux de Stésichore (?) et des anciens lyriques, qui composaient des vers héroïques et y adaptaient des mélodies. C'est ainsi, continua *Lysias*, que Terpandre, qui composa des nomes citharodiques, dans chacun de ses nomes mit en musique des hexamètres de sa façon et

Emploi de l'hexamètre dans les plus anciennes compositions musicales.

---

verb., c. 25-26), surtout lorsque le souffle poétique manque : témoin le « fragment Grenfell », sur la véritable nature duquel l'accord n'a pas encore pu se faire entre les savants. En grec, il n'est pas vrai de dire avec Molière *Le Bourgeois gentilhomme*, II, 6) : « Tout ce qui n'est point prose est vers et tout ce qui n'est point vers est prose. »
La mention de Stésichore est bien surprenante, car si ce poète use largement des rythmes dactyliques cf. *infra*, § 84) on ne rencontre dans ses fragments qu'un seul hexamètre, ἔπος (fr. 8 Bergk). De plus, les ἀρχαῖοι μελοποιοί sont pour Denys (*De comp. verb.* 19), Alcée et Sappho, et à plus forte raison leurs prédécesseurs ; tandis que Stésichore (et Pindare sont comptés dans la nouvelle école. Les mots Στησιχόρου τε sont donc suspects, mais nous ne devinons pas comment ils auraient pu pénétrer dans le texte. Peut-être y avait-il primitivement : ...μέτρον οὐκ ἔχουσαν καθάπερ Στησιχόρου, ἀλλὰ καθάπερ τῶν ἀρχαίων, etc.

36. Cf. Proclus, p. 245 Westph. : δοκεῖ δὲ Τέρπανδρος μὲν πρῶτος τελειῶσαι τὸν νόμον ἡρώιωι μέτρωι χρησάμενος. Reste à savoir si la règle était sans exceptions : nous verrons plus loin

(291-292) que dans certaines compositions, Terpandre avait employé des rythmes ternaires et ailleurs (44) qu'un de ses nomes portait même le nom de Τροχαῖος ; il nous reste même un fragment expressément attribué à Terpandre (nº 1 Bergk) qui n'est pas en hexamètres ; mais peut-être ce fragment n'appartient-il pas à un nome proprement dit, c'est-à-dire à un morceau de concours chanté ἐν τοῖς ἀγῶσιν (au concours pythique, § 46, ou aux Carnées, note 47). — On sera peu disposé à accepter la théorie d'Héraclide d'après laquelle les nomes de Terpandre auraient été une sorte de centons homériques : il semble qu'il y ait là une confusion avec les proèmes, qui servaient effectivement d'introduction à des récitations homériques (*infra*, § 66). Cf. Bergk, *Gr. Liter.*, I, 435, note 32.

37. Ce paragraphe fait double emploi avec le § 44 *infra;* de plus, il est impossible de découvrir un sujet convenable à λέγει : Héraclide est trop éloigné, et de Lysias on emploie l'aoriste (ἔφη, § 36). Nous sommes donc en présence d'une des très rares gloses marginales dues à un commentateur et qui se sont glissées dans le texte.

λέγει ὀνόματα πρῶτον τοῖς κιθαρωιδικοῖς νόμοις]. **(38)** ** — Ὅτι δ' οἱ κιθαρωιδικοὶ νόμοι οἱ πάλαι ἐξ ἐπῶν συνίσταντο, Τιμόθεος ἐδήλωσε · τοὺς γοῦν πρώτους νόμους, ἐν ἔπεσι διαμιγνύων διθυραμβικὴν λέξιν, ἦιδεν, ὅπως μὴ εὐθὺς φανῆι παρανομῶν εἰς τὴν ἀρχαίαν μουσικήν. — ** **(39)** Ὁμοίως δὲ Τερπάνδρωι Κλονᾶν, τὸν πρῶτον συστησάμενον τοὺς αὐλωιδικοὺς νόμους καὶ τὰ προσόδια, ἐλεγείων τε καὶ ἐπῶν ποιητὴν γεγονέναι · **(40)** καὶ Πολύμνηστον τὸν Κολοφώνιον, τὸν μετὰ τοῦτον γενόμενον, τοῖς αὐτοῖς χρήσασθαι ποιήμασι.

(41) Οἱ δὲ νόμοι οἱ κατὰ τούτους, ἀγαθὲ Ὀνησίκρατες, αὐλωιδικοὶ ἦσαν Ἀπόθετος, **Ἔλεγος, Κωμάρχιος, Σχοινίων *καὶ **Ἐπι-

---

N. C. — 37. λέγει] R3 : λέγειν. — 38. *Libri post 45 ; transposuimus.* γοῦν] Par. 3, F1 : οὖν. — παρανομῶν εἰς τήν] εἰς om. Par. 3. — 39. Κλονᾶν] Par. 5 : Κλουνᾶν. — τὸν πρῶτον] R4, F4 et 6 : τὸ πρῶτον. — προσόδια] Par. 3, N1 (corr.), V. Ceteri (?) προσώδια. — 41. οἱ κατὰ τούτους] Par. 3 : καὶ οἱ κατὰ τούτους. — Ἔλεγος] *Franke. Libri* Ἔλεγοι (*an recte?*). — Κωμάρχιος] Par. 4, 5, R2, V3 : καὶ μάρχιος. N1, F4 et 6 : καμάρχιος.

---

38. A la place où les manuscrits donnent ce paragraphe (après notre § 45) il suit un renseignement relatif aux proèmes de Terpandre, sans aucun lien logique avec lui. Bien certainement ce paragraphe est une note rajoutée après coup, peut-être d'après un autre auteur qu'Héraclide, et qui a été mal insérée dans le texte; nous ne croyons pas qu'on lui trouve une place plus convenable que celle que nous lui avons assignée. Il est remarquable que l'auteur de cette note était obligé de raisonner par induction, ἀπὸ τεκμηρίου, pour établir que les nomes terpandriens étaient en hexamètres ; donc, à son époque, le texte de ces nomes était déjà perdu. — Timothée avait composé 19 nomes citharodiques (Suidas, v. Τιμόθεος, mais il ajoute faussement δι' ἐπῶν). L'assertion de Plutarque sur le mélange de l'hexamètre et des rythmes libres (λέξις διθυραμβική = ἀπολελυμένη) dans ses premiers nomes est confirmée par les fragments du nome des *Perses* déjà classique en 396, Plut., *Agésilas*, c. 14) où l'on trouve un hexamètre (fr. 8 Bergk à côté de rythmes libres (fr. 9 ; 10). Mais Timothée ne paraît pas être l'inventeur de ce mélange ; Proclus (p. 245 Westph.) en rapporte l'honneur à Phrynis : Φρύνις δὲ... ἐκαινοτόμησεν αὐτόν (le nome) · τὸ τε γὰρ ἑξάμετρον τῶι λελυμένωι συνῆψε.

39. On verra plus loin (41) qu'un des anciens nomes aulodiques s'appelait ἔλεγοι (ou ἔλεγος); peut-on en conclure que tous les autres étaient en hexamètres purs ? Cela est fort douteux. Le cinquième hymne de Callimaque (εἰς λουτρὰ τῆς Παλλάδος, qui paraît être imité des anciens nomes aulodiques (Bergk), est en distiques élégiaques; cf. aussi § 59. — Quant aux προσόδια, le fr. du prosodion délien du très vieux poète Eu-

d'Homère et les chanta dans les concours... La preuve que les nomes citharodiques d'autrefois étaient écrits en hexamètres, c'est que Timothée, dans les premiers nomes qu'il chanta, mélangea les hexamètres aux rythmes dithyrambiques, pour ne point paraître violer du premier coup les lois de l'ancienne musique. De même que Terpandre, Clonas, le premier créateur des nomes aulodiques et des chants processionnels, composa des distiques élégiaques et des vers héroïques. Polymnestos de Colophon, qui vint après lui, employa encore les mêmes genres de vers.

IV. — L'aulodie et la citharodie primitives.

« Les nomes du temps de ces maîtres, cher Onésicratès, *Nomenclature*

mélos de Corinthe est en hexamètres (Paus. IV, 33, 2) et ce rythme paraît mieux convenir à un chant processionnel que le distique élégiaque ; c'est à tort qu'on a souvent répété que les élégies de Tyrtée servaient d'airs de marche. Le prosodion s'accompagnait en principe de la flûte (Proclus, p. 244 W.); bien certainement il en était ainsi des prosodia de Clonas, le maître de l'aulodie; pour celui d'Eumélos, le doute est permis ; le texte du fragment, tel qu'il est donné par Bergk, paraît faire allusion à la cithare, mais le mot κίθαριν est restitué.

40. Le mot ποίημα paraît être employé ici dans le sens de « vers », « espèce de vers » (cf. notamment Aristote, *Resp. ath.* V, 3 ; Denys d'Halicarnasse, *Ant. Rom.* I, 41 ; *De comp. verb.*, p. 36, 37, 107 R ; Plutarque, *Symp.*, p. 744 C.). Si l'on répugne à cet emploi, on peut écrire τοιούτοις χρήσασθαι ποιήμασι. Polymnestos a probablement fait usage du mètre élégiaque dans ses nomes aulodiques (42, 54) ; son poème sur Terpandre était en hexamètres (Paus. I, 14, 4 .

41. Κατὰ τούτους, c'est-à-dire au temps de Terpandre et de Clonas, car l'auteur dira immédiatement que les Πολυμνήστεια sont plus récents. — καὶ Ἐπικήδειος]. La belle correction de Westphal a besoin d'être complétée par l'addition de καὶ et la suppression de Κηπίων. Du groupe ΚΗΠΙΚΗΔΕΙΟC, un reviseur, hanté par le souvenir du nom de Cépion (44), aura fait Κηπί(ων) καὶ (=κὴ) Δεῖος. Il est impossible qu'un nome aulodique ait porté le nom d'un citharède. — Pour le nome Τριμελής, forme du nom et explication, voir plus loin, note 63. — Pour le Σχοινίων, Burette rapproche Hésychius : σχοινίνην φωνήν · τὴν σαθρὰν καὶ διερρωγυῖαν. Pollux, qui mentionne également les nomes Ἀπόθετος et Σχοινίων (IV, 79), nous apprend (IV, 65) qu'on les attribuait quelquefois, mais à tort, à Terpandre. D'après l'ensemble du contexte, Pollux suit ici la même source que Plutarque et comme son classement des « harmonies » (IV, 65) concorde d'une manière remarquable avec le classement très particulier d'Héraclide (ap. Ath. XIV, p. 624 C), on ne peut guère douter que cette source commune ne soit toujours Héraclide.

κήδειος καὶ Τριμελής · (42) ὑστέρωι δὲ χρόνωι καὶ τὰ *Πολυμνήστεια καλούμενα ἐξευρέθη. (43) Οἱ δὲ τῆς κιθαρωιδίας νόμοι πρότερον <οὐ>πολλῶι χρόνωι τῶν αὐλωιδικῶν κατεστάθησαν ἐπὶ Τερπάνδρου · (44) ἐκεῖνος γοῦν τους κιθαρωιδικοὺς * πρῶτος ὠνόμασε, Βοιώτιόν τινα καὶ Αἰόλιον, Τροχαῖόν τε καὶ Ὀξύν, Κηπίωνα τε καὶ Τερπάνδρειον καλῶν, ἀλλὰ μὴν καὶ Τετραοίδιον. (45) Πεποίηται δὲ τῶι Τερπάνδρωι καὶ προοίμια κιθαρωιδικὰ ἐν ἔπεσιν. (***)

N. C. — 41. καὶ Ἐπικήδειος] libri: Κηπίων τε καὶ Δεῖος. (Salmasius Λύδιος. Wytt. Δεῖος, Bur. Τεῖος, Amyot. Τενέδιος). Westphal: Κηπίων Ἐπικήδειος. — Τριμελής] Xylander alii: Τριμερής cf. § 63-64. — 42. Πολυμνήστεια] Herwerden (cp. not. exeg.). Par. 3: Πολυμνίστια, ceteri et edd. Πολυμνάστια. — 43. οὐ πολλῶι οὐ addidimus. — ἐπὶ Τερπάνδρου] Par. 5: ἐπιπάνδρου. — 44. γοῦν] Par. 3, F1: οὖν. — πρῶτος] Volkmann. Libri πρότερος, Wytt. πρότερον. — Βοιώτιόν τινα καί] Par. 3: Βοιώτινα καί. — Τερπάνδρειον] Par. 4, R1, V2: Τερπάνδρ ε)ιόν τε. — 45. πεποίηται] Par. 4: ποιηταί — Post 45 libri 38).

42. Les Πολυμνήστεια (la forme dorienne n'est pas de mise en parlant d'un poète ionien paraissent comprendre à la fois les deux nomes *aulodiques* de Polymnestos 55) et les nomes *aulétiques* de ce même compositeur 87. Les Πολυμνήστεια étaient des airs d'un caractère relâché et lascif; cf. Aristophane, *Equit.* 1287 (en parlant d'un musicien débauché): καὶ Πολυμνήστεια ποιῶν καὶ ξυνὼν Οἰωνίχωι, et Cratinus, fr. 305 Kock: καὶ Πολυμνήστει' ἀείδει μουσικήν τε μανθάνει. Les explications du scholiaste (qui fait de Polymnestos un citharède et des lexicographes sont sans autorité; il n'y a aucune raison d'attribuer les Πολυμνήστεια d'Aristophane à un autre que le célèbre musicien de Colophon, inventeur du mode hypolydien (§ 285 qui, nous le verrons plus loin, est identique à une des harmonies signalées comme dissolues ou relâchées par Platon; il y avait ainsi un parfait accord entre la forme harmonique et l'*éthos* de ces airs. Bergk a ingénieusement soupçonné un Πολυμνήστειον dans une épigramme licencieuse conservée parmi les *Theognidea*, v. 993-996.

43. La correction < οὐ > πολλῶι χρόνωι s'impose en présence du § 52 où il est dit de Clonas créateur des nomes aulodiques) ὁ ὀλίγωι ὕστερον Τερπάνδρου γενόμενος; l'emploi de l'article ὁ prouve que dans un passage antérieur Plutarque avait déjà indiqué cet ordre de succession. La prétendue contradiction dont les critiques ont fait un reproche à Plutarque n'est donc que le fait d'un copiste négligent. Pour la locution, cf. par exemple: Schol. Aristoph, *Ran.* 404, χρόνωι δ' ὕστερον οὐ πολλῶι τινι καὶ καθάπαξ περιεῖλε κινησίας τὰς χορηγίας; Thuc. I, 18, 2: ὕστερον οὐ πολλῶι διεκρίθησαν.

44. Cf. Pollux, IV, 65: νόμοι δὲ οἱ Τερπάνδρου ἀπὸ μὲν τῶν ἐθνῶν ὅθεν ἦν Αἰόλιος καὶ Βοιώτιος d'aucuns le faisaient naître à Arné), ἀπὸ δὲ ῥυθμῶν Ὄρθιος καὶ Τροχαῖος, ἀπὸ δὲ τρόπων (? Ὀξὺς καὶ Τετρωίδιος, ἀπὸ δὲ αὐτοῦ καὶ τοῦ ἐρωμένου Τερπάνδρειος καὶ Καπίων (c'est aussi l'orthographe d'Hésychius et de Clément d'Alexandrie; *Protrept.* p. 55 Migne Καπίτωνος]. Suidas, vº νόμος:

DE LA MUSIQUE 19

étaient, pour l'aulodie, le Réservé, l'Élégiaque, le Comarque, *des anciens nomes aulodiques et citharodiques.*
le Cordeau, le Funéraire et le Trimèle; plus tard furent
inventés les airs appelés Polymnestiens. Les nomes de la
citharodie furent constitués peu de temps avant ceux de
l'aulodie, à l'époque de Terpandre. Ce fut lui qui donna le
premier leurs noms aux nomes citharodiques ; il les appela
le Béotien et l'Éolien, le Trochée et l'Aigu, le Cépion et le
Terpandrien, enfin le Tétraède. Terpandre composa également
ment des préludes citharodiques en vers hexamètres.

ἦσαν δὲ ζ' οἱ ὑπὸ Τερπάνδρου, ὧν εἷς Ὄρθιος Τετράδιος (sic) Ὀξύς. Nous avons déjà fait observer (note 41) que Pollux puise à la même source que Plutarque; il est donc probable que le nome Ὄρθιος, le seul qui manque à la liste de Plutarque, doit y être rétabli. Le texte primitif portait peut-être : Τροχαῖον τε καὶ Ὄρθιον, ...ἀλλὰ μὴν καὶ Ὀξὺν καὶ Τετραοίδιον. Ce nome orthien, qu'Hérodote (I, 24) fait chanter par Arion, devait sans doute son nom, comme le nome homonyme des aulètes, à sa tessiture aiguë, perçante (cf. Schol. *Acharn*. 16 ; Arist., *Prob.* XIX, 37 : οἱ νόμοι ὄρθιοι καὶ οἱ ὀξεῖς χαλεποὶ ᾆσαι διὰ τὸ ἀνατετάμενοι εἶναι ; Eschyle, *Agamemnon*, 1153 : μελοτυπεῖς ὁμοῦ τ' ὀρθίοις ἐν νόμοις); le rythme dans lequel il était écrit le grand iambe) en aura pris le nom d'ὄρθιος; Pollux renverse l'ordre des faits. Le nome Τροχαῖος était probablement écrit en grands trochées (§ 273). Le Τετραοίδιος, très probablement identique à la τετράγηρυς ἀοιδά (Terpandre, fr. 5) sur laquelle les anciens ont tant divagué, devait être un nome d'une structure plus simple que le nome classique de Terpandre : au lieu des sept parties de ce dernier (Pollux, IV, 66 : ἀρχά, μεταρχά, κατατροπά, μετακατατροπά, ὀμφαλός, σφραγίς, ἐπίλογος, il n'en comprenait que quatre (celles dont nous avons espacé les noms). Cf. Bergk, *Gr. Lit.*, II, 211. Le nome Béotien était chanté à Athènes au temps d'Aristophane (*Equit.* 14 et la scholie); il commençait d'une allure tranquille pour finir avec vivacité (Zénobios, II, 65). Le nome Cépion ou Capion était sans doute l'œuvre du disciple de ce nom et non de son maître; Suidas paraît être de cet avis puisqu'il n'attribue à Terpandre que sept nomes (y compris l'Orthios). Au surplus, on remarquera que Plutarque (Héraclide) n'attribue expressément à Terpandre que l'idée de dénommer les nomes citharodiques, et non leur *composition*.

45. Le προοίμιον (πρὸ, οἴμη) est l'introduction lyrique à un fragment d'épopée. Les prétendus hymnes homériques ne sont que des proèmes Thucydide, III, 104) et doivent appartenir en majeure partie à Terpandre et à son école. Du reste, nous avons un hexamètre expressément cité comme détaché d'un proème de Terpandre (fr. 2 Bergk). Plus tard, les proèmes citharédiques admirent des rythmes plus variés; ainsi le proème (d'époque alexandrine ?) faussement connu sous le nom d'Hymne à la Muse et encore plus faussement attribué à Mésomède (Jan, *Musici scriptores*, p. 460 , combine les rythmes iambiques avec l'hexamètre. — Si l'appui de notre phrase porte sur ἐν ἔπεσιν, il y aurait lieu de se demander si elle n'a pas été déplacée ; elle viendrait mieux entre les §§ 38 et 39.

20   ΠΕΡΙ ΜΟΥΣΙΚΗΣ

B (46) Ἔοικε δὲ κατὰ τὴν τέχνην τὴν κιθαρωιδικὴν ὁ Τέρπανδρος
διενηνοχέναι · τὰ Πύθια γὰρ τετράκις ἑξῆς νενικηκὼς ἀναγέγραπται.
(47) Καὶ τοῖς χρόνοις δὲ σφόδρα παλαιός ἐστι · πρεσβύτερον γοῦν
αὐτὸν Ἀρχιλόχου ἀποφαίνει Γλαῦκος ὁ ἐξ Ἰταλίας ἐν συγγράμματί τινι τῶι Περὶ τῶν ἀρχαίων ποιητῶν τε καὶ μουσικῶν ·
F (48) φησὶ γὰρ αὐτὸν δεύτερον γενέσθαι μετὰ τοὺς πρώτους ποιή-
c. 5 σαντας *αὐλητικήν · (***) (49) ἐζηλωκέναι δὲ [τὸν Τέρπανδρον]
Ὁμήρου μὲν τὰ ἔπη, Ὀρφέως δὲ τὰ μέλη · 50) ὁ δ' Ὀρφεὺς
οὐδένα φαίνεται μεμιμημένος · οὐδεὶς γάρ πω γεγένητο, εἰ μὴ οἱ
τῶν *αὐλητικῶν ποιηταί · τούτοις δὲ κατ' οὐδὲν τὸ Ὀρφικὸν ἔργον
p. 1133 ἔοικε. (51) Κλονᾶς δ' ὁ τῶν αὐλωιδικῶν νόμων ποιητής, ὁ ὀλίγωι

N. C. — 47. γοῦν] Par. 3, F1 : οὖν. — τινι τῶι] plerique libri (V, etc.). Par. 3 :
τινι τῶν. P : Ἰταλίας συγγραμμάτων τῷ. Wytt : ἐν συγγ. τῷ om. τινι) aut τινί (om.
τῷ. Bern. : « fort. τινι aut τῳ ». — 48. αὐλητικήν] libri : αὐλωιδίαν : corr.
Westphal. Pro verbis ποιησ. αυλ. V2 habet : ποιητῶν τε καὶ μουσικῶν (ex 47, —
Post 48 libri 22-24). — 49. τὸν Τέρπανδρον inclusimus. — 50. μεμιμημένος]
Par 4 : μεμνημένος; F6 : μεμιστμένος (et F4 prima manus). — γεγένητο] Par.
4, 5, V3 : γεγένοιτο ?) — αὐλητικῶν] libri : αὐλῳδικῶν; corr. Westphal.
— Ὀρφικόν] F4, 6 : ὀρφανικόν. — 51. ὀλίγωι] P : ὀλίγον.

---

46. A l'époque classique, les jeux pythiens se célébraient tous les quatre ans; mais on savait qu'autrefois (olim) — c'est-à-dire probablement avant la réorganisation des jeux par les Amphictyons en 582 (Ol., 48, 3) — la période était de huit ans Censorinus, XVIII, 6), comme celle des autres grandes fêtes delphiques. Les quatre victoires de Terpandre se répartiraient donc sur une durée de vingt-cinq ans. Ce renseignement, qui paraît puisé dans la Chronique de Sicyone, non dans les Πυθιονῖκαι d'Aristote (fr. 615-617 Rose), est sujet à caution; il pourrait être de même nature que les renseignements de Pausanias (X, 7, 2-3 sur les citharèdes vainqueurs à Delphes pendant l'époque mythique, Chrysothémis, Philammon, Thamyris.

47. Archiloque mentionne Gygès comme un personnage déjà entré dans l'histoire ou la légende (fr. 25 Bergk) et parle d'une éclipse de soleil (fr. 74 qui paraît être celle du 5 avril 648. D'autre part, Terpandre avait été vainqueur au premier concours musical des Carnéa (Hellanicos, fr. 122 = Ath., XIV, 635 E et ce concours fut institué dans la XXVIe Olympiade, 676-673 avant J.-C. Sosibios, fr. 3 = Ath., ibid.). La comparaison de ces dates confirme l'opinion de Glaucos et permet d'écarter sûrement celle des auteurs qui faisaient vivre Terpandre après Archiloque Phanias) ou en même temps que lui, vers la XXXIVe Ol. (Chronique de Paros, Eusèbe. — Sur l'ouvrage de Glaucos de Rhégium, voir l'Introduction. — La locution bizarre ἐν συγγράμματί τινι τῶι a peut-être pour origine une étourderie de Plutarque

« Terpandre paraît aussi avoir excellé dans l'art du citharède : les registres lui attribuent, en effet, quatre victoires consécutives aux jeux Pythiques. Son époque est très reculée. Glaucos d'Italie, dans un traité sur les anciens compositeurs et musiciens, montre qu'il est plus ancien qu'Archiloque ; il dit que Terpandre fleurit le second après les premiers créateurs de l'aulétique et qu'il prit pour modèles Homère dans ses vers, Orphée dans ses mélodies. Quant à Orphée, il est clair qu'il n'imita personne, car avant lui il n'y avait rien eu, si ce n'est les compositeurs d'airs aulétiques, dont l'œuvre n'offre aucun rapport avec celle d'Orphée. « Clonas, le créateur des nomes aulodiques, qui vécut peu après Terpandre, était

Terpandre, Clonas, Archiloque. Chronologie de Glaucos de Rhégium.

lui-même qui, trouvant dans Héraclide la forme attique τωι (= τινε), l'aura d'abord reproduite, puis remplacée par τινι en oubliant d'effacer la première rédaction.

48. Puisque Terpandre, d'après Plutarque (§§ 43 et 52), est antérieur à Clonas, le créateur de l'aulodique, la correction αὐλητικήν pour αὐλωιδίαν s'impose (bien certainement Héraclide, sur ce point, avait suivi Glaucos). Ces premiers auteurs de l'aulétique sont les personnages demi fabuleux dont il a été question au § 24, Hyagnis, Marsyas, Olympos ; effectivement, le copiste a inséré ici l'alinéa 22-24 tout entier, dont Westphal faisait une parenthèse commentant les mots τοὺς πρώτους ποιήσαντας αὐλητικήν. On ne peut pas admettre ici une allusion au fabuleux Ardalos du § 54.

49. A Antissa de Lesbos, patrie de Terpandre, on montrait la tombe d'Orphée et l'on disait que la lyre et la tête du poète thrace y avaient été poussées par les flots (Phanoclès, fr. 1 = Stobée, *Flor.*, LXIV, 14 . D'autres disaient que des pêcheurs avaient apporté la lyre d'Orphée à Terpandre, qui l'emporta en Égypte Ps. Nicomaque, *Exc.* 1 . Cf. encore Myrsilos de Lesbos ap. Antigone, *Mirab.* 5 ;

Philostrate, *Vit. Apollon*, IV, 14 et *Heroica*, p. 704. Ces légendes, d'origine d'ailleurs assez tardive, ne font en somme qu'exprimer sous une forme poétique la haute antiquité de l'école citharédique de Lesbos et l'antiquité encore plus haute, mais très nébuleuse, des musiciens thraces et piériens, dont Orphée est le plus célèbre. Il est à remarquer qu'Orphée, en sa qualité de barbare inconnu d'Homère, n'avait pas été cité dans la liste hellénisante des musiciens préhistoriques donnée par la Chronique sicyonienne, §§ 25-34.

50. Ainsi, d'après la chronologie de Glaucos, Orphée est postérieur aux plus anciens musiciens phrygiens, Hyagnis, Marsyas, Olympos (§ 24). Ici encore la correction αὐλητικῶν par αὐλωιδικῶν s'impose ; cf. note 48.

51. Clonas n'est connu que par Plutarque et Pollux (IV, 79), qui puisent d'ailleurs à la même source. La controverse relative à sa patrie s'explique par la rivalité des deux principaux centres de la pratique des instruments à vent en Grèce. Les aulètes de Thèbes ont joui d'une grande célébrité au ve et au ive siècles ; d'autre part, Echembrotos, vainqueur en 586 au premier concours pythique pour

ὕστερον Τερπάνδρου γενόμενος, ὡς μὲν Ἀρκάδες λέγουσι Τεγεάτης ἦν, ὡς δὲ Βοιωτοί, Θηβαῖος. (52) Μετὰ δὲ Τέρπανδρον καὶ Κλονᾶν Ἀρχίλοχος παραδίδοται γενέσθαι.

(53) Ἄλλοι δέ τινες τῶν συγγραφέων Ἄρδαλόν φασι Τροιζήνιον πρότερον Κλονᾶ τὴν αὐλωιδικὴν συστήσασθαι μοῦσαν · (54) γεγονέναι δὲ καὶ Πολύμνηστον ποιητήν, Μέλητος τοῦ Κολοφωνίου υἱόν, ὃν Πολύμνηστόν τε καὶ Πολυμνήστην νόμους ποιῆσαι.

(55) Περὶ δὲ Κλονᾶ, ὅτι τὸν Ἀπόθετον νόμον καὶ Σχοινίωνα πεποιηκὼς εἴη, μνημονεύουσιν οἱ ἀναγεγραφότες. (56) Τοῦ δὲ Πολυμνήστου καὶ Πίνδαρος καὶ Ἀλκμὰν οἱ τῶν μελῶν ποιηταὶ ἐμνημόνευσαν. (57) Τινὰς δὲ τῶν νόμων τῶν κιθαρωιδικῶν τῶν ὑπὸ Τερπάνδρου πεποιημένων Φιλάμμωνά φασι τὸν ἀρχαῖον τὸν Δελφὸν συστήσασθαι.

**(58) Γέγονε δὲ καὶ Σακάδας Ἀργεῖος ποιητὴς μελῶν τε καὶ

N. C. — 52. Par. 3 : παραδέδοται et Barb. corr. — 53. συγγραφέων] Barb. : γραφέων. — Ἄρδαλόν φασι] Par. 5 : Ἀρδαιόν φασι Par. 4 : φησί . — 54. Volkm. : ὃν Πολύμνηστον δὲ καὶ Πολυμνήστιον νόμον ποιῆσαι. — 55. Κλονᾶ] Par. 3 : Κλεονᾶ. — Σχοινίωνα] Par. 3 : σχοινώνια. — εἴη] om. Par. 3. — 56. Ἀλκμάν] O. Muller : Ἀλκαῖος. — 57. ὑπό] P : ὑπέρ. — 58-64. *Libri post 86 ; transposuimus.* — 58-59. *Libri 59-58.* — 58. Ἀργεῖος] Westphal : ὁ Ἀργεῖος. — μελῶν] fort. ἐπῶν? Vid. not. exeg.

---

l'aulodie, était un Arcadien (Paus. X, 7, 4 et Tégée est souvent considérée comme le chef-lieu de l Arcadie.

52. Παραδίδοται, par les sources de Glaucos, auquel appartient tout le développement 47-52. Glaucos donnait donc les plus anciens poètes musiciens dans l'ordre suivant : « inventeurs de l'aulétique Marsyas, Olympos), Orphée, Terpandre δεύτερος μετὰ τοὺς πρώτους, Clonas, Archiloque. »

53. Cf. Pline VII, 204 : *cum tibiis canere voce Troezenius Ardalus* (libri *Dardanus,* corr. Hardouin) *instituit.* Ce personnage est l'exact contre-pied de Piéros § 29 . Près de Trézène les Muses, identiques sans doute aux Nymphes, avaient un sanctuaire où elles étaient adorées sous le nom de Ἀρδαλίδες, les Arroseuses (Paus. II, 21, 3 ; St. Byz.). On imagina un fondateur Ardalos, fils d'Héphæstos, et inventeur de la flûte. Quelquefois même (comme pour Olympos) on dédoubla ce personnage en un ancêtre mythique et un prêtre aulode historique (Plut. *Conviv. septim sapient.* c. 4, p. 150). Les ἄλλοι συγγραφεῖς opposés ici (§§ 54-57 à Glaucos ne peuvent pas être déterminés ; il est possible que Plutarque les cite également à travers Héraclide.

54. Polymnestos avait composé pour les Lacédémoniens un poème en l'honneur de Thalétas Paus. I, 14, 4), ce qui fixe sa date aux environs de

de Tégée, au dire des Arcadiens, de Thèbes, au dire des Béotiens. Après Terpandre et Clonas la tradition place Archiloque.

« D'autres historiens prétendent qu'antérieurement à Clonas Ardalos de Trézène constitua le genre aulodique. Ils mentionnent aussi le compositeur Polymnestos, fils de Mélès de Colophon, qui aurait composé les nomes Polymnestos et Polymnesté.

Opinions divergentes. Ardalos, Polymnestos, Philammon.

« En ce qui concerne Clonas, les registres rappellent expressément qu'il composa les nomes le Réservé et le Cordeau ; quant à Polymnestos, il a été également mentionné par les poètes lyriques Pindare et Alcman. Enfin, certains des nomes citharodiques composés par Terpandre sont, dit-on, l'œuvre du vieux Philammon de Delphes.

« Il y eut aussi un musicien nommé Sacadas d'Argos,

Sacadas d'Ar-

l'an 600 au plus tôt. Mélès, nom de son père, a un cachet spécialement colophonien ; c'est le nom du père d'Homère dans une épigramme où les Colophoniens le réclament pour un des leurs *Anth.* XVI, 292 = Plut. *Vit. Hom.* I, 4 ; Preger, n° 167. Quant aux deux nomes de Polymnestos, ils portent probablement les noms du poète et de sa sœur cf. le couple Ἀρίμνηστος Ἀριμνήστη, frère et sœur d'Aristote, *Vit. Ambros.*, p. 10 Rose). Les noms de nomes formés d'un nom propre affectent tantôt la forme adjectivale (Τερπάνδρειος), tantôt la forme substantivale Κηπίων). — Plutarque semble oublier qu'il a déjà deux fois (§§ 40 et 42) rencontré le nom de Polymnestos.

55. Cf. Pollux, IV, 79 : καὶ Κλονᾶ δὲ νόμοι αὐλητικοί (deb. αὐλωιδικοί ; la même faute IV, 65) ἀπόθετός τε καὶ σχοινίων. Nous verrons que la Chronique de Sicyone attribuait aussi à Clonas le nome Trimèle (§ 64). On peut en conclure que les trois autres nomes aulodiques du § 41 étaient anonymes.

56. Strabon, XIV, 1, 29 (= Pindare, fr. 188 Bergk) : λέγει δὲ Πίνδαρος καὶ

Πολύμναστόν τινα τῶν περὶ τὴν μουσικὴν ἐλλογίμων· « φθέγμα μὲν πάγκοινον ἔγνωκας Πολυμνάστου Κολοφωνίου ἀνδρός ». C'est de ce vers que s'est répandue la forme dorienne Πολύμναστος, fréquente dans les auteurs et les manuscrits. — Le « fragment » d'Alcman (fr. 114 Bergk) ne s'est pas conservé ; mais la mention de Polymnestos par Alcman est importante ; elle sert à fixer la date de ce dernier poète que beaucoup d'anciens faisaient remonter trop haut dans le VII° siècle (Suidas, Ol. 27 ; Eusèbe, Ol. 30, 4).

57. Suidas, v. Τέρπανδρος : καὶ νόμους λυρικοὺς (= κιθαρωιδικοὺς) πρῶτος ἔγραψεν [Pline, VII, 204 : *citharoedica carmina* (primus *composuit Terpander*], εἰ καὶ τινες Φιλάμμωνα θέλουσι γεγραφέναι. — La phrase de Plutarque est bien gauche, ποιεῖν et συνίστασθαι étant exactement synonymes ; il faudrait peut-être écrire πεποιῆσθαι λεγομένων, ou même ὠνομασμένων, puisque au § 44 Terpandre ne fait que *dénommer* les premiers nomes, non les créer.

58-64. Dans nos manuscrits cet alinéa est rattaché à l'histoire de

ἐλεγείων μεμελοποιημένων ·** (59) (ἐν ἀρχῆι γὰρ ἐλεγεῖα μεμελοποιημένα οἱ αὐλωιδοὶ ἦιδον · τοῦτο δὲ δηλοῖ ἡ τῶν Παναθηναίων γραφὴ ἡ περὶ τοῦ μουσικοῦ ἀγῶνος) ·** (60) Ὁ δ' αὐτὸς καὶ *αὐλητὴς ἀγαθὸς καὶ τὰ Πύθια τρὶς νενικηκὼς ἀναγέγραπται. (61) Τούτου καὶ Πίνδαρος μνημονεύει. (62) Τόνων γοῦν τριῶν

N. C. — 58. μεμελοποιημένων] Par. 3, F1: μελοπεποιημένων; V : μεμελοποιημένον; P : μεμελοποιουμένων. — 59. ἐλεγεῖα] P : ἐλεγείου ὡς. — μεμελοποιημένα] Par. 3 : μελοπεποιημένα; P : μελωποιημένα; Barb. : μελοποιημένα. — αὐλωιδοί] N1 : αὐλῳδικοί. — Παναθηναίων] Par. 4, 5 : παρ' Ἀθηναίων. — γραφή] Cobet : ἀναγραφή. — 60. αὐλητής] Wyll. Libri : ποιητής. — 62. γοῦν] Par. 3, F1 : οὖν.

l'aulétique; mais Sacadas, quoique aulète de profession et auteur d'un nome aulétique célèbre (note 60), est ici mentionné comme auteur prétendu d'un nome *aulodique*, le Trimèle ; en outre le § 62 prouve que la notice qui lui est consacrée se rattachait immédiatement à celle qui concerne Polymnestos, et la tournure γέγονε δέ etc., rappelle le γεγονέναι δὲ καὶ Πολύμνηστον... du § 54. La transposition paraît donc nécessaire. Il n'est pas moins évident que les §§ 58 et 59, que les manuscrits donnent dans l'ordre inverse, doivent être intervertis : les mots ἐν ἀρχῆι γὰρ ἐλεγεῖα μεμελοποιημένα, etc., supposent qu'il vient d'être question d'élégies mises en musique et que l'historien ouvre une parenthèse pour expliquer cet usage.

58. Ἀργεῖος. La tombe de Sacadas se voyait encore à Argos au temps de Pausanias (II, 22, 9). On est bien tenté d'écrire ἐπῶν τε καὶ ἐλεγείων μεμελοποιημένων : Sacadas aurait ainsi employé les mêmes mètres que Clonas et Polymnestos (39-40). Il est vrai que l'association μέλη καὶ ἔλεγοι se rencontre ailleurs, exemples : Paus., X, 7, 6 (épigramme d'Echembrotos d'Arcadie, l'aulode contemporain de Sacadas, Preger, nº 138) : "Ελτσιν (Hecker : αὐλοῖσιν) δ' ἀείδων μέλεα καὶ ἐλέγους; Suidas, Ὄλυμπος 2º :

αὐλητὴς καὶ ποιητὴς μελῶν καὶ ἐλεγείων; et l'on mentionne les μέλη (pour flûte seule) de Sacadas, joués au son des flûtes argiennes lors de la fête d'inauguration de Messène en 369 Paus., IV, 27, 7). Mais, d'autre part, l'emploi de la copule τε καί dans notre texte *semble* indiquer que le participe μεμελοπ. régit les *deux* substantifs qui précèdent, quoique au § 69 il ne soit plus question que d'ἐλεγεῖα μεμελοπ. S'il en était ainsi, évidemment μέλη μεμελοποιημένα serait intolérable. On peut encore alléguer en faveur de la leçon ἐπῶν le texte d'Athénée XIV, 610 C) qui semble attribuer à Sacadas une Ἰλίου πέρσις ἐκ τῆς CAKATOY [lisez Σακάδου τοῦ Ἀργείου Ἰλίου Πέρσιδος ; il est vrai que le texte est douteux : K. F. Herrmann, suivi par Kaibel, lit ἐκ τῆς ΑΓΙΟΥ ΤΟΥ Ἀργείου (bien qu'Agias fût de Trézène .

59. Pausanias, X, 7, 5 : ἡ γὰρ αὐλωιδία μέλη τε ἦν αὐλῶν τὰ σκυθρωπότατα καὶ ἐλεγεῖα προσαιδόμενα τοῖς αὐλοῖς. — Plutarque (Héraclide se réfère au concours des Panathénées parce que, à Delphes, le concours d'aulodie avait été aboli presque aussitôt institué. Le concours musical des Panathénées, dont quelques germes existaient sous les Pisistratides, eut pour véritable fondateur Péri-

compositeur de mélodies et de distiques élégiaques mis en musique ; car, à l'origine, les aulodes chantaient des distiques élégiaques mis en musique, comme l'atteste le règlement des Panathénées relatif au concours musical. Le même Sacadas fut encore, d'après la chronique, un aulète excellent et trois fois couronné au concours pythique. Il est aussi mentionné par Pindare. Au temps de Polymnestos et *gos et le nome Trimèle*.

clès, qui l'organisa en qualité d'athlothète (Plut., *Peric.*, 13). Une inscription du IV° siècle, qui paraît reproduire une partie du règlement originaire (C. I. A., II, 965 = Dittenberger, n° 395) nous apprend que deux prix (une couronne de 300 drachmes et 100 dr. en espèces) étaient attribués à l'aulodie, contre 5 pour la citharodie. Par la γραφή de notre texte j'entends le règlement même (διέταξεν) de Périclès, non une chronique dans le genre de celle de Sicyone.

60. Sacadas s'acquit une si grande réputation comme aulète qu'il passait pour avoir réconcilié Apollon avec la flûte (Paus. II, 22, 9); c'est comme aulète, et non comme compositeur, qu'il remporta au concours pythique trois victoires consécutives en 582, 578 et 574 avant J.-C. (Paus. X, 7, 4-5) : la correction αὐλητής s'impose donc de toute nécessité ; on serait aussi tenté d'insérer ἑξῆς après τρίς comme dans § 46. — Il est singulier que Plutarque ne rappelle pas qu'on attribuait à Sacadas le type et le programme du « nome pythique », αὔλημα τὸ Πυθικόν (Paus. II, 22, 9; Pollux, IV, 78 et 84; Schol. Pind. Pyth. introd.). Il est vrai que Strabon, qui parle longuement de ce morceau de concours (IX, 3, 10), ne nomme pas non plus, à ce propos, Sacadas. Cf. Guhrauer, *Der pythische Nomos*, dans *Jahrbücher für Philologie*, 8° suppl., p. 309 suiv.

61. Pindare avait consacré tout un προοίμιον à Sacadas. Nous apprenons par Pausanias, IX, 30, 2 (= Pindare, fr. 269 Bergk) que, trompé par une mauvaise interprétation d'un passage de ce poème, l'auteur d'une statue de Sacadas, qui s'élevait à l'Hélicon, avait fait le corps trop petit en proportion des flûtes. Il semble au moins résulter de là que Sacadas avait augmenté la longueur des flûtes pythiques, sans doute pour en tirer des sons plus graves (et non pas nécessairement pour augmenter l'étendue de la gamme). Peut-être y a-t-il un rapport entre cette innovation et l'article d'Hésychius : Σακάδειον · εἶδος μουσικοῦ ὀργάνου ; on a vu jusqu'à présent, sans raison suffisante, dans ce σακάδειον un instrument à cordes.

62. Dans notre texte et dans la plus grande partie du *De Musica* (voir l'index) τόνος signifie non pas « ton » (échelle de transposition), mais, comme chez Ptolémée, octave modale ; il est d'ailleurs extrêmement probable qu'à l'origine chaque mode s'exécutait dans le ton (trope) homonyme, ce qui le ramenait toujours à l'octave moyenne des voix. Notre auteur, comme plusieurs autres (Posidonius fr. 67 [Ath. 635 E] = FHG. III, 277; Artémon ap. Ath. XIV, 637 D; Ptol. *Harm.* II, 10; Porph. ad Ptol. p. 350; Bacchius, c. 46), ne reconnaît que trois « harmonies » primitives, dorienne, phrygienne, lydienne, qui, ramenées à l'échelle « naturelle » et dans le genre diatonique, ont la forme suivante (fig 1). Sacadas aurait composé un « nome choral » en trois « strophes », la première dans le mode de Mi, la

ὄντων κατὰ Πολύμνηστον καὶ Σακάδαν, τοῦ τε Δωρίου καὶ Φρυγίου
B καὶ Λυδίου, ἐν ἑκάστωι τῶν εἰρημένων τόνων στροφὴν ποιήσαντά
φασι τὸν Σακάδαν διδάξαι ἄιδειν τὸν χορὸν Δωριστὶ μὲν τὴν πρώτην,
Φρυγιστὶ δὲ τὴν δευτέραν, Λυδιστὶ δὲ τὴν τρίτην · (63) καλεῖσθαι
δὲ *Τριμελῆ τὸν νόμον τοῦτον διὰ τὴν μεταβολήν. (64) Ἐν δὲ τῆι
ἐν Σικυῶνι ἀναγραφῆι τῆι περὶ τῶν ποιητῶν Κλονᾶς εὑρετὴς ἀναγέγραπται τοῦ *Τριμελοῦς νόμου**.

(65) Τὸ δ' ὅλον ἡ μὲν κατὰ Τέρπανδρον κιθαρωιδία καὶ μέχρι
τῆς Φρύνιδος ἡλικίας παντελῶς ἁπλῆ τις οὖσα διετέλει. (66) Οὐ
γὰρ ἐξῆν τὸ παλαιὸν οὕτω ποιεῖσθαι τὰς κιθαρωιδίας ὡς νῦν, οὐδὲ
μεταφέρειν τὰς ἁρμονίας καὶ τοὺς ῥυθμούς · (67) ἐν γὰρ τοῖς

N. C. — 62. τοῦ τε] Volk.: τοῦ δὲ (error typogr.). —στροφήν] A ceteri στρο-
φάν). — τὸν Σακάδαν] Par. 3 : τὸν Σακάδα. — Λυδιστί] Par. 3 : Φρυγιστί. —
63. Τριμελῆ] libri τριμερῆ R*S* : τριμερεῖ) corr. Burette. — 64. ἐν Σικυῶνι]
Par. 5 : ἐν κύωνι. — Τριμελοῦς] libri τριμεροῦς, corr. Burette. — 65. κατὰ
Τέρπανδρον] Par. 5 : κατέπα·δρον, Par. 4 : κατεπί.

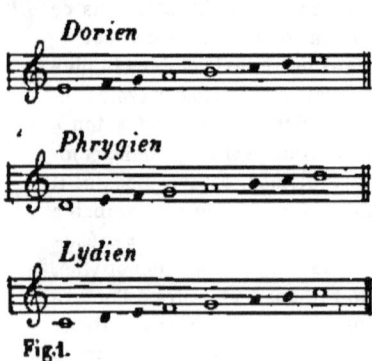

Fig.1.

seconde dans celui de Ré, la troisième dans celui d'Ut. Mais ce conte est extrêmement invraisemblable : 1° parce qu'aucun texte n'attribue à Sacadas des compositions chorales; en particulier, le nome ancien et l'air en question est un nome, § 63) est *toujours* un solo ; 2° parce que il faudrait supposer une composition *allœostrophique* : un air composé de trois strophes similaires (cp. Denys, *De Comp. verb.* 19, devrait reproduire trois fois la même mélodie, conséquemment le même mode; 3° parce que les métaboles modales sont inouïes dans l'art archaïque (cp. § 67), auquel appartient encore Sacadas, et n'ont fait leur apparition dans la musique qu'à partir de Lasos et de Phrynis (voir notes 313 suiv. . La composition attribuée à Sacadas fait penser au « trépied citharique » de Pythagoras de Zacynthe, organisé pour exécuter des airs compliqués de ce genre (Artémon, ap. Ath. XIV, 637 C suiv., mais Pythagoras a dû vivre au v° ou au iv° siècle (Aristoxène, p. 36 Meib.). — On notera les mots κατὰ Πολύμνηστον καὶ Σακάδαν qui fixent l'époque, un peu indécise autrement, de Polymnestos.

63. Les manuscrits ont ici (et § 64) Τριμερής, plus haut (41) Τριμελής. Quoique cette dernière forme soit un ἅπαξ, ou plutôt à cause même de cela, nous n'hésitons pas à lui donner la préférence. Elle explique très bien la genèse de la légende étymologique contenue dans le paragraphe précédent, car μέλος est parfois synonyme

de Sacadas, il y avait donc trois modes : le Dorien, le Phrygien et le Lydien. On dit que Sacadas composa une strophe dans chacun de ces trois modes et enseigna au chœur à les chanter, la première dans le mode Dorien, la seconde dans le Phrygien, la troisième dans le Lydien ; ce nome aurait été appelé Trimèle à cause de cette modulation. Toutefois, dans la chronique lapidaire de Sicyone sur les compositeurs, c'est Clonas qui est inscrit comme inventeur du nome Trimèle.

« En général, la citharodie de l'époque de Terpandre et jusqu'à l'âge de Phrynis conserva un grand caractère de simplicité, car il n'était pas permis autrefois de composer des airs citharodiques comme aujourd'hui, ni d'opérer, dans une même composition, des changements soit de mode, soit de rythme. Dans chaque nome on conservait jusqu'au

Caractère de l'ancienne citharodie ; origine du nom de nomes.

de ἁρμονία (cf. 158). L'ancienne aulodie nous est trop peu connue pour que nous risquions une interprétation rationnelle de ce nom ; il n'est pas impossible cependant que le nome Τριμελής doive s'expliquer comme les noms du nome citharodique Τετραοίδιος *suprà* 44 , du nome aulétique Πολυκέφαλος (§ 77 , par le nombre de sections de la composition ; mais si nous connaissons le nombre normal des divisions du nome citharodique (sept) et du nome pythique aulétique (cinq d'après Pollux, IV, 84 ; six d'après Strabon IX, 3, 10), nous ignorons la division réglementaire du nome aulodique.

64. Le témoignage de la Chronique paraît mériter toute créance et rend encore plus invraisemblable, vu l'âge de Clonas, l'interprétation traditionnelle du nom du nome Trimèle. L'attribution de ce nome à Sacadas repose peut-être sur une légende locale d'Argos qui elle-même avait pour point de départ quelque détail monumental (avait-on gravé sur sa tombe les diagrammes des trois modes principaux ? .

65. Depuis Terpandre jusqu'à Phrynis, il y a environ deux cents ans. Proclus (p. 245 Westphal) considère également Phrynis comme le premier novateur du nome citharodique.

66. ὡς νῦν, à l'époque où écrit Héraclide, après les libertés, voisines de la licence, introduites dans le nome citharodique par Phrynis, Timothée, Polyidos, etc. C'est le dithyrambe qui avait donné le signal de la fréquence des modulations de toute espèce (Denys, *De comp. verb.*, 19) ; à son exemple, le nome citharodique devint « imitatif », long et très varié, πολυειδής (Arist., *Prob.*, XIX, 15). Au temps des Antonins, les deux hymnes de Mésomède attestent, au contraire, le retour à une simplicité archaïsante.

67. Suidas : νόμος ὁ κιθαρῳδικός · τρόπος τῆς μελῳδίας, ἁρμονίαν ἔχων τακτὴν (= εἶδος τάσεως, 68) καὶ ῥυθμὸν ὡρισμένον. Nous savons que l'hymne de Terpandre à Zeus était en mode dorien Clem. Alex., *Strom.*, VI, 11, p. 309 Migne) ; son nome Αἰόλιος était très probablement en mode éolien ; pour les autres nous n'avons aucun renseignement. Quant aux rythmes, à côté de l'hexamètre, cette vieille école a employé le grand spondée, le

νόμοις ἑκάστωι διετήρουν τὴν οἰκείαν τάσιν · διὸ καὶ ταύτην <τὴν> ἐπωνυμίαν εἶχον · (68) νόμοι γὰρ προσηγορεύθησαν, ἐπειδὴ οὐκ ἐξῆν παραβῆναι καθ' ἕκαστον <τὸ> νενομισμένον εἶδος τῆς τάσεως... (69) Τὰ γὰρ πρὸς τοὺς θεοὺς ὡς βούλονται ἀφοσιωσάμενοι, ἐξέβαινον εὐθὺς ἐπί τε τὴν Ὁμήρου καὶ τῶν ἄλλων ποίησιν · δῆλον δὲ τοῦτ' ἐστὶ διὰ τῶν Τερπάνδρου προοιμίων.

(70) Ἐποιήθη δὲ καὶ τὸ σχῆμα τῆς κιθάρας πρῶτον κατὰ Κηπίωνα τὸν Τερπάνδρου μαθητήν · (71) ἐκλήθη δ' Ἀσιὰς διὰ τὸ κεχρῆσθαι τοὺς Λεσβίους αὐτῆι κιθαρωιδοὺς πρὸς τῆι Ἀσίαι κατοικοῦντας. (72) Τελευταῖον δὲ Περίκλειτόν φασι κιθαρωιδὸν νικῆσαι ἐν Λακεδαίμονι Κάρνεια, τὸ γένος ὄντα Λέσβιον · (73) τούτου δὲ τελευ-

---

N. C. — 67. Par. 5 : οἰκεσίαν. — ταύτην τήν] τὴν inseruimus. — 68. τό] inseruimus. — τῆς] om. Par. 3, F1. — Post 68 lacunam indicauimus. — 69. τὰ γάρ] V3 (et Dübner) : τὸ γάρ. — ὡς βούλονται] Wytt : ὡς ἐβούλοντο transpositis post παραβῆναι, § 68). — ἐπί τε τήν] Par. 3 : ἐπὶ τήν τε. R4, F6 : ἐπί τε τῶν Ὁμ. — 71. διά] F4, 6 : διὸ καί. — 72. φασι] R4, F4, 6 : φησι. — νικῆσαι] R3 : κινῆσαι. — Κάρνεια] A : Καρνείᾳ (quod etiam vult V qui habet Καρνία).

---

grand iambe (orthios) et le grand trochée (σημαντός) (infrà, § 272 suiv.).

68. Le nome est la « cantilène réglée ». L'étymologie d'Héraclide, bien qu'un peu étroite puisqu'il ne parle que de l'unité modale (τάσις , — mais il y a une lacune — est donc, en somme, exacte et bien préférable aux absurdités des Problèmes d'Aristote (XIX, 28 : ὅτι πρὶν ἐπίστασθαι γράμματα ᾖδον τοὺς νόμους; et de Proclus p. 244, Westph.) : ἔχει τὴν ἐπωνυμίαν ἀπ' αὐτοῦ Apollon), νόμιμος γὰρ ὁ Ἀπόλλων ἐπεκλήθη.

69. Les proèmes homériques, dont nous avons déjà signalé l'origine « terpandrienne » note 45, confirment parfaitement la définition de Plutarque. L'invocation au dieu, qui constitue la plupart de ces préludes, se termine très souvent par une formule stéréotypée qui annonce le fragment d'épopée : αὐτὰρ ἐγὼ καὶ σεῖο καὶ ἄλλης μνήσομ' ἀοιδῆς ou σεῦ δ' ἐγὼ ἀρξάμενος μεταβήσομαι ἄλλον ἐς ὕμνον; parfois même elle en indique d'avance le sujet (nos 31, 32). — Il manque une transition nécessaire entre les §§ 67-68 où il est question des modes des nomes, et notre § 69 qui se rapporte non aux nomes, mais aux proèmes, et s'occupe de leur texte, non de leur mélopée. On pourrait imaginer quelque chose comme : ὡσαύτως δὲ καὶ περὶ τῆς λέξεως (l'omission s'expliquerait par l'homoeoteleuton, τάσεως-λέξεως). Le seul fait de quatre phrases consécutives commencant par γάρ ne suffirait pas à révéler une lacune : notre dialogue même offre un autre exemple d'une pareille répétition (infrà, 372-375. A la rigueur, le § 69 pourrait être considéré comme une parenthèse déplacée, dont la véritable place serait au § 66, après les mots ὡς νῦν.

70. Pollux IV, 65 fait de Cépion (Capion le mignon de Terpandre; cette légende est calquée sur celle de Marsyas-Olympos. — Je ne crois pas,

bout l'échelle qui lui était propre, et de là même venait le nom de ces compositions : on les appelait « nomes », c'est-à-dire lois, parce que chacune d'elles avait un type d'échelle légal, dont il n'était pas permis de s'écarter. *De même les textes (?) poétiques étaient assujettis à des règles sévères :* on commençait par une invocation aux dieux, disposée à volonté, puis on passait aussitôt à la poésie d'Homère ou de quelque autre : c'est ce qui résulte clairement des préludes de Terpandre.

« La forme de la cithare fut aussi fixée pour la première fois au temps de Cépion, l'élève de Terpandre ; on l'appela Asiade parce qu'elle était en usage chez les citharèdes de Lesbos, île voisine de l'Asie. Pericleitos fut, dit-on, le dernier citharède de race lesbienne qui triompha au concours des Carnées à Lacédémone ; après sa mort, la succes- *École lesbienne de citharodie. Sa durée.*

---

d'ailleurs, qu'il se fût conservé une tradition sérieuse relative à l'invention de la cithare de concours ; on l'attribuait sans doute au successeur immédiat de Terpandre parce que Terpandre lui-même (fr. 5) appelle son instrument φόρμιγξ.

71. Le nom ἀσιὰς κιθάρα (Euripide, *Cyclope*, 443) ou ἀσιὰς tout court (Aristophane, *Thesmoph.* 120 d'après Euripide) était employé au ve siècle pour désigner la cithare « de concert » en général (Schol. Apoll. II, 777) ; on trouve aussi Ἀσιᾶτις (Strabon, X, 3, 17 citant un poète inconnu : κιθάραν Ἀσιᾶτιν [ἀ]ράσσων). On ne saurait admettre avec certains lexicographes (St. Byz., Ἀσία ; Et. Mag.) qu'il s'agisse de la guitare (τρίχορδος κιθάρα) ou avec d'autres (ap. Bekker, *Anecd.*, I, 451) de la harpe (τρίγωνον ὄργανον). Le texte principal est celui du cinquième lexique de Bekker (*loc. cit.* = FHG, II, 183, n° 259) qu'il faut ainsi rectifier : Ἀσιάς · καὶ Ἀσία · καὶ Ἀσιώνη · ἡ κιθάρα · ἀπὸ Ἀσίου τινός · ἢ ἀπὸ Ἀσίας, τῆς μητρὸς Προμηθέως · Δοῦριν δὲ Ἀριστοκλῆς (libri : Ἀριστοτέλης) φησὶ λέγειν, ὅτι ἐκλήθη Ἀσιὰς ἀπὸ τῶν χρωμένων Λεσβίων, οἵτινες οἰκοῦσι πρὸς τῆι Ἀσίαι · οἱ δὲ ἀπὸ Τυρρηνοῦ (= Τορρήβου) Λυδοῦ εὑρόντος πρῶτον τὸ τρίγωνον ὄργανον · οἱ δὲ ἀπὸ Τερπάνδρου. L'opinion de Douris concorde, on le voit, presque littéralement avec celle de Plutarque. Ou Plutarque copie ici Douris ou Douris avait copié Héraclide.

72. Pericleitos n'est pas nommé ailleurs. — Il est curieux que Plutarque mentionne le « dernier » citharède lesbien couronné aux Carnées, sans avoir dit un mot des victoires de Terpandre et de ses successeurs à ce concours (cf. note 47). On sait que c'est à la prééminence incontestée des citharèdes lesbiens aux Carnées qu'Aristote (fr. 545 Rose) rapportait le proverbe μετὰ Λέσβιον ᾠδόν, cité par Cratinus fr. 243 Kock) et les parémiographes.

73. Plutarque ne veut pas dire que la citharédie ait cessé d'être cultivée à Lesbos (le maître de Phrynis, Aristocleidas, qui florissait vers 480 est encore un « Terpandrien »), mais que la prépondérance des citharèdes lesbiens au concours des Carnées ne

τήσαντος, τέλος λαβεῖν Λεσβίους τὸ συνεχὲς τῆς κατὰ τὴν κιθαρῳδίαν διαδοχῆς. (74) Ἔνιοι δὲ πλανώμενοι νομίζουσι κατὰ τὸν <αὐτὸν> χρόνον Τερπάνδρῳ Ἱππώνακτα γεγονέναι· φαίνεται δ' Ἱππώνακτος καὶ Περίκλειτος ὢν πρεσβύτερος.

c. 7 (75) Ἐπεὶ δὲ τοὺς αὐλῳδικοὺς νόμους καὶ κιθαρῳδικοὺς ὁμοῦ τοὺς ἀρχαίους ἐμπεφανίκαμεν, μεταβησόμεθα ἐπὶ μόνους τοὺς * αὐλητικούς. (76) Λέγεται γὰρ τὸν προειρημένον Ὄλυμπον, αὐλητὴν ὄντα τῶν ἐκ Φρυγίας, ποιῆσαι νόμον αὐλητικὸν εἰς Ἀπόλλωνα τὸν καλούμενον Πολυκέφαλον · (***) (77) οὗτος γάρ, παιδικὰ γενόμενος

N. C. — 73. διαδοχῆς] R4, F4, 6 : διαγωγῆς. — 74. κατὰ τὸν αὐτὸν χρόνον] αὐτὸν inser. dubit. Wytt. Par. 4 : κατὰ τὸν χρόνον Τερπάνδρου. Sic quoque Par. 5, sed deinde corr. in Τερπάνδρῳ. — Ἱππώνακτα] Par. 5 : Ἱππώναχα. — 75. μόνους] libri (Par. 3 et Barb. corr. dubitanter : νόμους ; vulgo ante Wytt.) et Westphal : νόμους. — αὐλητικούς] libri αὐλῳδικούς, corr. Volkmann. — 76. ὄντα τῶν] V, Par. 3, R3 : ὄντα τόν. — 77-80. Westphalius ita disposuit (libri : 80, 77-79.

---

fut plus incontestée. — On remarquera que Plutarque ne dit mot d'Arion de Méthymne, le citharède à demi légendaire qui aurait, vers 600 avant J.-C., institué les premiers dithyrambes à Corinthe (Hérodote, I, 23.

74. Hipponax est placé par le marbre de Paros en 542, par Pline (XXXVI, 11) dans l'Ol. 60 (540). (Proclus, p. 243 Westphal, place son ἀκμή sous Darius, sensiblement trop tard. Il en résulte que Péricleitos appartient encore à la première moitié du vi[e] siècle. L'anachronisme critiqué par Plutarque consistait non à abaisser la date de Terpandre, mais à élever démesurément celle d'Hipponax : effectivement saint Jérôme (Eusèbe, II, 85 Schœne) le place à la 23e Olympiade (688, précisément à l'époque de Terpandre.

75. Le mot ὁμοῦ (auquel s'oppose bien μόνους) prouve que l'histoire de la citharodie et celle de l'aulodie primitives ont été menées de front et qu'il ne faut donc pas chercher à établir dans les §§ 46-74 un groupement plus systématique.

76. τὸν προειρημένον Ὄλυμπον, cf. § 22 et 24. La légende du nome Polycéphale κεφαλᾶν πολλᾶν νόμον, Pindare ; θρῆνον πουλυκαρηνον, Nonnus, Dionys. XL, 27 forme une notable partie du sujet de la XIIe Pythique ; d'après le poète, Athéna l'aurait inventé après le triomphe de Persée sur la Gorgone, pour imiter le gémissement de « la sœur » de Méduse. On peut conclure sûrement de là que ce nome avait un caractère thrénétique (θρῆνος de Nonnus), mais était-il identique à l'ἐπικήδειος lydien sur Python également attribué à Olympos § 150 ? Le scholiaste de Pindare, qui mentionne aussi l'attribution de notre nome à Olympos, a recueilli plusieurs explications du nom Polycéphale : 1° la mélodie aurait imité le sifflement plaintif des nombreuses têtes de serpent formant la chevelure de la Gorgone ; 2° elle aurait été chantée par un chœur de cinquante

sion jusqu'alors ininterrompue des maîtres citharèdes lesbiens prit fin. Quelques auteurs ont faussement avancé que Terpandre et Hipponax étaient contemporains ; il appert, au contraire, que Péricleitos lui-même est plus ancien qu'Hipponax.

V. — Débuts de l'aulétique.

« Après avoir fait connaître conjointement les anciens nomes aulodiques et citharodiques, nous allons examiner séparément ceux de l'aulétique. On dit que le susdit Olympos, aulète d'origine phrygienne, composa un nome aulétique en l'honneur d'Apollon, celui qu'on appelle le nome

Le nome Polycéphale. Les deux Olympos et Cratès.

exécutants conduit par l'aulète (cf. l'erreur semblable sur le nome triméle, § 62) ; 3° elle se serait composée d'un grand nombre de sections ou reprises (à la différence du nome pythique, qui n'en comptait que 5 ou 6, cf. § 63. Cette dernière étymologie serait la plus acceptable, si κεφαλή, « chef », se rencontrait dans le sens de chapitre, où κεφάλαιον même est d'un emploi récent. Ajoutons qu'il ne résulte nullement de la XII° *Pythique*, comme le croit Christ, que l'aulète chanté par Pindare eût exécuté à Delphes le νόμος πολυκέφαλος. Toutes les hypothèses sur le sujet de ce nome (par exemple celle de Guhrauer, *Verhandlungen der Philologen in Gœrlitz*, 1890, p. 438 suivant laquelle il s'agissait du combat de Persée contre les Gorgones) sont dénuées de fondement.

77 suiv. La transposition proposée par Westphal s'impose absolument ; car, dans l'ordre donné par les manuscrits, les mots τὸν προειρημένον Ὄλυμπον semblent se rapporter à Olympos II (§ 80) ; or bien certainement l'Olympos dont il a été question plus haut (§ 22 et 24 est Olympos I°r.

77. Suidas, v° Ὄλυμπος (2° : Ὄλυμπος Μαίονος Μυσός, αὐλητὴς καὶ ποιητὴς μελῶν καὶ ἐλεγείων, ἡγεμών τε γενό-

μενος τῆς χρουματικῆς μουσικῆς < καὶ ?> τῆς διὰ τῶν αὐλῶν, μαθητὴς καὶ ἐρώμενος Μαρσύου (τὸ γένος ὄντος σατύρου, ἀκουστοῦ δὲ καὶ παιδὸς Ὑάγνιδος). Γέγονε δὲ πρὸ τῶν Τρωϊκῶν ὁ Ὄλυμπος d'après Hygin, fab. 273, dans la deuxième génération ; d'après le marbre de Paros près de 200 ans avant), ἐξ οὗ τὸ ὄρος τὸ ἐν Μυσίαι ὀνομάζεται:. Clément d'Alexandrie semble distinguer un Olympos Mysien, inventeur du mode lydien, et un Olympos Phrygien inventeur des χρούματα (*Strom.*, I, 16), mais sans établir entre eux un ordre chronologique et peut être simplement parce qu'il copie des autorités différentes. — Olympos est déjà associé à Marsyas dans la Nekyia de Polygnote (Paus., X, 30, 9) ; il est donné pour mignon de Marsyas dans le dialogue *Minos*, p. 318 B, et par Philostrate, *Imag.*, I, 19 ; d'autres font d'O. le fils de Marsyas ou, au contraire, son père (Apollodore, 1, 24 Wagner). — Le texte du *Minos* présente d'intéressants rapprochements d'expressions avec le nôtre (I, p. 622 Didot : Ἆρ' οὐχ ὁ Μαρσύας λέγεται καὶ τὰ παιδικὰ αὐτοῦ Ὄλυμπος ὁ Φρύξ ; — Ἀληθῆ λέγεις. — Τούτων δὴ καὶ τὰ αὐλήματα θειότατά ἐστι, καὶ μόνα κινεῖ καὶ ἐκφαίνει εὐφραίνει ? ἐκφέρει ?) τοὺς τῶν θεῶν ἐν χρείαι ὄντας · καὶ ἔτι καὶ νῦν [μόνα]

Μαρσύου καὶ τὴν αὔλησιν μαθὼν παρ' αὐτοῦ, τοὺς νόμους τοὺς ἁρμονικοὺς ἐξήνεγκεν εἰς τὴν Ἑλλάδα, οἷς <ἔτι καὶ> νῦν χρῶνται οἱ Ἕλληνες ἐν ταῖς ἑορταῖς τῶν θεῶν. (78) Ἄλλοι δὲ Κράτητος εἶναί φασι τὸν Πολυκέφαλον νόμον, γενομένου μαθητοῦ Ὀλύμπου.

(79) Ὁ δὲ Πρατίνας Ὀλύμπου φησὶν εἶναι τοῦ νεωτέρου τὸν νόμον B τοῦτον · ** (80) εἶναι δὲ τὸν Ὄλυμπον τοῦτόν φασιν ἔνατον ἀπὸ τοῦ πρώτου Ὀλύμπου τοῦ Μαρσύου, <τοῦ> πεποιηκότος εἰς τοὺς θεοὺς τοὺς νόμους **.

(81) Τὸν δὲ καλούμενον Ἁρμάτειον νόμον λέγεται ποιῆσαι ὁ F πρῶτος Ὄλυμπος, ὁ Μαρσύου μαθητής · (82) τὸν δὲ Μαρσύαν

N. C. — **77.** ἁρμονικούς] Barb : μονικούς. — ἔτι καὶ addidimus. — N1 : χρῶνται νῦν (quid si olim fuerit : χρῶντΑΙ ἔτι καΙ νῦν? . — οἱ Ἕλληνες] forsan delendum. — **79.** φησιν] Par. 4, 5 : φασίν. — **80.** ἔνατον] AE Par. 4, 5 et vulgo : ἕνα τῶν; Par. 3, R3 : ἕνα τόν; P : ἕνα (om. τόν). V : ἕνᾶ τῶν (sic). Restituimus. — Μαρσύου τοῦ] τοῦ inseruit Wytt. — **81.** ποιῆσαι... μαθητής] Par. 3 : ποιῆσαι πρῶτον Ὄλυμπον τὸν Μαρσύου μαθητήν. F1 : τὸν πρῶτον Ὄλ. τὸν Μ. μαθητήν. — ὁ πρῶτος] Bern. « malim πρῶτος ὁ. » (?).

λοιπά ἐστιν ὡς θεῖα ὄντα. — On remarquera que notre texte attribue exclusivement à Olympos l'introduction en Grèce et même la composition (§ 80, 289, 374 des nomes liturgiques pour flûte, tandis que le *Minos* les attribue à Marsyas et à Olympos; d'autre part, le marbre de Paros (l. 19-20) cite Hyagnis comme auteur des nomes Μητρός, Διονύσου, Πανός, Ἐπ[ικήδειος?]. Toutes ces attributions sont de valeur égale, c'est-à-dire nulle; le seul fait à retenir, c'est que les vieux airs liturgiques pour flûte, employés dans le rituel des temples, étaient d'origine phrygienne. Mais pourquoi notre texte les appelle-t-il tous ἁρμονικοί, c'est-à-dire écrits dans le genre enharmonique? Nous verrons plus loin que l'un d'eux, le nome d'Athéna, était effectivement dans ce genre 374, mais est-il possible qu'il en fût ainsi de *tous* ces vieux nomes, alors surtout que l'enharmonique est donné 188) comme plus récent que le chromatique? Il est probable que la plupart de ces vieux nomes étaient écrits non dans l'enharmonique proprement dit (avec l'emploi des quarts de ton), mais dans le proto-enharmonique, qui n'est qu'un diatonique simplifié (cf. § 108 suiv. .

78. Cratès est inconnu d'ailleurs. Un disciple plus célèbre d'Olympos, Hiérax, sera mentionné plus loin (§ 262 .

79. Sur les renseignements historiques tirés de Pratinas, voir l'Introduction.

80. Suidas, v° Ὄλυμπος, 4° : Ὄλυμπος Φρύξ, νεώτερος, αὐλητής, γεγονὼς ἐπὶ Μίδου τοῦ Γορδίου. Nous connaissons deux rois de Phrygie appelés Midas, fils de Gordios : l'un, fondateur de la dynastie et contemporain d'Orphée (Justin, XI, 7), l'autre, dernier roi de cette dynastie, tué par les Cimmériens Hérodote, I, 14 . Ce dernier Midas est mort, d'après Africanus Cramer, *Anecd. Paris.*, II, 264) en 676, d'après Eusèbe en 695. Nous ne croyons pas qu'il puisse

Polycéphale. C'est cet Olympos, mignon de Marsyas, qui apprit de lui l'art de jouer de la flûte et introduisit en Grèce les nomes enharmoniques dont les Grecs font encore aujourd'hui usage dans les fêtes des dieux. D'autres prétendent que le nome Polycéphale est l'œuvre de Cratès, qui fut disciple d'Olympos. Enfin, Pratinas attribue ce nome à Olympos le jeune : celui-ci, dit-on, aurait été le neuvième descendant du premier Olympos, celui qui fut l'amant de Marsyas et l'auteur des nomes en l'honneur des dieux.

« Quant au nome dit du Chariot, on assure qu'il fut composé par le premier Olympos, l'élève de Marsyas. — Marsyas, selon quelques auteurs, s'appelait Massès ; d'autres

Nomes du Chariot, du Figuier, Orthien. Influence d'Olympos sur Stésichore et Polymnestos.

s'agir de lui. La correction ἔνατον nous paraît certaine, mais vu l'incertitude de la date d'Olympos Ier (note 77), elle ne nous permet pas de préciser l'époque que Pratinas attribuait à Olympos II, neuf générations, c'est-à-dire 300 ans, après Olympos Ier. — Au surplus, nous ne croyons pas à la réalité historique d'un ou de plusieurs musiciens appelés Olympos. Nous ne voyons dans ce nom que l'étiquette collective des aulètes mysophrygiens qui se répandirent en Grèce à partir du viiie siècle (?) et y apportèrent la double flûte et un répertoire liturgique. Ces musiciens s'appelaient des Olympes, du nom de leur patrie (le mont Olympe de Mysie), comme en Italie, suivant quelques-uns, leur instrument prit le nom de *tibia*, du nom générique des esclaves phrygiens, Τίϐιος. (Le Τίϐιον ὄρος de St. Byz. et la Τιϐία = Phrygie de Suidas sont sujets à caution.) Quant au dédoublement d'Olympos en deux personnages de même race, il est analogue aux cas d'Ardalos (note 53) et d'Orphée.

81. Le nome du Chariot (Harmateios) avait un caractère vif et entraînant, comme le prouve l'anecdote faussement rapportée à l'aulète Antigénidas qui l'aurait joué devant Alexandre (Plut., *de Alex. fort.*, II, 2, p. 335 A). Euripide s'en était servi dans son *Oreste* ; l'esclave phrygien épouvanté chante (v. 1381 suiv.) : Ἴλιον Ἴλιον ὤμοι μοι... ὡς σ᾽ ὀλόμενον στένω, ἁρμάτειον ἁρμάτειον μέλος βαρϐάρωι βοᾷ. Le scholiaste d'Euripide, les lexicographes Didyme et Alexandre (Etym. M. sub v°) se livrent à de vaines conjectures sur l'étymologie de ce nom : Hector traîné derrière le char d'Achille, le char des fiancés, etc. La moins absurde fait allusion au chariot où l'on promenait l'image de la Mère des Dieux : en ce cas, le nome du chariot pourrait être identique au nome Μητρός de la Chronique de Paros. Hésychius l'identifie, certainement à tort, au nome d'Athéna : ἔνιοι δὲ τὸν τῆς Ἀθηνᾶς νόμον · ἄλλοι τὸ ταχὺ ἐπὶ τοῦ ἅρματος (?). On doit aussi se rappeler que les chariots, ἅρματα, jouaient un grand rôle dans la fête lacédémonienne des Hyacinthies (Polycratès, ap. Ath., IV, 139 F) ; un air de flûte accompagnant cette procession aurait bien pu s'appeler ἁρμάτειος νόμος.

82. Plutarque (*De Is. et Osir.*, 24, p. 360 B) parle d'un ancien roi de Phrygie, Manès, ὃν ἔνιοι Μάσδην (Dübner : Μάσσην ; C. Müller : Μάσλην) καλοῦσι. Xanthos de Lydie mentionnait un fleuve Μάσνης (FHG., IV, 629 = Héphestion, *De metris*, p. 7 Westph., Et. M. v° Δάσλτηρχ) que

φασί τινες Μάσσην καλεῖσθαι (οἱ δ' οὔ, ἀλλὰ Μαρσύαν), εἶναι δ' αὐτὸν Ὑάγνιδος υἱόν, τοῦ πρώτου εὑρόντος τὴν αὐλητικὴν τέχνην. (83) Ὅτι δ' ἐστὶν Ὀλύμπου ὁ Ἀρμάτειος νόμος, ἐκ τῆς Γλαύκου ἀναγραφῆς τῆς ὑπὲρ τῶν ἀρχαίων ποιητῶν μάθοι ἄν τις · (84) καὶ ἔτι γνοίη ὅτι Στησίχορος ὁ Ἱμεραῖος οὔτ' Ὀρφέα οὔτε Τέρπανδρον οὔτ' * Ἀρχίλοχον οὔτε Θαλήταν ἐμιμήσατο, ἀλλ' Ὄλυμπον, χρησάμενος τῶι Ἀρματείωι νόμωι καὶ τῶι κατὰ δάκτυλον εἴδει, * ὃ τινες ἐξ Ὀρθίου νόμου φασὶν εἶναι. (85) Ἄλλοι δέ τινες ὑπὸ Μυσῶν εὑρῆσθαι τοῦτον τὸν νόμον · γεγονέναι γάρ τινας ἀρχαίους c. 8 αὐλητὰς Μυσούς.

(86) Καὶ ἄλλος δ' ἐστὶν ἀρχαῖος νόμος καλούμενος * Κραδίης, ὅν φησιν Ἱππῶναξ Μίμνερμον αὐλῆσαι.

N. C. — 82. Ὑάγνιδος] V, Par. 3, 5 : Ὑαγνίδου; Par. 4 : Ὑαγρίδου. — 83. ἀναγραφῆς] Forsan συγγραφῆς? — 84. Ἀρχίλοχον] libri Ἀντίλοχον, corr. Burette. — οὔτε Θαλήταν ἐμιμήσατο] Par. 3 : ἐμιμήσατο οὔτε Θαλήταν. — Θαλήταν] P : Θαλήτης. — τῶι κατὰ δάκτυλον] V2 : τὸ κατὰ δάκτ. — ὃ τινες] libri : οἵ τινες, corr. Amyot. secundum Marquard praebet F2 : ὃ τινες). — 85. εὑρῆσθαι] P : εὑρηθῆσαι (sic). — 86. Κραδίης] libri : Κραδίας; correx. ex Hesychio. — Μίμνερμον Par 3, F1 : μίμερμνον. V2, P : μίμνεσμον. — Post 86 libri 58-64; transposuimus.

C. Müller identifie avec le Marsyas. Faut-il substituer un de ces noms au bizarre Μάσσης de nos manuscrits? Pour Hyagnis, voir plus haut, § 24.

83. Quoique le mot ἀναγραφή se trouve quelquefois, au moins d'après les manuscrits, employé au sens d'histoire Plut., Peric., 2, il ne semble pas qu'il soit de mise ici, d'autant plus que l'ouvrage de Glaucos a été désigné plus haut sous le nom de σύγγραμμα (§ 47. — On remarquera aussi l'expression insolite ὑπὲρ (au lieu de περί) τῶν ἀρχαίων ποιητῶν.

84. εἶδος = εἶδος ῥυθμοῦ (cf. § 119). L'expression κατὰ δάκτυλον se retrouve dans Aristophane, Nuées, 650-651, où il s'agit du rythme dactylique opposé au rythme κατ' ἐνόπλιον, c'est-à-dire peut-être simplement anapestique (dans Platon, Rép. III, p. 400 B, ἐνόπλιος ξύνθετος = prosodiaque, ὁποῖός ἐστι τῶν ῥυθμῶν κατ' ἐνόπλιον, χὠποῖος αὖ κατὰ δάκτυλον). Les scholies ne nous éclairent pas 1° ἔστι δὲ ῥυθμοῦ καὶ κρούματος εἶδος τὸ κατὰ δάκτυλον, ὧι χρῶνται οἱ αὐληταὶ πρὸ τοῦ νόμου [= Suidas, v° κατὰ δάκτυλον ; 2° ὁ κατὰ δάκτυλον ῥυθμός ἐστιν ἐν ἴσωι λόγωι. Il s'agit probablement, d'une manière générale, des grands rythmes dactyliques qui prédominent, en effet, dans les fragments de Stésichore. — Sur le nome aulétique orthien, cf. Schol. Aristoph., Acharn., 16 : ὁ δὲ Ὄρθιος αὐλητικὸς νόμος, οὕτω καλούμενος διὰ τὸ εἶναι εὔτονος καὶ ἀνάτασιν ἔχων ; Pollux, IV, 71 : αὔλημα δὲ ὄρθιον, ἀφ' οὗ καὶ νόμος ὄρθιος. Dion Chrysostome raconte (I, p. 1) au sujet de ce nome la même anecdote rap-

maintiennent qu'il se nommait bien Marsyas. On le donne pour fils d'Hyagnis, qui le premier inventa l'art de jouer de la flûte. — Que le nome du Chariot appartient à Olympos, c'est ce qu'on peut apprendre par la chronique de Glaucos sur les anciens compositeurs. On y verra aussi que Stésichore d'Himère n'a imité ni Orphée, ni Terpandre, ni Archiloque, ni Thalétas, mais bien Olympos, dont il utilisa le nome du Chariot et le genre dactylique, qui dérive, selon d'autres, du nome Orthien. D'autres prétendent que ce nome fut inventé par des Mysiens, car il y aurait eu une ancienne école d'aulètes de Mysie.

« Il existe encore un autre nome ancien dit du Figuier, que Mimnerme, au rapport d'Hipponax, jouait sur la flûte.

portée par Plutarque (*supra*, note 84) au sujet du nome Harmateios ; l'aulète, au lieu d'Antigénidas, s'appelle Timothée ; même récit chez Suidas, v° Τιμόθεος. A cette occasion, Dion et Suidas identifient le nome Orthien avec le nome d'Athéna (τὸν ὄρθιον τὸν τῆς Ἀθηνᾶς ἐπικαλούμενον νόμον) ; mais, à moins d'admettre l'existence de deux nomes aulétiques d'Athéna, ce renseignement est inconciliable avec le fait que d'après Plutarque le nome d'Athéna employait le péon épibate et le trochée (*infra*, § 377) et le nome orthien le rythme dactylique. Volkmann suppose ingénieusement que le nome orthien avait été rattaché à Athéna à cause des vers de l'*Iliade* (XI, 10) où, parlant de cette déesse, le poète écrit : ἦυσε...μέγα τε δεινόν τε | ὄρθια. — Les nomes orthiens imités par Eschyle (Aristoph., *Ran*., 1284 et la scholie de Timachidas) ne sont pas ceux de l'aulétique, mais de la citharodie (*supra*, note 44 .

85. Nous avons vu plus haut (note 77 qu'Olympos l'ancien, l'auteur présumé du nome du Chariot, était effectivement donné comme Mysien ; le plus célèbre mont Olympe d'Asie est en Mysie.

86. = Hipponax, fr. 96 Bergk. Hésychius : Κραδίης νόμος · νόμον τινὰ ἐπαυλοῦσι τοῖς ἐκπεμπομένοις φαρμακοῖς, κράδαις καὶ θρίοις ἐπιραβδιζομένοις. Ces malheureux φαρμακοί, qu'on chassait en les fouettant avec des branches et des feuilles de figuier, sont des victimes humaines choisies parmi les malfaiteurs ou les infirmes, et dont l'expulsion constituait une des cérémonies principales de la fête ionienne des Thargélies. Principaux textes : Harpocration, v. Φαρμακός ; Hipponax (cité par Tzetzès, fr. 4-9 et 37 Bergk (13-17, 34 Crusius). Cf. Stengel, *Hermes*, XXII, 86 ; 647 ; Toepffer, *Beiträge zur griechischen Alterthumswissenschaft*, p. 130. — Mimnerme de Colophon appartient au dernier quart du VIIe siècle ; comme poète il avait laissé des élégies, mais par profession il était (comme sa bien-aimée Nanno) joueur de flûte (Strabon, XIV, p. 643 ; Hermesianax ap. Ath., XIII, p. 597, vers 37). C'est à tort que certains savants (p. ex. Christ, *Griech. Literaturg.*, § 96 le regardent comme l'*auteur* du nome du Figuier ; le texte d'Hipponax dit seulement qu'il était chargé de le jouer et, sans doute, à son corps défendant. L'atroce cérémonie devait répugner à l'âme tendre du poète élégiaque.

ΠΕΡΙ ΜΟΥΣΙΚΗΣ

p. 1134 D
c. 10

** (87) Καὶ Πολύμνηστος δ' * αὐλητικοὺς νόμους ἐποίησεν · (88) * εἰ δὲ τῶι Ὀρθίωι νόμωι <ἐν> τῆι μελοποιίαι κέχρηται, καθάπερ οἱ ἁρμονικοί φασιν, οὐκ ἔχομεν ἀκριβῶς εἰπεῖν · οὐ γὰρ εἰρήκασιν οἱ ἀρχαῖοί τι περὶ τούτου. **

p. 1134 B
c. 9

(89) Ἡ μὲν οὖν πρώτη κατάστασις τῶν περὶ τὴν μουσικὴν ἐν τῆι Σπάρτηι Τερπάνδρου καταστήσαντος γεγένηται. (90) Τῆς δευτέρας δὲ Θαλήτας τε ὁ Γορτύνιος καὶ Ξενόδαμος ὁ Κυθήριος καὶ Ξενόκριτος ὁ Λοκρὸς καὶ Πολύμνηστος ὁ Κολοφώνιος καὶ Σακάδας ὁ Ἀργεῖος μάλιστα αἰτίαν ἔχουσιν ἡγεμόνες γενέσθαι · (91) τούτων γὰρ εἰσηγησαμένων τὰ περὶ τὰς Γυμνοπαιδίας τὰς ἐν Λακεδαίμονι

N. C. — 87-88. *Libri post 96 ; transposuimus.* — 87. αὐλητικούς] libri: αὐλωιδικούς, correx. — 88. P: εἰ δὲ τῷ Ὀρθίῳ νόμῳ τῇ μελοπ. Celeri: ἐν δὲ τῷ Ὀρθίῳ... οὐκ ἔχομεν δ' ἀκριβῶς εἰπεῖν. Corr. *Volkmann* (Westphal: ἐν δὲ τῷ Ὀρθίῳ νόμῳ τῇ ἐναρμονίῳ μελοποιίᾳ, etc.). Vulgo et Wytt.: ἐν δὲ τῷ ὀρθίῳ τῇ μελοπ., etc. — 90. Ξενόκριτος] A, E, N1, R1, V2, F5, P: Ξενόκροτος; Par. 5: Ξενοκράτης. — τῆς δευτέρας δέ] V, F1, 2, R3: τῆς δὲ δευτ. — καὶ Πολύμνηστος] R1, V2: καπολύμνηστος. — 91. εἰσηγησαμένων] Par. 3: ἡγησαμένων. — τὰ περί] N1, R1, F5, V2: τὰς π.

---

87. Les mots καὶ Πολύμνηστος δέ « et Polymnestos aussi » exigent qu'il ait été précédemment question d'autres compositeurs de nomes pour la flûte : ceci exclut la place assignée à notre alinéa par les manuscrits, qui l'insèrent entre les mentions de deux poètes choriques, Xénodamos et Thalétas. D'autre part, il ne peut être question des nomes *aulodiques* de Polymnestos dont il a déjà été parlé au § 54; dès lors, la correction αὐλητικούς pour αὐλωιδικούς s'impose et fixe la place de notre alinéa. Le même compositeur pouvait très bien écrire à la fois des nomes aulodiques et aulétiques : témoin Sacadas, auquel on attribuait à la fois le nome (aulétique) pythien et le nome (aulodique Trimèle.

88. Sur les auteurs désignés par les mots οἱ ἁρμονικοί voir l'Introduction. Nous verrons plus bas § 92 que les compositions de Polymnestos étaient désignées sous le nom de Ὄρθια; c'est sans doute ce qui avait fait admettre une relation entre elles et le vieux nome aulétique Ὄρθιος.

89. La première κατάστασις de la musique, symbolisée par le nom de Terpandre, a pour caractères essentiels le nome ou *solo* de concours (citharodique, aulodique, aulétique) et l'emploi presque exclusif des mètres épique et élégiaque dans la musique de chant. La seconde κατάστασις, qui se rattache au nom de Thalétas, se caractérise par la prépondérance de la musique chorale et des rythmes variés, tout en conservant une grande simplicité dans le choix et la combinaison des modes. En gros, la première période correspond aux deux premiers tiers du viie siècle, la seconde au dernier tiers du viie et au commencement du vi[e]. Pendant

« Polymnestos aussi composa des nomes aulétiques ; quant à savoir si réellement dans sa mélopée il s'est servi du nome Orthien, comme le disent les harmoniciens, je ne puis l'affirmer avec certitude ; car les anciens n'ont rien rapporté à ce sujet.

VI. — *Fondateurs du genre choral.*

« La première institution musicale fut donc fondée à Sparte par Terpandre. Quant à la seconde, ceux qui passent surtout pour en avoir été les chefs sont Thalétas de Gortyne, Xénodamos de Cythère, Xénocritos de Locres, Polymnestos de Colophon et Sacadas d'Argos. C'est, en effet, dit- *Deuxième école musicale de Sparte ; ses fondateurs.*

tout ce temps Sparte fut la capitale musicale de la Grèce et ses grandes fêtes des Carnées d'abord, des Gymnopédies ensuite, le rendez-vous des artistes les plus célèbres. Cette distinction des deux écoles archaïques paraît être due à Glaucos de Rhégium ; Aristoxène (p. 23 M.) semble y faire allusion lorsque, à propos d'un détail harmonique, il le déclare bien connu des connaisseurs τῶν ἀρχαϊκῶν τρόπων τοῖς τε πρώτοις καὶ τοῖς δευτέροις (sic?. — On notera l'impropriété de la tournure ἡ μὲν οὖν, etc. Plutarque, abrégeant trop Héraclide, n'a nulle part défini la première κατάστασις, celle qui a pour point de départ la victoire de Terpandre aux Carnées, vers 676 avant J.-C. (note 47). En outre, deux des maîtres qu'il considère comme fondateurs de la seconde école, Polymnestos et Sacadas, ont déjà été, par anticipation, mentionnés dans l'histoire de la première.

90. Les cinq artistes, dont les noms sont ici associés, ne peuvent être considérés comme rigoureusement contemporains. La date de Sacadas est fixée par ses victoires pythiques de 586-578 ou 582-574, suivant qu'on adopte pour point de départ des Pythiades Ol. 48,3 (586) avec Pausanias (X, 7) ou Ol. 49,3 (582) avec le scholiaste de Pindare ; la question paraît actuellement résolue dans le second sens par les indications de Bacchylide relatives aux victoires d'Hiéron (Kenyon sur Bacchylide, p. 37). Polymnestos est à peu près du même âge que Sacadas (cf. note 62). Thalétas est sensiblement plus ancien, puisque Polymnestos avait écrit un poème en son honneur (Paus. I, 14, 4) ; on peut placer son ἀκμή vers 620 avant J.-C. Xénocrite, d'après Glaucos (§ 103 , est plus jeune que Thalétas ; sur Xénodamos on n'a aucun renseignement. — Plutarque, comme Polymnestos (Paus. I, 14, 4), fait naître Thalétas à Gortyne, d'autres le donnaient pour natif d'Elyros ou de Cnosse (Suidas).

91. Les Gymnopédies sont une très ancienne fête lacédémonienne, célébrée en été, en l'honneur d'Apollon Dromaios ; des chœurs de jeunes Spartiates nus y exécutaient des danses, accompagnées de chants, autour des statues d'Apollon, d'Artémis et de Latone. En parlant des organisateurs du programme musical de cette fête, Plutarque vise Thalétas : on chantait, en effet, aux Gymnopédies des péans du Spartiate Dionysodote et des ᾄσματα de Thalétas et

λέγεται κατασταθῆναι, <καὶ> τὰ περὶ τὰς Ἀποδείξεις τὰς ἐν Ἀρκαδίαι, τῶν τε ἐν Ἄργει... τὰ Ἐνδυμάτια καλούμενα. (92) Ἦσαν δ' οἱ μὲν περὶ Θαλήταν τε καὶ Ξενόδαμον καὶ Ξενόκριτον ποιηταὶ παιάνων, οἱ δὲ περὶ Πολύμνηστον τῶν Ὀρθίων καλουμένων, οἱ δὲ περὶ Σακάδαν ἐλεγείων.

(93) Ἄλλοι δὲ Ξενόδαμον ὑπορχημάτων ποιητὴν γεγονέναι φασὶ καὶ οὐ παιάνων, καθάπερ Πρατίνας · (94) καὶ αὐτοῦ δὲ τοῦ Ξενοδάμου ἀπομνημονεύεται ἆισμα, ὅ ἐστι φανερῶς ὑπόρχημα. (95) Κέχρηται δὲ τῶι γένει τῆς ποιήσεως ταύτης καὶ Πίνδαρος · (96) ὁ δὲ παιὰν ὅτι διαφορὰν ἔχει πρὸς τὰ ὑπορχήματα τὰ Πινδάρου ποιήματα δηλώσει · γέγραφε γὰρ καὶ παιᾶνας καὶ ὑπορχήματα. (***)

c. 10 (97) Καὶ περὶ Θαλῆτα δὲ τοῦ Κρητός, εἰ παιάνων γεγένηται

N. C.— 91. κατασταθῆναι καί] vulgo — sic Barb. — καταστῆναι; corr. Wytt. — καὶ inser. Hiller (Bergk : τά τε) et jam F5 corr. — Γυμνοπαιδίας] Par. 4 : γυμνοποιίας παιδίας. — Ἀποδείξεις] Bergk : Ἐπιδείξεις. — Post Ἄργει Bergk : Ἡραίων. — 92. οἱ μέν] Par. 3, 4, R3, F1, Barb. Ceteri et vulgo : οἱ (om. μέν). — Ξενόκριτον] Par. 5 : Ξενοκράτην. — Post 92 Westphal inser. § 58-64. — 94. ἀπομνημονεύεται... ἐστι] P : ἀπομνημονεύοντα ὅς ἐστι. — 96. γέγραφε γάρ] Par. 5 : γέγραφε δέ. — Post 96 libri 87-88. Correximus.

d'Alcman (Sosibios, FHG. II, 626= Ath. XV, 678 C. — Les Ἀποδείξεις d'Arcadie et les Ἐνδυμάτια (fêtes costumées? d'Argos sont complètement inconnues. Ces dernières, à en juger par la tournure de la phrase, semblent être une partie du programme d'une fête dont le nom a disparu; à moins qu'on ne traduise τῶν ἐν Ἄργει par « des Argiens », ou « parmi les fêtes argiennes. »

92. Le péan, pris au sens ancien et propre du mot, est un chant chorique grave (τεταγμένη καὶ σώφρων μοῦσα, dit Plutarque, De ei delphico, p. 389 B adressé à Apollon et à Artémis, pour faire cesser les fléaux et les maladies (Proclus, Chrest., p. 224 Westphal. Il doit son nom au refrain ἰὴ παιάν. Tels étaient sans doute les péans de Dionysodote (note 91) chantés aux Gymnopédies; mais on verra tout de suite que c'est par abus qu'on donnait ce nom aux poèmes de Thalétas, Xénodamos et Xénocrite. — Les Ὄρθια ou Ὄρθιοι de Polymnestos sont sans doute des compositions aulétiques dans une tessiture aiguë, et où les techniciens croyaient reconnaître une imitation du nome Orthien d'Olympos (suprà, § 88. Les élégies de Sacadas ont déjà été signalées (§ 58).

93. L'hyporchème, ancêtre de la pantomime, est un chant chorique, accompagné d'une danse mimétique qu'exécutent d'autres artistes, plus exercés, qui traduisent dans leurs gestes les paroles du chœur. Cf. Athénée, I, p. 15 D : ὁ ὑπορχηματικὸς τρόπος, ὃς ἤνθησεν ἐπὶ Ξενοδήμου sic) καὶ Πινδάρου. C'étaient donc les deux grands maîtres du genre; mais il a aussi été cultivé par Pratinas (Ath. XIV, 617 C) et Bacchylide (fr. 22-23). Pindare donnait des renseignements littéraires dans ses hyporchèmes

on, sur l'initiative de ces maîtres que furent institués les concours musicaux des Gymnopédies à Lacédémone, des « Représentations » en Arcadie, et, à Argos, dans la fête des..., ce qu'on appelle les Endymatia. De ces musiciens, Thalétas, Xénodamos et Xénocritos composèrent des péans, Polymnestos des airs dits Orthiens, Sacadas des élégies.

« D'autres auteurs prétendent que Xénodamos composa des hyporchèmes, non des péans : de cet avis est Pratinas. On conserve d'ailleurs un chant de Xénodamos lui-même, qui est manifestement un hyporchème. Pindare a aussi cultivé ce genre de composition. Que le péan diffère de l'hyporchème, c'est ce que montreront les poésies de Pindare ; car il a écrit et des péans et des hyporchèmes.

Xénodamos de Cythère. L'hyporchème.

« De même pour Thalétas le Crétois, c'est une question controversée de savoir s'il composa réellement des péans. Glaucos, après avoir dit que Thalétas vécut plus tard

Thalétas de Gortyne. Le rythme crétique.

(fr. 113-115 Bergk-Christ) et l'on peut croire que le texte de Pratinas auquel Plutarque fait ici allusion (fr. 7 Bergk) se lisait aussi dans un hyporchème.

95. Les fr. 109-115 de Pindare sont les seuls qui appartiennent certainement à des hyporchèmes. On en a rapproché, avec plus ou moins de vraisemblance, les fr. 105-108 et 116-117. — Notre § 95 semble faire double emploi avec le § 96, et la répétition Πίνδαρος... τὰ Πινδάρου est bien gauche. Il semblerait qu'on eût ici le reste d'une rédaction primitive, à côté de la rédaction nouvelle.

96. Dans le classement alexandrin des poésies de Pindare, les péans étaient rangés avec les hymnes et les dithyrambes dans les deux premiers livres, les hyporchèmes seuls formaient deux livres. Les fr. 52-70 appartiennent ou sont censés appartenir à des péans. Outre l'addition caractéristique du « ballet » mimétique, l'hyporchème semble s'être distingué du péan par la recherche de certains rythmes (notamment quinaires), un ton plus pittoresque, moins d'allusions mythologiques et une allure plus libre et plus personnelle ; c'était souvent un poème de circonstance ; tel le célèbre hyporchème où Pindare conseillait la concorde à ses concitoyens (fr. 109).

97. Θαλήτα (génitif) ; d'autres accentuent Θαλητᾶ (de Θαλητᾶς, Kaibel dans Athénée, XV, 678 C). L'opinion qui classait les poésies de Thalétas parmi les péans est évidemment l'opinion vulgaire (Éphore ap. Strabon, X, 4, 16 ; Porph., *Vit. Pyth.*, c. 37). Sosibios (*suprà*, note 91) les désignait par le nom vague de ᾄσματα ; le scholiaste de Pindare (sur *Pyth.*, II, 127) parle d'hyporchèmes de Thalétas pour la danse armée (ἔνοπλος ὄρχησις) ou pyrrhique. On voit que Glaucos ne se prononçait pas. Cependant l'emploi de la mesure à cinq temps, spéciale à l'hyporchème, est en faveur de l'opinion qui désignait sous ce nom au moins une partie des poèmes de Thalétas.

ποιητής, ἀμφισβητεῖται. (98) Γλαῦκος γὰρ μετ' Ἀρχίλοχον φάσκων γεγενῆσθαι Θαλήταν, μεμιμῆσθαι μὲν αὐτόν φησι τὰ Ἀρχιλό-
B χου μέλη, ἐπὶ δὲ τὸ μακρότερον ἐκτεῖναι, (99) καὶ *παίωνα καὶ Κρητικὸν ῥυθμὸν εἰς τὴν μελοποιίαν ἐνθεῖναι, οἷς Ἀρχίλοχον μὴ κεχρῆσθαι, ἀλλ' οὐδ' Ὀρφέα οὐδὲ Τέρπανδρον · (100) ἐκ γὰρ τῆς Ὀλύμπου αὐλήσεως Θαλήταν φασὶν ἐξειργάσθαι ταῦτα καὶ δόξαι ποιητὴν ἀγαθὸν γεγονέναι.

(101) <Καὶ> περὶ Ξενοκρίτου *δέ, ὃς ἦν τὸ γένος ἐκ Λοκρῶν τῶν ἐν Ἰταλίαι, ἀμφισβητεῖται εἰ παιάνων ποιητὴς γέγονεν. (102) Ἡρωϊ-

---

N. C. — 98. μεμιμῆσθαι] Par. 4 : μεμνεῖσθαι (sic). N1 : μεμνῆσθαι. — φησι τὰ Ἀρχ. μέλη] P : φ. τὰ τοῦ Ἀρχ. μέλη; N1, R1 : φησι τοῦ Α. μ. — 99. παίωνα] libri μάρωνα (Par. 5 : κάρωνα), corr. Ritschl. (Burette Μαρωνέα, Westphal τὸν ἐπιβατὸν παίωνα). — ἐνθεῖναι] Par 3, F1 : ἐκθεῖναι. — 100. τῆς Ὀλύμπου] P : τοῦ Ὀλύμπου. — φασίν] Fort. φησίν? — ἐξειργάσθαι] P : ἐξηργάσασθαι. — ἀγαθόν] om. Par. 5. — γεγονέναι] Par. 3 : εἶναι. — 101. καὶ περὶ Ξενοκρίτου δέ] libri : Περὶ δὲ Ξενοκρίτου vel potius Ξενοκράτου (V, Par. 5, Barb.), Ξενουκράτου (R3) aut Ξενοκράτους (AEP, Par. 3, 4, N, R1, F1, 5.) Correx.

---

98. Date d'Archiloque : suprà, § 47. Thalétas a certainement vécu après Archiloque (640) et avant Polymnestos (580), mais on ne peut pas préciser davantage. Quelques-uns faisaient de lui un contemporain d'Homère et d'Hésiode (Diog. Laert. I, 38 ; S. Emp. Adv. rhet., II, p. 292 ; Suid.) ou de Lycurgue (Ephore ap. Strab.) ; Aristote ou un de ses disciples (Polit. II, 9, 5 ; p. 1274 A) relève cette dernière erreur. — Par μέλη, Glaucos entend les airs — rythme et mélodie — non la mélodie seulement; de même plus loin μελοποιία embrasse la ῥυθμοποιία. On ne peut faire que des conjectures sur la nature des rythmes d'Archiloque adoptés et « étendus » par Thalétas ; il ne nous reste pas un vers de ce dernier poète. Sur son rôle politique voir plus loin, § 424.

99. Le péon peut être soit le péon ἐπιβατός (voir note 394) ⏑ _ ⏑ _ soit le péon διάγυιος, _ ⏑ ⏑ ⏑ ou ⏑ ⏑ ⏑ _. Le crétique désigne presque sûrement ici, comme chez Aristoxène (fr. Grenfell, II, 7 ; schol. Hephaest., p. 173, Gaisford) non pas le pied _ ⏑ _, qui ne se distingue pas rythmiquement du péon, mais le ditrochée _ ⏑ _ ⏑ et ses contractions. Mais le crétique-ditrochée a parfaitement été employé par Archiloque (infrà, § 278) et aussi, d'après certains, métriciens, le péon épibate (§ 281). Quelques modernes ont même voulu retrouver l'épibate dans le fr. 1 de Terpandre. Par contre, Éphore (Strab., X, 4, 17) attribue à Thalétas l'invention des rythmes crétiques.

100. L'explication (peu vraisemblable) qui rattache les rythmes de Thalétas à l'aulétique d'Olympos doit appartenir encore à Glaucos ; elle est tout à fait dans le goût de celle du § 84 ; c'est pourquoi il est probable qu'on doit lire φησίν au lieu de φασίν. La prémisse nécessaire de cette explication semblerait devoir être que

qu'Archiloque, assure qu'il imita les airs de celui-ci, mais en leur donnant plus d'ampleur, et qu'il introduisit dans la facture de ses chants le péon et le rythme crétique, mesures dont Archiloque n'avait pas fait usage, non plus qu'Orphée ou Terpandre ; en effet, dit-on, c'est à la musique de flûte d'Olympos que Thalétas emprunta ces nouveautés et il leur dut de passer pour un compositeur excellent.

« Pour Xénocritos également, qui était originaire de Locres en Italie, on conteste qu'il ait été un auteur de *Xénocritos de Locres. Le dithyrambe héroïque.*

Thalétas était lui-même un aulète, et dès lors on pourrait être tenté de corriger ποιητήν en αὐλητήν, comme au § 60. Malheureusement aucun texte sérieux n'indique que Thalétas ou même les anciens musiciens crétois en général aient fait usage de la flûte : nous verrons plus loin (258) que même à la guerre les Crétois marchaient au son de la lyre. Les textes de Strabon et d'Eustathe allégués par Hœck (*Kreta*, I, 222) sont sans autorité. Pythagore chantait les airs de Thalétas en s'accompagnant sur la cithare (Porph., *Vit. Pyth.*, 37) et dans une inscription crétoise (CIG., 3053) un personnage est honoré pour avoir chanté μετὰ κιθάρας τὰ τῶν ἁμῶν ἀρχαίων ποιητῶν.

101. La faute Ξενοκράτους des manuscrits se retrouve dans Diog. Laërce, IV, 3, 15 : ἕκτος (Ξενοκράτης) ᾄσματα γεγραφώς, ὥς φησιν Ἀριστόξενος (on voit qu'Aristoxène désignait les poèmes de Xénocrite par le même terme vague que Sosibios ceux de Thalétas. Nous ne savons s'il y a quelque rapport entre ces poèmes et les λοκρικὰ ᾄσματα, d'un caractère érotique, mentionnés par Cléarque, FHG., II, 316 = Ath., XIV, 639 A). — Aristote avait parlé de Xénocrite, poète aveugle né, dans sa Λοκρῶν Πολιτεία (Ps. Héracl., § 60, p. 383 Rose) et dès lors on est très tenté de rétablir son nom dans *Polit.*, II, 9, 5, p. 1274 A, où il est question d'un prétendu *Onomacrite*, le premier législateur distingué, natif de *Locres*, qui aurait fait son éducation de légiste et de devin *en Crète*, où il aurait eu pour compagnon *Thalétas*. On attribuait aussi à X. l'invention du mode locrien ou italien. Schol. Vratislav. ad Pind. *Olymp.*, XI, 13 (p. 241 Bœckh) : ἐστί τις ἁρμονία Λοκριστὶ προσαγορευομένη, ἣν ξυναρμόσαι φησὶ Ξενόκριτον τὸν Λοκρὸν Καλλίμαχος (fr. 531 Schneider) · « ὅς τ' Ἰταλὴν ἐφράσαθ' ἁρμονίην ». Westphal, sans connaître ce texte, a corrigé avec raison celui de Pollux, IV, 65 : ἁρμονίαι... Λοκρική, Φιλοξένου (leg. Ξενοκρίτου) τὸ εὕρημα.

102. Le dithyrambe, primitivement un chœur dionysiaque, désigne, dans la terminologie de certains éditeurs alexandrins, tout chant choral consacré au récit d'une aventure héroïque. Tels sont les poèmes XV-XX (Kenyon) de Bacchylide dont un (le n° XVII) est expressément qualifié de dithyrambe par Servius. La définition des τινές cités ici par Plutarque concorde parfaitement avec cette nomenclature qui, on le voit, était contestée. Le mot πράγματα fait difficulté : quelques textes d'Aristote (*Poét.* 14; 18; 19 prennent bien ce mot dans le sens d'incidents d'une action dramatique, mais il est alors expliqué par le contexte. On peut soupçonner la perte d'un adjectif ou une corruption; la conjecture παθήματα s'autoriserait

F χῶν γὰρ ὑποθέσεων πράγματα ἐχουσῶν ποιητὴν γεγονέναι φασὶν
αὐτόν · διὸ καί τινας διθυράμβους καλεῖν αὐτοῦ τὰς *ποιήσεις.
(103) Πρεσβύτερον δὲ τῆι ἡλικίαι φησὶν ὁ Γλαῦκος Θαλήταν Ξενοκρίτου γεγονέναι.

c. 11 (104) Ὄλυμπος δέ, ὡς Ἀριστόξενός φησιν, ὑπολαμβάνεται
ὑπὸ τῶν μουσικῶν τοῦ ἐναρμονίου γένους εὑρετὴς γεγενῆσθαι ·
(105) τὰ γὰρ πρὸ ἐκείνου πάντα διάτονα καὶ χρωματικὰ ἦν.
(106) Ὑπονοοῦσι δὲ τὴν εὕρεσιν τοιαύτην τινὰ γενέσθαι. (107) Ἀνα-

---

N. C. — 102. πράγματα] Burette φρυάγματα, Volkm. δράματα; Westph. lacunam statuit, Bergk σπουδαῖα πράγματα; forsan παθήματα. Amyotus verba πρ. ἐχ. omisit. — ἐχουσῶν] Barb : ἐξεχουσῶν. — ποιήσεις] libri ὑποθέσεις, correx. — 103. Ξενοκρίτου] A, Par. 4, 5, NR1, 3, F5 Barb. : Ξενοκράτου (sic quoque V sed cum signo mendae), E, Par. 3, F1, P : Ξενοκράτους. — γεγονέναι] E : γενέσθαι. — 105. πρό] P : πρός.

---

d'Aristote, Poét. 24 : καὶ γὰρ περιπετειῶν δεῖ καὶ ἀναγνωρίσεων καὶ παθημάτων.

103. Si Glaucos avait insisté sur l'antériorité de Thalétas, c'est que d'autres probablement avaient cru les deux poètes contemporains ; voir à la note 101 le texte de la *Politique*. Xénocrite doit être un précurseur peu éloigné de Stésichore.

104 suiv. = Aristoxène, fr. 69 (FHG. II, 287). Ce développement ne vient pas à sa place chronologique, qu'il s'agisse soit d'Olympos Ier, soit d'Olympos le jeune : Plutarque, après avoir achevé de transcrire ses extraits d'Héraclide, passe simplement à ceux d'Aristoxène. Nous ne savons pas, d'ailleurs, si Aristoxène admettait la distinction factice entre les deux Olympos, inconnue de Platon ; elle n'apparaît nulle part dans ses fragments et tout porte à croire qu'il plaçait son Olympos à une date très reculée. Au surplus, l'attribution à Olympos de l'invention de l'enharmonique revient à dire que ce genre était d'origine asiatique, ce qui paraît, en effet, probable ; on le trouverait encore aujourd'hui en Asie : les Grecs n'ont fait que régulariser, avec leur esprit de précision et d'analyse ordinaires, une « glissade » d'origine barbare.

105. Rappelons que toute gamme grecque se compose d'une série de tétracordes, tantôt enchaînés par un son commun, tantôt séparés par un ton disjonctif. Pour plus de simplicité, on peut considérer ces tétracordes comme affectant toujours le type « dorien » (les plus petits intervalles au grave). Les sons extrêmes du tétracorde sont fixes, les sons intermédiaires sont variables et déterminent par leurs intervalles respectifs le « genre » de la gamme. La figure 2 indique la succession de ces intervalles dans les trois genres, en prenant pour chacun d'eux la « nuance » la plus usitée. — L'invention du diatonique était attribuée également à un musicien phrygien, le fabuleux Hyagnis : Clem. Alex. *Strom.* I, 16, p. 789 Migne : τρίχορδον δὲ ὁμοίως (εὑρεῖν φασί καὶ τὴν διάτονον ἁρμονίαν Ἄγνην ; mais ce texte est sujet à caution,

péans. On prétend qu'il traita des sujets héroïques, à incidents *variés*; aussi quelques-uns appellent-ils ses compositions des dithyrambes. Suivant Glaucos, Thalétas est d'une génération antérieure à celle de Xénocritos.

VII. — *Olympos. Invention du genre enharmonique.*

« Quant à Olympos, dit Aristoxène, il est considéré par les musiciens comme l'inventeur du genre enharmonique; car, avant lui, tous les airs étaient diatoniques ou chromatiques. Voici comment l'on présume que se produisit cette découverte. Olympos, se mouvant dans le genre diatonique

Olympos inventeur de l'enharmonique.

διάτονος ἁρμονία n'est pas grec; peut-être διάτονον est-il une glose, alors Clément nommerait simplement Hya-

Pour achever de déterminer la hauteur absolue d'un son donné, il faut ajouter : 1° l'indication de ce genre

Fig. 2.

gnis au lieu d'Olympos comme inventeur de l'enharmonique. Quant au chromatique, personne n'en nomme l'inventeur (Volkmann sur Plut. p. 107 s'est trompé à cet égard); Lysandre de Sicyone passait seulement pour avoir employé le premier sur la cithare χρώματα εὔχροα (Philochore ap. Ath. XIV, p. 638 A). Mais si l'on accepte le texte de Clément et qu'on le combine avec celui d'Aristoxène, il ne restera de disponible, entre Hyagnis et Olympos, que Marsyas.

107. Les noms des notes de la gamme en grec — hypate, parhypate, lichanos, mèse, paramèse, trite, paranète, nète — sont, comme nos dénominations de tonique (fondamentale, médiante, sous-dominante, dominante, sensible, etc.), des désignations purement relatives, qui marquent seulement le *rang* des sons, dans un genre d'accord uniforme, par rapport à l'un d'eux pris pour origine.

et même de la nuance d'accord; 2° celle du trope, ou échelle de transposition, où l'on suppose réalisé le clavier général et conséquemment la gamme type. Même avec ces additions complémentaires, les dénominations en question restent équivoques et susceptibles d'une double interprétation. Tantôt, en effet, le son pris pour origine sur le clavier général est *invariablement* (quel que soit le mode de l'air considéré) la première note d'un octocorde dorien, considéré comme accord normal de la lyre et prolongé par la pensée dans les deux sens. Par exemple, supposant le clavier général accordé suivant le trope dit hypolydien (qui correspond, par convention, à notre gamme sans accidents), l'octave dorienne correspondra à notre octave Mi-Mi; alors la note Sol, occupant le troisième rang dans cet octocorde, s'appellera Lichanos (diatonique). C'est ce que Ptolémée appelle la nomencla-

στρεφόμενον τὸν Ὄλυμπον ἐν τῶι διατόνωι καὶ διαβιβάζοντα τὸ μέλος πολλάκις ἐπὶ τὴν διάτονον παρυπάτην, τοτὲ μὲν ἀπὸ τῆς παραμέσης τοτὲ δ' ἀπὸ τῆς μέσης, καὶ παραβαίνοντα τὴν διάτονον λιχανόν, (108) καταμαθεῖν τὸ κάλλος τοῦ ἤθους, καὶ οὕτω τὸ ἐκ τῆς ἀναλογίας συνεστηκὸς σύστημα θαυμάσαντα καὶ ἀποδεξάμενον, p. 1135 ἐν τούτωι ποιεῖν ἐπὶ τοῦ Δωρίου τόνου. (109) Οὔτε γὰρ τῶν τοῦ

N. C. — 107. δ' ἀπὸ τῆς μέσης] Par. 3 : παραμέσης. — τὴν διάτονον λιχ.] E, Par. 3 : τὸν διάτονον λιχανόν. — Verba παρυπάτην.... διάτονον om. P.

---

ture de valeur absolue, ou κατὰ δύναμιν (*Harm.* II, 5; cp. fig. 3). Tantôt, au contraire, on prend pour origine la première note de l'octocorde correspondant au mode où est écrit l'air considéré. Par exemple, s'il s'agit d'un air phrygien, le clavier général étant toujours supposé accordé selon notre échelle sans accident, l'octocorde phrygien sera l'octave Ré-Ré. Alors Ré sera l'hypate phrygienne, Mi la parhypate, etc. Le Sol, qui s'appelait tout à l'heure Lichanos (3° note), sera maintenant la Mèse (4°) : c'est la nomenclature de position, κατὰ θέσιν, de Ptolémée (fig. 4). On remarquera que, pour les airs doriens, les deux nomenclatures se confondent. — Bien que la distinction formelle de ces deux nomenclatures ne se rencontre pas avant Ptolémée, il y a lieu de croire qu'elle remonte à une époque beaucoup plus ancienne, et même que la nomenclature κατὰ θέσιν est la plus primitive : car pourquoi les Éoliens, Ioniens, etc., auraient-ils subordonné la dénomination de leurs notes a la disposition de la lyre dorienne ? Mais chez les théoriciens, qui prennent toujours pour base de leurs recherches la lyre dorienne, la nomenclature κατὰ δυναμιν, plus simple, est de beaucoup la plus usitée, et il y a lieu d'en supposer l'emploi toutes les fois que le nom de la note n'est pas accompagné d'une désignation de mode. Dans le cas présent, il n'est pas douteux

Fig. 3.

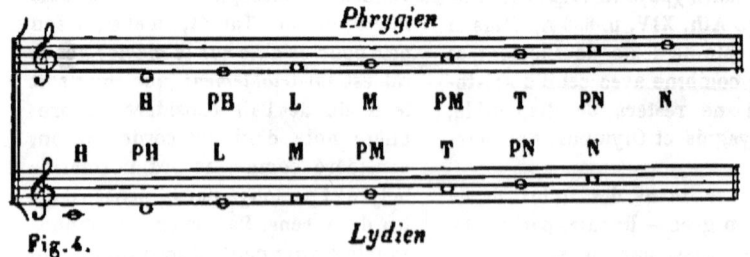

Fig. 4.

faisait souvent passer la mélodie directement à la parhypate diatonique (*Fa*), en partant tantôt de la paramèse (*Si*), tantôt de la mèse (*La*), et en sautant la lichanos diatonique (*Sol*). Il remarqua la beauté du caractère de cette progression, admira la gamme construite sur cette analogie, l'adopta et y composa des airs dans le ton dorien. Ce faisant, il ne s'attachait plus aux particularités ni du genre

qu'Aristoxène n'entende par les noms parhypate, lichanos, mèse, paramèse, les 2ᵉ, 3ᵉ, 4ᵉ, 5ᵉ notes d'une octave dorienne, c'est-à-dire, supposé le clavier sans accidents, Fa Sol La Si. La phrase revient donc à dire qu'Olympos exécutait des cadences comme La Fa, Si Fa, en sautant le Sol. (Dans la terminologie archaïque, qui a pour base l'heptacorde composé de deux tétracordes doriens conjoints, il est probable que le nom paramèse, alors synonyme de trite, désigne le Si bémol, non le Si naturel; la cadence Si bémol-Fa est bien plus euphonique que Si-Fa, l'intervalle de triton. Il n'est pas impossible que la source ancienne, où a puisé ici Aristoxène, supposât cette ancienne nomenclature, mais je doute qu'Aristoxène et à plus forte raison Plutarque, s'en soient rendu compte; ils ont dû prendre le mot paramèse dans le sens habituel, le seul que comprissent leurs lecteurs.)

108. Une gamme modale (σύστημα) construite sur l'analogie des progressions La Fa Mi, Si Fa Mi, ne peut être

Fig. 5.

que la gamme Mi Fa La Si Ut Mi (ou, en admettant que les tétracordes soient conjoints, Mi Fa La Si bémol Ré) (fig. 5). Nous ne pouvons pas con-

tester la réalité historique de cette gamme défective, mais il est très douteux que son origine doive s'expliquer par les raisons purement esthétiques indiquées par Aristoxène. Comme il s'agit ici de musique de flûte, on est porté à croire que c'est plutôt à la structure rudimentaire de l'αὐλός primitif qu'il faut avoir recours pour cette explication. On remarquera que d'après Aristoxène le mode (σύστημα) ainsi obtenu s'exécutait dans le ton dorien (le mot τόνος est ici, par exception, pris dans le sens de trope), c'est-à-dire, d'après la transcription conventionnelle, avec 5 bémols à la clef. C'est parce que cette gamme défective n'est en réalité qu'une variété du mode dorien et qu'à l'origine tout mode s'exécutait dans le ton homonyme (note 62).

109. La fig. 6 donne le schéma de

Fig. 6.

la gamme dorienne dans les trois genres diatonique, chromatique (tonié), enharmonique : on voit qu'en effet les six notes de la gamme sup-

ΠΕΡΙ ΜΟΥΣΙΚΗΣ

διατόνου ἰδίων οὔτε τῶν τοῦ χρώματος ἅπτεσθαι, ἀλλ' οὐδὲ τῶν τῆς ἁρμονίας. (**110**) Εἶναι δ' αὐτῶι τὰ πρῶτα τῶν ἐναρμονίων τοιαῦτα · τιθέασι γὰρ τούτων πρῶτον * τὸ σπονδεῖον, ἐν ὦι οὐδεμία τῶν διαιρέσεων τὸ ἴδιον ἐμφαίνει, (**111**) εἰ μή τις εἰς τὸν συντονώτερον σπονδεισμὸν βλέπων αὐτὸ τοῦτο διάτονον εἶναι ἀπεικάσηι · δῆλον δ' ὅτι καὶ ψεῦδος καὶ ἐκμελὲς θήσει ὁ τοιοῦτο τιθείς · (**112**) ψεῦδος μέν, ὅτι διέσει ἔλαττόν ἐστι τόνου τοῦ περὶ τὸν

N. C. — **109.** ἀλλ' οὐδέ] *Burette, etc.* : ἀλλ' ἤδη (*perperam*). — τῶν] P : τόν. — **110.** ἐναρμονίων] Par. 4 : ἁρμονιῶν. — πρῶτον] F 1 : πρώτων. — τὸ σπονδεῖον] *libri* τὸν σπ., *corr.* Westph. (*Volkm.* : τὸν σπονδεισμόν). — **111-113.** Westphal exulare jubet post 403. — **111.** εἰ] om. Par. 4, 5. — Par 3 : συντὸν (sic) συντονώτερον., ἀποβλέπων (sic Barb. et F1, sed corr.)... ἀπεικάσει (quam formam etiam Westph. tuetur). — διάτονον] Westph. : σύντονον διατ. — **112.** μέν] om. Par. 3. — τόνου] An τοῦ τόνου ?

posée par Aristoxène se retrouvent dans les trois genres. C'est donc ce qu'Aristoxène appelle lui-même (*Harm.*, p. 44 Meib. un μέλος κοινόν, bien que Cléonide (§ 6, p. 9-10 Meib.) réserve faussement cette appellation à la gamme composée seulement des 4 sons *fixes*, Mi La Si Mi. La « correction » de Burette, ἀλλ' ἤδη, fausse complètement le sens du passage.

110. Les σπονδεῖα sont des airs de libation pour flûte seule : αὔλημα σπονδεῖον (Pollux, IV, 73) ; σπονδεῖον μέλος ib. 79. Il y avait aussi des σπονδεῖα pour la cithare : Δίωνα τὸν Χῖον τὸ τοῦ Διονύσου σπονδεῖον πρῶτον κιθαρίσαι Μέναιχμός (φησι Ath. XIV, 638 A). C'est évidemment d'un σπονδεῖον aulétique qu'il est ici question. Les airs de ce genre paraissent avoir été toujours composés dans le mode dorien, car Jamblique (*Vit. Pyth.*, 112) oppose le σπονδειακὸν μέλος au φρύγιον αὔλημα. Leur attribution à l'Asiatique Olympos est donc extrêmement peu vraisemblable ; de même le caractère éthique et calmant qui leur est attribué par tous les textes (Jamblique, *loc. cit.*, S. Empiricus, *Adv. music.* 8 ; Galien, *De Hipp. et Plat.* IX, 5 ; Denys, *De admir. vi dicendi Desmosth.* 22) contraste avec le caractère enthousiaste de la musique phrygienne. Bien sûrement, d'ailleurs, le répertoire attribué à Olympos comprenait plusieurs σπονδεῖα (cf. § 166) ; il faut donc traduire τὸ σπονδεῖον par « celui de ses airs de libation qui », etc.

111. Aristide Quintilien, I, 10 : ἔκλυσις ἐκαλεῖτο τριῶν διέσεων ἀσυνθέτων ἄνεσις, σπονδεισμὸς δὲ ἡ ταὐτοῦ διαστήματος ἐπίτασις. Ainsi le spondiasme aurait été un intervalle ascendant de 3 quarts de ton. C'est certainement ce même intervalle qu'a en vue Aristoxène, puisque nous verrons immédiatement (112 qu'il le déclare d'un quart de ton plus petit que le ton disjonctif La-Si ; mais les mots συντονώτερος σπονδ. font difficulté. Ou bien ils signifient « spondiasme surtendu », alors il faudrait admettre qu'il y avait diverses variétés de spondiasme en usage même dans le tétracorde supérieur ; ou il faut traduire « le plus tendu des deux spondiasmes », alors le mot spondiasme aurait désigné l'intervalle initial de chacun des deux tétra-

diatonique, ni du chromatique, ni de l'enharmonique. Tel fut, en effet, le caractère de ses premières compositions, dites enharmoniques. On regarde comme la plus ancienne de toutes l'air spondiaque, où aucune des divisions normales du tétracorde ne manifeste ses particularités, à moins que, considérant l'intervalle dit « spondiasme surtendu », on ne veuille y reconnaître l'indice du genre diatonique. Mais il est clair qu'une pareille assimilation constituerait à la fois une erreur et une discordance : une erreur, parce

cordes, quel qu'en fût la valeur. Quoi qu'il en soit, Aristoxène nous apprend que dans le premier intervalle du tétracorde aigu de la gamme spondiaque, certains théoriciens croyaient reconnaître l'élément caractéristique du genre diatonique, c'est-à-dire un ton succédant à un ton. Ils donnaient donc à la gamme spondiaque la forme

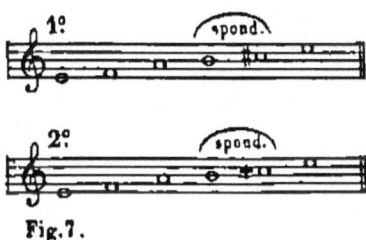

Fig. 7.

représentée fig. 7, 1°. Cette gamme composée d'un tétracorde dorien—Mi Fa (Sol) La — et d'un tétracorde phrygien — Si Ut dièze (Ré) Mi — pourrait bien être celle qu'un texte unique (Clem. Alex., *Strom.*, I, 16, p. 789 Migne) appelle μιξοφρύγιος et attribue à Marsyas, doublet d'Olympos.

112. Ἡγεμών, la Mèse (Aristote, *Prob.* XIX, 33 : ἡ γὰρ μέση καὶ ἡγεμών), ainsi nommée parce que, au moins dans les airs doriens, la mélodie pivotait autour de cette note (*Prob.*, XIX, 20 , qui jouait véritablement le rôle d'une tonique mélodique. Ailleurs, Aristote l'appelle ἀρχή (*Métaph.*, IV, 11, 5). Il résulte de cette observation d'Aristote que pour comparer la gamme dorienne à une gamme

moderne il faut prendre pour fondamentale non l'hypate Mi, mais la mèse La : la gamme dorienne diatonique (fig. 6, 1°) devient ainsi identique à notre « mineur descendant ». C'est une question de savoir jusqu'à quel point cette théorie peut être étendue aux autres modes. — Aristoxène prétend que c'est à tort qu'on attribue au « spondiasme surtendu » une valeur égale à celle du ton disjonctif La-Si ; en réalité, il serait d'un quart de ton (δίεσις) moindre : la gamme en question a donc, d'après Aristoxène, le type de la fig. 7, 2°. — On ne peut s'empêcher de se demander si Aristoxène n'a pas été induit en erreur par un texte qui attribuait au spondiasme la valeur de 3 diésis en donnant à ce mot le sens pythagoricien de demi-ton (Philolaos ap. Nicomaque, *Ench.* 9, p. 17 M.; Adraste ap. Théon, p. 55 Hiller ; Macrob, *in Somn. Scip.*, II, 1, 23 etc.). En ce cas, la gamme spondiaque aurait été (moins la lichanos manquante) identique à l' « harmonie » heptacorde décrite par Philolaos (*loc. cit.*), que donne notre fig. 8 et où, d'après la juste interprétation de Nicomaque, ἀπεῖχε αὕτη (la trité ou paramèse Si) τῆς παρανεάτης (Ré) τριημιτόνιον ἀσύνθετον.

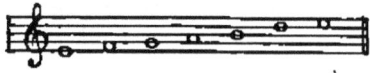

Fig. 8

B ἡγεμόνα κειμένου · (**113**) ἐκμελὲς δέ, ὅτι, καὶ εἴ τις ἐν τῆι τοῦ
τονιαίου δυνάμει τιθείη τὸ τοῦ συντονωτέρου σπονδειασμοῦ ἴδιον,
συμβαίνοι ἂν δύο ἑξῆς τίθεσθαι * δίτονα, τὸ μὲν ἀσύνθετον, τὸ δὲ
σύνθετον. (**114**) ** Τὰ μὲν οὖν πρῶτα τῶν ἐναρμονίων τοιαῦτα ** ·
(**115**) τὸ γὰρ ἐν ταῖς μέσαις ἐναρμόνιον πυκνόν, ὧι νῦν χρῶνται,
οὐ δοκεῖ τοῦ ποιητοῦ εἶναι · ῥάιδιον δ' ἐστὶ συνιδεῖν, ἐάν τις
ἀρχαϊκῶς τινος αὐλοῦντος ἀκούσηι · ἀσύνθετον γὰρ βούλεται εἶναι
καὶ τὸ ἐν ταῖς μέσαις ἡμιτόνιον (***) · (**116**) ὕστερον δὲ τὸ... ἡμι-

---

N. C. — 113. δίτονα] *libri* : διάτονα, *corr. Meziriac* (Westph. : διαστήματα τονιαῖα). — Verba καὶ εἰ... ἴδιον *Burette transponit post* ἀπεικάσηι, Wytt.
probante. — 114-115. *Libri* 115-114. *Correximus.* — 115. ἐν ταῖς μέσαις]
Burette (utrobique) : ἐν ταῖς ὑπάταις καὶ μέσαις. — τοῦ ποιητοῦ] *Burette* : τούτου
τοῦ ποιητοῦ.

---

113. En admettant, dit Aristoxène, que le spondiasme surtendu ait réellement la valeur d'un ton, Si-Ut dièze, la gamme présenterait deux ditons (tierces majeures) consécutifs, l'un incomposé, Fa-La, l'autre composé, La-Si-Ut dièze, ce qui serait ἐκμελές. La même proposition est énoncée dans les *Harmoniques*, p. 64 Meib. : δύο δὲ δίτονα ἑξῆς οὐ τεθήσεται, mais la démonstration qui suit est, comme l'a vu Marquard (sur Aristoxène, p. 348), si absurde, qu'on peut douter de son authenticité. En réalité, la seule « raison » de cet axiome, c'est qu'avec la succession indiquée on obtient un son (Ut dièze) qui ne consonne avec aucun des précédents, ce qui est interdit (*Harm.*, p. 63 M.); mais ce dernier principe n'est lui-même qu'un postulat et notre gamme mineure normale n'en tient aucun compte.

114-115. Dans l'ordre donné par les manuscrits, le § 115 n'offre aucun sens, car le fait que le demi-ton Mi-Fa soit ou non décomposé en quarts de ton n'a rien à faire — comme l'exigerait le mot γάρ — avec la succession des deux ditons Fa-La, La-Ut (dièze); nous sommes évidemment en présence d'un « ajouté » qui a été inséré de travers. — L'octave dorienne classique se compose de deux tétracordes, appelés l'un (Mi-La) celui des μέσαι, parce qu'il comprend la mèse La, l'autre (Si-Mi) celui des διεζευγμέναι (disjointes), parce qu'il est séparé du premier par un ton « disjonctif » (La-Si). Dans l'enharmonique normal (fig. 6, 3°) chaque tétracorde se compose, à son tour, d'un groupe de trois notes « serrées » (πυκνόν), à distance de quart de ton, et d'un grand intervalle de deux tons. Aristoxène nous apprend que, dans l'enharmonique primitif (dorien), encore pratiqué par les aulètes archaïsants, *même* le demi-ton des μέσαι (Mi-Fa) restait indécomposé ; ce mot « même » (καί) prouve que, à plus forte raison, le demi-ton du tétracorde supérieur, Si-Ut, ne se fractionnait pas en quarts de ton et que la gamme, dans son ensemble, avait bien l'aspect de notre fig. 5, 1°. Une pareille gamme ne présente évidemment pas les caractères propres de l'enharmonique proprement dit (οὐδὲ τῶν τῆς ἁρμονίας), comme il a été dit

DE LA MUSIQUE 49

que l'intervalle en question est d'un quart de ton plus petit que l'intervalle d'un ton, voisin de la tonique (*La-Si*) ; une discordance, parce que, en admettant même que l'on assimilât l'intervalle caractéristique du spondiasme surtendu à la valeur d'un ton, il en résulterait que la gamme contiendrait deux ditons successifs, l'un incomposé, l'autre composé. Telle fut donc la nature des premiers airs enharmoniques ; car le pycnon enharmonique du tétracorde des moyennes, dont on fait actuellement usage, ne semble pas être du fait du vieux maître : il est facile de s'en assurer en écoutant un aulète qui joue à la mode ancienne,

plus haut, § 109. Le nom générique ἁρμονία, qu'a porté à l'origine cette gamme « commune », signifie simplement accord, arrangement des sons ; c'est par un étrange abus que ce nom a fini par se restreindre à l'« enharmonique » factice et bizarre qui est dérivé de la gamme archaïque à 6 notes.

le papyrus d'*Oreste* et les « gammes des planètes » données par Alexandre d'Étolie (ap. Théon de Smyrne, p. 138 Hiller) et Censorinus (c. 13. — La phrase d'Aristoxène prise à la lettre signifierait : 1° que même dans le lydien et le phrygien enharmoniques, il n'y a qu'un seul pycnon, un seul demi-ton (τὸ ἡμιτόνιον) décomposé en quarts de

116. Nous donnons (fig. 9) le schéma des gammes enharmoniques phrygienne et lydienne 1° d'après Aristide Quintilien I, 9, p. 22 Meibom) ; 2° d'après Cléonide p. 15 Meib.). Le diagramme lydien (σύντο-

ton, à savoir le demi-ton des moyennes (Mi-Fa) ; 2° que dans le dorien le fractionnement du demi-ton n'a jamais eu lieu (c'est ce qu'admet Marquard sur Aristoxène, p. 269). L'une et l'autre conclusion est inadmissi-

νον λύδιον) d'Aristide doit être incomplet au grave, mais son diagramme phrygien est sûrement préférable à celui de Cléonide ; il est confirmé, comme je le montrerai ailleurs, par

ble, comme le prouvent nos fig. 10. 1° et 2° (enharmonique dorien d'après Ar. Quint. et Cléonide) et de nombreux textes, notamment notre § 115 lui-même, d'où il résulte que *chez les*

4

τόνιον διῃρέθη ἔν τε τοῖς Λυδίοις καὶ ἐν τοῖς Φρυγίοις. (117) Φαίνεται δ' Ὄλυμπος αὐξήσας μουσικὴν τῶι ἀγένητόν τι καὶ ἀγνοούμενον ὑπὸ τῶν ἔμπροσθεν εἰσαγαγεῖν, καὶ ἀρχηγὸς γενέσθαι τῆς Ἑλληνικῆς καὶ καλῆς μουσικῆς.

c. 12 (118) Ἔστι δέ τις καὶ περὶ τῶν ῥυθμῶν λόγος · (119) γένη γάρ τινα καὶ εἴδη ῥυθμῶν προσεξευρέθη, ἀλλὰ μὴν καὶ *μελοποιιῶν τε καὶ *ῥυθμοποιιῶν. (120) Προτέρα μὲν γὰρ ἡ Τερπάνδρου καινοτομία καλόν τινα τρόπον εἰς τὴν μουσικὴν εἰσήγαγε. (121) Πολύμνηστος δὲ μετὰ τὸν Τερπάνδρειον τρόπον *καινῶι ἐχρήσατο, καὶ αὐτὸς μέντοι ἐχόμενος τοῦ καλοῦ τύπου. (122) Ὡσαύτως δὲ καὶ

N. C. — 117. ἀγένητον] Par. 3, F2 : ἀγέννητον. — 118. τῶν ῥυθμῶν] R 3 : τὸν ῥυθμόν. — 119. μελοποιιῶν, ῥυθμοποιιῶν] libri : μελοποιῶν, ῥυθμοποιῶν. Corr. Bur. et jam F2 corr. (Westph. : μετροποιιῶν). — 121. καινῶι] libri : καὶ ᾧ, corr. Westph. (Wytt. : ᾧ καί; Bern. : « malim ἰδίῳ »? . Burette : τρόπον εἰσήγαγεν ᾧ καὶ ἐχρήσατο. — 122. ὡσαύτως] V, Par. 4, 5 : αὔτως. — δέ] Volkm. τε.

---

modernes le dorien enharmonique comportait réellement les quarts de ton. (Je ne veux pas invoquer Aristoxène ap. Clem., Strom., VI, 11, p. 309 Migne : προσήκει εὖ μάλα τὸ ἐναρμόνιον γένος τῆι Δωριστὶ ἁρμονίαι, καὶ τῆι Φρυγιστὶ τὸ διάτονον, qui pourrait être corrompu.) Il ne reste donc

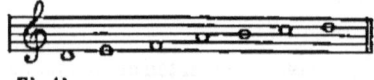

Fig. 11.

qu'à supposer une lacune ou une altération du texte; on peut lire au § 116, par exemple : ὕστερον δὲ <καὶ> τὸ <ἐν ταῖς διεζευγμέναις> ἡμιτόνιον, etc. Le proto-enharmonique phrygien a donc eu l'aspect de notre fig. 11.

117. On se demande en quoi a consisté la grande découverte d'Olympos, puisque Aristoxène ne lui attribue nulle part expressément l'emploi des quarts de ton; le proto-enharmonique, qui n'est qu'un diatonique simplifié (ou rudimentaire), ne peut pas être considéré comme une invention. Aristoxène se rattachait évidemment à cette école de philosophes qui cherchaient chez les barbares l'origine de tous les progrès de la civilisation hellénique, thèse longuement développée, d'après les auteurs de catalogues d'εὑρήματα, par Clément d'Alexandrie Strom., I, 15-16 . En matière musicale, cette théorie devait avoir pris naissance parmi les partisans enthousiastes de la musique de flûte, dont l'origine asiatique ne pouvait être niée, et qui a toujours eu, en Grèce, un caractère plus libre et plus progressif que la musique de cithare.

118-125. Ce petit chapitre est singulièrement vide et incohérent : 1º il ne présente qu'une suite de noms, sans indication précise sur le fond des choses ; 2º le nom du plus grand novateur en matière de rythmes, Archiloque, est absent; 3º au sujet principal, celui des rythmes, se mêlent des considérations d'ordre

car il garde incomposé même le demi-ton des moyennes (*Mi-Fa*). Plus tard, le demi-ton *des disjointes également* fut décomposé dans les airs lydiens et phrygiens. Il est clair qu'Olympos a agrandi le domaine de la musique en y introduisant un élément nouveau, inconnu de ses prédécesseurs ; par là il faut voir en lui l'ancêtre de la musique grecque et vraiment belle.

VIII. — *Histoire des rythmes. Déformation de la musique.*

« Les rythmes aussi ont leur histoire : dans la suite des temps on a inventé de nouveaux genres, de nouvelles espèces de rythmes, et aussi des mélopées et des rythmopées nouvelles. Tout d'abord l'innovation de Terpandre introduisit dans la musique un beau style. Après le style de Terpandre, Polymnestos employa un style nouveau, tout en restant lui aussi attaché aux beaux modèles. Il en fut de même de Thalétas et de Sacadas : eux aussi innovèrent

Principaux novateurs en matière de rythmes.

purement harmonique (119-125). On ne saurait attribuer à Aristoxène ni à Héraclide ces notes hâtives et décousues.

119. Les *genres* des rythmes sont déterminés par le rapport qui existe entre le *levé* et le *frappé* du pied. Aristoxène (*Rythm.*, p. 298 Morelli) compte trois genres, suivant que ce rapport est de 1 : 1, de 2 : 1, ou de 3 : 2. Aristide Quintilien (p. 35 Meiborn en ajoute un quatrième, le genre épitrite 4 : 3). Les genres se subdivisent en *espèces* suivant l'ordre où se succèdent le levé et le frappé, le nombre de temps premiers que compte la mesure, etc. — La mention des *mélopées* est certainement gênante, bien que ce mot, pris dans un sens large, embrasse également l'usage des rythmes (cf. § 99), mais alors il ne faut pas l'opposer à *rythmopée*. La conjecture de Westphal, μετροποιιῶν, est ingénieuse, mais le mot est inconnu et le § 125 prouve

que Plutarque ne s'était pas tenu strictement à son sujet. Il ne faut pas corriger l'auteur.

120. Terpandre a fait surtout usage de l'hexamètre (cf. §§ 37 et 45), mais il a aussi hasardé (ou on lui attribuait) des formes rythmiques nouvelles, d'une solennité appropriée au caractère de ses hymnes; voir, sur ces formes, note 271 et suiv.

121. Nous ne savons absolument rien des prétendues innovations rythmiques de Polymnestos. Nous avons vu (note 40) qu'il a fait usage d'hexamètres et d'élégiaques; peut-être ses airs « orthiens » pour la flûte seule (88, 92) étaient-ils écrits dans le rythme « orthien », dont l'invention est d'ailleurs attribuée à Terpandre (271). Il est aussi possible que Plutarque ait mal compris un texte où il était question d'innovations *harmoniques* de Polymnestos.

122. On sait déjà (§ 99) que Thalétas employa le premier, dans la

Θαλήτας καὶ Σακάδας · καὶ γὰρ οὗτοι κατά γε τὰς ῥυθμοποιίας * καινοί, οὐκ ἐκβαίνοντες *μέντοι τοῦ καλοῦ τύπου. (123) Ἔστι δέ τις Ἀλκμανικὴ καινοτομία <καὶ> Στησιχόρειος, καὶ *αὗται οὐκ ἀφεστῶσαι τοῦ καλοῦ.

(124) Κρέξος δὲ καὶ Τιμόθεος καὶ Φιλόξενος καὶ οἱ κατὰ * ταύτην τὴν ἡλικίαν γεγονότες ποιηταὶ φορτικώτεροι καὶ φιλόκαινοι γεγόνασι, τὸν φιλάνθρωπον καὶ *θεατρικὸν νῦν ὀνομαζόμενον <τρόπον> D διώξαντες · (125) τὴν γὰρ * ὀλιγοχορδίαν καὶ τὴν ἁπλότητα καὶ σεμνότητα τῆς μουσικῆς παντελῶς ἀρχαϊκὴν εἶναι συμβέβηκεν.

c. 13 (126) Εἰρηκὼς κατὰ δύναμιν περί τε τῆς πρώτης μουσικῆς καὶ τῶν πρῶτον εὑρόντων αὐτήν, καὶ ὑπὸ τίνων κατὰ χρόνους ταῖς προσεξευρέσεσιν ηὔξηται, (127 καταπαύσω τὸν λόγον καὶ παραδώσω τῶι ἑταίρωι Σωτηρίχωι, ἐσπουδακότι οὐ μόνον περὶ μουσικήν, ἀλλὰ καὶ περὶ τὴν ἄλλην ἐγκύκλιον παιδείαν · 128 ἡμεῖς γὰρ μᾶλλον χειρουργικῶι μέρει τῆς μουσικῆς ἐγγεγυμνάσμεθα. »

N. C. — 122. τὰς] P : τούς. — καινοί libri ἱκανοί, correx. — μέντοι libri μέν, corr. Wytt. aut delendum putat. — 123. καί] inseruit Wytt. — αὗται] libri αὖται, corr. Dübner. — 124. κατα ταύτην] Wyttenbach (aut : κατὰ τὴν αὐτήν ; libri : κατ' αὐτήν propter TATA, excepto R3 qui κατ' αὐτούς sed corr. in αὐτήν habet, quod receperunt Volkm. Westph. Bern. (nisi quod is τὴν ἡλικίαν abesse malit. — θεατρικόν] libri θεματικόν, correximus Wagner : θελκτικόν. Forsan θυμελικόν ?'. — τρόπον] inseruit Scheibel, De Melanipp. 11, p. 18 — διώξαντες R1, F3 : διώκοντες; F2 : ἐκδιώξαντες. — 125. ὀλιγοχορδίαν libri ὀλιγοχορείαν, corr. Burette post Valg. — 126. πρῶτον] Par. 3 : πρώτων. — ταῖς Par. 3 : τοῖς. — ηὔξηται] Par. 4, 5 : ηὔξηνται. — 128. ἐγγεγυμνάσμεθα] Par. 5 : ἐγγυμνάσμεθα.

poésie chorique, le ditrochée et le péon. Les nouveautés rythmiques de Sacadas sont inconnues.

123. Suidas, v° Ἀλκμάν : πρῶτος εἰσήγαγε τὸ μὴ ἑξαμέτροις μελωιδεῖν. Cela est fort exagéré ; il n'en est pas moins certain qu'Alcman avait attaché son nom à diverses innovations rythmiques, telles que la tétrapodie dactylique catalectique in syllabam ou metrum Alcmanicum, la combinaison dans un même poème de deux séries de strophes différentes (Héphestion, p. 75 Westphal), etc. Quant à Stésichore, outre de nombreuses variétés du κατὰ δάκτυλον εἶδος § 84, on lui attribuait le « vers Stésichorien » composé de trois épitrites (⏑ ⏑ _ _) et, sur la foi d'un dicton obscur τὰ τρία Στησιχόρου, la division de l'ode chorale en groupes ternaires, composés chacun d'une strophe, d'une antistrophe et d'une épode.

124. Plutarque saute brusquement à un développement qui est non seulement étranger au thème que vient

dans leurs rythmopées, sans toutefois se départir du beau caractère. On mentionne aussi les innovations d'Alcman et de Stésichore, qui ne s'éloignèrent pas non plus du beau.

« Mais Crexos, Timothée, Philoxène et les autres compositeurs de cette époque tombèrent dans la vulgarité et dans l'affectation de la nouveauté, en poursuivant le style appelé maintenant populaire et théâtral. Le petit nombre des cordes, la simplicité et la gravité de la musique, tout cela fut désormais tout à fait suranné.

Des corrupteurs de la musique.

« Après vous avoir parlé, dans la mesure de mes forces, de la musique primitive, de ses premiers inventeurs, de ceux qui, de siècle en siècle, l'ont enrichie de leurs découvertes, j'arrêterai ici mon exposé et je passerai la parole au camarade Sotérichos, qui, lui, n'a pas borné ses études à la musique seule, mais les a étendues à tout le cercle des connaissances humaines ; car pour moi je me

Conclusion.

de traiter Lysias, mais même au sujet tout entier de son discours tel qu'il le définit lui-même au § 126 ; il n'a pas pu résister à la tentation d'utiliser une note prise sans doute dans Aristoxène. Sur Crexos, voir plus loin note 284 ; sur Timothée, note 309 et suiv. ; sur Philoxène, note 314. — Le mot θεματικόν ne peut être conservé. L'adjectif θεματικός, par opposition à στεφανίτης, désigne un concours dont la récompense consiste en un prix d'argent ; mais en quoi ce détail pouvait-il influer sur le caractère de la musique exhibée au concours ? La correction θεατρικόν est amplement justifiée par les §§ 264 et suiv. Si l'on voulait rester plus près de la leçon des manuscrits, on pourrait écrire θυμελικόν qui a exactement le même sens. — Quant au mot φιλάνθρωπον, il rappelle tout à fait l'anecdote connue sur Aristoxène (Thémistius, *Or.* XXXIII, p. 364 C = FHG. II, 271) : « Aristoxène le musicien entreprit de rendre des forces à la musique qui tombait dans la mollesse ; lui-même affectionnait les airs instrumentaux d'un caractère viril (τὰ ἀνδρικώτερα τῶν κρουμάτων) et recommandait à ses disciples de s'abstenir du style efféminé τοῦ μαλθακοῦ pour cultiver dans leurs mélodies le genre mâle (τὸ ἀρρενωπόν). Un jour un de ses familiers lui demanda : Quel avantage aurai-je à mépriser le chant moderne et agréable τῆς νέας καὶ ἐπιτερποῦς ἀοιδῆς) pour travailler le vieux style ? Tu chanteras, répondit Aristoxène, plus rarement dans les théâtres. Il voulait dire qu'il n'est pas possible à la fois de plaire à la multitude et de rivaliser par la science avec les anciens. Ainsi Aristoxène, tout en cultivant un art populaire de sa nature (ἐπιτήδευσιν δημοτικήν), ne faisait aucun cas du mépris du peuple et de la foule ; et, s'il n'était pas possible en même temps de rester fidèle aux lois de l'art et de chanter des airs agréables au grand nombre, il optait pour l'art plutôt que pour la popularité (τὴν τέχνην εἵλετο ἀντὶ τῆς φιλανθρωπίας). »

(129) Ὁ μὲν Λυσίας ταῦτ' εἰπὼν κατέπαυσε τὸν λόγον · Σωτήριχος δὲ μετὰ τοῦτον ὧδέ πως ἔφη ·

(130) « Ὑπὲρ σεμνοῦ ἐπιτηδεύματος καὶ θεοῖς μάλιστα ἀρέσκοντος, ὠγαθὲ Ὀνησίκρατες, τοὺς λόγους ἡμᾶς προετρέψω ποιήσασθαι. (131) Ἀποδέχομαι μὲν οὖν τῆς συνέσεως τὸν διδάσκαλον Λυσίαν, ἀλλὰ μὴν καὶ τῆς μνήμης ἣν ἐπεδείξατο περί τε τοὺς εὑρετὰς τῆς πρώτης μουσικῆς καὶ περὶ τοὺς τὰ τοιαῦτα συγγεγραφότας. (132) Ὑπομνήσω δὲ τοῦθ', ὅτι τοῖς ἀναγεγραμμένοις μόνοις κατακολουθήσας πεποίηται τὴν δεῖξιν · (133) ἡμεῖς δ' οὐκ ἄνθρωπόν τινα παρελάβομεν εὑρετὴν τῶν τῆς μουσικῆς ἀγαθῶν, ἀλλὰ τὸν πάσαις ταῖς ἀρεταῖς κεκοσμημένον θεὸν Ἀπόλλωνα.

(134) Οὔτε γὰρ Μαρσύου ἢ Ὀλύμπου ἢ Ὑάγνιδος, ὥς τινες οἴονται, εὕρημα ὁ αὐλός, μόνη δὲ κιθάρα Ἀπόλλωνος, ἀλλὰ καὶ αὐλητικῆς καὶ κιθαριστικῆς εὑρετὴς ὁ θεός · (135) δῆλον δ' ἐκ τῶν χορῶν καὶ τῶν θυσιῶν, ἃς προσῆγον μετ' αὐλῶν τῶι θεῶι, καθάπερ ἄλλοι τε καὶ Ἀλκαῖος ἔν τινι τῶν ὕμνων ἱστορεῖ. (136) Καὶ ἡ ἐν

N. C. — 131. τοὺς τὰ τοιαῦτα] E : τοὺς τοιαῦτα. — 132. μόνοις] F2 : μόνον. — 133. εὑρετήν] Par. 4, 5 : ἀρετήν. — πάσαις ταῖς ἀρεταῖς Par. 4, 5 et V om. ταῖς. — 134. μόνη] V, Par. 3, 4, 5, F1, 2. Cett. et edd. : οὐ μόνη. Correx. — 135. Ἀλκαῖος] Par. 4, 5 : Ἀκκαῖος.

---

133. Cp. Athénée, XIV, 632 C (à la suite d'une citation d'Aristoxène) : τὸ δ' ὅλον ἔοικεν ἡ παλαιὰ τῶν Ἑλλήνων σοφία τῆι μουσικῆι μάλιστ' εἶναι δεδομένη. Καὶ διὰ τοῦτο τῶν μὲν θεῶν Ἀπόλλωνα, τῶν δὲ ἡμιθέων Ὀρφέα μουσικώτατον καὶ σοφώτατον ἔκρινον, etc.

134-143. Ce chapitre, emprunté à quelque auteur alexandrin, est un écho des vieilles controverses entre les partisans de la musique de lyre, purement hellénique, et celle de flûte, importée de l'étranger, controverses qui prirent corps au v° siècle dans les mythes de Marsyas et d'Apollon, de Marsyas et d'Athéna. Aristote dit expressément (Pol., VIII, 6) que la musique de flûte pénétra dans l'enseignement de la jeunesse athénienne après les guerres médiques, mais en fut ensuite retranchée βέλτιον δυναμένων κρίνειν τὸ πρὸς ἀρετὴν καὶ τὸ μὴ πρὸς ἀρετὴν συντεῖνον.

134. L'invention de la flûte est attribuée à Marsyas notamment par Métrodore de Chios Ath. IV, 184 A) et Pline, VII, 204, à Ilyagnis par le marbre de Paros, par Dioscoride (Anth. Pal., IX, 340), par Alexandre Polyhistor (suprà § 24). Nous avons vu (note 77 que pour Suidas Olympos est ἡγεμὼν τῆς διὰ τῶν αὐλῶν μουσικῆς. Clément d'Alexandrie nomme conjointement Marsyas et Olympos Strom., I, 16). D'autres attribuaient l'invention de l'aulétique au Libyen Seiritès

suis confiné surtout dans l'exécution de la musique instrumentale. »

Sur ces mots Lysias termina son discours ; puis Sotérichos s'exprima à peu près comme il suit :

IX. — *Origine divine de la musique, particulièrement de la flûte.*

« C'est un art respectable et très cher aux dieux, excellent Onésicratès, que tu as proposé pour sujet à nos entretiens. Je félicite notre maître Lysias de son intelligence de la matière, non moins que de la mémoire dont il a fait preuve en nous rappelant les inventeurs de la musique primitive et les auteurs qui en ont traité. Je me permettrai seulement d'observer qu'il a fondé son exposé exclusivement sur le témoignage des chroniques. Pour moi j'ai entendu dire que ce n'est pas à un homme que nous devons la découverte des bienfaits de la musique, mais au dieu paré de tous les mérites, Apollon. *La musique est une invention divine.*

« En effet, il n'est pas vrai, comme d'aucuns le pensent, que c'est Marsyas ou Olympos ou Hyagnis qui a inventé la flûte, et que seule la cithare appartient à Apollon. En vérité, on doit à ce dieu l'invention de l'aulétique, aussi bien que de la citharistique. C'est ce qui résulte clairement des chœurs et des sacrifices qu'on célébrait, au son des flûtes, en l'honneur de ce dieu, comme le rapporte, entre autres, *Preuves de l'origine apollinique de la flûte.*

(Douris, FHG., II, 478 = Ath. XIV, 618 C). — La κιθαριστική Platon, *Gorgias*, p. 501 E) ou κιθάρισις n'est pas synonyme de ψιλὴ κιθάρισις ; elle comprend aussi le jeu de la cithare accompagnant le chant ; Apollon, le citharède par excellence, est appelé τὸν κιθαρίσει κλυτόν (1ᵉʳ hymne delphique à Apollon, col. II, 1). — Les mots καὶ κιθαριστικῆς sont d'ailleurs assez inutiles ; et l'on aimerait mieux, en tout cas, que Plutarque eût écrit : καὶ κιθαριστικῆς καὶ αὐλητικῆς.

135. = Alcée fr. 3 Bergk (hymne à Apollon?). Les fragments d'Alcman (par exemple fr. 112 Bergk) montrent que la flûte était admise dans les fêtes apolliniques de Lacédémone, mais les aulètes étaient des étrangers.

136. Cf. Pausanias, IX, 35, 3 : καὶ Ἀγγελίων τε καὶ Τεκταῖος, οἵ γε τὸν Ἀπόλλωνα ἐργαζόμενοι Δηλίοις, τρεῖς ἐποίησαν ἐπὶ τῆι χειρὶ αὐτοῦ Χάριτας. Une copie de la statue est reproduite sur des tétradrachmes athéniens du IIᵉ (?) siècle au nom de Socrate et de Dionysodore (Beulé, *Monnaies d'Athènes*, p. 364 ; Head, *Cat. Br.*

Δήλωι δὲ τοῦ ἀγάλματος αὐτοῦ ἀφίδρυσις ἔχει ἐν μὲν τῆι δεξιᾶι τόξον, ἐν δὲ τῆι ἀριστερᾶι Χάριτας, τῶν τῆς μουσικῆς ὀργάνων ἑκάστην τι ἔχουσαν · (137) ἡ μὲν γὰρ λύραν κρατεῖ, ἡ δ' αὐλούς, ἡ δ' ἐν μέσωι * προσκειμένην ἔχει τῶι στόματι σύριγγα · (138) ὅτι δ' οὗτος οὐκ ἐμὸς ὁ λόγος, * Ἀντικλείδης <ἐν τοῖς Δηλιακοῖς> καὶ Ἴστρος ἐν ταῖς Ἐπιφανείαις περὶ τούτων ἀφηγήσαντο · (139) οὕτω δὲ παλαιόν ἐστι τὸ ἀφίδρυμα τοῦτο, ὥστε τοὺς ἐργασαμένους αὐτὸ τῶν καθ' Ἡρακλέα Μερόπων φασὶν εἶναι. (140) Ἀλλὰ μὴν
B καὶ τῶι κατακομίζοντι παιδὶ τὴν Τεμπικὴν δάφνην εἰς Δελφοὺς παρομαρτεῖ αὐλητής · (141) καὶ τὰ ἐξ Ὑπερβορέων δ' ἱερὰ μετ' αὐλῶν καὶ συρίγγων καὶ κιθάρας εἰς τὴν Δῆλόν φασι τὸ παλαιὸν

N. C. — 136. ἐν Δήλωι δὲ] Par. 3, F1 : ἐν Δήλῳ τε. — 137. προσκειμένην libri προκειμένην, corr. Wytt. — 138. ὅτι... λόγος E : ὅτι δ' οὐκ ἐμὸς οὗτος ὁ λόγος; Par. 4 : ὅτι δ' οὗτος οὐκ ἐμὸς λογος om. ὁ). — Ἀντικλείδης] libri Ἀντικλῆς, corr. H. Valesius (ad Harpocrat. p. 339, 2). — ἐν τοῖς Δηλιακοῖς inseruimus. — 139. ὥστε] om. V, Par. 4, 5, F1. — αὐτό] F1 : ἀπό, Barb. : αὐτὸ ἀπό. — Μερόπων] damnat Volkm. — 141. μετ' αὐλῶν... κιθάρας] Par. 3 : μετ' αὐλῶν καὶ κιθάρας καὶ συρίγγων. — τὸ παλαιόν R1 : τὸν παλαιόν.

Mus., Attica, p. 72 et pl. XI, 8. Cf. Furtwängler, Arch. Zeitung, XL, 1882, p. 331; Collignon, Sculpture grecque, I, fig. 106; P. Gardner et Imhoof, Num. commentary on Pausanias, CC, xi-xiv). D'après cette reproduction et divers textes Macrob., Saturn., I, 17, 13; Schol. Pind. Olymp. XIV, 16; cp. Philon, De leg. ad Caium, p. 559 la statue portait les Grâces dans la main droite et l'arc dans la gauche, contrairement au texte de Plutarque. Cf. Frazer sur Pausanias, V, p. 174-175. Une inscription délienne BCH., VI, 128) mentionne un lingot d'or tombé de la statue ; elle était donc en bois recouvert d'or.

137. L'association de ces trois instruments se rencontre fréquemment dans les représentations de Sirènes : cf. Brunn, Urne etrusche, pl. 90 suiv.

138. L'expression οὐκ ἐμὸς ὁ λόγος est un souvenir d'Euripide (fr. 484 Nauck, de la Mélanippé σοφή) : κοὐκ ἐμὸς ὁ μῦθος κτλ., expression que s'approprie déjà Platon (Sympos., p. 177 A et qui devint proverbiale. Anticleidès d'Athènes, érudit de la fin du ive siècle, avait écrit une histoire d'Alexandre, des Νόστοι, des Exegetica, des Deliaca. On ne voit nulle part qu'il ait écrit des Epiphanies; or la phrase, telle que la donnent les manuscrits, laisserait à supposer que les Épiphanies étaient l'œuvre collective d'A. et d'Istros, ou que chacun d'eux avait composé un ouvrage sous ce titre ; aussi ai-je cru nécessaire de rétablir le nom du livre d'Anticleidès auquel Plutarque fait certainement allusion ; c'est aussi aux Deliaca que notre fr. est classé par C. Muller Fr. hist. Alex., p. 147, n° 5). — Istros, atthidographe et grammairien, élève de Callimaque (vers 250 av. J.-C.). Notre texte figure dans C. Müller, FHG., I, p. 423,

Alcée dans un de ses hymnes. En outre, la statue monumentale d'Apollon à Délos tient dans la main droite un arc, dans la main gauche les Grâces, dont chacune tient un instrument de musique : celle-ci une lyre, celle-là une paire de flûtes, celle du milieu une syringe qu'elle approche de ses lèvres. Ce propos n'est pas le mien : Anticleidès *dans sa description de Délos* et Istros dans ses Apparitions ont longuement parlé de ces détails. Et cette statue est si ancienne qu'on la dit l'œuvre des Méropes contemporains d'Héraclès. Semblablement, l'enfant qui transporte à Delphes le laurier de Tempé est accompagné d'un joueur de flûte ; et les offrandes sacrées des Hyperboréens étaient, dit-on, jadis apportées à Délos au son des flûtes, des

sous le n° 35. L'ouvrage cité, en plusieurs livres, avait pour titre Ἀπόλλωνος ἐπιφανείαι (les « manifestations » d'Apollon). Très probablement Plutarque cite ici Anticleidès à travers Istros ; pourtant trois autres fragments d'Anticleidès (3, 14, 22 Müller) nous ont été conservés par Plutarque.

139. Les Méropes sont les anciens habitants préhelléniques de l'île de Cos, contre lesquels Héraclès (le conquérant dorien) avait bataillé (Pindare, fr. 50-51 ; Plut., *Qu. graec.*, 58, etc.). Il est possible que cette vieille population se fût étendue aussi, dans un temps très reculé, sur toutes les Cyclades. Mais l'attribution de la statue délienne à cette race préhistorique est une ineptie que Plutarque n'aurait pas dû emprunter à Istros. En réalité, ses auteurs, Angélion et Tectaios (Paus., *loc. cit.*, note 136 ; Athénagoras, *Ambassade*, c. 17), étaient élèves des Crétois Dipoinos et Skyllis Paus., II, 32, 5), lesquels florissaient vers la 50ᵉ Olympiade, 580 av. J.-C. (Pline, XXXVI, 9 . Les mêmes artistes avaient sculpté à Délos une Artémis (Athénagoras, *loc. cit.*). Cf. C. Robert, *Archäologische Mærchen*, p. 3 suiv.

140. Apollon, souillé par le meurtre du serpent, alla se purifier au val de Tempé et en revint, un laurier dans la main, le front couronné de laurier. Cette purification était commémorée dans la fête delphique du Σεπτήριον ou Στεπτήριον, célébrée tous les huit ans (Plut., *Qu. graec.*, 12, p. 293). Une délégation d'enfants nobles, sous la conduite d'un archithéore, se rendait à Tempé et en revenait avec des couronnes de laurier tressées dans la vallée (Élien, *Var. hist.*, III, 1 ; Schol. Pind., *Pyth.*, p. 298). On remarquera qu'Élien parle de plusieurs enfants, Plutarque d'un seul ; aurait-il confondu la cérémonie delphique avec la daphnéphorie thébaine où il n'y avait, en effet, qu'un seul δαφναφόρος (Paus., IX, 10, 4) ? Le détail relatif à l'aulète ne se trouve d'ailleurs que dans notre texte. — Élien prétend que le laurier de Tempé servait à tresser les couronnes des vainqueurs des jeux pythiques ; Pindare et Pline font cueillir ces couronnes sur le Parnasse même.

141. Sur les offrandes des Hyperboréens à Délos voir surtout Hérodote, IV, 33 suiv. L'accompagnement musical de la procession n'est mentionné qu'ici et rappelle singulièrement les attributs de la statue délienne (§ 137).

στέλλεσθαι. (**142**) Ἄλλοι δὲ καὶ αὐτὸν τὸν θεόν φασιν αὐλῆσαι, καθάπερ ἱστορεῖ ὁ ἄριστος μελῶν ποιητὴς Ἀλκμάν · (**143**) ἡ δὲ Κόριννα καὶ· διδαχθῆναί φησι τὸν Ἀπόλλω ὑπ' Ἀθηνᾶς αὐλεῖν.

(**144**) Σεμνὴ οὖν κατὰ πάντα ἡ μουσική, θεῶν εὕρημα οὖσα ·
c. 15 (**145**) ἐχρήσαντο δ' αὐτῆι οἱ παλαιοὶ κατὰ τὴν ἀξίαν, ὥσπερ καὶ τοῖς ἄλλοις ἐπιτηδεύμασι πᾶσιν · (**146**) οἱ δὲ νῦν τὰ σεμνὰ αὐτῆς παραιτησάμενοι, ἀντὶ τῆς ἀνδρώδους ἐκείνης καὶ θεσπεσίας καὶ θεοῖς φίλης, κατεαγυῖαν καὶ κωτίλην εἰς τὰ θέατρα εἰσάγουσι.

c (**147**) Τοιγάρτοι Πλάτων ἐν τῶι τρίτωι τῆς Πολιτείας δυσχεραίνει τῆι τοιαύτηι μουσικῆι. (**148**) Τὴν γοῦν Λύδιον ἁρμονίαν

N. C. — 141. στέλλεσθαι] N1 : φέρεσθαι (et sic corrector F5). — 142. αὐτὸν] AE, R1, 4, F5 : αὐτοί. — 143. Ἀπόλλω] Sic ANR1F5, V, Par. 3, 4, 5 ; E habet Ἀπόλλω superscripto να. — Ἀθηνᾶς] Par. 5 : Ἀθηνᾶν. — 144. εὕρημα] P : εὕρεμα. — 147. Πλάτων] N1 : Πλάτων καί. — 148. γοῦν] Par. 3, F1 : οὖν.

142. = Alcman, fr. 102 Bergk. A l'appui de cette tradition on pourrait invoquer le surnom δονακτάς le dieu du roseau, du chalumeau) que porte Apollon (Théopompe ap. Hésychius s. v.). Mais on ne saurait approuver les savants (Preller-Robert, I, 280 ; Wernicke ap. Wissowa, II, 28 qui ont fait intervenir ici le prétendu Apollon aulète des bronzes de Magnésie du Méandre Mionnet, *Suppl.*, VI, 235-236, n°s 1024-1027 ; *Cat. Br. Mus., Ionia*, n°s 49-50). Sur toutes les pièces bien conservées le nom se lit, non αὐλητής, mais ΑΥΛΑΙΤΗC, c'est-à-dire αὐλαϊτής. Eckhel, II, 526, y voyait un nom de magistrat, ce qui est peu probable ; mais en tout cas αὐλαϊτής se rattache à αὐλαία, non à αὐλός.

143. = Corinne, fr. 29 Bergk. Contre cette opinion de la poétesse thébaine s'était élevé Mélanippidès, qui raconta le premier, dans son dithyrambe *Marsyas*, comment Athéna avait rejeté loin d'elle la flûte, qui défigurait son visage (fr. 2 Bergk = Ath. XIV, 616 E). A son tour Télestès de Sélinonte dans le dithyrambe *Argo* combattit l'opinion de Mélanippidès fr. 1 Bergk = Ath. XIV, 616 F) dont s'était inspiré peut-être Myron dans son groupe célèbre. — Malgré les nombreux faits historiques ou rituels allégués par l'érudit défenseur de l'aulétique, il est bien certain que la flûte fut étrangère, dans l'origine, aux cultes purement helléniques. Elle ne pénétra dans le sanctuaire delphique que vers le temps de la réorganisation des jeux pythiques, 582 av. J. C. (Paus., X, 7, 5).

144-146. Ici encore Plutarque est l'écho d'Aristoxène dont on connaît l'attachement à l'ancienne musique et les doléances sur le caractère « efféminé » et « vulgaire » de la musique de son temps. Cf. notamment Aristoxène, fr. 90 (FHG., II, 291 = Ath., XIV, 632 A) ...ἐπειδὴ καὶ τὰ θέατρα ἐκδεδαρβάρωται καὶ εἰς μεγάλην διαφθορὰν προεληλύθεν ἡ πάνδημος αὕτη μουσική, etc. Ce qui précède, chez Athénée, vient aussi d'Aristoxène et on y lit ces mots, qui rappellent de très près notre texte : τὸ δὲ παλαιὸν

syringes et de la cithare. D'autres vont jusqu'à dire que le dieu lui-même s'exerça sur la flûte, comme le raconte l'excellent poète lyrique Alcman. Corinne prétend même qu'Apollon reçut d'Athéna des leçons de flûte.

X. — Des modes admis ou rejetés par Platon dans sa République.

« La musique, invention des dieux, est donc sous tous les rapports un art respectable. Les anciens l'ont pratiquée, comme tous les autres arts, en lui conservant sa dignité ; mais les modernes, rejetant tout ce qu'elle avait de vénérable, ont introduit dans les théâtres, à la place de cet art mâle, céleste, cher aux dieux, une musique efféminée et babillarde. *Supériorité morale de la musique ancienne.*

« C'est pourquoi Platon, au troisième livre de sa République, s'indigne contre une pareille musique. Il condamne *Mode lydien condamné par Platon.*

ἐτηρεῖτο περὶ τὴν μουσικὴν τὸ καλὸν καὶ πάντ' εἶχε κατὰ τὴν τέχνην τὸν οἰκεῖον αὐτοῖς κόσμον, etc.

147-167. Plutarque a dû ici prendre pour guide quelque commentaire d'un platonicien ou d'un péripatéticien érudit sur le célèbre passage de la *République*. C'est un commentaire semblable qui a fourni à Aristide Quintilien ses curieux renseignements sur les gammes enharmoniques des πάνυ παλαιότατοι dans les différents modes (pp. 21-22 Meibom). L'auteur consulté par Plutarque a dû vivre après 200 avant J.-C., puisqu'il cite Denys l'Iambe, qui florissait vers 230 (note 152).

147. Cf. Platon, *République*, III, p. 398 D suiv. (éd. Didot, II, 49 suiv.). Platon, après avoir traité de l'éducation littéraire des gardiens de sa République, passe à leur éducation musicale. Il pose d'abord trois principes : 1° tout chant (μέλος) se compose de trois éléments : le texte poétique (λόγος), la mélodie ou plutôt le mode (ἁρμονία), le rythme ; 2° il y a une corrélation nécessaire entre le texte poétique et les deux éléments proprement musicaux (τήν γε ἁρμονίαν καὶ ῥυθμὸν ἀκολουθεῖν δεῖ τῶι λόγωι) ; 3° en conséquence, il faut écarter de l'éducation des « gardiens » toutes les formes d'harmonie et de rythme qui s'associent naturellement à des formes de poésie jugées pernicieuses.

148. Platon, *loc. cit.*, p. 398 D-E. « (SOCRATE.) Nous avons dit qu'en matière de poésie nous n'avons nul besoin des plaintes et des lamentations (θρήνων τε καὶ ὀδυρμῶν). — (GLAUCOS.) Certes non. — (S.) Quels sont donc les modes plaintifs (θρηνώδεις ἁρμονίαι)? Dis-le moi, car tu es musicien. — Le mixolydien, dit-il, le syntonolydien et autres semblables (καὶ τοιαῦταί τινες. — Ne faut-il donc pas, dis-je, les supprimer? Ils sont sans utilité même pour des femmes qui veulent conserver les bienséances, à plus forte raison pour des hommes.

ΠΕΡΙ ΜΟΥΣΙΚΗΣ

παραιτεῖται, ἐπειδὴ ὀξεῖα καὶ ἐπιτήδειος πρὸς θρῆνον · **(149)** ἧι καὶ τὴν πρώτην σύστασιν αὐτῆς φασι θρηνώδη τινὰ γενέσθαι · **(150)** Ὄλυμπον γὰρ πρῶτον Ἀριστόξενος ἐν τῶι πρώτωι περὶ Μουσικῆς ἐπὶ τῶι Πύθωνί φησιν ἐπικήδειον αὐλῆσαι Λυδιστί. (***) **(151)** Πίνδαρος δ' ἐν Παιᾶσιν ἐπὶ τοῖς Νιόβης γάμοις φησὶ Λύδιον ἁρμονίαν

N. C. — 149. ἧι Par. 5 : ἥ. V : ἥ. — *Post 150 libri 159, transposuimus.*
— 151. ἐπὶ τοῖς Νιόβης Par. 3, F1 : ἐπὶ τοῖς τῆς N. Par. 4, 5, F5 : ἐπὶ τῆς N. V : Νιόβοις.

— Assurément. » Il sera question du *mixolydien* plus loin, § 153 suiv. Par conséquent, le mode dont il est question aux §§ 148-152 sous le nom de *lydien* tout court, est celui que Platon appelle συντονολυδιστί, « lydien tendu », par opposition à la χαλαρὰ λυδιστί ou ἐπανειμένη λυδιστί, « lydien relâché » 157). C'est par erreur que certains savants ont admis, outre le lydien tendu et le lydien relâché, l'existence d'une troisième variété d'harmonie lydienne, dite λυδιστί tout court. Ce terme, employé absolument, désigne tantôt, comme ici, le lydien tendu, tantôt, au contraire, comme chez Aristide Quintilien p. 22 Meib.) et peut-être Pollux IV, 78, *infrà* note 150, le lydien relâché. Le mode lydien des manuels harmoniques Cléonide, c. 9 ; Gaudence, c. 19, etc.) paraît être

Fig.12.

identique, comme l'implique le commentaire de Plutarque, au lydien tendu de Platon. Nous en donnons (fig. 12) le diagramme dans les trois genres. Nous y joignons (fig. 13) le

Fig 13.

diagramme de la συντονολυδιστί enharmonique d'Aristide Quintilien (p. 22 M.) dont il donne la description suivante : τὸ δὲ λεγόμενον σύντονον λύδιον ἦν δίεσις καὶ δίεσις καὶ δίτονον καὶ τριημιτόνιον. Quoique cette description concorde avec son diagramme, il doit y avoir ici quelque erreur, car cette gamme n'embrasse que quatre tons au lieu de six et concorde exactement avec les cinq premières notes de la ἰαστί. Très probablement, la gamme est incomplète *au grave* et il faut lire ἦν < δ.τονον καὶ > δίεσις καὶ δ:εσις, etc. Dans l'expression σύντονον λυδιστί, le mot σύντονος paraît être pris dans le sens de ὀξύς il en est autrement dans l'expression σύντονον διάτονον, où l'épithète marque la tension *relative* des sons). C'est ainsi que l'interprète Plutarque ἐπειδὴ ὀξεῖα) et nous savons d'ailleurs que les mélodies nationales lydiennes étaient d'une tessiture aiguë Télestès fr. 5 = Héraclide ap. Ath. XIV, 626 A : τοῖς δ' ὀξύφωνοι πηκτίδων ψαλμοὶ κρέκον | λύδιον ὕμνον). Le poète Ion fr. 39 Nauck = Ath. IV, 185 A, p. 403 Kaibel compare le chant de la flûte lydienne au chant du coq (ἐπὶ δ' αὐλὸς ἀλέκτωρ λύδιον ὕμνον ἀχέων). Le caractère thrénétique

le mode lydien, parce qu'il est aigu et propre aux lamentations funèbres : aussi dit-on que son origine première le rattache aux cérémonies du deuil. Aristoxène, dans son premier livre De la musique, dit qu'Olympos le premier joua sur la flûte un air funèbre en mode lydien, sur la mort de Python. D'autre part, Pindare, dans ses Péans, dit que le mode lydien nous fut enseigné pour la première

du mode lydien (*lydium querulum*, Apulée, *Flor.* p. 115 Bip.) résulte, en majeure partie, de la tessiture aiguë où il s'exécutait ordinairement : on sait qu'en Orient les lamentations funèbres se sont, de tout temps, faites dans le registre élevé de la voix. Naturellement le caractère harmonique d'un mode est, en principe, indépendant de la hauteur absolue d'exécution ; mais on comprend que, par suite d'habitudes locales, il ait fini par y avoir une association intime entre telle tessiture et telle forme de gamme et que le vulgaire ait mis sur le compte de celle-ci ce qui, en réalité, n'était que le résultat de celle-là.

150. = Aristoxène, fr. 68 (FHG. II, 286). Cf. Clément d'Alexandrie, *Strom.* I, 16, p. 787 Migne : Ὄλυμπος ὁ Μυσὸς τὴν Λύδιον ἀρμονίαν ἐφιλοτέχνησεν; Télestès, fr. 2 (Ath. XIV, 617 B) : ἣ Φρύγα καλλιπνόων αὐλῶν ἱερῶν βασιλῆα | Λυδὸν ὃς ἥρμοσε πρῶτος | Δωρίδος ἀντίπαλον μούσης νόμον (on n'oubliera pas qu'Aristoxène avait écrit une biographie de Télestès). L'air funèbre attribué ici à Olympos est probablement celui auquel fait allusion Aristophane, *Chevaliers*, v. 8 suiv. : δεῦρο νῦν πρόσελθ' ἵνα | ξυναυλίαν κλαύσωμεν Οὐλύμπου νόμον. — Μυμῦ, μυμῦ, μυμῦ, etc. Pollux mentionne aussi confusément des νόμοι λύδιοι d'Olympos et des νόμοι ἐπιτυμβίδιοι du même (IV, 78). — Après ce paragraphe, les manuscrits font dire à Plutarque : « D'autres attribuent l'invention de ce mode à Mélanippidès » (notre § 159).

Mais il est inadmissible qu'on ait jamais pu attribuer à un compositeur du vᵉ siècle l'invention d'un mode national barbare, déjà connu de Sacadas (§ 62) et d'Anacréon (Posid. ap. Ath. 635 D), souvent mentionné par Pindare et dans lequel il existait d'antiques airs de flûte dont l'origine se perdait dans la nuit des temps. Les corrections proposées (voir NC) sont téméraires ; elles se fondent uniquement sur le texte de Pollux, IV, 78 : ἁρμονία μὲν αὐλητικὴ δωριστὶ καὶ φρυγιστὶ καὶ λύδιος καὶ ἰωνικὴ καὶ σύντονος λυδιστὶ ἣν Ἄνθιππος (Palatinus : Ἀντιφος) ἐξεῦρεν. Mais on ne peut rien construire sur un texte aussi inepte, et Anthippos (l'aïeul de l'argonaute Polyphème, Hygin, fab. 14?) est profondément inconnu ; il m'a été impossible de découvrir où et comment Crusius (ap. Pauly-Wissowa, s. v.) a pu trouver une mention de ce personnage dans le fr. lyrique *adespolum* (Pindare) n° 84 de Bergk. Très probablement il faut préférer chez Pollux la lecture Ἄντιφος du *Palatinus*, car Antiphos est chez Homère (*Iliade*, II, 864) un des chefs des Méoniens, c'est-à-dire des Lydiens, et fils du lac Gygaea qui jouait probablement, dans certaines traditions, le rôle attribué par Xanthos au lac Torrhébia (note 152). Conclusion : le paragraphe sur Mélanippidès ne doit pas être corrigé, mais transposé.

151. = Pindare, fr. 64 Bergk-Christ. Cp. Pausanias, IX, 5, 7 : δόξαν δὲ ἔσχεν Ἀμφίων ἐπὶ μουσικῆι, τήν τε ἁρμονίαν τὴν Λυδῶν κατὰ κῆδος τὸ

πρῶτον διδαχθῆναι · (**152**) ἄλλοι δὲ * Τόρρηβον πρῶτον <ταύτηι> τῆι ἁρμονίαι χρήσασθαι, καθάπερ Διονύσιος ὁ Ἴαμβος ἱστορεῖ.

c. 16 (**153**) Καὶ ἡ Μιξολύδιος δὲ παθητική τίς ἐστι, τραγωιδίαις D ἁρμόζουσα. (**154**) Ἀριστόξενος δέ φησι Σαπφὼ πρώτην εὕρασθαι τὴν Μιξολυδιστί, παρ' ἧς τοὺς τραγωιδοποιοὺς μαθεῖν · (**155**) λαβόντας γοῦν αὐτοὺς συζεῦξαι τῆι Δωριστί, ἐπεὶ ἡ μὲν τὸ μεγαλοπρεπὲς καὶ ἀξιωματικὸν ἀποδίδωσιν, ἡ δὲ τὸ παθητικόν, μέμικται

N. C. — 151. πρῶτον] Burette, etc. : πρῶτον <ὑπ' Ἀνθίππου> ex Valgul. — 152. Τόρρηβον libri Τόρηβον; corr. (?) Volkmann. — ταύτηι] inseruimus. — 153. τραγωιδίαις] Par. 5 : τραγωιδίας. — 154. πρώτην] Par. 5, F2? : πρῶτον. — 155. γοῦν] Par. 3, F1 : οὖν. — ἡ δὲ τὸ παθητικόν, μέμικται] Par. 4, 5 : ὁ δὲ... μέμνηται.

Ταντάλου (il épousa Niobé, fille de Tantale) παρ' αὐτῶν μαθών. Pline, VII, 204 : *Lydios modulos* (invenit) *Amphion*. Pareillement Héraclide (ap. Ath. XIV, 625 E dit, d'après Télestès, que les Grecs apprirent les modes lydien et phrygien des barbares qui accompagnèrent Pélops (fils de Tantale) dans le Péloponnèse. L'addition ὑπ' Ἀνθίππου proposée par de nombreux éditeurs est dénuée de toute vraisemblance (cf. note 150). Anthippos (Antiphos) est donné par Pollux comme *inventeur* du mode lydien et ici il s'agit de celui qui l'*enseigna* (διδαχθῆναι) le premier aux Grecs.

152. Torrhébos, fils d'Atys et frère de Lydos — c'est-à-dire l'ancêtre symbolique d'un peuple apparenté aux Lydiens (Xanthos, fr. 1 — se promenant un jour au bord du lac qui portait son nom (il y avait aussi un district Τορρηβίς, une ville Τόρρηβος ou Τορήβιον, Nonnus, XIII, 466) entendit les chants des Muses Nymphes et apprit d'elles les Τορρήβια μέλη (Nicolas de Damas, fr. 22, ap. St. Byz. s. v.). On lui attribuait aussi l'invention de la cinquième corde de la lyre (Boèce, *De Mus.*, I, 20). — Denys l'Iambe, l'un des maîtres d'Aristophane de Byzance (Suidas, v. Ἀριστοφάνης) et auteur d'un περὶ διαλέκτων (Ath. VII, 284 B , florissait vers 230 avant J.-C. Nous ne savons dans quel ouvrage il avait pu mentionner l'invention du mode lydien; probablement il racontait à cette occasion, d'après Xanthos de Lydie, la légende recueillie plus tard aussi par Nicolas.

153. Nous donnons ici (fig. 14 les diagrammes du mode mixolydien

Fig. 14.

dans les trois genres d'après Cléonide (c. 9 et Gaudence (c. 19). Nous ajoutons (fig. 15) le diagramme du

Fig.15.

fois aux noces de Niobé. D'autres, enfin, prétendent que Torrhébos le premier fit usage de ce mode, comme le raconte Denys, surnommé l'Iambe.

« Le mixolydien également est un mode pathétique, qui convient à la tragédie. Aristoxène attribue l'invention du mixolydien à Sappho, de qui les poètes tragiques en auraient appris l'usage ; en l'adoptant, ils l'associèrent avec le mode dorien, attendu que celui-ci a de la magnificence et de la dignité, celui-là du pathétique, et que c'est du mélange de

Mode mixolydien.

mixolydien enharmonique d'après Aristide Quintilien (p. 22 M.) qui le décrit ainsi : τὸ δὲ μιξολύδιον ἐκ δύο διέσεων κατὰ τὸ ἑξῆς κειμένων καὶ τόνου καὶ τόνου καὶ διέσεως καὶ διέσεως καὶ τριῶν τόνων. Le diagramme grec prouve que le compilateur a pris ces mots dans le sens de « un triton incomposé », mais il paraît avoir mal compris sa source, de même qu'en subdivisant, à l'inverse, le diton Ut-Mi ; le *schéma* de Cléonide inspire plus de confiance. — Sur le caractère plaintif du mixolydien, cf. Aristote, *Pol.* VIII, 5, p. 1340 B : πρὸς ἐνίας (ἁρμονίας) ὀδυρτικωτέρως καὶ συνεστηκότως μᾶλλον (διατιθέμεθα), οἷον πρὸς τὴν μιξολυδιστὶ καλουμένην ; *Prob.* XIX, 48 : ταῦτα (scil. τὸ γοερὸν καὶ ἡσύχιον ἦθος) δὲ ἔχουσιν αἱ ἄλλαι ἁρμονίαι... (la suite n'est conservée que dans la traduction de Gaza) : *at vero mixolydius nimirum illa praestare potest* : κατὰ μὲν οὖν ταύτην πάσχομέν τι · παθητικοὶ δὲ οἱ ἀσθενεῖς μᾶλλον τῶν δυνατῶν εἰσι, διὸ καὶ αὕτη ἁρμόττει τοῖς χοροῖς. On connaît aussi le mot d'Euripide à un choreute qui riait pendant qu'on répétait un chœur mixolydien : εἰ μή τις ἦς ἀναίσθητος, οὐκ ἂν ἐγέλας ἐμοῦ μιξολυδιστὶ ᾀδόντος (Plut., *De recta ratione audiendi poetas*, c. 15 ; p. 46 B).

154-155. = Aristoxène, fr. 42, FHG, II, 283 (on devrait y ajouter le § 156 mais non le § 159). Nous verrons plus loin (§ 273) une version différente sur l'origine de la mixolydisti. Clément d'Alexandrie, dans un passage dont la ponctuation est incertaine (*Strom.*, I, 16, p. 789 Migne), en attribue l'invention à Marsyas : κρούματα δὲ (εὑρεῖν φασι) Ὄλυμπον ὁμοίως τὸν Φρύγα, καθάπερ φρύγιον ἁρμονίαν, καὶ μιξοφρύγιον καὶ μιξολύδιον Μαρσύαν, τῆς αὐτῆς ὄντα τοῖς προειρημένοις χώρας (pour le « mixophrygien », cf. *supra*, note 112). Nous verrons tout à l'heure (156) que le mixolydien primitif présentait une très grande analogie avec le mode hypodorien ou éolien ; il n'est donc pas invraisemblable que l'Éolienne Sappho l'ait employé, sinon inventé. Le caractère doucement plaintif de ce mode convient aussi à celle dont Horace a dit (*Od.*, II, 13) *Æoliis fidibus querentem Sappho puellis de popularibus.*

155. Cf. Héraclide ap. Ath. XIV, 624 D : ἡ Δώριος ἁρμονία τὸ ἀνδρῶδες ἐμφαίνει καὶ τὸ μεγαλοπρεπὲς καὶ οὐ διακεχυμένον οὐδ᾽ ἱλαρόν, ἀλλὰ σκυθρωπὸν καὶ σφοδρόν, οὔτε δὲ ποικίλον οὔτε πολύτροπον (on voit par là combien il faut se garder d'attribuer *au mode seul* les caractères que les anciens critiques ont relevés dans les *compositions* où ce mode était employé). Le mixolydien était employé dans les chœurs tragiques d'un caractère plaintif (*supra*, note 153), le dorien dans les autres chœurs et dans certains κομμοί (*infra*, § 165) ; mais ces modes n'étaient pas les

δὲ διὰ τούτων τραγῳδία · (***) **(156)** * αὖθις δὲ Λαμπροκλέα τὸν
Ἀθηναῖον συνιδόντα, ὅτι οὐκ ἐνταῦθα ἔχει τὴν διάζευξιν, ὅπου
σχεδὸν ἅπαντες ᾤοντο, ἀλλ' ἐπὶ τὸ ὀξύ, τοιοῦτον αὐτῆς ἀπεργάσασθαι
τὸ σχῆμα οἷον τὸ ἀπὸ παραμέσης ἐπὶ ὑπάτην ὑπατῶν.

B **(157)** Ἀλλὰ μὴν καὶ τὴν Ἐπανειμένην Λυδιστί, * ἥπερ ἐναν
τία τῆι Μιξολυδιστί, παραπλησίαν οὖσαν τῆι Ἰάδι ὑπὸ Δάμωνος

N. C. — **155.** δὲ διὰ τούτων] An δ' ἐκ τούτων? *Post 155 libri 158, transposuimus.* — **156.** αὖθις *libri* Λύσις, *corr. Westphal.* — ἐπὶ ὑπάτην] F1 : ἐπὶ
τὴν ὑπάτην. — **157.** ἥπερ *Par. 3, Wytt. Ceteri* : εἴπερ. Burette : εἴπερ
ἐναντίαν τῇ Μιξολ. καὶ παραπλησίαν etc. Malimus : ἐναντίαν om. εἴπερ μὲν
τῆι Μιξολ., παραπλησίαν δ' οὖσαν, etc. — ἐναντία] A : ἐναντίᾳ.

seuls qui figurassent dans la tragédie (cf. § 163). L'emploi alternatif du dorien et du mixolydien était d'autant plus naturel que, sous sa forme classique, le mixolydien n'est pas autre chose qu'une gamme dorienne dont les deux tétracordes sont *conjoints* au lieu d'être *disjoints;* la modulation s'opérait donc avec une extrême facilité : le second hymne delphique en offre des exemples. — Après ce paragraphe les manuscrits donnent notre § 158 : « dans l'*Histoire de l'Harmonie* on dit que Pythocleidès l'aulète en fut l'inventeur » (du mixolydien. Mais nous verrons tout à l'heure que Pythocleidès vécut au v° siècle ; il est donc impossible qu'on ait pu attribuer à ce musicien l'*invention* d'un mode qui se rencontoxène à Lamproclès ; en ce cas le § 158 devrait être placé après 156 en changeant αὐτῆς en αὐτοῦ.

156. Lysis est le nom d'un philosophe pythagoricien et d'un poète licencieux Strabon, XIV, 1, 41 , mais nous ne connaissons aucun historien ou musicologue de ce nom ; la correction de Westphal est donc aussi certaine que belle. — Tout ce que nous savons de Lamproclès, c'est qu'il était Athénien, fils de Midon (Schol. Aristoph., *Nub*. 967 , qu'il avait composé un hymne en hexamètres ?) à Pallas Athéna, dont Ératosthène citait le début à travers le poète comique Phrynichus (Schol. ibid. , et auquel Aristophane fait allusion *loc. cit.*) comme à un chant célèbre du bon vieux temps ; il avait aussi laissé

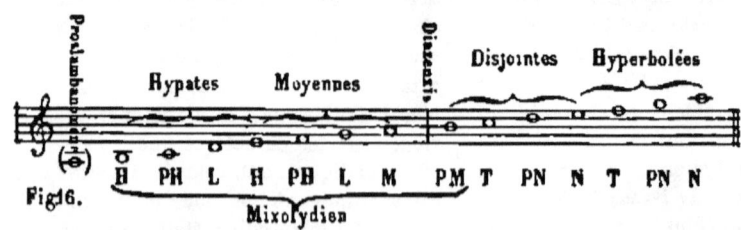

Fig. 16.

trait déjà chez Sappho et les premiers tragiques. Tout au plus pourrait-on admettre que quelques-uns attribuaient à Pythocleidès la réforme du mixolydien, donnée par Arisdes dithyrambes (Ath., XI, 491 C). Il a probablement vécu au commencement du v° siècle. — Plutarque définit ici le mode mixolydien en fixant sa position sur une échelle complète

ces deux éléments qu'est formée la tragédie. Ensuite Lamproclès d'Athènes, ayant reconnu que ce mode n'a pas sa disjonction là où presque tous le croyaient, mais à l'aigu, lui aurait donné la forme actuelle, qui va, par exemple, de la paramèse (*Si*) à l'hypate des hypates (*Si grave*).

« Le lydien relâché, qui est contraire au mixolydien, mais semblable à l'iastien, fut inventé aussi, dit-on, par un Athé- *Mode lydien relâché.*

de cithare accordée suivant le mode dorien : c'est la nomenclature κατὰ δύναμιν (*suprà*, note 107). La fig. 16 montre que sa définition (dans le genre diatonique) correspond exactement au *schéma* du mixolydien chez Cléonide et Gaudence (fig. 14), qui a effectivement le « ton disjonctif », διάζευξις, à l'extrémité supérieure (ἐπὶ τὸ ὀξύ). Il résulte, *a contrario*, du texte de Plutarque, qu'avant Lamproclès le mixolydien « sapphique » était autrement constitué. Mais comment ? Le mot μιξολύδιος (cf. μιξοβάρβαρος, μιξοφρύγιος) ne peut guère signifier que mélange de lydien et de grec (dorien), par conséquent une gamme composée d'un tétracorde lydien et d'un tétracorde dorien ; d'autre part, l'analogie des autres modes montre que la διάζευξις n'est jamais qu'au commencement (exemple : hypolydien), au milieu dorien) ou à la fin, et cette dernière hypothèse est exclue par le contexte. En combinant ces deux conditions avec celles que la gamme obtenue : 1° doit être euphonique ; 2° ne doit être identique à aucun autre mode

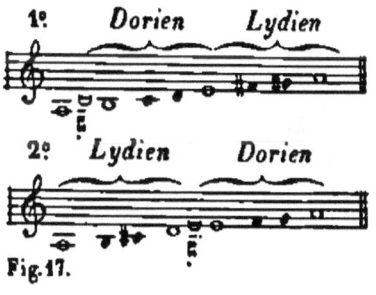

Fig. 17.

connu, on obtiendra, comme deux seules formes possibles du mixolydien sapphique, celles que représente la fig. 17 et dont la seconde nous paraît la plus vraisemblable. On voit que Lamproclès n'a pas simplement « découvert » un détail qui avait échappé à ses prédécesseurs (cette notion, en parlant d'un mode, est peu intelligible), mais qu'il a bel et bien transformé le caractère du mixolydien en le « dorisant ».

157. Cf. Platon, *République*, III, p. 398 E (suite du morceau traduit note 148). « Mais encore l'ivrognerie, la mollesse et la paresse ne sont-elles pas les choses les moins convenables pour des gardiens ? — Certainement. — Quels sont donc les modes de mollesse et d'ivrognerie (μαλακαί τε καὶ συμποτικαί ? — L'iastien, dit-il, et le lydien surnommés « relâchés » ἰαστὶ καὶ λυδιστὶ αἵτινες χαλαραὶ καλοῦνται). — Et ces modes, cher ami, en auras-tu l'emploi pour des hommes guerriers ? — En aucune façon, dit-il ; mais il semble qu'il ne te reste plus que le dorien et le phrygien. » Le mode appelé par Platon λυδιστὶ χαλαρά, par Plutarque, ἐπανειμένη λυδιστί (cp. les ἀνειμέναι ἁρμόνιαι d'Aristote, *Pol.*, IV, 3 ; VIII, 5 et 7) n'est pas mentionné ailleurs, ce qui donnerait à croire qu'à l'époque postaristoxénienne il avait changé de nom ou était tombé en désuétude. Aristide Quintilien, dans le passage déjà cité où il commente les harmonies de Platon, donne, outre le diagramme de la συντονολυδιστί (cf. 148),

εὑρῆσθαί φασι τοῦ Ἀθηναίου. (158) ** Ἐν δὲ τοῖς Ἱστορικοῖς τῆς
ἁρμονικῆς Πυθοκλείδην φασὶ τὸν αὐλητὴν εὑρετὴν αὐτῆς γεγο-

N. C. — **157.** φασι *fort.* φησι (*scil. Aristoxenus, 154*). — *158 libri
post 155.* — **158.** τῆς ἁρμονικῆς] Par. 3. Ceteri : τοῖς ἁρμονικοῖς. Wytt. etc. :
τοῖς ἱστορικοῖς τῆς ἁρμονικῆς ὑπομνήμασι. — φασί libri. Mahne, etc. : φησι (scilicet Aristoxenus, § 154 nominatus).

---

celui d'un mode qu'il appelle λυδιστί, λύδιον σύστημα, tout court, et qui, dans sa pensée, doit donc correspondre à la chalarolydisti de Platon. Or il se trouve que le diagramme (fig. 18), concordant avec la description, coïncide note pour note avec l'hypolydien enharmonique de Cléonide et de Gaudence fig. 19). On est donc porté à en conclure que le « lydien relâché » de Platon avait, vers

Fig. 18.

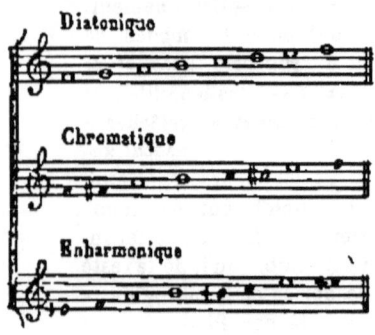
Fig. 19.

le temps d'Aristoxène, pris le nom d'hypolydien, et cette hypothèse deviendrait une certitude si l'on était autorisé à traduire avec Boeckh les mots ἐναντία τῆι Μιξολυδιστί par « présentant une série d'intervalles exactement contraire au mixolydien »; en effet, comme on peut s'en assurer en comparant nos figures 14 (note 153) et 19, l'hypolydien diatonique présente la même série d'intervalles que le mixolydien dans l'ordre exactement inverse. Malheureusement il n'est pas certain que le mot ἐναντία comporte une traduction aussi technique ; il pourrait être simplement entendu au sens éthique : la chalarolydisti, mode de l'orgie, est *moralement* l'opposée de la mixolydisti, mode des lamentations funèbres. En outre, nous verrons plus loin (§ 286) que l'invention de l'hypolydien était attribuée à Polymnestos, qui florissait vers 580 ; est-il possible qu'on ait hésité, pour une pareille attribution, entre deux musiciens séparés par un siècle et demi ? — Damon, fils de Damonidès, du dème d'Oié Arist., *Rép. ath.*, 27, élève d'Agathoclès (Platon, *Lachès*, p. 180 D), musicien et sophiste, fut l'ami de Socrate et le conseiller de Périclès ; il fut frappé de l'ostracisme. Il s'occupa de l'éthos des rythmes Platon, *Rép.*, III, p. 400 B et de celui des modes ; le mot de lui que cite Platon (*Rép.*, IV, 424 C, οὐδαμοῦ κινοῦνται μουσικῆς τρόποι ἄνευ πολιτικῶν νόμων (? σεισμῶν?) τῶν μεγίστων, nous autorise à voir dans son enseignement la source des théories de Platon et autres sur l'influence morale des harmonies. Il n'en est que plus surprenant de le voir cité — probablement par Aristoxène — comme inventeur d'une harmonie « de débauche » telle que la chalarolydisti. — Quant à l'harmonie appelée 'ιάς par Plutarque, ιαστὶ χαλαρά par Platon, c'est celle qui est mentionnée

nien, Damon. Mais dans l'Histoire de l'harmonique, on en attribue l'invention à Pythocleidès l'aulète. Certains auteurs

ailleurs sous le nom de ἀνειμένη ἰαστί. Cf. Pratinas fr. 5 Héraclide ap. Ath., XIV, 624 F) : μήτε σύντονον δίωκε μήτε τὴν ἀνειμέναν | ἰαστὶ μοῦσαν, etc. Elle était donc inventée dès la fin du vi° siècle. C'est probablement à elle que Lucien fait allusion quand il parle du γλαφυρὸν Ἰωνικῆς (*Harm.* 1). Cette harmonie également avait disparu ou changé de nom à l'époque des manuels ; le diagramme fig. 20 et la description qu'en donne Aristide

Fig. 20.

Quintilien sous le nom de ἰάστιον tout court (c'est évidemment d'elle qu'il s'agit) ne ressemble à rien de connu et surtout ne présente aucune analogie avec la lydisti (chalarolydisti) du même auteur, contrairement à l'assertion de Plutarque. Si, dans le diagramme d'Aristide, on supplée par la pensée un Si naturel à la cinquième place, l'heptacorde iastien se compose d'un tétracorde dorien (enharmonique) et d'un tétracorde phrygien (diatonique) conjoints : aurions-nous ici le « mixophrygien » de Clément d'Alexandrie que nous avons cru plus haut note 112 reconnaître dans la gamme spondiaque d'Olympos ? — En terminant, notons que l'épithète ἀνειμέναι, qui s'oppose à σύντονοι, prouve que les deux modes en question se chantaient ordinairement dans le grave de la voix ; effectivement le diagramme du lydien (relâché d'Aristide Quintilien est donné dans un trope plus grave d'une quarte que ceux des autres modes.

158. Pythocleidès était de Céos Platon, *Protagoras*, p. 316 E ;

Schol. *I*er *Alcib.*, p. 304 Didot) et fut un des maîtres de Périclès (*I*er *Alcib.*, p. 118 C ; Aristote, fr. 401 Rose = Plut., *Peric.*, 4 : il florissait donc vers 470-450 avant J.-C. Il appartenait à la secte pythagoricienne et professait un style sévère (σεμνῆς μουσικῆς διδάσκαλος, Schol. Plat., *loc. cit.*). Platon (*Prot.*, loc. cit.) l'appelle, comme Agathoclès, un μέγας σοφιστής, pour qui la musique n'aurait été qu'un prétexte à philosopher. Le Schol. du *I*er *Alcibiade* donne la généalogie « spirituelle » suivante :

Pythocleidès
|
Agathoclès
|
Lamproclès
|
Damon

Mais elle paraît entièrement arbitraire ; nous savons, en effet, que Damon, qu'on voudrait placer à la quatrième génération de Pythocleidès, fut, comme celui-ci, un des maîtres de Périclès ; d'autre part, on nous dit que ce même Damon fut un élève direct d'Agathoclès (Platon, *Lachès*, p. 180 D), lequel eut aussi pour élève Pindare. Je croirais donc plutôt que Lamproclès et Agathoclès appartiennent à la première génération, Pythocleidès et Damon à la seconde. — Sur les Ἱστορικὰ τῆς Ἁρμονικῆς, voir l'Introduction. La correction φησὶ pour φασί, en attribuant gratuitement cet ouvrage à Aristoxène, implique l'hypothèse peu vraisemblable que dans deux ouvrages dont, par surcroît, le premier n'est pas désigné) Aristoxène aurait nommé comme « inventeurs » du mixolydien deux musiciens différents.

68   ΠΕΡΙ ΜΟΥΣΙΚΗΣ

νέναι **. (159) ** Εἰσὶ δ' οἳ Μελανιππίδην τούτου τοῦ μέλους ἄρξαι
φασί. **

c. 17 (160) Τούτων δὴ τῶν ἁρμονιῶν, τῆς μὲν θρηνωιδικῆς τινος
οὔσης, τῆς δ' ἐκλελυμένης, εἰκότως ὁ Πλάτων παραιτησάμενος αὐτὰς
τὴν Δωριστὶ ὡς πολεμικοῖς ἀνδράσι καὶ σώφροσιν ἁρμόζουσαν εἵλετο.
F (161) Οὐ μὰ Δι' ἀγνοήσας, ὡς Ἀριστόξενός φησιν ἐν τῶι δευτέρωι
τῶν Μουσικῶν, ὅτι καὶ ἐν ἐκείναις τι χρήσιμον ἦν πρὸς πολιτείαν
φυλακικήν — (162) πάνυ γὰρ προσέσχε τῆι μουσικῆι ἐπιστήμηι
Πλάτων, ἀκουστὴς γενόμενος Δράκοντος τοῦ Ἀθηναίου καὶ * Μεγύλ-

---

N. C. — 159. *159 post 150 libri.* — Μελανιππίδην] Volkm., etc., Ἄνθιππον (!).
— τούτου τοῦ μέλους ἄρξαι] Par. 3 : ἄρξαι τούτου τοῦ μέλους. Bergk : εἰσὶ δ' οἳ
Ἄνθιππον τούτου τοῦ μέλους ἄρξαι φασί, καθάπερ Μελανιππίδης. Barb. : ἄρξασθαι.
— 160. εἵλετο] Par. 3 : ἀνείλετο (et sic Barb. sed corr.). — 161. π ο λ ι τ ε ί α ν
φ υ λ α κ ι κ ή ν] fere omnes codd. Par. 3 et Barb. corr. πολιτειῶν sic) φυλακήν.
F2 : πολιτείας φυλακικήν (sic?). Valgulius, etc. : πολιτείας φυλακήν. — 162.
ἐπιστήμηι P : ἐπισταμένη. — Δράκοντος Wytt. Δάμωνος (? . — Μ ε γ ύ λ λ ο υ] *libri*
Μ ε τ έ λ λ ο υ, *correximus* (Volkm. Μετάλλου, Cobet Μεγίλλου).

---

159. Sur Mélanippidès voir plus loin, note 298. En admettant qu'il y ait eu deux poètes de ce nom, c'est évidemment du second qu'il s'agit, contemporain un peu plus jeune de Pythocleidès.

160-161. = Aristoxène, fr. 71 FHG. II, 287). Il n'est cependant pas sûr que le § 160 appartienne à cet auteur.

160. Rigoureusement, les mots τούτων τῶν ἁρμονιῶν, τῆς μὲν... τῆς δὲ... sembleraient ne se rapporter qu'aux deux derniers modes mentionnnés, le mixolydien thrénétique) et la chalaralydisti (relâchée . Mais plus probablement Plutarque, comme Platon, envisage deux *groupes* d'harmonies, l'un thrénétique, comprenant le syntonolydien et le mixolydien, l'autre dissolu, comprenant le lydien relâché et l'iastien relâché. Platon motive ainsi sa préférence du dorien *Rép.* III, 399 A, suite du passage cité note 157) : « Je ne connais pas, répondis-je, les modes, mais laisse-nous celui qui est capable d'imiter convenablement les sons et les accents d'un homme vaillant dans le combat et dans toute autre action violente, d'un homme qui, dans l'insuccès, marchant à la blessure ou à la mort, ou tombé dant toute autre disgrâce, oppose à la fortune une âme constante et virile. » Le caractère mâle et guerrier du mode dorien est souvent exprimé : ἦθος ἔχουσα ἀνδρεῖον Aristote, *Pol.*, VIII, 7), *dorium bellicosum* Apulée, *Flor.* I, 4) etc. Dans le *Lachès*, p. 188 D, Platon déclare que le dorien est le seul mode grec (ἥπερ μόνη Ἑλληνική ἐστιν ἁρμονία), quoiqu'il vienne de nommer, entre autres, la ἰαστί.

161. En réalité, sous cette forme indulgente, Aristoxène critiquait l'exclusivisme de Platon. Aristote s'élève aussi contre cet exclusivisme et prend contre son maître la défense des harmonies « relâchées »; il refuse de les considérer comme bacchiques, épithète qui, dit-il, conviendrait plutôt au mode phrygien ; leur tessiture

enfin disent que Mélanippidès fut le premier à employer ce mode.

« Ces modes étant l'un funèbre, l'autre dissolu, Platon a bien fait de les rejeter pour choisir le mode dorien comme seul convenable à des hommes guerriers et tempérants. Non pas, comme le dit Aristoxène au deuxième livre De la musique, qu'il ignorât que, même dans ces modes qu'il condamnait, il pût se trouver quelque chose d'utile pour un État conservateur ; car Platon était très versé dans la

Connaissances musicales de Platon. Raisons de la préférence accordée au mode dorien.

grave les rend appropriées à l'âge avancé, où la voix fatiguée (ἀπειρηκυῖα) ne peut plus monter (*Pol.* VIII, 7, 8, p. 1342). Ce qui est très extraordinaire, c'est que Plutarque ne fait pas la moindre allusion au mode phrygien, quoique Platon (*loc. cit.*, 399 B) lui donne une place dans sa République à côté du mode dorien, comme à un mode pacifique, propre à la prière et à la modération dans le bonheur : description d'ailleurs bien singulière. Aristote (*loc. cit.*) relève la contradiction où est tombé Platon en acceptant le mode phrygien tout en rejetant (399 D suiv.) la flûte qui en est l'organe nécessaire. Faut-il admettre ici une lacune du *De Musica*, une négligence de Plutarque ou une omission volontaire de l'auteur qu'il a extrait ? Faut-il aussi rappeler que Sophocle passe pour le premier poète *athénien* qui ait fait usage du mode phrygien ? (*Vit. Soph.*, p. 132 West.)

162. Cf. Olympiodore, *Vie de Platon*, 2 p. 1 Didot, derrière Diog. Laert.) : μουσικῆς δὲ διδάσκαλον ἔσχε Δράκοντα τὸν Δάμωνος μαθητήν· μέμνηται δὲ τούτου (i. e. Damonis) ἐν τῆι Πολιτείαι. *Vie anonyme*, p. 6 ib. : ἐφοίτησε δὲ μετὰ ταῦτα καὶ Δράκοντι τῶι μουσικῶι, ὃς γέγονεν ΕΚΓΕΜΥΛΛΩΝ τοῦ ἀπὸ Δάμωνος, οὗ Δάμωνος μέμνηται ἐν τῶι Θεαιτητωι ?). Dans le passage corrompu, je croirai volontiers que se cache le nom d'un autre musicien ; ne doit-on pas lire : ὃς γέγονεν ἐκ Μεγύλλου τοῦ ἀπὸ Δάμωνος, etc. ? D'après cela, Mégyllos aurait été non le second maître de Platon, mais le père (spirituel ?) de son maître Dracon ; celui-ci n'aurait été que le sous-élève de Damon. Μέγυλλος s'est rencontré à Mégare (CIGS. I, 12. 13. 27. 29). On a encore proposé, dans le texte de Plutarque, Μέταλλος (Diog. Laert. II, 10, 112), Μέγαλλος (Sicilien inventeur d'un baume, Ath. XV, 690 F ; c'est le Μέταλλος des manuscrits d'Hésychius), Μέγιλλος nom répandu en pays dorien et qui ne paraît pas d'ailleurs différer de Μέγυλλος ; un personnage des *Lois* de Platon porte ce nom. En tout cas, le nom purement romain Μέτελλος ne peut être conservé. — Sur les études musicales de Platon, cf. Montargis, *De Platone musico*, thèse doctorale. L'éloge de Plutarque paraît d'ailleurs excessif et les connaissances musicales de Platon devaient être médiocres. Au passage cité de la *République* il faut surtout joindre celui du *Lachès* (p. 188 D) où il ne reconnaît que quatre modes, δωριστί, ἰαστί, φρυγιστί et λυδιστί (Cp. *Rép.* III, p. 400 A : ἐν τοῖς φθόγγοις τέτταρα (εἴδη), ὅθεν αἱ πᾶσαι ἁρμονίαι). Lucien (*Harm.* 1) et Dion Chrysostome (or. XXXIII, p. 14 Dind.) n'admettent aussi que ces quatre modes et l'on sait que certains théoriciens (Arist., *Pol.* IV, 3, 1290 A) ramenaient même tous les modes à deux, phrygien et dorien majeur et mineur . Sur l'aversion de Platon pour la musique « licencieuse » de son temps on lira surtout *Lois*, III, p. 700 suiv.

λου τοῦ Ἀκραγαντίνου · **(163)** ** καὶ περὶ τοῦ * Αἰολίου δ' οὐκ ἠγνόει καὶ περὶ τῆς Ἰάδος, ἠπίστατο γὰρ ὅτι ἡ τραγῳδία <καὶ> ταύτηι τῆι μελοποιίαι κέχρηται ** — **(164)** ἀλλ' ἐπεί, ὡς προείπομεν, πολὺ τὸ σεμνόν ἐστιν ἐν τῆι Δωριστί, ταύτην προυτίμησεν.

N. C. — *163 libri post 167, transposuimus.* — **163.** Αἰολίου] *libri* Λυδίου, *correximus.* δέ om. Volkm. (error typog. ?) — καί] *addidimus.* — **164.** ἐν τῆι Δωριστί] Par. 5 : ἐν τῷ Δωριστί.

163. Ce paragraphe, qui a dû former primitivement une note marginale, a été inséré sans réflexion par le copiste à la fin du chapitre ; il n'est pas facile de lui trouver une place tout à fait satisfaisante. Celle que nous lui assignons est convenable quant au sens, mais alourdit un peu la phrase. — Les deux modes dont il est ici question ne peuvent pas être identiques à des modes expressément cités par Platon dans le passage de la *République* qui ont tous été déjà nomm(és), sans quoi l'observation serait par trop naïve. Il faut donc entendre ici par Ἰάς non pas la ἀνειμένη ἰαστί du § 157, harmonie d'origine assez récente, mais la σύντονος ἰαστί de Pratinas cf. note 157), ordinairement appelé ἰαστί tout court Schol. Æsch. *Pers.* 940 : αὐλεῖ Μαριανδυνοῖς καλάμοις, χρούων Ἰαστί et dont l'éthos, approprié au caractère des anciens Milésiens, est ainsi décrit par Héraclide (Ath. XIV, 625 B) : οὔτ' ἀνθηρὸν οὔτε ἱλαρόν, ἀλλὰ αὐστηρὸν καὶ σκληρόν, ὄγκον δ' ἔχον οὐκ ἀγεννῆ. L'invention en était quelquefois attribuée au vieux poète Pythermos de Téos, opinion combattue par Héraclide. Cet auteur nous apprend, d'accord avec Plutarque, que l'iastien s'employait beaucoup dans la tragédie διὸ καὶ τῆι τραγωιδίαι προσφιλὴς ἡ ἁρμονία. C'est une des raisons de croire avec Boeckh (*De metris Pindari*, p. 227 , Bellermann *Tonleitern.* p. 10) et autres que l'iastien est identique au mode plus tard appelé **hypophrygien** et dont notre figure 21 donne le diagramme dans les trois genres. Aristote, en effet (*Prob.* XIX, 48 , dit que l'hypophrygien s'employait dans les *cantica* des acteurs, mais non en principe) dans les

Fig. 21.

chœurs, cela à cause de son éthos πρακτικόν. Dans Eschyle, *Suppl.* 69, les Ἰόνιοι νόμοι du chœur peuvent s'interpréter simplement « modes grecs » et s'opposent aux mots Νειλοθερῆ παρειάν. — Pareillement, le premier mode mentionné dans notre paragraphe ne peut être aucun des deux modes lydiens, ni la syntonolydisti 148 , ni la chalarolydisti 157 ; or, comme il n'existe pas une troisième sorte d'harmonie lydienne qui serait dite λυδιστί tout court, il en résulte que le mot λυδίου des manuscrits est altéré. La correction qui s'impose est ΑΙΟΛΙΟΥ pour ΛΥΔΙΟΥ (d'autant plus que l'emploi du mode lydien dans la tragédie est tout à fait rare et critiqué, cf. Cratinus, fr. 256 Kock ; or, les mots ταύτηι τῆι μελοποιίαι s'appliquent

science musicale qu'il avait étudiée sous la direction de Dracon l'Athénien et de Mégyllos d'Agrigente ; il n'ignorait pas non plus les modes éolien et iastien, et savait que la tragédie a fait aussi usage de ces genres de mélopée. Mais parce que, comme je l'ai dit plus haut, il y a dans le mode dorien un grand caractère de gravité, il lui accorda la préférence.

bien probablement aux *deux* modes cités).

Le mode éolien, comme le savait Héraclide, est identique au mode plus tard appelé hypodorien (diagrammes : fig. 22) ; d'après cela il se compose d'un tétracorde phrygien suivi d'un

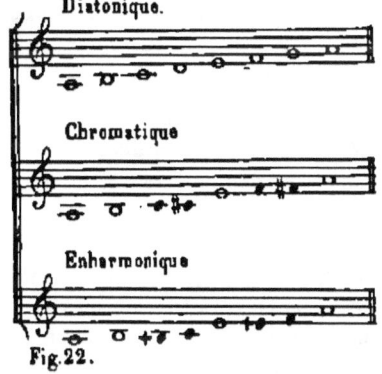

Fig. 22.

dorien, ce qui pourrait également correspondre au mixophrygien de Clem. Alex. (voir n. 112, 157). C'est le mode par excellence de la citharodie (Arist. *Prob. cit.*) et il est employé dans les *cantica* de la tragédie — mais non dans les chœurs — à cause de son caractère μεγαλοπρεπὲς καὶ στάσιμον (ib.). Héraclide caractérise son éthos (analogue au caractère thessalien) par les mots γαῦρον, ὀγκῶδες, ὑπόχαυνον, ἐξηρμένον, τεθαρρηκός ; il ressemble au dorien par son προσποίημα καλοκαγαθίας, d'où son nom d'hypodorien, c'est-à-dire quasi dorien. Remarquons que la faute ΛΥΔΙΟΥ pour ΑΙΟΛΙΟΥ, très facile à expliquer paléographiquement, se retrouve dans Proclus, *Chrest.*, p. 245 Westphal (le nome citharodique est composé τῶι συστήματι τῶι τῶν κιθα-

ρωιδῶν Λυδίωι ; Westphal : Αἰολίωι) et peut être dans Aristote, *Pol.*, VIII, 7, 11, p. 1342 B, où la définition de la λυδιστί comme propre à l'enfance διὰ τὸ δύνασθαι κόσμον τ' ἔχειν ἅμα καὶ παιδείαν est incompatible avec toutes les autres caractéristiques du mode lydien. — En terminant, rappelons que s'il est vrai que Platon connaisse et mentionne le mode iastien (cf. n. 102), nulle part il ne fait mention du mode éolien, qu'il ne considérait sans doute que comme une variété du dorien.

164. ὡς προείπομεν = § 155 et 160. L'épithète σεμνός est déjà appliquée au mode dorien par Pindare (fr. 67 = Schol. *Olymp.* I, 26 : περὶ δὲ τῆς Δωριστὶ ἁρμονίας εἴρηται ἐν Παιᾶσιν ὅτι Δώριον μέλος σεμνότατόν ἐστιν). De même Lucien, *Harm.* 1 et Clément d'Alexandrie, *Strom.* VI, p. 309 Migne. La figure 23 donne la progression

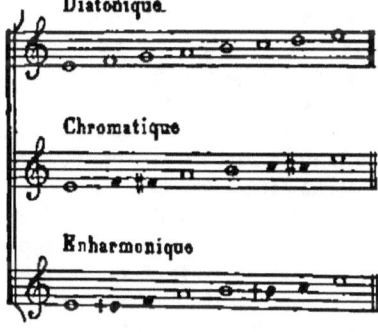

Fig. 23.

du mode dorien dans les trois genres d'après Cléonide ; nous avons déjà donné (note 116, fig. 11) le dorien enharmonique d'après Aristide Quintilien.

(165) Οὐκ ἠγνόει δ' ὅτι πολλὰ Δώρια παρθένεια [ἄλλα] Ἀλκμᾶνι καὶ Πινδάρωι καὶ Σιμωνίδηι καὶ Βακχυλίδηι πεποίηται, ἀλλὰ μὴν καὶ ἔτι προσόδια καὶ παιᾶνες, καὶ μέντοι ὅτι καὶ τραγικοὶ οἶκτοί ποτε ἐπὶ τοῦ Δωρίου τρόπου ἐμελωιδήθησαν καί τινα ἐρωτικά·

(166) ἐξήρκει δ' αὐτῶι τὰ εἰς τὸν Ἄρη καὶ Ἀθηνᾶν καὶ τὰ σπονδεῖα·

(167) ἐπιρρῶσαι γὰρ ταῦτα ἱκανὰ ἀνδρὸς σώφρονος ψυχήν. (***)

(168) Καὶ οἱ παλαιοὶ δὲ πάντες οὐκ ἀπείρως ἔχοντες πασῶν τῶν ἁρμονιῶν ἐνίαις ἐχρήσαντο· (169) οὐ γὰρ ἡ ἄγνοια τῆς τοιαύτης στενοχωρίας καὶ ὀλιγοχορδίας αὐτοῖς αἰτία γεγένηται, οὐδὲ δι' ἄγνοιαν οἱ περὶ Ὄλυμπον καὶ Τέρπανδρον καὶ οἱ ἀκολουθήσαντες τῆι τούτων προαιρέσει περιεῖλον τὴν πολυχορδίαν τε καὶ ποικιλίαν. (170) Μαρτυρεῖ γοῦν τὰ Ὀλύμπου τε καὶ Τερπάνδρου

N. C. — 165. ἄλλα] delevit Bur. (Wytt. : ἅμα vel μέλη?). — καὶ ἔτι προσόδια] V, Par. 3, corr. F1 et Barb. 5 : ὅτι. — οἶκτοι] Par. 5 : οἶκτον. — 166. Ἄρη Par. 3 : Ἄρην sic Volkm.). — Post 167 libri 163, transposuimus. — 169. Τέρπανδρον καὶ V1 Τέρπανδρον καί — καί (mutata pagina). — περιεῖλον] Turneb. περιεῖλκον. — 170. Par. 3, F1 : οὖν.

165. Plutarque (Aristoxène), après avoir justifié Platon de s'être attaché exclusivement au mode dorien, explique que, dans ce mode même, il a rejeté toutes les compositions dont le caractère profane ne paraissait pas convenir à l'éducation musicale de ses guerriers. Il est remarquable de voir figurer dans cette énumération les péans, qui, à l'origine, furent des chants exclusivement religieux, mais qui, au v° siècle, avaient pris un caractère presque mondain, attesté par les fragments. Nous avons des débris des parthénées d'Alcman (fr. 23 suiv. Bergk, de Pindare (fr. 95-100, 103-104; cf. *Vit. Ambros.*); des prosodia de Pindare (fr. 87-94) et de Bacchylide (fr. 19-21), des péans de Simonide (fr. 26 A), de Pindare (fr. 52-70, dont le n° 67 en mode dorien; fr. 286) et de Bacchylide (fr. 13-15; peut-être aussi l'ode 17 Kenyon). Par τραγικοὶ οἶκτοι il faut entendre, non des monodies, mais les chants plaintifs alternés entre un ou deux acteurs et le chœur, dits κομμοί (cf. les *Choéphores*). Enfin, quant aux ἐρωτικά, Anacréon, qui écrivit surtout des chansons d'amour, avait employé, entre autres, le mode dorien Posidonius ap. Ath. XIV, 635 D); peut-être y avait-il aussi des ἐρωτικά doriens d'Ibycos. — On notera l'emploi du mot τρόπος dans le sens de « mode »; je n'en connais qu'un autre exemple certain Bacchius, § 46 Jan; encore dans ce texte les modes sont-ils immédiatement confondus avec les tons). Mais l'épithète πολύτροπος (*infrà*, § 171) prouve bien que le mot τρόπος a été pris souvent dans ce sens.

166. Ce paragraphe présente de grandes difficultés. Les σπονδεῖα sont *ordinairement* des airs de flûte (note 111). Τὰ εἰς τὸν Ἄρη ne peut désigner que le « nome d'Arès », et le seul nome d'Arès que nous connais-

« Il n'ignorait pas davantage que beaucoup de parthénées doriens ont été composés par Alcman, Pindare, Simonide et Bacchylide, ainsi que des chants processionnels et des péans ; il savait qu'autrefois on a même mis en musique dans ce mode des lamentations tragiques et jusqu'à des chansons d'amour. Mais il se contentait des hymnes à Arès et à Athéna et des airs de libation : voilà les chants qui lui paraissaient propres à fortifier l'âme d'un homme tempérant. *Emplois divers de ce mode.*

XI. — *Des formes musicales rejetées par un goût sévère.*

« D'une manière générale, si les anciens n'ont fait usage que d'un petit nombre de modes, ce n'est pas faute de les connaître tous. Ce n'est point par ignorance qu'ils se sont mis si fort à l'étroit et n'ont employé que si peu de cordes ; ce n'est point par ignorance qu'Olympos, Terpandre et les sectateurs de leur école ont retranché de leurs chants la multiplicité des sons et la variété des modulations. J'en ai pour témoin les compositions mêmes d'Olympos et de Ter- *Simplicité voulue de l'école d'Olympos et de Terpandre.*

sions était un nome aulétique (*infrà*, § 289) ; de même τὰ εἰς 'Αθηνᾶν semble bien désigner le « nome d'Athéna », et ce nome était également aulétique (*infrà*, § 374 suiv., Pollux, IV, 77). D'autre part, nous savons que, du moins dans la *République* (III, p. 399 D), dont il est seule question ici, la musique de flûte est formellement proscrite. En outre, si les σπονδεῖα sont en mode dorien (note 111), si le mode du nome d'Arès est inconnu, le nome d'Athéna était probablement écrit dans le mode phrygien (§ 374 suiv.) ; or, l'auteur suivi par Plutarque a (volontairement ?) omis tout le passage (399 B) où Platon admet le mode phrygien à côté du dorien, comme mode de la prière. Nous ne voyons pas comment concilier ces contradictions ; nous ne voyons pas non plus où Plutarque a pris que Platon bornait à ces trois compositions son répertoire musical : c'est une interprétation très libre du morceau où Platon définit l'éthos des harmonies qu'il accepte et un souvenir confus du texte des *Lois* (XI, p. 920 E) où il est dit qu'Arès et Athéna sont les divinités protectrices des guerriers. — Burette suppose que τὰ εἰς 'Αθηνᾶν désigne l'hymne de Lamproclès mentionné plus haut (note 156).

168-205. La thèse développée dans ce morceau est en partie paradoxale. Il est vrai qu'à toute époque il y a eu des archaïsants par principe, mais Plutarque (Aristoxène) transporte trop facilement dans le passé des raffinements esthétiques qui existaient au IV° siècle. La simplicité de la musique primitive comporte une explication plus naturelle : à savoir l'imperfection des moyens techniques et l'attachement religieux aux formes traditionnelles.

ποιήματα καὶ τῶν τούτοις ὁμοιοτρόπων πάντων · (**171**) τρίχορδα γὰρ ὄντα καὶ ἁπλᾶ διαφέρει τῶν ποικίλων καὶ πολυχόρδων, ὡς μηδένα δύνασθαι μιμήσασθαι τὸν Ὀλύμπου τρόπον, ὑστερίζειν δὲ * τούτου τοὺς ἐν τῶι πολυχόρδωι τε καὶ πολυτρόπωι καταγενομένους.

c. 19 (**172**) Ὅτι δ' οἱ παλαιοὶ οὐ δι' ἄγνοιαν ἀπείχοντο τῆς τρίτης ἐν τῶι σπονδειάζοντι τρόπωι, φανερὸν ποιεῖ ἡ ἐν τῆι κρούσει γενομένη χρῆσις · (**173**) οὐ γὰρ ἄν ποτ' αὐτῆι πρὸς τὴν παρυπάτην κεχρῆσθαι συμφώνως …μὴ γνωρίζοντας [τὴν φύσιν] · (**174**) ἀλλὰ δῆλον ὅτι τὸ τοῦ * ἤθους * κάλλος, ὃ γίγνεται ἐν τῶι σπονδειακῶι

N. C. — 171. τρίχορδα] libri. Volkin., etc. : ὀλιγόχορδα. — γὰρ] P : δὲ. — τὸν Ὀλύμπου N1 : τὸν τοῦ Ὀλ. — τούτου τοὺς] libri : τούτους, corr. Bernardakis (Wytt. etc. : αὐτοῦ τοὺς). — καταγενομένους] *A (ita tamen ut legi possit καταγίνομενους); ceteri καταγιγνομένους.* (in V, corr. ut videtur ex καταγεν). — 172. γενομένη] *AV Par. 3, 5. Vulgo* γιγνομένη. — 173. Post συμφώνως *lacunam indicavimus.* — τὴν φύσιν] *Par. 3.* — *AEV Par. 5, etc.* : τὴν χρῆσιν; *Par. 4* : φύσιν *corr. in* χρῆσιν. *Inclusimus ut glossema.* — 174. ἤθους κάλλος] *libri* : κάλλους ἤθος, *correximus.*

---

171. Τρίχορδα, que nous n'avons pas le droit de corriger, est pris ici au figuré; il va sans dire que ni Olympos, ni Terpandre, n'ont jamais écrit de mélodies « à trois notes »; il ne saurait davantage être question de la guitare τρίχορδον), instrument à raccourcissement, qui permettait une grande variété de sons, ni même (quoique cette explication soit bien séduisante de l'emploi de *tétracordes* réduits à *trois cordes*. — Sur l'enthousiasme que provoquait dans les âmes la musique d'Olympos, cf. Platon, *Symp.*, p. 215 C; *Minos*, p. 318 B; Aristote, *Pol.* VIII, 5, 5, p. 1340.

172 suiv. Le τρόπος σπονδειάζων ou σπονδειακός (174, 177 est un style ou plutôt une forme de gamme qui tire évidemment son nom des σπονδεῖα μέλη, ou airs liturgiques de libation, où elle était encore employée à l'époque classique. Ces airs (*supra*, note 111 , en mode dorien, étaient presque tous écrits pour la flûte seule; il y en avait cependant aussi pour la cithare (Ath. XIV, 638 A), inspirés sans doute des premiers; mais *nulle part* il n'est question d'un σπονδεῖον *pour voix et instrument*, soit aulodique, soit citharodique. On peut donc affirmer que le τρόπος σπονδειάζων dont il est ici question doit s'entendre des σπονδεῖα aulétiques car dans un σπ. citharistique, la distinction du μέλος et de la κροῦσις n'aurait aucun sens); effectivement au § 181 nous verrons que, à propos de ces mêmes airs, il est question d'Olympos et de son école, c'est-à-dire de compositeurs purement aulétiques.

Nous reproduisons ici fig. 24) une gamme dorienne avec les désignations usuelles des degrés qui la composent et qui sont certainement celles employées dans notre paragraphe. Par la suppression de la trité (Ut , la gamme dorienne devient identique à la gamme heptacorde, embrassant l'octave, que décrit Philolaos ap.

pandre et de tous les maîtres du même style. Avec leur nombre exigu de cordes et leur simplicité, elles l'emportent à tel point sur les compositions variées et multicordes, que nul ne peut imiter le style d'Olympos et qu'il laisse derrière lui tous les auteurs d'airs chargés de notes et de modulations.

« Une preuve évidente que ce n'est pas par ignorance que les anciens se sont abstenus de la trité (*Ut*) dans le style spondiaque, c'est l'emploi qu'ils faisaient de cette note dans la partie d'accompagnement : jamais ils ne l'auraient employée en consonance avec la parhypate (*Fa*), ... s'ils ne l'avaient pas connue. Il est clair que la beauté du caractère

Emploi de la trité dans le style spondiaque.

Fig. 24.

Nicom., *Ench.* 9, p. 253 Jan); nous rappelons que, dans cette gamme, le cinquième degré portait le nom de trité, qui fut plus tard remplacé par celui de paramèse. Cf. aussi Aristote, *Prob.* XIX, 7 ; Boèce, *De Mus.* I, 20. On voit par là que la gamme spondiaque n'est pas autre chose que l'antique gamme normale de Terpandre, qui, le premier, avait introduit la nète disjointe ; à l'époque d'Aristoxène, elle ne survivait que dans les vieux airs de flûte consacrés par la tradition liturgique, et de là son nom.

173. Il faut se rappeler que chez les Grecs la flûte était presque toujours un instrument à deux tuyaux, dans lesquels l'artiste soufflait simultanément, de manière à produire un accord de deux sons. La flûte de droite, plus longue, plus large Plut. *Non posse suaviter vivi*, 13, p. 1096 B, VI, 389 Bern.) ou recourbée à l'extrémité (Hésychius, v. ἐγκεραύλης, se trompe à cet égard, donnait des sons plus graves (Élien ap. Porph. sur Ptol. p. 217 ; Varron, *De re rustica*, I, 2, 15-16 ; Apulée, *Flor.* I, 3 ; cf. Gevaert, II, 290 ; Vincent, *Notice*, p. 155).

Comme, en principe, dans la musique grecque, le chant était au grave de l'accompagnement (Aristote, *Prob.* XIX, 12 ; Plut. *Conj. praec.* 11 ; *Quaest. conv.* IX, 9 , c'est donc la flûte droite qui servait en général à l'exécution de la mélodie, μέλος, la flûte gauche à l'accompagnement, κροῦσις. Plutarque nous donne ici un exemple d'un passage de flûte où la mélodie (flûte droite fait entendre un Fa et l'accompagnement (flûte gauche) un Ut aigu : c'est une consonance de quinte (fig. 25 . Mais la comparaison

Fig. 25.

avec les passages parallèles (176, 179) donne à croire que Plutarque ne s'en était pas tenu à cet unique exemple et qu'il citait encore un cas d'emploi de l'Ut soit en consonance, soit plutôt en dissonance avec une autre note, cas que les copistes ont sauté.

174. κάλλους ἦθος des manuscrits n'a point de sens. Cp. d'ailleurs § 108, τὸ κάλλος τοῦ ἤθους, et § 183, τοῦ ἤθους

τρόπωι διὰ τὴν τῆς τρίτης ἐξαίρεσιν, τοῦτ' ἦν τὸ τὴν αἴσθησιν αὐτῶν ἐπάγον ἐπὶ τὸ διαβιβάζειν τὸ μέλος ἐπὶ τὴν παρανήτην.

(175) Ὁ αὐτὸς δὲ λόγος καὶ περὶ τῆς νήτης · (176) καὶ γὰρ ταύτηι * κατὰ μὲν τὴν κροῦσιν ἐχρῶντο, καὶ πρὸς παρανήτην * διαφώνως, καὶ πρὸς μέσην <καὶ πρὸς παραμέσην> * συμφώνως · (177) κατὰ δὲ τὸ μέλος οὐκ ἐφαίνετο αὐτοῖς οἰκεία εἶναι τῶι σπονδειακῶι τρόπωι.

(178) Οὐ μόνον δὲ * ταύταις, ἀλλὰ καὶ τῆι συνημμένων * τρίτηι οὕτω κέχρηνται πάντες · (179) κατὰ μὲν γὰρ τὴν κροῦσιν αὐτὴν διεφώνουν πρός τε παρανήτην (***) καὶ πρὸς λιχανόν · (180) κατὰ δὲ τὸ μέλος κἂν * αἰσχύνην εἶναι τῶι χρησαμένωι ἐπὶ τῶι γιγνο-

---

N. C. — 174. διὰ τὴν τῆς τρίτης] E : διὰ τὴν τρίτης. — 176. κατά] libri πρός, corr. Westph. — διαφώνως, συμφώνως] libri διαφώνων (Par. 5 et Barb. : διαφόνων), συμφώνων. Corr. Burette. — καὶ πρὸς παραμέσην addidimus (libri in § 179 praebent). — 178. ταύταις] libri τούτοις, correx. — καὶ τῆι] F2 : καὶ τῶν. — συνημμένων] V, Par. 3, 4, 5, F1, Barb : συνημμένου. — τρίτηι] libri νήτη, correx. — P : κέχρηται. — 179. πρὸς τε παρανήτην] Par. 5 : πρός γε π. — Post παρανήτην libri : καὶ πρὸς παραμέσην (vide 176). Meziriac alii : διεφώνουν πρός τε παρανήτην καὶ πρὸς παραμέσην (Westphal : παρυπάτην) καὶ συνεφώνουν πρός τε μέσην καὶ πρὸς λιχανόν. — 180. αἰσχύνην εἶναι] libri : αἰσχυνθῆναι, correximus. (Laloy forsan melius : αἰσχύνην συμβῆναι, collato Dem., Pro Corona, § 254). — τῶι χρησαμένωι] Westphal : τῷ χρησαμένῳ αὐτῇ. Ante ἐπὶ Wytt. putat excidisse ἐπῄει.

φυλακὴν — τὸ καλὸν αὐτοῦ. — On remarquera que, contrairement à l'usage des Grecs, Plutarque envisage ici la gamme exécutée en montant. Quant à la raison esthétique alléguée pour la « suppression » de la trité, elle est sans valeur. Si cette « suppression » a eu lieu d'abord dans la musique de lyre, elle a sans doute coïncidé avec l'introduction de la nète disjointe et avait pour but de ramener le nombre des cordes au chiffre traditionnel de 7.

175-177. La nète (Mi) forme une dissonance de seconde avec la paranète (Ré) — dissonance très dure, qui ne peut avoir été employée qu'en passant —; elle forme une consonance de quinte avec la mèse (La), de quarte avec la paranète (Si) (fig. 26); dans tous ces cas, on le voit, le chant est au grave de l'accompagne-

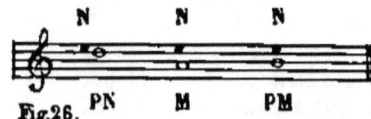

Fig. 26.

ment. Pour expliquer pourquoi la nète ne figurait pas dans la mélodie des airs spondiaques, il faut se rappeler la construction très primitive des anciennes flûtes liturgiques, dépourvues de clefs et qui exigeaient un doigt par trou à boucher. Comme chacune des mains de l'exécutant s'occupait d'un des tuyaux de la flûte, un tuyau de flûte ne pouvait, dès lors, être percé que de cinq trous, dont

qui résulte de la suppression de la trite dans le style spondiaque est la véritable cause qui a déterminé leur sentiment musical à conduire directement la mélodie vers la paranète (*Ré*).

« Même observation en ce qui concerne la nète (*Mi 2*). Elle aussi était employée dans l'accompagnement, tantôt en dissonance avec la paranète (*Ré*), tantôt en consonance avec la mèse (*La*) ou la paramèse (*Si*); mais dans le chant elle ne paraissait pas convenir au style spondiaque. *Emploi de la nète.*

« Ce n'est pas tout : la trite des conjointes (*Si bémol*) était employée par tous de la même façon. Dans l'accompagnement, on s'en servait en dissonance avec la paranète (*Ré*) et la lichanos (*Sol*); dans le chant on aurait eu honte d'en *Emploi de la trite des conjointes.*

chacun, débouché successivement, donnait une des notes de la gamme; le sixième son, le plus grave (βόμϐυξ), correspond à la longueur totale du tuyau, les cinq trous étant tenus bouchés par les cinq doigts. Sur les sept sons de la gamme dorienne de Terpandre, il a donc fallu en supprimer un et naturellement le choix est tombé sur la nète qui faisait à peu près double emploi avec l'hypate. On obtient ainsi pour la gamme du μέλος spondiaque Mi Fa Sol La Si Ré (fig. 24), dont toutes les notes (sauf le Mi, qui va de soi) sont attestées par Plutarque comme employées dans la mélodie des σπονδεῖα. A une époque encore plus ancienne, antérieurement sans doute à l'invention de la φορϐειά, un doigt de chaque main étant nécessaire pour tenir l'instrument, chaque tuyau n'était percé que de quatre trous (Pollux IV, 80); c'est à cette époque très archaïque que remonte sans doute la gamme spondiaque sans lichanos dont il a été question plus haut (§ 107).

178-180. Il est tout à fait impossible de conserver la leçon συνημμένων νήτηι des manuscrits : 1° parce que la nète des conjointes, Ré, est identique avec la paranète diatonique dont l'*emploi* dans le μέλος spon-

diaque vient d'être attesté (174, 176); 2° parce que cette nète conjointe Ré forme avec la lichanos Sol une consonance, et non, comme l'exige le § 179, une dissonance; 3° parce que cette même nète conjointe, d'après ce paragraphe, aurait été employée en dissonance avec la paranète Ré qui lui est identique ! La correction συνημμένων τρίτηι s'impose d'autant plus que dans le prétendu tétracorde des conjointes (fig. 24) la seule note vraiment utile est précisément la Trite (Si bémol), reste de l'ancien heptacorde conjoint d'avant Terpandre et qui sert à moduler au ton relatif, les trois autres notes, purement théoriques, se confondant avec les notes de l'octocorde disjoint. — Les deux accords mentionnés ici par Plutarque sont des accords de tierce

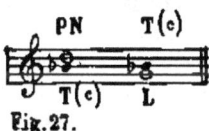
Fig. 27.

majeure (Si bémol Ré) et mineure (Sol Si bémol) (fig. 27); le premier est remarquable comme présentant un exemple *unique* de la note mélodique placée à l'aigu de l'accompagnement. Il est curieux que Plutarque ne men-

μένωι δι' αὐτὴν ἤθει · (181) δῆλον δ' εἶναι καὶ ἐκ τῶν Φρυγίων, ὅτι οὐκ ἠγνόητο <ὑπ'> Ὀλύμπου τε καὶ τῶν ἀκολουθησάντων ἐκείνωι · (182) ἐχρῶντο γὰρ αὐτῆι οὐ μόνον κατὰ τὴν κροῦσιν, ἀλλὰ καὶ κατὰ τὸ μέλος ἐν τοῖς Μητρώιοις καὶ ἐν <ἄλλοις> τισὶ τῶν Φρυγίων.

(183) Δῆλον δὲ καὶ τὸ περὶ τῶν ὑπατῶν, ὅτι οὐ δι' ἄγνοιαν ἀπείχοντο ἐν τοῖς Δωρίοις τοῦ τετραχόρδου τούτου · (184) αὐτίκα B ἐπὶ τῶν λοιπῶν τόνων ἐχρῶντο, δηλονότι εἰδότες · (185) διὰ δὲ τὴν τοῦ ἤθους φυλακὴν ἀφῄρουν ἐπὶ τοῦ Δωρίου τόνου, τιμῶντες τὸ καλὸν αὐτοῦ.

c. 20 (186) Οἷόν τι καὶ ἐπὶ τῶν τῆς τραγωιδίας ποιητῶν · (187) τῶι γὰρ χρωματικῶι γένει [καὶ τῶι ῥυθμῶι] τραγωιδία μὲν οὐδέπω καὶ τήμερον κέχρηται, κιθάρα δέ, πολλαῖς γενεαῖς πρεσβυτέρα τρα-

N. C. — 181. ἠγνόητο ὑπ' Ὀλύμπου] Par. 3 : ἠγνόητο τοῦ Ὀλ., AEV, etc. : ἠγνόει τοῦ Ὀλ. Correxit Bur. — τε om. P. — 182. ἐν ἄλλοις τισί] libri : ἔν τισι, Westphal: ἔν τισιν ἄλλοις. Correximus. — 183. καὶ τό] Par. 3, P : καὶ τά. F1 : καὶ τῷ (Wechel et sic Barb. : καὶ τῶν) — τούτου] Par. 5 : τόνου. — 185. ἐπὶ] delet Volkm. — 187. καὶ τῶι ῥυθμῶι inclusimus. Valgulius, Volkm. alii : καὶ τῷ ἐναρμονίῳ scil. γένει); Westphal : καὶ τῷ πρὸς τοῦτο ? ῥυθμῷ. — καὶ τήμερον Par. 3 : μέχρι καὶ τήμερον. — κιθάρᾳ] H. Steph. (XIII, 215 : κιθάρᾳ.

---

tionne ici que des accords dissonants ; bien certainement le Si bémol a dû être employé aussi en consonance de quarte avec la parhypate (Fa et l'on est en droit de soupçonner une lacune. — Remarquons que les trois seules notes attestées dans l'accompagnement de la gamme spondiaque sont Si bémol, Ut, Mi ; cependant la flûte de la κροῦσις devait comporter six sons comme celle du μέλος ; probablement les trois sons restants sont La, Si naturel et Ré ; il faut, en effet, que chacune des quatre notes du tétracorde grave puisse trouver à l'aigu sa consonance de quarte et de quinte.

181-182. L'invention des airs de flûte consacrés à la mère des Dieux — Μητρὸς νόμος, μητρῷον αὔλημα.

μητρῷια — est attribuée par le marbre de Paros l. 19 à Hyagnis, par Pausanias X, 30, 9) à Marsyas, par Douris (FHG. II, 478 = Ath. XIV, 618 C) au Libyen Seiritès; on les entendait à Rome dans la procession annuelle de la *Mater Idaea* Denys, *Ant. Rom.*, II, 19 . Ces airs, d'un rythme dansant (*infrà*, § 290 , étaient naturellement écrits dans le mode phrygien, mais Plutarque, en désignant les notes de ce mode, se sert des noms qu'elles portaient dans la gamme dorienne homotone, autrement dit il emploie la nomenclature κατὰ δύναμιν note 107). Nous avons vu plus haut (fig. 1, note 62 le diagramme du mode phrygien diatonique) de Ré ; par l'introduction de la Trité des conjointes (Si bémol) la gamme prend l'aspect

faire usage, à cause du caractère qui en résulte. Les airs phrygiens prouvent bien que cette note n'était pas inconnue d'Olympos et de ses disciples : en effet, elle figure non seulement dans l'accompagnement, mais encore dans le chant des Métroa et de quelques *autres* compositions phrygiennes.

« Enfin, en ce qui concerne le tétracorde des hypates (*Si-Mi 1*), il est encore visible que ce n'est pas par ignorance qu'ils s'en abstenaient dans les airs doriens : en effet, ils s'en servaient dans les autres modes, preuve qu'ils le connaissaient bien ; mais, pour conserver le caractère moral, ils le supprimaient dans le mode dorien dont ils respectaient la beauté.

Emploi des hypates.

« Il en est de même des poètes tragiques. Aujourd'hui encore la tragédie s'abstient du genre chromatique, tandis que la cithare, plus ancienne de plusieurs générations que la tragédie, en a fait usage dès l'origine. — D'ailleurs, il est

Exclusion du genre chromatique par la tragédie.

ci-après (fig. 28) qui n'est pas autre chose que la gamme hypodorienne ou éolienne. On peut donc dire que la gamme des *Métrôa* modulait du phrygien à l'éolien ; serait-ce là enfin le

Fig. 28.

mixophrygien dont Clément attribue l'invention à Marsyas (*Strom.*, I, 16) ? Cependant si la flûte du mélos employait le Si bémol, il fallait par compensation supprimer une des autres notes de la gamme, peut-être le Ré aigu.

183-185. Les *hypates* sont le tétracorde Si Ut Ré Mi, au grave de l'hypate dorienne (fig. 16, note 156. Il est évident que, pour exécuter sur des flûtes doriennes une gamme phrygienne (Ré, lydienne (Ut), mixolydienne (Si, il fallait emprunter une ou plusieurs notes de ce tétracorde ; dans le mode dorien elles étaient inu-

tiles ; point n'est besoin de faire intervenir ici des considérations esthétiques. — Remarquer aux §§ 184 et 185 l'emploi répété de τόνος = mode.

187. La proposition n'est pas rigoureusement exacte : Plutarque lui-même nous apprend (*Quaest. conv.*, III, 1) qu'Agathon introduisit la chromatique dans son drame les *Mysiens*. Il ne paraît pas non plus certain que la cithare ait, *dès l'origine*, employé la chromatique : les premières gammes chromatiques « de bonne nuance » (χρώματα εὔχροα) étaient attribuées à Lysandre de Sicyone (Philochore, fr. 66 = Ath., XIV, 638 A), qui paraît avoir vécu au vi° siècle. — Les mots καὶ τῶι ῥυθμῶι sont inintelligibles. Ils semblent provenir d'un état du texte où les mots τῆι ἁρμονίαι se lisaient quelque part (§ 190 ?) ; un glossateur qui les aura mal compris aura cru bien faire en les complétant en marge par l'addition inepte καὶ τῶι ῥυθμῶι qui finit par se glisser dans le texte quelques lignes plus haut.

80   ΠΕΡΙ ΜΟΥΣΙΚΗΣ

γωιδίας ούσα, εξ αρχής έχρήσατο. — (188) Το δε χρώμα ότι πρεσβύτερόν εστι της αρμονίας, σαφές · (189) δει γαρ δηλονότι κατά την της ανθρωπίνης φύσεως έντευξιν και χρήσιν το πρεσβύτερον λέγειν, κατά γαρ αυτήν την των γενών φύσιν ουκ έστιν έτερον ετέρου πρεσβύτερον. — (190) Ει ούν τις Αισχύλον ή Φρύνιχον

F φαίη δι' άγνοιαν απεσχήσθαι του χρώματος, άρα γ' ουκ άν άτοπος είη ; (191) Ο γαρ αυτός και Παγκράτην άν είποι αγνοείν το χρωματικόν γένος · (192) απείχετο γαρ και ούτος ως επί το πολύ τούτου, εχρήσατο δ' έν τισιν · (193) ου δι' άγνοιαν ούν δηλονότι, αλλά δια την προαίρεσιν απείχετο · (194) εζήλου γούν, ως αυτός έφη, τον Πινδάρειόν τε και Σιμωνίδειον τρόπον και καθόλου το αρχαίον καλούμενον υπό των νυν.

c. 21   (195) Ο αυτός δε λόγος και περί Τυρταίου τε του Μαντινέως και Ανδρέα του Κορινθίου και Θρασύλλου του Φλιασίου και ετέρων πολλών, ούς πάντας ίσμεν δια προαίρεσιν απεσχημένους χρώματός τε και μεταβολής και πολυχορδίας και άλλων πολλών εν μέσωι όντων ρυθμών τε και αρμονιών και λέξεων και μελοποιίας και

N. C. — 189. κατὰ γὰρ αὐτὴν τὴν] A, N1 : κατὰ γὰρ τὴν αὐτὴν τὴν, etc., E : κατὰ γὰρ τὴν αὐτὴν τῶν, etc., Par. 5, Barb. : κατὰ γὰρ αὐτὴν τῶν (om. τὴν). — 192. ὡς ἐπί] Par. 3 : ὡς σεπί (sic). — 193. οὐ] om. Par. 4, 5. — 194. τὸ ἀρχαῖον] Westphal : τὸν ἀρχαῖον. — 195. Ἀνδρέα] Par. 3 : Ἀνδρέου. — ἴσμεν διὰ προαίρεσιν] E : διὰ προαίρεσιν ἴσμεν. Pro ἴσμεν P : ὦμαι (sic). — καὶ μελοποιίας] Westphal : κατὰ μελοποιίας.

---

188. Si l'on entend par ἁρμονία l'enharmonique proprement dit, avec l'emploi des quarts de ton, l'opinion de Plutarque est acceptable, sans être encore bien certaine ; mais le proto-enharmonique d'Olympos décrit plus haut (§ 104 suiv.) est sûrement plus ancien que le chromatique. Au surplus, on ne voit pas à quoi sert cette mention de l'enharmonique : pour établir la thèse de Plutarque il suffisait de rappeler que la citharodie, plus ancienne que la tragédie, avait dès l'origine employé le chromatique : donc les poètes tragiques ne pouvaient ignorer ce genre. La pensée d'Aristoxène est ou bien : « la preuve que la cithare a dès l'origine employé le chromatique, c'est que l'enharmonique, plus récent que le chromatique, est extrêmement ancien dans la citharodie », ou bien : « la tragédie a employé le genre enharmonique ; or, le chromatique est plus ancien que l'enharmonique ; donc, à fortiori, les poètes tragiques ont connu le chromatique. » La pensée deviendrait très claire si l'on pouvait insérer au § 190 les mots Φρύνιχον <ὁμολογουμένως τῆι ἁρμονίαι χρησάμενον>. Il est au moins

clair que le chromatique est plus ancien que l'enharmonique : plus ancien, bien entendu, par rapport à la découverte et à l'usage qu'en ont fait les hommes, car, à considérer les genres en eux-mêmes, selon leur nature, aucun n'est plus ancien que l'autre. — Si donc on prétendait qu'Eschyle et Phrynichos se sont abstenus du chromatique faute de le connaître, ne serait-ce pas une absurdité? A ce compte, on pourrait prétendre que Pancratès aussi ignorait le genre chromatique; il s'en abstenait, en effet, dans la plupart de ses ouvrages, mais il s'en est servi dans quelques-uns; son abstention n'était donc pas ignorance, mais système : il avait pris pour modèle, comme il l'a dit lui-même, la manière de Pindare et de Simonide, et en général ce qu'on appelle aujourd'hui « le vieux style ».

« Le même raisonnement s'applique à Tyrtée de Mantinée, à André de Corinthe, à Thrasylle de Phlionte et à beaucoup d'autres, qui tous, nous le savons, se sont abstenus, par système, du chromatique, des modulations, de l'abondance des notes, et de bien d'autres procédés d'usage courant, rythmes, harmonies, mots, mélopées, interpré-

Musiciens conservateurs du iv⁰ siècle.

---

très probable que l'enharmonique jouait un rôle dans la tragédie comme dans le dithyrambe (Denys d'Halicarnasse, *De comp. verb.*, 19) : le fragment noté de l'*Oreste* d'Euripide paraît être écrit dans ce genre (fig. 29).

Fig. 29.

Voir sur ce fragment Wessely, *Mittheilungen aus der Sammlung der Papyrus Erzherzog Rainer*, V (Vienne, 1892 ; Crusius, dans *Philologus*, LII (1893), p. 174 suiv. et 208 suiv. ; LIII, p. 148 ; Monro, *The modes of ancient greek music*, p. 92 et 130 ; K. von Jan, *Musici scriptores graeci*, p. 427 suiv. ; Ruelle, *Revue des Études Grecques*, V, p. 265 ; Gevaert, *La mélopée antique dans le chant de l'église latine*, Appendice, p. 388. M. von Jan dans sa dernière publication (*Musici scriptores, Supplementum*, 1899) adopte la transcription chromatique.

191-194. Pancratès est complètement inconnu ; il doit avoir été un compositeur du iv⁰ siècle, représentant du style archaïsant. On voit par là que Pindare et Simonide, ses modèles, proscrivaient l'usage du chromatique.

195. Les trois compositeurs ici nommés sont complètement inconnus. Ce sont sans doute des musiciens du iv⁰ siècle, d'une célébrité éphémère, et tous de l'école archaïsante.

ἑρμηνείας. (**196**) Αὐτίκα Τηλεφάνης ὁ Μεγαρικὸς οὕτως ἐπολέμησε
ταῖς σύριγξιν, ὥστε τοὺς αὐλοποιοὺς οὐδ' ἐπιθεῖναι πώποτ' εἴασεν ἐπὶ τοὺς αὐλούς, ἀλλὰ καὶ τοῦ Πυθικοῦ ἀγῶνος μάλιστα διὰ
* τοῦτ' ἀπέστη. (**197** Καθόλου δ' εἴ τις τῶι μὴ χρῆσθαι τεκμαιρό-
μενος καταγνώσεται τῶν μὴ χρωμένων ἄγνοιαν, πολλῶν ἂν [τις]
B φθάνοι καὶ τῶν νῦν καταγιγνώσκων · (**198**) οἷον, τῶν μὲν Δωριω-
νείων τοῦ Ἀντιγενιδείου τρόπου καταφρονούντων, ἐπειδήπερ οὐ

N. C. — **196.** τοῦτο] *libri* ταῦτ(α); *correximus.* — **197.** τις φθάνοι] V'
Par. 3, 4, 5, F2, Barb. : τί φθάνοι. τις *inclusimus.*

196. Téléphanès est un aulète
célèbre, contemporain de Démosthène. Quand Démosthène se présenta
comme chorège pour la tribu Pan-
dionis, le sort lui désigna pour aulète
Téléphanès, ὁ κάλλιστος τῶν αὐλητῶν
ὁ Τηλεφάνης 2ᵉ argument de la
Midienne, Τηλεφάνης ὁ αὐλητὴς ἀνδρῶν
βέλτιστος (*Midienne*, § 17 ; p. 520). Il
avait des habitudes de mollesse qui
lui valurent un bon mot du fameux
citharistc Stratonicos : τὸν δὲ Τηλε-
φάνην, ἐπεὶ ἀναφυσᾶν ἤρχετο παρακα-
τακείμενος, ἄνω, ἔφη Στρατόνικος, ὡς
οἱ ἐρυγγάνοντες Callisthène? ap. Athénée, VIII, p. 351 E). Son épitaphe
métrique, par Nicarque *Anth. Pal.*
VII, 159 ; cf. Susemihl, *Litt. alex.*,
II, 551), le compare à Orphée, Nestor
et Homère. Son tombeau se trouvait
sur le chemin de Mégare à Corinthe ;
il avait été érigé par Cléopâtre, fille
de Philippe (Paus. I, 44, 6 : ἰοῦσι δὲ
ἐκ Μεγάρων ἐς Κόρινθον ἄλλοι τέ εἰσι
τάφοι καὶ αὐλητοῦ Σαμίου Τηλεφά-
νους · ποιῆσαι δὲ τὸν τάφον Κλεοπάτραν
τὴν Φιλίππου τοῦ Ἀμύντου λέγουσι).
On voit par ce texte que Téléphanès,
quoique résidant à Mégare, était natif
de Samos ; par conséquent Μεγαρικός,
dans le texte de Plutarque, ne doit
pas être pris dans le sens (très rare
d'ailleurs) de « citoyen de Mégare » ;
probablement Téléphanès s'occupait
de philosophie et se rattachait à l'école
de Mégare, ville où il résidait d'ordinaire.

L'instrument à vent dont se servaient les virtuoses au concours pythique s'appelait l'αὐλὸς πυθικός (Pollux, IV, 81 et avait une sonorité très
grave Arist. Quint., II, 16, p. 101 Meibom . On voit par notre texte qu'on
y adaptait ἐπιθεῖναι), au IVᵉ siècle,
un certain appareil appelé σύριγγες
qui servait sans doute à imiter les
sifflements du dragon expirant, sujet
de la cinquième et dernière partie du
nome pythique Strabon, IX, 3, 10 :
σύριγγας, τὴν ἔκλειψιν τοῦ θηρίου ὡς ἂν
καταστρέφοντος εἰς ἐσχάτους τινὰς συριγ-
μούς; cf. Guhrauer, *Ueber den pythi-
schen Nomos*, dans *Jahrbücher für
Philologie*, suppl. VIII, p. 342 suiv.,
Reisch, *De musicis Graecorum certa-
minibus*, p. 55 . Le nom de cet appareil indique qu'il avait quelque analogie avec la syringe polycalame) ou
flûte de Pan décrite par Pollux, IV,
69 , qui produisait elle aussi des sons
aigus ; du reste, nous en ignorons
totalement la disposition, et c'est à
tort, semble-t-il, qu'on a rapproché
notre texte (Jan, dans *Philologus*,
XXXVIII, 380) de trois autres textes
que nous reproduisons et où il est
question, non des syringes de l'aulos
pythique, mais d'une véritable syringe polycalame : 1° Schol. Pind.
Pyth. XII : ἀγωνιζομένου αὐτοῦ (Midas

tation. Pareillement Téléphanès le Mégarique avait une telle aversion pour les syringes qu'il ne permit même jamais à ses facteurs d'en adapter à ses flûtes : ce fut aussi la principale raison qui l'empêcha de concourir aux jeux Pythiques. En général, si du non-usage il fallait toujours conclure à l'ignorance, beaucoup même de nos contemporains n'échapperaient pas à la censure : par exemple, les flûtistes de l'école de Dorion qui méprisent la manière

d'Agrigente, aulète célébré par Pindare κατακλασθείσης τῆς γλωσσίδος (l'anche) ἀκουσίως καὶ προσκολληθείσης τῶι οὐρανίσκωι, μόνοις τοῖς καλάμοις (les deux tuyaux de la flûte τρόπωι σύριγγος αὐλῆσαι, τοὺς δὲ ἀκροατὰς ἠσθέντας καὶ ξενισθέντας τῶι ἤχωι τερφθῆναι, καὶ οὕτω νικῆσαι αὐτόν. — 2° Aristoxène, *Harm.* p. 20-21 Meibom (28 Marq.) : τάχα γὰρ ὁ τῶν παρθενίων αὐλῶν ὀξύτατος φθόγγος πρὸς τὸν τῶν ὑπερτελείων βαρύτατον μεῖζον ἀ, ποιήσειε τοῦ εἰρημένου τρὶς διὰ πασῶν διάστημα, καὶ κατασπασθείσης γε τῆς σύριγγος ὁ τοῦ συρίττοντος ὀξύτατος πρὸς τὸν τοῦ αὐλοῦντος βαρύτατον μεῖζον ἂν ποιήσειε τοῦ ῥηθέντος διαστήματος ; 3° Plutarque, *Non posse suaviter vivi*, 13, p. 1096 B VI, 389 Bern.) : οἷον διὰ τί τῶν ἴσων αὐλῶν ὁ στενώτερος <ὀξύτερον, ὁ δ' εὐρύτερος> βαρύτερον φθέγγεται, καὶ διὰ τί, τῆς σύριγγος ἀνασπωμένης (? κατασπωμένης ?) πᾶσιν ὀξύνεται τοῖς φθόγγοις, κλινομένης δέ, πάλιν βαρύνε<ται>. Nous ignorons complètement en quoi consistait le mécanisme désigné par les mots κατασπᾶν τὴν σύριγγα cp. Théophr., *Hist. plant.*, IV, 11, 5 : κατασπάσματα τὰς γλώττας ἴσχειν) et qui rendait tous les sons de l'instrument plus aigus (cp. Marquard, p. 257). On peut supposer que les tuyaux de la syringe perfectionnée étaient formés chacun par deux tubes rentrant l'un dans l'autre ; à l'état normal, le tube intérieur était tiré de toute sa longueur, mais on pouvait le faire rentrer plus ou moins dans le tube extérieur, ce qui raccourcissait la colonne vibrante et rendait le son plus aigu : l'opération se faisait d'un seul mouvement pour les sept tuyaux. Un quatrième texte est d'une explication encore plus difficile ; c'est celui de Ps. Aristote, *De audibilibus*, éd. Didot, III, 661, l. 40 (avec la ponctuation de Wagener ap. Gevaert II, 643 : après avoir exposé que les sons des voix viriles et des τέλειοι αὐλοί sont plus « épais » que les autres, il continue ainsi : καὶ γὰρ ἂν πιέσῃ τις τὰ ζεύγη (l'embouchure des tuyaux ?) μᾶλλον, ὀξυτέρα ἡ φωνὴ γίνεται καὶ λεπτοτέρα, κἂν καταπάσηι τις τὰς σύριγγας · κἂν δ' ἐπιλάθηι (?), παμπλείων ὁ ὄγκος γίνεται τῆς φωνῆς, etc. Ici encore nous ne croyons pas qu'il soit question des σύριγγες spéciales adaptées à l'aulos pythique. Le texte de Plutarque reste donc isolé.

197. καὶ τῶν νῦν est un amusant lapsus de Plutarque, qui copie Aristoxène sans penser que les Antigénidiens et les Dorioniens ne sont pas ses propres contemporains.

198. Sur Dorion voir Théopompe FHG., I, 323 (Ath. X, 435 B , Athénée VIII, 338 AB. C'était un aulète et un compositeur de mélodies instrumentales (κρουματοποιός) célèbre que Philippe de Macédoine avait attaché à sa personne. Il était cagneux, grand mangeur de poisson et faiseur de bons mots. — Antigénidas de Thèbes, fils de Satyros d'après Harpocration : de Dionysios), contemporain d'Épaminondas (Plut., *Apopht. Epamin.* 20, p. 193 F), d'Iphicrate (Anaxandridas,

χρῶνται αὐτῶι, τῶν δ' Ἀντιγενιδείων τοῦ Δωριωνείου διὰ τὴν αὐτὴν αἰτίαν · (199) τῶν δὲ κιθαρωιδῶν τοῦ Τιμοθείου τρόπου, σχεδὸν γὰρ ἀποπεφοιτήκασιν εἴς τε τὰ... καττύματα καὶ εἰς τὰ Πολυείδου * ποικίλματα.

(200) Πάλιν δ' αὖ εἴ τις καὶ περὶ τῆς ποικιλίας ὀρθῶς τε καὶ ἐμπείρως ἐπισκοποίη, τὰ τότε καὶ τὰ νῦν συγκρίνων, εὕροι ἂν ἐν χρήσει οὖσαν καὶ τότε τὴν ποικιλίαν · (201) τῆι γὰρ περὶ τὰς ῥυθμοποιίας † ποικιλίαι οὔσηι, ποικιλώτεραι ἐχρήσαντο οἱ παλαιοί — ἐτίμων γοῦν τὴν ῥυθμικὴν ποικιλίαν — (202 καὶ τὰ περὶ τὰς χρουματικὰς δὲ διαλέκτους τότε ποικιλώτερα ἦν · 203) οἱ μὲν γὰρ νῦν * φιλομελεῖς, οἱ δὲ τότε φιλόρρυθμοι.

N. C. — **199.** Τιμοθείου] Par. 3 : Τιμοθέου. — τὰ... καττύματα] *lacunam indicavimus.* V, Par. 4, F2 : καταττύματα. — Πολυείδου] Burette : πολυειδῆ. — ποικίλματα *libri* ποιήματα, *correx. Sed forsan simpliciter scribendum :* ἀποπεφοιτήκασιν εἰς τὰ Πολυείδου καττύματα, *cetera glossema.* P : ἀπεφοιτήκασιν. — **201.** ποικιλίαι forsan delendum. — ποικιλωτέραι] A : ποικιλώτερα. — γοῦν] Par. 3 : οὖν. — **202.** καὶ τὰ περὶ Par. 5 : κατὰ περί. V : καὶ περί. — χρουματικὰς] Par. 3, V3. — AE Par. 4, 5 F2, Barb : χρουσματικάς. — Volkmann : τὰ χρούματά τε καὶ διαλέκτους. — **203.** φιλομελεῖς] *Bergk Mus. Rhen.*, XX, 289 , *Bernardakis. Libri :* φιλομαθεῖς (F2 φιλομυθεῖς. — Volkm. : φιλόμυθοι, Westph. : φιλότονοι.

ap. Ath. IV, 131 B , de Lysias (Harp. s. v.) et du dithyrambiste Philoxène, dont il était l'aulète (Suidas); auteur de mélodies. Outre son talent de virtuose, il était célèbre par le luxe de ses vêtements (Suid.¹ et par ses bons mots Plut. *Demet.* 2; Aristox. ap. Ath. XIV, 631 F; Apulée, *Flor.* I, 4 . C'est à tort que certains auteurs ont fait de lui un contemporain de Périclès Pamphile ap. Gell. XV, 17 ou d'Alexandre (Plut. *De Alex. fort.* II, 2, p. 335 A . Antigénidas avait été l'auteur d'une révolution dans l'aulétique. Théophraste *Hist. plant.* IV, 11, 4-5) lui attribue l'invention des πλάσματα, terme dont le sens exact est obscur, mais qui désigne en gros une certaine manière raffinée d'émettre les sons (cf. Quintil. I, 11, 7); Pline, qui traduit Théophraste (XVI, 170 Jan), ne le comprend certainement pas. Voir Dinse.

De Antigenida Thebano musico, p. 53. — Il résulte des dates indiquées que l'ἀκμή d'Antigénidas se place environ quarante ans avant celle de Dorion; le style de ce dernier était donc le plus « moderne » des deux.

199. On appelle κάττυμα une pièce de cuir épais et dur qui sert au rapetassage (καττύω) ou à la consolidation d'une chaussure; le sens métaphorique du mot est incertain; il semble pris ici dans l'acception de « rognure de cuir » et les καττύματα musicaux pourraient bien être des « pots-pourris »; mais il manque sans doute un nom de compositeur au génitif. Quant à ποιήματα, il est d'une faiblesse extrême; ποικίλματα désignerait des ornements mélodiques (Platon, *Lois*, V, 747 A; VII, 812 E). — Πολύϊδος est cité comme un compositeur de dithyrambes (entre autres *Atlas*) par

d'Antigénidas puisqu'ils n'en font pas usage, et réciproquement les Antigénidiens qui traitent de même le style de Dorion ; ou encore les citharèdes, qui rejettent la manière de Timothée et se sont presque tous jetés dans les pots-pourris de .... et dans les broderies de Polyeidos.

« Au surplus, si l'on examine avec équité et en connaissance de cause cette question de la variété, en comparant la musique d'autrefois et celle d'aujourd'hui, on reconnaîtra que même dans ce temps-là la variété était en usage. Ce sont les formes de la rythmopée qui présentaient chez les anciens une variété supérieure à celle d'aujourd'hui — car ils faisaient grand cas de la variété des rythmes — ainsi que les dessins de l'instrumentation : les musiciens d'aujourd'hui sont amoureux de mélodies, ceux d'autrefois l'étaient de rythmes.

Variété rythmique de la musique ancienne.

Tzetzès et par Diodore (XIV, 46) qui ajoute ὃς καὶ ζωγραφικῆς καὶ μουσικῆς εἶχεν ἐμπειρίαν. Il était aussi citharède : un de ses élèves battit Timothée vieillissant (Ath. VIII, 352 B) et au IIᵉ siècle ses mélodies citharodiques étaient encore classiques en Crète, à l'égal de celles de Timothée (CIG. II, 3053). Il n'est pas tout à fait certain qu'il soit identique au « sophiste » Polyidos, auteur d'une tragédie *Iphigénie en Tauride* que mentionne Aristote (*Poét.* c. 16 et 17). Diodore place l'ἀκμή de P. en 398, en même temps que celle de Timothée, Philoxène et Télestès, mais il est visible qu'il appartient à une génération plus jeune que Timothée. — Il est remarquable qu'à l'époque d'Aristoxène le genre de Timothée passât déjà pour démodé ; mais cette éclipse ne devait être que passagère : au IIIᵉ et au IIᵉ siècle, sa gloire brille d'un vif éclat Paus. VIII, 50 ; Plut. *Philop.* 11 ; Polyb. IV, 10 ; CIG. II, 3053).

201. Les restes de la poésie lyrique du IVᵉ siècle (le νῦν de Plutarque sont trop peu nombreux pour que nous puissions apprécier la justesse de ce parallèle ; il est certain qu'à l'époque alexandrine proprement dite, comme en témoignent les hymnes delphiques, la facture rythmique était devenue singulièrement monotone.

202. Le mot διάλεκτος au sens musical est encore employé plus bas § 359 et dans Aristote, *De anima*, II, 8, 9, p. 420 B. ; cf. χρωματικὴ διάλεκτος dans Photius (v. νιγλαρεύων). Il n'est pas question, comme l'a cru Westphal, d'un « dialogue » instrumental, mais du langage des instruments, du dessin mélodique exécuté sur l'instrument (cf. Graf, *De veterum re musica quaestiones*, 1889). Ces dessins étaient plus variés « dans le vieux temps », c'est-à-dire au temps de Pindare et de Simonide, qu'à l'époque d'Aristoxène : en Grèce, comme dans l'Italie moderne, le style d'opéra négligea l'instrumentation.

203. Cp. Denys, *De comp. verb.*, 19 : οἱ περὶ Στησίχορόν τε καὶ Πίνδαρον, μείζους ἐργασάμενοι τὰς περιόδους, εἰς πολλὰ μέτρα καὶ κῶλα διένειμαν αὐτάς, οὐκ ἄλλου τινὸς ἢ τῆς μεταβολῆς ἔρωτι· οἱ δέ γε διθυραμβοποιοὶ καὶ τοὺς τρό-

c (204) Δῆλον οὖν ὅτι οἱ παλαιοὶ οὐ δι' ἄγνοιαν, ἀλλὰ διὰ προαίρεσιν, ἀπείχοντο τῶν κεκλασμένων μελῶν. (205) Καὶ τί θαυμαστόν; πολλὰ γὰρ καὶ ἄλλα τῶν κατὰ τὸν βίον ἐπιτηδευμάτων οὐκ ἀγνοεῖται μὲν ὑπὸ τῶν <μὴ> χρωμένων, ἀπηλλοτρίωται δ' αὐτῶν, τῆς χρείας ἀφαιρεθείσης διὰ τὸ εἰς ἔνια ἀπρεπές.

c. 22 (206) *Δεδειγμένου *δ' ὅτι ὁ Πλάτων οὔτ' ἀγνοίαι οὔτ' ἀπειρίαι τἆλλα παρηιτήσατο, ἀλλ' ὡς οὐ πρέποντα τοιαύτηι πολιτείαι, δείξομεν ἑξῆς ὅτι ἔμπειρος ἁρμονίας ἦν. (207) Ἐν γοῦν τῆι Ψυχογονίαι τῆι ἐν τῶι Τιμαίωι τήν τε περὶ τὰ μαθήματα καὶ μουσικὴν D σπουδὴν ἐπεδείξατο ὧδέ πως · (208) « καὶ μετὰ ταῦτα συνεπλήρου τά τε διπλάσια καὶ τὰ τριπλάσια διαστήματα, μοίρας τ' ἐκεῖθεν ἀποτέμνων καὶ τιθεὶς εἰς τὸ μεταξὺ τούτων, ὥστ' ἐν ἑκάστωι διαστήματι δύο εἶναι μεσότητας. » (209) Ἁρμονικῆς γὰρ ἦν ἐμπειρίας τοῦτο τὸ προοίμιον, ὡς αὐτίκα δείξομεν.

N. C. — 205. μὴ] *inseruit Westphal.* — 205-206. *Libri* : διὰ τὸ εἰς ἔνια ἀπρεπὲς δεδειγμένον. Ὅτι δὲ (om. F2 ὁ Πλάτων... *Correxit Wytt.* — 208. τά τε διπλάσια] Par. 5 : τὰ διπλάσια (om. τε); P : τὰ δὲ διπλάσια. — 209. ἦν ἐμπειρίας τοῦτο τὸ] Par. 3 : ἐμπειρίας ἦν τοῦτο προοίμιον (om. τό).

πους (modes μετέβαλλον, Δωρίους τε καὶ Φρυγίους καὶ Λυδίους ἐν τῶι [αὐτῶι] ἄισματι ποιοῦντες, καὶ τὰς μελωιδίας ἐξήλλαττον, τοτὲ μὲν ἐναρμονίους ποιοῦντες, τοτὲ δὲ χρωματικάς, τοτὲ δὴ διατόνους.

204. Le mot κεκλασμένος, qui s'emploie ailleurs d'une voix aux molles inflexions, d'un rythme « brisé » (comme l'ionique), appliqué au mélos paraît désigner les modulations de genre, de mode, de ton) dont le style dithyrambique faisait un grand usage (voir note 203). Cp. Plutarque, *De Pyth. orac.*, 6 (p. 484 Didot : ὁ δὲ Πίνδαρος ἀκοῦσαι φησὶ τοῦ θεοῦ τὸν Κάδμον μουσικὰν ὀρθάν, οὐχ ἡδεῖαν, οὐδὲ τρυφεράν, οὐδὲ ἐπικεκλασμένην τοῖς μέλεσιν.

207 suiv. La partie du *Timée* — évidemment inspirée des doctrines pythagoriciennes — où Platon décrit la formation de l'âme universelle par le démiurge, conformément aux lois de l'harmonie, a été l'objet de nombreux commentaires dans l'antiquité. En particulier, le passage qui nous occupe ici est commenté par Plutarque, περὶ τῆς ἐν Τιμαίωι ψυχογονίας, c. 29 suiv. VI, 180 suiv. Bern. , Nicomaque, *Ench.* 8 p. 230 suiv. Jan , Proclus, *Comm. sur le Timée*, p. 144 suiv. Les connaissances musicales qu'il atteste chez Platon sont très élémentaires ; elles se bornent aux relations fondamentales entre les longueurs de cordes correspondantes aux quatre sons « fixes » de la gamme. Déjà Crantor avait expliqué en ce sens le texte d'ailleurs très obscur du *Timée*.

208. Platon, *Timée*, p. 36 A (II, 208 Didot . Le texte de Platon offre, avec la citation de Plutarque, des divergences assez nombreuses que

« Il est donc clair que c'est par choix, et non par ignorance, que les anciens se sont abstenus des mélodies brisées. Pourquoi s'en étonner? Beaucoup d'autres choses auxquelles s'appliquent les hommes sont repoussées par quelques-uns, non point par ignorance, mais parce que, les considérant comme inconvenantes à certains égards, ils ont renoncé à s'en servir.

Conclusion.

XII. — *Connaissances harmoniques de Platon.*

« Après avoir montré que ce n'est ni par ignorance ni par inexpérience que Platon a rejeté tous les autres modes, mais bien parce qu'il les jugeait peu convenables au genre de gouvernement qu'il avait en vue, je vais faire voir qu'il était versé dans la science harmonique. Dans la « Création de l'âme » du Timée, voici comment il montre qu'il avait étudié les mathématiques et la musique. « Après cela, « dit-il, (le démiurge) remplit les intervalles doubles et tri- « ples, en découpant dans la masse certaines parties qu'il « inséra au milieu de ces intervalles, de telle sorte que « dans chaque intervalle il y eût deux termes moyens. » Ce préambule atteste son expérience de l'harmonie, comme je vais le montrer immédiatement.

Science musicale et mathématique de Platon. Texte du Timée.

nous soulignons ci-après : μετὰ δὲ ταῦτα συνεπληροῦτο τά τε διπλάσια καὶ τριπλάσια διαστήματα, μοίρας ἔτι ἐκεῖθεν ἀποτέμνων, etc. Dans Plut., *De animi procr.* 29 et Jamblique sur Nicom., p. 119 (Pistelli, le texte *de notre citation* est identique à celui des manuscrits de Platon. — Pour comprendre notre texte, il faut se rappeler que le démiurge de Platon a pris dans la matière informe, afin de constituer l'âme du monde, des « quantités » formant la double série numérique que voici :

```
        1
    2 . . . 3
   4 . . . . . 9
  8 . . . . . . . 27
```

La branche de gauche représente les διπλάσια διαστήματα, celle de droite les τριπλάσια διαστ. Il s'agit maintenant d'intercaler des termes moyens dans chacun de ces intervalles (1-2, 2-4... 1-3, 3-9...), mais dans ce qui suit il ne sera question que de l'intercalation dans les intervalles *doubles*, dont chacun, traduit en musique, représente l'étendue d'une octave ; les intervalles *triples* représentent de même, peut-être, des échelles dodécacordes (embrassant une octave et une quinte) et les « sons » intercalés sont la quinte grave du son supérieur et la quinte aiguë du son inférieur cf. Westphal, *Harmonik*, 3e éd., p. 68 suiv.).

(210) Τρεῖς εἰσι μεσότητες αἱ πρῶται, ἀφ' ὧν λαμβάνεται πᾶσα μεσότης, ἀριθμητική, *γεωμετρική, ἁρμονική. (211) Τούτων ἡ μὲν ἴσωι ἀριθμῶι ὑπερέχει καὶ ὑπερέχεται, ἡ δ' ἴσωι λόγωι, ἡ δ' οὔτε λόγωι οὔτ' ἀριθμῶι. (212) Ὁ τοίνυν Πλάτων, τὴν ψυχικὴν ἁρμο-
E νίαν τῶν τεσσάρων στοιχείων καὶ τὴν αἰτίαν τῆς πρὸς ἄλληλα ἐξ ἀνομοίων συμφωνίας δεῖξαι ἁρμονικῶς βουληθείς, ἐν ἑκάστωι διαστήματι δύο μεσότητας ψυχικὰς ἀπέφηνε κατὰ τὸν μουσικὸν λόγον.

N. C. — 210. ἀριθμητικὴ γεωμετρικὴ ἁρμονικὴ *Libri*: ἀριθμητικὴ ἁρμονικὴ γεωμετρουμένη. *Verba Turnebus, ordinem nos restituimus.* — 211. τούτων] V : τούτω. — ὑπερέχει καί] om. Par. 3 et 5. — ὑπερέχεται] Par. 3 : περιέχεται (quam lectionem indicat in marg. Barb . — ἡ, δ' ἴσωι λογωι] om. Par. 5. — 212. V : τὴν αἰτίαν τὴν πρός, etc.

---

210. Le texte a été souvent mal compris. Plutarque ne veut pas dire qu'il y a trois catégories ou espèces de moyennes numériques auxquelles se ramènent toutes les moyennes réelles qu'offre la pratique ; mais qu'il y a trois sortes de moyennes *primordiales* πρῶται desquelles dérivent, par des substitutions ou renversements, les autres *espèces* de moyennes admises par la théorie. Cf. Nicomaque, *Arith.*, II, 22 : εἰσὶν οὖν ἀναλογίαι αἱ μὲν πρῶται καὶ παρὰ πᾶσι τοῖς παλαιοῖς ὁμολογούμεναι, Πυθαγόραι τε καὶ Πλάτωνι καὶ Ἀριστοτέλει, τρεῖς πρώτισται, ἀριθμητική, γεωμετρική, ἁρμονική. Les mathématiciens anciens ne distinguaient pas moins de *dix* espèces de moyennes, dont les définitions nous sont données notamment

A. Moyennes primordiales (πρῶται.

1. Arithmétique. $b - m = m - a$ ou $m = \frac{a+b}{2}$ Ex. 1. 2. 3.

2. Géométrique. $\frac{b}{m} = \frac{m}{a}$ (ou $m^2 = ab$, ou $\frac{b}{m} = \frac{b-m}{m-a}$. Ex. 1. 2. 4.

3. Harmonique. $\frac{b}{a} = \frac{b-m}{m-a}$ ou : $a + b \; m = 2ab$, ou : $b - m = \frac{b}{k}, m - a = \frac{a}{k}$) Ex. 2. 3. 6 ou 3. 4. 6.

B. Moyennes secondaires ou inverses ὑπεναντίαι).

4. Ὑπεναντία
(s. e. τῆι ἁρμ.) $\frac{a}{b} = \frac{b-m}{m-a}$. Ex. 3. 5. 6.

5. $\frac{a}{m} = \frac{b-m}{m-a}$. Ex. 2. 4. 5.

6. (Contraire à la géométrique $\frac{m}{b} = \frac{b-m}{m-a}$. Ex. 1. 4. 6.

C. Moyennes tertiaires ajoutées par les νεώτεροι, Myonidès et Euphranor.)

7. $\frac{b}{a} = \frac{b-a}{m-a}$. Ex. 6. 8. 9.

8. $\frac{b}{a} = \frac{b-a}{b-m}$. Ex. 6. 7. 9.

9. $\frac{m}{a} = \frac{b-a}{m-a}$. Ex. 4. 6. 7.

10. $\frac{m}{a} = \frac{b-a}{b-m}$. Ex. 3. 5. 8.

« Il y a trois moyennes primordiales, d'où dérivent toutes les autres : l'arithmétique, la géométrique, l'harmonique. La première surpasse et est surpassée d'un nombre égal, la seconde d'un rapport égal, la troisième n'est équidistante ni par le nombre ni par le rapport. Platon donc, voulant démontrer par les principes de l'harmonie l'accord des quatre éléments et la raison du concert mutuel qui existe entre ces composants si différents, a placé dans chacun de ses intervalles deux moyennes psychiques, conformément

Commentaire. Théorie des moyennes. Application à l'octave.

par Nicomaque, *Arith.*, II, 22-28 (cf. Jamblique, sur Nicom., p. 100 suiv. Pist. et Théon de Smyrne, p. 113 suiv. Hiller. Le tableau ci-contre résume ces définitions par une formule et un exemple (a et b désignent les termes extrêmes, m le terme moyen.

211. Les définitions des moyennes arithmétique et géométrique sont exactes; mais celle de la moyenne harmonique, purement négative, et identique à celle de Jamblique (p. 108 Pist.), étonne d'autant plus par son vague que Plutarque aurait pu trouver dans le passage même de Platon (36 A une définition exacte, quoique obscure, de la moyenne harmonique (empruntée à Archytas, cp. Cantor, *Vorlesungen*, p. 155) : τὴν μὲν ταὐτῶι μέρει τῶν ἄκρων αὐτῶν ὑπερέχουσαν καὶ ὑπερεχομένην, c'est-à-dire $b - m = \frac{b}{k}$, $m - a = \frac{a}{k}$; exemple : $12 - 8 = \frac{12}{3}$, $8 - 6 = \frac{6}{3}$. Évidemment Plutarque n'était pas fort en arithmétique.

212. Le λόγος μουσικός ou proportion musicale, dont la découverte est attribuée à Pythagore (qui l'aurait rapportée de Babylone, Jamblique, p. 118 s'exprime par les nombres 6 : 8 : : 9 : 12; dans cette relation les termes moyens représentent l'un la moyenne harmonique (définie plus haut, note 211) entre 6 et 12, l'autre la moyenne arithmétique (τὴν δ' ἴσωι μὲν κατ' ἀριθμῶι ὑπερέχουσαν, ἴσωι δὲ ὑπερεχομένην, Platon, *loc. cit.*). En réalité,

cette prétendue proportion n'exprime aucune relation mathématique intéressante; elle ne doit son importance qu'au fait qu'elle renferme les nombres correspondant aux quatre sons fondamentaux (fixes) de la gamme : Hypate (6) Mèse (8) Paramèse (9 Nète (12). La notion même de « moyenne harmonique » n'a été créée que pour justifier tant bien que mal le nom de la mèse (moyenne, nom qui s'explique, en réalité, par la place de cette corde dans la lyre primitive heptacorde. Il est à remarquer que les valeurs numériques attribuées à ces 4 notes par Pythagore et son école correspondent en réalité aux rapports des vitesses vibratoires, que les anciens avaient devinés (Théon, p. 59 et 61) sans être en état de les mesurer directement. Si l'on avait considéré les rapports des longueurs de cordes ou de tuyaux, sur lesquelles avaient précisément porté les expériences classiques de Pythagore, il aurait fallu assigner aux 4 notes les valeurs précisément inverses 12 (Hypate) 9 (Mèse) 8 (Paramèse) 6 (Nète) (cf. Adraste ap. Théon, p. 65). Quelques anciens croyaient que les nombres 6, 8, 9, 12 correspondaient aux poids tenseurs qui, appliqués à une même corde, donnent les sons Mi 1 La Si Mi 2 (Théon, p. 65, mais c'est là, on le sait, une erreur grossière.

(213) Τῆς γὰρ διὰ πασῶν ἐν μουσικῆι συμφωνίας δύο διαστήματα μέσα εἶναι συμβέβηκεν, ὧν τὴν ἀναλογίαν δείξομεν. (214) Ἡ μὲν γὰρ διὰ πασῶν ἐν διπλασίονι λόγωι θεωρεῖται — ποιήσει δ' εἰκόνος F χάριν τὸν διπλάσιον λόγον κατ' ἀριθμὸν τὰ ἓξ καὶ τὰ δώδεκα —, ἔστι δὲ τοῦτο τὸ διάστημα ἀφ' ὑπάτης μέσων ἐπὶ νήτην διεζευγμένων. (215) Ὄντων οὖν τῶν ἓξ καὶ <τῶν> δώδεκα ἄκρων, ἔχει ἡ μὲν ὑπάτη μέσων τὸν τῶν ἓξ ἀριθμόν, ἡ δὲ νήτη διεζευγμένων τὸν τῶν δώδεκα. (216) Λαβεῖν δὴ λοιπὸν χρὴ πρὸς τούτοις ἀριθμοὺς τοὺς μεταξὺ πίπτοντας, ὧν οἱ ἄκροι ὁ μὲν ἐπίτριτος, ὁ δ' ἡμιόλιος φανήσεται · (217) εἰσὶ δ' ὁ τῶν ὀκτὼ καὶ τῶν ἐννέα. (218) Τῶν γὰρ ἓξ τὰ μὲν ὀκτὼ ἐπίτριτα τὰ δ' ἐννέα ἡμιόλια — τὸ μὲν ἓν ἄκρον τοιοῦτο, — τὸ δ' ἄλλο, τὸ τῶν δώδεκα, τῶν μὲν ἐννέα p. 1139 *ἐπίτριτον τῶν δ' ὀκτὼ *ἡμιόλιον. (219) Τούτων οὖν τῶν ἀριθμῶν ὄντων μεταξὺ τῶν ἓξ καὶ τῶν δώδεκα, καὶ τοῦ διὰ πασῶν διαστήματος ἐκ τοῦ διὰ τεσσάρων καὶ τοῦ διὰ πέντε συνεστῶτος, δῆλον ὅτι ἕξει ἡ μὲν μέση τὸν τῶν ὀκτὼ ἀριθμόν, ἡ δὲ παραμέση τὸν τῶν ἐννέα. (220) Τούτου γενομένου, ἕξει ἡ ὑπάτη πρὸς μέσην ὡς παραμέση πρὸς νήτην διεζευγμένων · (221) ἀπὸ γὰρ *ὑπάτης μέσων διὰ τεσσάρων ἐπὶ μέσην, ἀπὸ δὲ παραμέσης <ὡσαύτως> ἐπὶ νήτην διεζευγμένων [διὰ πασῶν]. (222) Ἡ αὐτὴ δ' ἀναλογία καὶ ἐπὶ τῶν B ἀριθμῶν εὑρίσκεται · (223) ὡς γὰρ ἔχει τὰ ἓξ πρὸς τὰ ὀκτώ, οὕτω

N. C. — 214. ἀφ'] P : ὑπό. — 215. καὶ τῶν δώδεκα] E. Ceteri τῶν om. — ἔχει ἡ μὲν ὑπάτη Par. 4 : ἀπὸ ὑπάτης. — 217. εἰσὶ δέ] Par. 5 : εἰ δέ. — 218. τὸ μὲν ἕν] Bern. coni : « τὸ μὲν οὖν ἕν ». — τὸ δ' ἄλλο τὸ τῶν] V : τὸ δ' ἄλλο τῷ τῶν — ἐπίτριτον, ἡμιόλιον] libri : ἐπίτριτα, ἡμιόλια. Correx. — 220. διεζευγμένων] A, Par. 4, 5, F2 : διεζευγμένου. — 221. (ap. A et Par. 4 in inferiore pagina additum). — ὑπάτης] libri παρυπάτης (sc. ΓΑΡΓΑΡΥΠΑΤΗΣ. Corr. Meziriac, mox Burette. — ἐπὶ μέσην] V : ἐπὶ μέση (sic) — ὡσαύτως] inseruimus. — διεζευγμένων] V, Par. 5, F2 : διεζευγμένου. — διὰ πασῶν] inclusimus. Meziriac, Burette, etc. : διὰ τεττάρων. — In codice F2 leguntur, Marq. teste : ἐπὶ νήτην διεζευγμένου διὰ τεττάρων · δῆλον δ' ὅτι καὶ ἀπὸ ὑπάτης μέσων ἐπὶ νήτην διεζευγμένου διὰ πασῶν. Sed haec inepta et potius male correcta quam tradita esse videntur.

213. L'expression δύο διαστήματα μέσα est tout à fait impropre et étrangère au langage de Platon : l'insertion des 2 termes moyens dé-

à la proportion musicale. En effet, la consonance d'octave, en musique, embrasse deux intervalles moyens, dont je vais montrer la proportion. L'octave représente un rapport double, tel, par exemple, que celui de 6 à 12 : c'est l'intervalle formé par l'hypate des moyennes (*Mi 1*) et la nète des disjointes (*Mi 2*). Ainsi, 6 et 12 étant les termes extrêmes, l'hypate des moyennes aura le nombre 6, la nète des disjointes le nombre 12. Il reste à prendre deux nombres intermédiaires tels que les nombres extrêmes soient avec eux l'un en raison sesquitierce (4/3), l'autre en raison sesquialtère (3/2). Ces nombres sont 8 et 9 ; car 8 est sesquitiers de 6, 9 en est sesquialtère — voilà pour un des extrêmes ; l'autre terme extrême, 12, est sesquitiers de 9, sesquialtère de 8. Ces deux nombres tombant donc entre 6 et 12, et l'intervalle d'octave se composant de la quarte et de la quinte, il est clair que la mèse (*La*) aura pour expression numérique 8, et la paramèse (*Si*) 9. Ceci posé, l'hypate sera à la mèse comme la paramèse à la nète des disjointes. Car d'abord, de l'hypate des moyennes (*Mi 1*) à la mèse (*La*) il y a un intervalle de quarte, comme entre la paramèse (*Si*) et la nète des disjointes (*Mi 2*). La même relation se trouve entre les nombres : car 6 est à 8 comme 9 est à 12, et

termine 3 intervalles, non 2, et ce sont les cordes insérées qui sont des moyennes, non les intervalles qu'elles forment avec les extrêmes ou entre elles. Tout ce qui suit est d'une prolixité intolérable, qui prouve à quel point Plutarque, quand il écrivait notre traité, était novice en mathématiques.

216. Trouver, entre deux nombres extrêmes HN, deux nombres moyens MP tels que « les extrêmes soient l'un sesquitiers, l'autre sesquialtère » (des moyens) est un problème mal posé et insoluble ; il aurait fallu dire (comme le montre la suite) : « tels que les termes moyens soient sesquitiers et sesquialtères du premier extrême, et que le second extrême soit sesquitiers et sesquialtère des moyens. »

220-223. Il devrait, semble-t-il, y avoir un parallélisme absolu entre les relations *harmoniques* énoncées aux §§ 220-221 et les relations *numériques* des §§ 222-224. Or, celles-ci ont pour formules 6 : 8 = 9 : 12, 6 : 9 = 8 : 12. On devrait donc trouver aussi au § 221 la double relation H : M = P : N et H : P = M : N. Le texte de Plutarque ne donne que la première. Faut-il y voir une négligence, ou suppléer les mots suivants (après 221) : ὁμοίως δὲ ἕξει ἡ ὑπάτη πρὸς παραμέσην ὡς μέση πρὸς νήτην · ἀπὸ γὰρ ὑπάτης διὰ πέντε ἐπὶ παραμέσην, ἀπὸ δὲ μέσης ὡσαύτως ἐπὶ νήτην διεζευγμένων ? — Quant à διὰ πασῶν il faut sans doute y voir une glose (inepte) de ὡσαύτως.

τὰ ἐννέα πρὸς τὰ δώδεκα, καὶ ὡς ἔγει τὰ ἓξ πρὸς τὰ ἐννέα, οὕτω τὰ ὀκτὼ πρὸς τὰ δώδεκα · (**224**) ἐπίτριτα γὰρ τὰ μὲν ὀκτὼ τῶν ἓξ τὰ δὲ δώδεκα τῶν ἐννέα, ἡμιόλια δὲ τὰ μὲν ἐννέα τῶν ἓξ τὰ δὲ δώδεκα τῶν ὀκτώ. (**225**) Ἀρκέσει τὰ εἰρημένα εἰς τὸ ἐπιδεδειχέναι ἣν εἶχε περὶ τὰ μαθήματα σπουδὴν καὶ ἐμπειρίαν Πλάτων.

c. 23 (**226**) Ὅτι δὲ σεμνὴ ἡ ἁρμονία καὶ θεῖόν τι καὶ μέγα, Ἀριστοτέλης ὁ Πλάτωνος ταυτὶ λέγει · (**227**) « Ἡ δ' ἁρμονία ἐστὶν οὐρανία, τὴν φύσιν ἔχουσα θείαν καὶ καλὴν καὶ δαιμονίαν · (**228**) τετραμερὴς δὲ τῆι δυνάμει πεφυκυῖα δύο μεσότητας ἔχει, ἀριθμητικήν τε καὶ ἁρμονικήν · (**229**) φαίνεταί τε τὰ μέρη αὐτῆς καὶ τὰ μεγέθη καὶ c αἱ ὑπεροχαὶ κατ' ἀριθμὸν καὶ *γεωμετρίαν <ἡρμόσθαι> · (**230**) ἐν γὰρ δυσὶ τετραχόρδοις ῥυθμίζεται [τὰ μέλη]. »

(**231**) Ταῦτα μὲν τὰ ῥητά. (**232**) Συνεστάναι δ' αὐτῆς τὸ σῶμα ἔλεγεν ἐκ μερῶν ἀνομοίων, συμφωνούντων μέντοι πρὸς ἄλληλα, ἀλλὰ μὴν καὶ τὰς μεσότητας *αὐτοῖς <κατὰ τὸν ἁρμονικὸν καὶ>

N. C. — 224. ἡμιόλια δέ] F2 : ἡμιόλιά τε. — 225. περὶ τά] P : πρὸς τά. — 226. Verba καὶ θεῖον... ἁρμονία 227, omisit V propter iteratam vocem ἁρμονία. — Πλάτωνος] Par. 3 et Barb. marg. : Πλατωνικός. — 227. ἔχουσα] P : ἔχουσαν. —δαιμονίαν] Par. 3 : οὐρανίαν. — 228. ἀριθμητικήν] Par. 3 : τὴν ἀριθμητικήν. — 229. γεωμετρίαν] libri : ἰσομετρίαν Par. 3 : συμμετρίαν corr. in ἰσομετρίαν), correximus. — ἡρμόσθαι] addidimus. — 230. τὰ μέλη] inclusimus. Westph : τὰ μέρη. — 231. ῥητά] Par. 4, 5 : ῥήματα. — 232. αὐτοῖς] libri αὐτῆς, correximus. Forsan : τοῖς ἄκροις. — κατὰ τὸν ἁρμονικὸν καί] inseruimus.

226-230. Aristote, fr. 75 Didot, fr. 47 Rose. Burette croyait ce fragment extrait du Περὶ Μουσικῆς (Diog. Laert., V, 26); Bussemaker et Rose l'attribuent avec plus de vraisemblance au dialogue Εὔδημος ἢ περὶ ψυχῆς, œuvre de jeunesse où les influences platoniciennes et pythagoriciennes sont très sensibles. Tout ce qui suit jusqu'au § 250 est un des passages les plus altérés du dialogue; on remarquera que Westphal, dans sa traduction, l'a simplement sauté.

227. Le mot ἁρμονία est pris ici dans le sens archaïque de gamme limitée à l'étendue d'une octave (Philolaos, ap. Nicom., Ench. 9, p. 252 Jan.); plus spécialement encore, Aristote borne sa définition à l'ensemble des quatre sons fondamentaux ou fixes de la gamme, hypate, mèse, paramèse, nète. Il n'est pas du tout certain que Plutarque ou l'intermédiaire qu'il copie l'ait compris ainsi.

228. Les mots τῆι δυνάμει, tels qu'ils sont placés, sont peu intelligibles. On aimerait mieux écrire δύο μεσότητας τῆι δυνάμει ἔχει, deux moyennes numériques, l'une arithmétique (la paramèse 9), l'autre harmonique (la mèse 8).

229. Il manque évidemment un

encore 6 est à 9 comme 8 est à 12, puisque 8 et 12 sont respectivement sesquitiers de 6 et 9, tandis que 9 et 12 sont sesquialtères de 6 et de 8.

« Ce que je viens de dire suffira pour démontrer quel zèle et quelle expérience Platon avait apportés dans l'étude des mathématiques.

XIII. — *Théorie de l'harmonie d'après Aristote.*

« Maintenant, que l'harmonie soit respectable, chose divine et grande, c'est ce qu'exprime Aristote, disciple de Platon, en ces termes : *Définition de l'harmonie ou proportion musicale.*

« L'harmonie est céleste ; elle a une nature divine, belle,
« merveilleuse. En effet, elle est constituée en valeur par
« quatre membres, et présente deux moyennes, l'une
« arithmétique, l'autre harmonique. Il est manifeste que
« ses membres, leurs grandeurs et leurs excès s'accordent
« selon le nombre et la géométrie ; car elle s'articule en
« deux tétracordes ».

« Tels sont ses propres termes. Aristote explique ensuite que le corps de l'harmonie est constitué par des membres dissemblables, mais consonant entre eux, et qu'en outre les termes moyens s'accordent avec les extrêmes *suivant la* *Intervalles formés par les quatre termes.*

infinitif, à moins que φαίνεται lui-même ne soit altéré. — ἰσομετρίαν des manuscrits n'a aucun sens ; γεωμετρίαν prépare le § 237 et la faute s'explique bien paléographiquement. — On ne saisit pas très bien la différence entre τὰ μέρη et τὰ μεγέθη ; cp. 245 : τοῖς μέρεσι καὶ τοῖς πλήθεσι. Sans doute les sons fixes, qui sont les μέρη de l'octave, peuvent être envisagés dans leurs rapports harmoniques, indépendamment de toute évaluation numérique ; mais alors que viennent faire l'arithmétique et la géométrie ?

230. L'expression τὰ μέλη ῥυθμίζεσθαι se rencontre ailleurs (Gaudence, c. 2 ; *Exc. Neapolitana*, § 20, p. 417 Jan), mais toujours à propos des divisions rythmiques auxquelles la mélodie est assujettie. On lit, il est vrai, chez l'historien Hérodien (IV, 2, 10) παιᾶνας σεμνῶς μέλει ἐρρυθμισμένους ; mais Aristote n'a pas pu écrire ainsi.

232. Il n'est pas possible que même Plutarque ait écrit que les μεσότητες, c'est-à-dire la mèse (8 et la paramèse (9), séparées par un intervalle d'un ton, consonaient ensemble (συμφωνεῖν. Il faut donc ou écrire τὰς μεσότητας τοῖς ἄκροις, ou bien corriger αὐτῆς en αὐτοῖς et se résigner à croire que Plutarque, comprenant mal Aristote, n'a entendu ici et au § 237 par μέρη que les deux termes extrêmes (οἱ ἄκροι, § 241), par opposition aux

ΠΕΡΙ ΜΟΥΣΙΚΗΣ

κατά τον αριθμητικόν λόγον συμφωνείν. (233) Τον γάρ νέατον <φθόγγον> προς τον ύπατον εκ διπλασίου λόγου ηρμοσμένον την διά πασών συμφωνίαν αποτελείν — έχει γάρ, ως προείπομεν, τον νέατον δώδεκα μονάδων, τον δ' ύπατον εξ, — (234) την δε παραμέσην, συμφωνούσαν προς υπάτην καθ' ημιόλιον λόγον, εννέα μονάδων, της δε μέσης <προς υπάτην κατ' επίτριτον λόγον συμφωνούσης> οκτώ είναι μονάδας ελέγομεν. (235) Συγκείσθαι δε διά τούτων της μουσικής τα κυριώτατα διαστήματα συμβαίνει·
D (236) τό τε διά τεσσάρων ὅ εστι κατά τον επίτριτον λόγον, και τό διά πέντε ὅ εστι κατά τον ημιόλιον λόγον, και το διά πασών ὅ εστι κατά τον διπλάσιον, αλλά γάρ και <τό> *τονιαίον σώιζεσθαι, *ὅ έστι κατά τον *επόγδοον λόγον.

(237) Ταις αυταίς δ' υπεροχαίς υπερέχειν και υπερέχεσθαι της αρμονίας τα μέρη υπό των *μεσοτήτων και τάς μεσότητας υπό των *μερών κατά τε την εν αριθμοίς υπεροχήν και κατά την γεωμετρικήν δύναμιν συμβαίνει. (238) Αποφαίνει γούν αυτάς Αριστοτέλης τάς δυνάμεις εχούσας τοιαύτας. (239) Την μεν νεάτην της μέσης τώι τρίτωι μέρει τώι *αυτής υπερέχουσαν, την δ' υπάτην υπό της
E [παρα]μέσης υπερεχομένην ομοίως..... (240) ως γίγνεσθαι τάς υπεροχάς των πρός τι· [τοις γάρ αυτοίς μέρεσιν υπερέχουσι και υπερέχονται]· (241) τοις γούν αυτοίς λόγοις οι άκροι της μέσης και

N. C. — 233. φθόγγον] addidimus. — 234. καθ' ημιόλιον] V, A, Par. 3, 4, 5, Barb. : προς καθ' ημιόλιον. — μέσης] Par. 3 : μόνης. — προς υπάτην κατ' επίτριτον λόγον συμφωνούσης] inseruimus. — 236. ημιόλιον λόγον] om. Par. 3. — τον διπλάσιον] sic V : ceteri (? libri (Par. et Barb.) το διπλ. Corr. Wytt. — το τονιαίον (scilicet διάστημα) ...ὅ έστι... επόγδοον] libri : τον επόγδοον ...ός εστι... τον τονιαίον. Correximus. — 237. δ'] saepe omissum, add. Wytt. ex EP. — υπεροχαίς] om. Par. 3 — τα μέρη... μερών] Libri : τα μέρη υπό των μερών και τας μεσότητας υπό των μεσοτήτων. Correximus. Forsan pro τα μέρη, των μερών, scribendum : τα άκρα aut τους άκρους), των άκρων. — συμβαίνει] Vulgo (ante Wytt.) συμβαίνειν. — 239. αυτής] libri αυτης, correx. Bernard. — υπό] Barb. : από. — μέσης] παραμέστς libri. Correximus, nisi lacuna quam post ομοίως significavimus potius post υπερέχουσαν statuenda sit. — υπερεχομένη] P : υπεχομένην. — 240. τοις γάρ ... υπερέχονται] inclusimus. — 241. Verba τοις γούν... υπερέχονται om. Par. 3. — οι άκροι] V Par. 5 Barb. etc., άκροι, corr. Wytt.

raison *harmonique* et suivant la raison arithmétique. En effet, le son de la nète, qui est double de l'hypate, forme avec celle-ci la consonance d'octave — car la nète, comme nous l'avons dit plus haut, vaut 12 unités, l'hypate 6 ; nous avons dit encore que la paramèse, consonant avec l'hypate en raison sesquialtère, vaut 9, et la mèse, *consonant avec l'hypate en raison sesquitierce*, 8. Ces nombres déterminent les principaux intervalles de la musique : la quarte, qui est en raison sesquitierce, la quinte, qui est en raison sesquialtère, l'octave, qui est en raison double, enfin le ton, qui représente le rapport de 9/8.

« En outre, les membres *extrêmes* de l'harmonie surpassent les membres moyens et en sont surpassés des mêmes excès, soit en nombres, soit en raison géométrique. Aristote montre que ces excès ont les valeurs suivantes. D'une part, la nète (12) dépasse la mèse (8) de son propre tiers, l'hypate (6) est dépassée par la mèse dans la même proportion ; *de même, la nète dépasse la paramèse (9) du tiers de celle-ci, la paramèse dépasse l'hypate de son

Excédents mutuels des quatre termes.

μεσότητες, alors que dans le langage d'Aristote les μεσ. font partie des μέρη. — L'omission de κατὰ τὸν ἁρμονικὸν καὶ devant κατὰ s'explique facilement.

233. Je ne connais aucun exemple des mots νέατος, ὕπατος employés absolument pour νήτη, ὑπάτη ; l'insertion de φθόγγον est donc absolument nécessaire. Les mots ὡς προείπομεν visent le § 215.

236. L'interversion des adjectifs τονιαῖον et ἐπόγδοον nous parait de toute évidence : l'adjectif numéral, sauf chez les Pythagoriciens, est toujours employé pour désigner le rapport, non l'intervalle.

237. Le mot μέρη est pris ici comme plus haut (232) dans le sens de οἱ ἄκροι, à moins qu'il ne faille corriger μέρη, μερῶν en ἄκρα, ἄκρων. Les mots μεσοτήτων et μερῶν ont été intervertis de place par un copiste ignorant qui croyait corriger une faute de texte.

238. Αὐτάς = τὰς ὑπεροχάς.

239. La nète 12 dépasse la mèse 8 du tiers (4) de la nète ; de même l'hypate 6 est dépassée par la mèse 8 du tiers (2) de l'hypate : il faut donc absolument corriger παραμέσης en μέσης. Cf. d'ailleurs Nicomaque, *Arith.* II, 25, 1 et Jamblique sur Nicomaque, p. 110, l. 15 : ὁ μέσος ὅρος τῶι αὐτῶι μέρει τρίτωι τῶν ἄκρων ὑπερέχει μὲν τοῦ γ', ὑπερέχεται δὲ ὑπὸ τοῦ ς', et le texte de Platon cité note 211. Très probablement, après le § 239, venait une phrase relative à la paramèse, que nous avons suppléée dans la traduction. On remarquera ce qu'il y a de factice dans cette prétendue équivalence des rapports de la paramèse aux termes extrêmes ; elle se réduit à ceci : P − H = P/3, N − P = P/3.

240. Τὰ πρός τι, la catégorie du relatif (Arist., *Categ.*, 5), ici sans doute « les parties aliquotes ». Mais la phrase est mutilée et inintelligible.

παραμέσης ὑπερέχουσι καὶ ὑπερέχονται, ἐπιτρίτωι καὶ ἡμιολίωι·
(242) τοιαύτη δὴ ὑπεροχή ἐστιν ἡ ἁρμονική. (243) Ἡ δὲ τῆς
νεάτης ὑπεροχὴ *πρὸς *τὴν *παραμέσην κατ' ἀριθμητικὸν λόγον,
*τρεῖς· ὡσαύτως καὶ ἡ παραμέση < ὑπερέχει > τῆς ὑπάτης·
(244) [τῆς γὰρ μέσης ἡ παραμέση κατὰ τὸν ἐπόγδοον λόγον
ὑπερέχει, πάλιν ἡ νεάτη τῆς ὑπάτης διπλασία ἐστίν, ἡ δὲ παραμέση τῆς ὑπάτης ἡμιόλιος, ἡ δὲ μέση ἐπίτριτος πρὸς ὑπάτην
ἥρμοσται.]

(245) Καὶ τοῖς μὲν μέρεσι καὶ τοῖς πλήθεσι καὶ <ταῖς ὑπερο-
χαῖς> κατ' Ἀριστοτέλην ἡ ἁρμονία οὕτως ἔχουσα πέφυκε. (246)
c. 24 « Συνέστηκε δὲ, <φησί>, φυσικώτατα ἔκ τε τῆς ἀπείρου καὶ
περαινούσης καὶ ἐκ τῆς ἀρτιοπερίσσου φύσεως καὶ αὐτὴ καὶ τὰ μέρη
αὐτῆς πάντα. » (247 Αὐτὴ μὲν γὰρ ὅλη ἀρτία ἐστί, τετραμερὴς
οὖσα τοῖς ὅροις· (248) τὰ δὲ μέρη αὐτῆς καὶ οἱ λόγοι ἄρτιοι καὶ
περισσοὶ καὶ ἀρτιοπέρισσοι· (249) τὴν μὲν γὰρ νεάτην ἔχει ἀρτίαν
ἐκ δώδεκα μονάδων, τὴν δὲ παραμέσην περισσὴν ἐξ ἐννέα μονάδων,

---

N. C. — 243. Haec libri ita praebent : ἡ δὲ τῆς νεάτης ὑπεροχὴ καὶ (Bern. inser. ἡ) τῆς μέσης κατ' ἀριθμητικὸν λόγον ἴσῳ μέρει τὰς ὑπεροχὰς ἐμφαίνουσιν, ὡσαύτως καὶ ἡ παραμέση τῆς ὑπάτης (verba τῆς ὑπ. usque ad παραμέση, § 244, om. V, Par. 4, 5). *Haec sensu cassa sunt; nos sensum, non ipsa verba Plutarchi, restituere conati sumus.* — 244. Uncis inclusimus, videtur esse glossema ad § 236. — 245. ταῖς ὑπεροχαῖς] *addidimus*; contra καὶ (quod habent omnes libri) delet Dübner. — 246. συνέστηκε] Vulgo συνέστησε, corr. Wytt. — φησί] *inseruimus*. — ἀπείρου καὶ περαινούσης] Burette : ἀρτίου καὶ περισσοῦ (sic . Volkm. Westph. ἀρτίας καὶ περισσῆς. — αὐτή] Barb. : αὐτήν et sic vulgo ante Wytt. — 249. ἀρτίαν] P : ἀρτία — ἐκ δώδεκα] Par. 5 : ἐν δώδ.

---

242. Encore une phrase incompréhensible, à moins de prendre ὑπεροχή dans le sens de « proportion ». En réalité, on s'attendrait à une phrase ainsi conçue : « voilà pour l'égalité des excès géométriques; passons maintenant aux excès arithmétiques. »

243. Plutarque (Aristote) a annoncé au § 237 qu'une des moyennes dépassait les extrêmes et était dépassée par eux d'une même quantité κατὰ τὴν ἐν ἀριθμοῖς ὑπεροχήν. Il ne peut s'agir que de la paramèse (9) qui est, en effet, la moyenne arithmétique entre l'hypate 6 et la nète (12). Comment cette idée simple et claire est-elle devenue l'inintelligible galimatias de notre paragraphe? C'est ce qu'il est impossible de deviner. Nous avons essayé de restituer le sens de la phrase primitive. Si l'on veut à tout prix interpréter le texte des mss., on peut prendre τῆς νεάτης ὑπεροχή

propre tiers. Ces excédents sont donc des parties aliquotes... et les termes extrêmes dépassent la mèse et la paramèse et en sont dépassés dans la même proportion, 4/3 et 3/2. Telle est la proportion harmonique. D'autre part, l'excès de la nète (12) sur la paramèse (9), évalué en raison arithmétique, est de 3, c'est-à-dire égal à l'excès de la paramèse sur l'hypate (6)...

« Tels sont donc, d'après Aristote, les membres, les quantités et les excès qui constituent l'harmonie. Il ajoute : « Elle est formée, elle et toutes ses parties, d'une manière « extrêmement conforme à la nature, à savoir du pair, de « l'impair et du pairement impair. » En effet, prise dans son ensemble, elle est paire, puisqu'elle est composée de 4 termes ou membres. Quant à ses membres et à leurs rapports, ils sont pairs, impairs ou pairement impairs : car la nète, de 12 unités, est paire ; la paramèse, de 9, impaire ; la mèse,

Pair, impair, pairement impair dans l'harmonie.

dans le sens de « excès de la nète sur la note immédiatement précédente » (la paramèse) et de même ἡ ὑπερ. τῆς μέσης = l'excès de la mèse sur l'hypate (cp. Théon, p. 114 Hiller) ; alors notre paragraphe *semble* pouvoir signifier $\frac{N-P}{M-H} = \frac{P}{H}$, relation exacte et indiquée par Jamblique (p. 124 Pist.), mais qui n'a rien à faire avec la raison arithmétique. Burette cherche la « raison arithmétique » 1° dans l'égalité des différences 9-8, 4-3, 3-2, 2-1, que présentent les termes exprimant les rapports *géométriques* des quatre notes fondamentales ; 2° dans la progression 1. 2. 3. 4 formée par les différences P-M, M-H, P-H (= N-P), N-M. Cela est plus ingénieux que probant.

244. Ce paragraphe paraît être une glose de 236, qui a été insérée dans le texte à une fausse place.

245. Plutôt que de supprimer καί avec certains éditeurs, nous insérons ταῖς ὑπεροχαῖς, pour rétablir le parallélisme complet avec le § 229.

246. Les Pythagoriciens appelaient περαίνοντες les nombres impairs (par une métaphore empruntée peut-être aux rameaux feuillus), ἄπειροι, les pairs. C'est ce qu'indique obscurément Aristote, *Nat. auscult.*, III, 4, 3 (II, p. 277 Didot), et plus nettement Hésychius, v. περαίνοντες. Cp. Bœckh, *Philolaus*, p. 142 suiv. Il est remarquable qu'Aristote ait emprunté aux Pythagoriciens des termes aussi spéciaux. La phrase est sûrement une citation textuelle ; aussi avons-nous rétabli le mot ΦΗΣΙ qui est tombé devant ΦΥΣΙΚώτατα. Cf. Aristote, *Mét.* I, 5 (résumant l'opinion des Pythagoriciens) : οἱ δ'ἀριθμοὶ πάσης τῆς φύσεως πρῶτον (*mundum regunt numeri*).

247. Dire que l' « harmonie » est paire, parce qu'elle se compose de 4 termes, paraît une puérilité. Pour les Pythagoriciens, elle était représentée, au contraire, par le nombre 35, somme de ses éléments, lequel est impairement impair (Plut., *De animae procr.*, 12 ; VI, 184 Bern.). Reste à savoir si la niaiserie est imputable à Aristote ou à Plutarque.

τὴν δὲ μέσην ἀρτίαν ἐξ ὀκτὼ μονάδων, τὴν δ' ὑπάτην ἀρτιοπέρισσον ἐξ μονάδων οὖσαν. (250) Οὕτω δὲ πεφυκυῖα αὐτή τε καὶ τὰ μέρη αὐτῆς πρὸς ἄλληλα ταῖς ὑπεροχαῖς τε καὶ τοῖς λόγοις, ὅληι θ' ὅλη καὶ τοῖς μέρεσι συμφωνεῖ.

(251) Ἀλλὰ μὴν καὶ αἱ αἰσθήσεις αἱ τοῖς σώμασιν ἐγγιγνόμεναι [διὰ τὴν ἁρμονίαν], αἱ μὲν οὐράνιαι <καὶ> θεῖαι οὖσαι, [μετὰ θεοῦ τὴν αἴσθησιν παρεχόμεναι τοῖς ἀνθρώποις], ὄψις τε καὶ ἀκοή, μετὰ φωνῆς καὶ φωτὸς τὴν ἁρμονίαν ἐπιφαίνουσι · (252) καὶ <αἱ> ἄλλαι δ' αὐταῖς ἀκόλουθοι, ἧι αἰσθήσεις, καθ' ἁρμονίαν συνεστᾶσι · (253) πάντα γὰρ καὶ αὗται ἐπιτελοῦσιν οὐκ ἄνευ ἁρμονίας, ἐλάττους μὲν ἐκείνων οὖσαι, οὐκ ἄπο δ' ἐκείνων · (254 ἐκεῖναι γὰρ ἅμα θεοῦ παρουσίαι παραγιγνόμεναι τοῖς σώμασι κατὰ λογισμὸν ἰσχυράν τε καὶ καλὴν φύσιν ἔχουσι.

(255) Φανερὸν οὖν ἐκ τούτων, ὅτι τοῖς παλαιοῖς τῶν Ἑλλήνων εἰκότως μάλιστα πάντων ἐμέλησε πεπαιδεῦσθαι μουσικήν. (256) Τῶν γὰρ νέων τὰς ψυχὰς ᾤοντο δεῖν διὰ μουσικῆς πλάττειν τε καὶ ῥυθμίζειν ἐπὶ τὸ εὔσχημον, χρησίμης δηλονότι τῆς μουσικῆς ὑπαρ-

---

N. C. — 250. οὕτω δέ] Thurot : οὕτω δή. — ὅληι θ' ὅλη] *AE. Editores omnes* : ὅλη θ' ὅλη. *Correx.* — 251. αἱ αἰσθήσεις] αἱ om. Par. 5. — αἱ τοῖς σώμασιν] Par. 4, 5 : ἐν τοῖς σώμ. — διὰ τὴν ἁρμονίαν] *inclusimus* (glossema verborum καθ' ἁρμονίαν, § 252?), Volkmann alii post τὴν αἴσθησιν collocant. — καὶ] *addidit Thurot.* — μετὰ θεοῦ... ἀνθρώποις] *inclusimus* (glossema verborum ἅμα θεοῦ... σώμασι, § 254?). — 252. αἱ] *addidit Rose.* Thurot : αἱ δ' ἄλλαι.

---

251 suiv. Il n'est pas bien certain qu'on ait eu raison d'attribuer entièrement à Aristote la théorie résumée dans cet alinéa fr. 47 Rose, 75 Didot). Sans doute il y a quelque rapport entre notre § 251 et l'opinion d'Aristote que les êtres célestes ne possèdent en fait de sens que la vue et l'ouïe (fr. 48 Rose, mais cette analogie ne va pas jusqu'à l'identité. Nous pourrions bien être en présence d'un fragment d'Aristoxène brodant sur Aristote. Aristoxène croyait que l'âme était une harmonie résultant de l'opération des divers organes (fr. 82 Didot) — opinion combattue par Aristote dans l'*Eudème* (fr. 45 Rose, cf. *Polit.*, VIII, 5, 10; *de Anima*, I, 4; Plut. *De procr. anim.*, III, 5 ; — il attribuait à la vue et à l'ouïe un caractère divin (Philodème, *De mus.*, p. 54 Kemke : Ἀριστόξενος τὴν ὅρασιν καὶ τὴν ἀκοὴν λέγων θειοτέρας τῶν αἰσθήσεων). D'autres philosophes musiciens étaient du même avis (cf. Ptol., *Harm.*, I. 1 ; III, 3 ; Περὶ κριτηρίου, XV, 4). L'analogie entre la citation de Philodème et notre alinéa est si étroite

de 8, paire ; l'hypate, de 6, pairement impair. Ainsi constituée, elle et ses parties, dans leurs excès et rapports mutuels, l'harmonie consonne dans sa totalité et avec chacune de ses parties.

« Enfin, des sensations même qui se produisent dans les corps, les unes, célestes et divines — la vue et l'ouïe — manifestent l'harmonie par le son et la lumière ; les autres, qui font cortège à celles-ci, sont aussi, en tant que sensations, réglées par l'harmonie. Elles aussi, en effet, n'opèrent rien sans harmonie, inférieures, il est vrai, aux sensations maîtresses, mais non pas d'une essence opposée ; car celles-là, qui entrent dans les corps avec la présence d'une divinité, ont, comme de raison, une nature particulièrement vigoureuse et belle. »

L'harmonie dans la perception extérieure.

XIV. — *Rôle éducatif de la musique ancienne.*

« Il est évident, d'après tout cela, que les anciens Grecs ont eu de bonnes raisons de donner tous leurs soins à l'éducation musicale. Ils estimaient qu'il fallait, à l'aide de la musique, façonner et accorder les âmes des jeunes gens aux bonnes mœurs, la musique étant d'un effet utile en

Utilité morale de la musique. Son emploi à la guerre.

---

qu'on est en droit de les considérer comme extraits d'un même passage d'Aristoxène.

251. Nous considérons les mots διὰ τὴν ἁρμονίαν comme une glose marginale de καθ' ἁρμονίαν 252) et les mots μετὰ θεοῦ... ἀνθρώποις, comme une glose de ἅμα θεοῦ παρουσίαι παραγιγνόμεναι τοῖς σώμασι (254). L'ouïe manifeste l'harmonie par la musique, la vue la manifeste probablement par les mouvements des astres qu'on croyait soumis à la loi des proportions musicales. Doit-on se rappeler aussi que la lumière vient du dieu Soleil et des corps célestes ? Le mot ἁρμονία paraît être pris ici dans un sens plus large que dans les chapitres précédents.

253. Burette accentue οὐκ ἀπὸ δ'ἐκείνων et traduit « sans pourtant dépendre de celles-là ! »

255 suiv. Ces lieux communs sur l'utilité morale de la musique dans l'éducation ont été souvent développés dans la littérature grecque depuis Damon, Platon et les Pythagoriciens. Voir notamment Aristide Quintilien, III, 1-6 ; Athénée, XIV, p. 623, 628, 632 ; Boèce, *de Mus.*, I, 1, 2 (cf. Paul Girard, *L'éducation athénienne*, II, 1, 3). Ce sujet avait été traité par Aristoxène : Strabon, I, 2, 3 : παιδευτικοὶ εἶναί φασι καὶ ἐπανορθωτικοὶ τῶν ἠθῶν (οἱ μουσικοί). Ταῦτα δ' οὐ μόνον παρὰ τῶν Πυθαγορείων ἀκούειν ἐστὶ λεγόντων, ἀλλὰ καὶ Ἀριστόξενος οὕτως ἀποφαίνεται. Il y a donc lieu de croire que nos §§ 255-267 sont extraits d'un ouvrage d'Aristoxène.

100   ΠΕΡΙ ΜΟΥΣΙΚΗΣ

c χούσης πρὸς πάντα καιρὸν καὶ πᾶσαν ἐσπουδασμένην πρᾶξιν, προηγουμένως δὲ πρὸς τοὺς πολεμικοὺς κινδύνους · (**257**) πρὸς οὓς οἱ μὲν αὐλοῖς ἐχρῶντο, καθάπερ Λακεδαιμόνιοι, παρ' οἷς τὸ καλούμενον Καστόρειον ηὐλεῖτο μέλος, ὁπότε τοῖς πολεμίοις ἐν κόσμωι προσήιεσαν μαχεσόμενοι · (**258**) οἱ δὲ καὶ πρὸς λύραν ἐποίουν τὴν πρόσοδον τὴν πρὸς τοὺς ἐναντίους, καθάπερ ἱστοροῦνται μέχρι πολλοῦ χρήσασθαι τῶι τρόπωι τούτωι τῆς ἐπὶ τοὺς πολεμικοὺς κινδύνους ἐξόδου Κρῆτες · (**259**) οἱ δ' ἔτι καὶ καθ' ἡμᾶς σάλπιγξι διατελοῦσι χρώμενοι.

(**260**) Ἀργεῖοι δὲ πρὸς τὴν τῶν Σθενείων τῶν καλουμένων παρ' αὐτοῖς *πάλην ἐχρῶντο τῶι αὐλῶι · (**261**) τὸν δ' ἀγῶνα τοῦτον ἐπὶ Δαναῶι μὲν τὴν ἀρχὴν τεθῆναί φασιν, ὕστερον δ' ἀνατεθῆναι
D Διὶ Σθενίωι. (**262**) Οὐ μὴν ἀλλ' ἔτι καὶ νῦν τοῖς πεντάθλοις νενό-

---

N. C. — 256. καιρόν] om. AE. — πᾶσαν] P : πᾶσιν. —257. αὐλοῖς P : αὐλοί.
— V : Λακεδαιμονίοις τὸ καλούμενον Καστόρειον ; E : τὸ Καστ. καλ. — 258. τούτῳ]
om. Barb. — 260. Σθενείων] Par. 4, 5 : ἀσθενείων. — πάλην] libri πάλιν. —
261. τὴν ἀρχήν] om. Par. 3. — ἀνατεθῆναι] Par. 3 : ἀνατιθεῖναι ; P : ἀνατεθεῖναι.
— 262. ἀλλ' ἔτι καὶ νῦν] Par. 3 : ἀλλὰ καὶ ἔτι καὶ νῦν.

---

257. Le Καστόρειον μέλος tirait son nom de Castor, dieu guerrier et musicien, à qui les Lacédémoniens attribuaient aussi l'invention de la danse en armes et de la *Caryatis*. C'était un air de flûte, écrit dans le rythme ἐμβατήριος, c'est-à-dire anapestique (Pollux, IV, 78 ; Val. Max. II, 6, 2), et que les aulètes jouaient au moment où la phalange allait en venir aux mains ; les guerriers entonnaient alors, au signal du roi, le péan ἐμβατήριος Plut., *Lyc.*, 22. Plus tard, le mot paraît avoir été pris dans un sens plus général pour désigner un chant guerrier, même avec accompagnement de lyre Pindare, *Pyth.*, II, 69 ; *Isthm.*, I, 15. Sur l'emploi de la flûte comme instrument militaire à Lacédémone, voir encore Thucydide, V, 70 ; Polybe, IV, 20, 6 ; Athénée, XIV, p. 627 D ; Plutarque, *Lyc.*, 21, 4 ; Lucien, *De salt.*, 10 ; Dion Chrysostome, XXXII, p. 380 R. ; Aulu-Gelle, I, 11 ; Polyen, I, 10. Plus anciennement, au temps d'Alcman, les Lacédémoniens, comme les Crétois, employaient la lyre en campagne (Alcman, fr. 35 Bergk).

258. Cf. Athénée, XIV, 627 D (Κρῆτες μετὰ λύρας στρατεύονται ; XII, 517 A ; Aulu-Gelle, I, 11. Cependant, à l'époque historique, les Crétois paraissent avoir associé la flûte à la lyre : Éphore ap. Strab., X, 4, 20 : ἀγέλη πρὸς ἀγέλην συμβάλλει μετὰ αὐλοῦ καὶ λύρας εἰς μάχην ἐν ῥυθμῶι, ὥσπερ καὶ ἐν τοῖς πολεμικοῖς εἰωθάσι ; Ephore ap. Polyb., IV, 20, 6 : οὐδὲ τοὺς παλαιοὺς Κρητῶν καὶ Λακεδαιμονίων αὐλὸν καὶ ῥυθμὸν (faut-il corriger en λύραν? κιθάραν? εἰς τὸν πόλεμον ἀντὶ σάλπιγγος εἰκῆι νομιστέον εἰσαγαγεῖν ; Pausan., III, 17.

259. L'emploi de la trompette pour les sonneries du service courant de

toute occurrence et propre à nous exciter aux actions honnêtes, principalement dans les périls de guerre. Dans ces occasions les uns faisaient usage de la flûte, comme les Lacédémoniens, chez qui l'on jouait sur cet instrument l'air dit de Castor, toutes les fois qu'ils s'avançaient en bel ordre contre l'ennemi pour engager le combat. D'autres marchaient contre l'adversaire au son de la lyre : on dit que les Crétois ont longtemps conservé cette mode dans leurs expéditions guerrières. D'autres enfin, de nos jours encore, emploient la trompette.

« Les Argiens, dans le concours de lutte qu'ils célébraient à l'occasion des jeux Sthéniens, faisaient usage de la flûte : on dit que cette fête fut, à l'origine, instituée pour Danaos ; plus tard on la consacra à nouveau en l'honneur de Zeus Sthénios. Aujourd'hui encore, il est de règle qu'on fasse entendre la flûte pendant l'exercice du pentathle ; à la

Emploi de la flûte dans les concours de gymnastique.

guerre est attesté par de nombreux passages de l'*Anabase*, mais la trompette servait aussi dans le combat. Pollux, IV, 85, mentionne les sonneries ἐξορμητικόν (= πολεμικόν de Thucydide, VI, 69, et de Xénophon, *Anab.*, IV, 3, 29 , παρακελευστικόν = τροχαῖον de Dion Cassius, LVI, 22 ?), ἀνακλητικόν (cf. Diodore, XVI, 27). La σάλπιγξ passait pour une invention des Étrusques, mais fut de bonne heure naturalisée en Grèce; Eschyle la connaît déjà : voir le texte d'Éphore cité plus haut, note 258.

260. La πάλη, ou lutte à mains plates, était comprise à Olympie parmi les exercices du pentathle.

261. Pausanias (II, 32, 7 et 34, 6) mentionne entre Trézène et Hermione une pierre de Thésée, « jadis appelée autel de Zeus Sthénios ». A Trézène, Athéna était aussi adorée sous le nom de Σθενιάς (Paus., II, 30, 6 ; 32, 5 . Ces cultes semblent remonter à l'époque ionienne et caractérisent le rôle de Zeus et d'Athéna comme patrons de la force corporelle et des concours gymnastiques (cf. Preller-Robert, I,

140 . Ils ont remplacé dans ces régions le culte probablement préhellénique de Danaos.

262. Πεντάθλοις paraît être ici le datif de πένταθλοι, les concurrents au pentathle, non de πένταθλον, le pentathle lui-même. Il s'agit ici du pentathle d'Olympie, introduit dans la 18e olympiade, et dont Pausanias mentionne en ces termes l'accompagnement musical (V, 7, 10) : τούτου δὲ ἕνεκα καὶ τὸ αὔλημα τὸ Πυθικόν φασι τῶι πηδήματι ἐπεισαχθῆναι τῶν πεντάθλων, ὡς τὸ μὲν ἱερὸν τοῦ Ἀπόλλωνος τὸ αὔλημα ὄν, τὸν Ἀπόλλωνα δὲ ἀνῃρημένον Ὀλυμπικὰς νίκας. Effectivement, sur les monuments, le flûtiste du pentathlon est ordinairement représenté au moment de l'exercice du saut (l'élan = ἐνόρομή ? , plus rarement au moment du disque ou du javelot par exemple, vase de Berlin n° 2262 du Catalogue de Furtwængler). Ce n'était pas un mince honneur d'être choisi pour exécuter l'αὔλημα pendant le pentathle : Pythocrite de Sicyone, six fois vainqueur au concours pythique, fut un de ces aulètes privilégiés, comme le

102 ΠΕΡΙ ΜΟΥΣΙΚΗΣ

μισται προσαυλεῖσθαι, οὐδὲν μὲν κεκριμένον οὐδ' ἀρχαῖον, οὐδ' οἷον ἐνομίζετο παρὰ τοῖς ἀνδράσιν ἐκείνοις, ὥσπερ τὸ ὑπὸ Ἱέρακος πεποιημένον πρὸς τὴν ἀγωνίαν ταύτην, ὃ ἐκαλεῖτο Ἐνδρομή· (263) ὅμως δὲ καὶ εἰ ἀσθενές τι καὶ οὐ κεκριμένον, ἀλλ' οὖν προσαυλεῖται.

c. 27 (264) Ἐπὶ μέντοι τῶν ἔτι ἀρχαιοτέρων οὐδ' εἰδέναι φασὶ τοὺς Ἕλληνας τὴν θεατρικὴν μοῦσαν· (265) ὅλην δ' αὐτοῖς τὴν ἐπιστήμην πρός τε θεῶν τιμὴν καὶ τὴν τῶν νέων παίδευσιν παραλαμβά-
B νεσθαι, μηδὲ τὸ παράπαν ἤδη θεάτρου παρὰ τοῖς ἀνδράσιν ἐκείνοις κατεσκευασμένου, ἀλλ' ἔτι τῆς μουσικῆς ἐν τοῖς ἱεροῖς ἀναστρεφομένης, ἐν οἷς τιμήν τε τοῦ θείου διὰ ταύτης ἐποιοῦντο καὶ τῶν ἀγαθῶν ἀνδρῶν ἐπαίνους· (266) εἰκὸς *δ' ὅτι <καὶ> τὸ θέατρον ὕστερον καὶ τὸ θεωρεῖν πολὺ πρότερον ἀπὸ τοῦ θεοῦ τὴν προσηγορίαν ἔλαβεν. (267) Ἐπὶ μέντοι τῶν καθ' ἡμᾶς χρόνων τοσοῦτον ἐπιδέδωκε τὸ τῆς διαφθορᾶς εἶδος, ὥστε τοῦ μὲν παιδευτικοῦ τρόπου
F μηδεμίαν μνείαν μηδ' ἀντίληψιν εἶναι, πάντας δὲ τοὺς μουσικῆς ἁπτομένους πρὸς τὴν θεατρικὴν προσκεχωρηκέναι μοῦσαν.

N. C. — 262 προσαυλεῖσθαι] P : προσαυλῆσαι· ; Par. 3 : προαυλεῖσθαι. — κεκριμένον Par. 4 : κεκρυμμένον. — τὸ ὑπὸ Ἱέρακος] AEP : τοῦ Ἱέρακος (om. ὑπό). — 263. P : ἀσθενές ἐστι. — κεκριμένον] Par. 4 : κεκρυμμένον. — προσαυλεῖται] Par. 3 : προαυλεῖται. — 264. Ἐπὶ P : ἐπεὶ. — ἔτι] om. Par. 5 adscripta nota lacunae. — 265. αὐτοῖς libri. Editores omnes : αὐτῆς. Correx. — τῆς μουσικῆς] P : τοῖς μουσικῆς. — τιμήν om. Par. 5. — 266. εἰκὸς δ' ὅτι καὶ Dübner. Libri : εἰκὸς δ' ὅτι εἶναι. Wyttenbach : εἰκός τε ἐντεῦθεν ὅτι ; Volkmann : εἰκὸς δ' ὅτι: Westphal, Bernard. : εἰκὸς δ' εἶναι ὅτι sic vulgo ante Wytt. . — θέατρον Barb. : θάττρον. — 267. διαφθορᾶς] V, R3. Celeri (?) διαφορᾶς. Corr. jam Burette. — προσκεχωρηκέναι] AP : προσχωρηκέναι.

---

rappelait sa stèle à Olympie (Paus., VI, 14, 10). Quant à Hiérax, l' « Épervier », élève, serviteur ou amant d Olympos, mort jeune comme Linos, il a tout l'air d'un personnage mythique, né du nom incompris d'une composition musicale. Un μέλος ἱεράκιον s'exécutait sur des flutes partheniennes pendant la fête argienne des Anthesphories d'Héra (Pollux, IV, 78). On connaissait aussi un νόμος Ἱέρακος, peut-être identique au melos du même nom, et qu'on oppose aux νόμοι de Zeus et d'Apollon Pollux, IV, 79 ; Épicratès, II, 282 Kock = Ath., XIII, 570 B).

265. Les deux objets assignés ici à l'ancienne musique, l'invocation

vérité, on ne joue plus rien de choisi ni d'ancien, comme il était prescrit chez ces hommes d'autrefois, tel, par exemple, que l'air composé par Hiérax pour ce concours et appelé la Courante ; pourtant, quoique faible et commun, l'air de flûte s'est maintenu dans l'usage.

« A une époque encore plus reculée, les Grecs, dit-on, ne connaissaient même pas la musique de théâtre ; cet art, chez eux, était tout entier consacré au culte des dieux et à l'éducation de la jeunesse. Parmi ces hommes il n'y avait même point encore de théâtre construit ; la musique, renfermée encore dans l'enceinte des temples, y servait à honorer la divinité et à chanter la louange des braves. Il y a même apparence que le mot théâtre, d'une introduction récente, et le mot *théôrein* (assister à une fête), beaucoup plus ancien, dérivent l'un et l'autre de *théos* (dieu). Mais de nos jours le style de décadence a tellement prévalu, qu'on a perdu jusqu'au souvenir et à l'intelligence du style éducatif, et que tous ceux qui cultivent la musique s'adonnent uniquement à la muse de théâtre.

<small>*Musique religieuse et musique de théâtre.*</small>

---

des dieux et l'éloge des héros, correspondent à la division classique des poésies lyriques en ὕμνοι et ἐγκώμια (Proclus, p. 243 Westph., etc.).

266. Ces étymologies sont mauvaises, quoique celle de θεωρός se retrouve ailleurs (Pollux, II, 55 : ἀπὸ τοῦ πρὸς θεόν ὁρούειν ; Harp. Hesych., s. v.). En réalité, θεωρός et θέατρον se rattachent à θέα, spectacle, θεάομαι, contempler, non à θεός ; cf. Pollux, *loc. cit.* (d'après une autre source. Le second composant dans θεωρός (cp. πυλωρός) est douteux ; on peut hésiter entre le vieux mot ὥρα, *sollicitudo*, et le suffixe ρός (θαο-ρός, θεω-ρός .

267. Dans un fragment célèbre, (fr. 90 = Ath., XIV, 632 A) Aristoxène se compare, lui et ses amis, aux habitants de Posidonia (Paestum) qui, barbarisés par la conquête étrusque ou romaine (?), célèbrent encore une de leurs anciennes fêtes grecques, et, au souvenir des vieux usages et des noms anciens, fondent en larmes. Οὕτω δὴ, καὶ ἡμεῖς, ἐπειδὴ καὶ τὰ θέατρα ἐκβεβαρβάρωται καὶ εἰς μεγάλην διαφθορὰν προελήλυθεν ἡ πάνδημος αὕτη μουσική, καθ' αὑτοὺς γενόμενοι ὀλίγοι ἀναμιμνησκόμενοι, οἷα ἦν ἡ μουσική. Tout le contexte dans Athénée provient d'Aristoxène. Ce rapprochement achève de prouver que notre texte a la même provenance.

c. 28 (**268**) Εἴποι τις · « ὦ τᾶν, οὐδὲν οὖν ὑπὸ τῶν ἀρχαίων προσεξεύρηται καὶ κεκαινοτόμηται; » (**269**) Φημὶ καὶ αὐτός, ὅτι προσεξεύρηται, ἀλλὰ μετὰ τοῦ σεμνοῦ καὶ πρέποντος.

(**270**) Οἱ γὰρ ἱστορήσαντες τὰ τοιαῦτα Τερπάνδρωι μὲν τήν τε Δώριον νήτην προσετίθεσαν, οὐ χρησαμένων αὐτῆι τῶν ἔμπροσθεν κατὰ τὸ μέλος, (***) (**271**) καὶ τὸν τῆς ὀρθίου μελωιδίας τρόπον

N. C. — 268. Bernardakis : « forte supplendum ἴσως δ'] ἂν εἴποι, etc. ». — 271-272, 273. *Libri* 273, 271-272. *Correximus.*

---

270. Οἱ ἱστορήσαντες τὰ τοιαῦτα sont sans doute les auteurs de la compilation anonyme citée ailleurs sous le titre de οἱ ἁρμονικοί (§ 88) ou de τὰ ἱστορικὰ τῆς ἁρμονικῆς (§ 158). La suite du développement montre que ce recueil renfermait aussi des renseignements relatifs à l'histoire des innovations rythmiques. — Par Δώριος νήτη la source de Plutarque entend évidemment la νήτη διεζευγμένων par opposition à la νήτη συνημμένων. Elle est appelée dorienne parce que son emploi caractérise l'octocorde dorien sonnant l'octave de la nète, on a la gamme hypodorienne (fig. 30 B ; si l'on y ajoute, au contraire, à l'aigu une seconde nète, sonnant l'octave de l'hypate, on a le mixolydien de Lamproclès (fr. 30 C). L'introduction de la nète dorienne dans la musique de cithare paraît avoir déjà été attribuée à Terpandre par Pindare dans son scolion à Hiéron (fr. 125 Bergk Christ, cf. Aristoxène, fr. 66 Didot) en ces termes : τόν ῥα Τέρπανδρός ποθ' ὁ Λέσβιος εὗρε | πρῶτος ἐν δείπνοισι Λυδῶν ψαλμὸν ἀντίφθογγον ὑψηλᾶς ἀκούων

Fig. 30.

composé de deux tétracordes disjoints par un ton (fig. 30 D). Auparavant, la lyre se composait de deux tétracordes doriens conjoints (Arist., *Prob.*, XIX, 47, fig. 30 A), gamme qui est la source commune du mode éolien hypodorien) et du mode improprement appelé mixolydien depuis Lamproclès (§ 156). Si à cette gamme, que nous appellerons proto-éolienne, on ajoute au grave une hyperhypate, πηκτίδος. Les commentateurs anciens ont, ce semble, mal compris ce texte et cru que Pindare attribuait à Terpandre l'invention du barbitos Athénée, XIV, p. 635 D), alors qu'en réalité cet instrument est dû à Anacréon (ib., IV, p. 175 E . Voir, d'ailleurs, Aristote, *Prob.*, XIX, 32 : ἑπτὰ ἦσαν αἱ χορδαὶ τὸ ἀρχαῖον, εἶτ' ἐξελὼν τὴν τρίτην Τέρπανδρος (elle fut rétablie par les Pythagoriciens) τὴν νήτην (la nète

XV. — *Développements successifs de la musique ancienne.*

« Mais, me dira-t-on, mon cher, les anciens n'ont donc jamais rien ajouté en musique, rien innové ? — Si fait, ils ont ajouté, mais toujours en respectant la gravité et la décence.

La musique ancienne n'a pas été immobile.

« En effet, ceux qui ont écrit cette histoire ont attribué à Terpandre l'introduction de la nète dorienne, que ses prédécesseurs n'employaient pas dans le chant; puis le genre de mélodie dit orthien qui emploie les pieds orthiens, et,

Inventions de Terpandre.

διεζευγμένων) προσέθηκε καὶ ἐπὶ τούτου ἐκλήθη διὰ πασῶν, etc. (Terpandre lui-même, fr. 5, appelle son instrument ἑπτάτονος). Terpandre n'employa sans doute la nète que dans ses compositions doriennes, comme l'hymne à Zeus (Τερπάνδρωι πρὸς ἁρμονίαν τὴν Δώριον ὑμνοῦντι τὸν Δία, Clém. Alex., *Strom.*, VI, 11, p. 309 Migne). — Plutarque ajoute qu'avant Terpandre les musiciens ne se servaient pas de la nète κατὰ τὸ μέλος, mais cette observation, qui semble impliquer qu'ils s'en servaient dans la κροῦσις, ne peut s'appliquer à la musique de cordes où, d'après Plutarque lui-même, jusqu'à Archiloque le chant et l'accompagnement étaient toujours à l'unisson (§ 285). Si l'on ne veut pas voir dans ces mots une simple superfétation, il faut en conclure que Terpandre s'était inspiré, dans son innovation, de la musique de flûte où nous avons vu (§ 176) que la nète s'employait de tout temps dans l'accompagnement, mais non κατὰ τὸ μέλος (§ 177).

271. La « mélodie orthienne » est, comme son nom l'indique, une mélodie écrite dans une tessiture claire, perçante, c'est-à-dire aiguë ; c'était sans doute celle du nome ὄρθιος de Terpandre note 44 ; par extension, le rythme dans lequel était écrit ce nome prit le nom d'orthien (κατὰ τοὺς ὀρθίους). Aristide Quintilien définit ainsi ce rythme (I, 16, p. 37 Meib.) : ὄρθιος ὁ ἐκ τετρασήμου ἄρσεως καὶ ὀκτασήμου θέσεως, c'est-à-dire 𝅗𝅥 𝅝. Contrairement à l'avis de beaucoup de métriciens modernes, nous croyons que la θέσις se chantait sur une seule syllabe et ne pouvait se dédoubler : c'était aussi l'opinion de Bœckh (*De metris Pindari*, p. 23); autrement Aristide Quintilien aurait écrit δύο μακραὶ θέσεις comme à la page 39 M. L'orthios était donc un « grand iambe » et non un grand tribraque (molosse). Aristide Quintilien (p. 98 M.) signale la solennité de ce rythme. Quant à savoir s'il se retrouve réellement dans un des fragments vrais ou prétendus de Terpandre, ou même s'il est vrai que Terpandre en ait fait usage (ailleurs, § 37 et note, on nous a dit que tous les nomes de Terpandre étaient en hexamètres), c'est une question qui nous paraît insoluble dans l'état des textes. — Le nom d'*orthius* est encore donné par Diomède à un pied de 8 temps (— ⏑ ⏑ — —) et à un de 5 temps (⏑ ⏑ ⏑ ⏑ ⏑, le pentabraque; d'autre part, Bacchius, p. 315 Jan, appelle ainsi un iambe commençant par une longue irrationnelle. Ces renseignements ne méritent aucune créance.

τὸν κατὰ τοὺς ὀρθίους, (272) πρὸς <τε> *τῶι *ὀρθίωι <καὶ τὸν> σημαντὸν τροχαῖον · **(273) καὶ τὸν μιξολύδιον δὲ τόνον ὅλον προσεξευρῆσθαι λέγεται· ** (274 *ἔτι δέ, καθάπερ Πίνδαρός φησι, καὶ τῶν σκολιῶν μελῶν Τέρπανδρος εὑρετὴς ἦν.

(275) Ἀλλὰ μὴν καὶ Ἀρχίλοχος τὴν τῶν τριμέτρων ῥυθμοποιίαν προσεξεῦρε, (276) καὶ τὴν εἰς τοὺς οὐχ ὁμογενεῖς ῥυθμοὺς ἔντασιν, (277) καὶ τὴν παρακαταλογὴν καὶ τὴν περὶ ταῦτα κροῦσιν. (278)

N. C. — 272. πρὸς... τροχαῖον] *Libri :* πρὸς τὸν ὄρθιον σημαντὸν (Amyot : σημάντορα) τροχαῖον. *Corr. Rossbach.* Burette : τὸν κατὰ τοὺς ῥυθμοὺς, τὸν ὄρθιον καὶ τὸν σημ. τροχ. — 273. προσεξευρῆσθαι] malimus προσεξεύρασθαι (cf. 154). — 274. ἔτι] *Libri :* εἰ, *corr. Wytt.* — εὑρετὴς ἦν] E : ἦν εὑρετής; Par. 4 : ἀρατής cum signo mendae; Par. 5 : ἀρετῆς. — 275. τριμέτρων] F2 : μέτρων. — 276. τὴν εἰς τοὺς εἰς om. AEP. — ἔντασιν] libri; olim vulgo ἔνστασιν; corr. Bur.

---

272. Le « trochée sémantique » est le contraire de l'orthios : c'est un grand trochée de 12 temps ⌊8⌋ ⌊4⌋. Voir Aristide Quintilien, I, 16, p. 37 M. : τροχαῖος σημαντὸς ὁ ἐξ ὀκτασήμου θέσεως καὶ τετρασήμου ἄρσεως — σημαντὸς δέ, ὅτι βραδὺς ὢν τοῖς χρόνοις ἐπιτεχνηταῖς χρῆται σημασίαις, παρακολουθήσεως ἕνεκα διπλασιάζων τὰς θέσεις. C'est-à-dire qu'on battait deux fois le temps fort, ce qui ne signifie pas qu'on pouvait le dédoubler mélodiquement. Le nome τροχαῖος de Terpandre était probablement écrit en grands trochées (note 44, mais toutes les tentatives faites pour retrouver ce rythme dans les fr. de Terpandre nous paraissent vaines. — Il est remarquable que Plutarque ne parle pas d'un autre pied de même famille et de même allure majestueuse que l'orthios et le grand trochée, nous voulons dire le grand spondée, σπονδεῖος μείζων, également décrit par AristideQuintilien p. 36 M. et qui avait pour valeur rythmique ⌊4⌋ ⌊4⌋. Nous croirions volontiers reconnaître ce rythme dans les fr. 1 et 3 ? de Terpandre.

273. Cette phrase (qui, à l'origine, a dû former une note) ne peut pas être conservée à la place où la donnent les manuscrits, car les mots τὴν τε Δώριον νήτην du § 270 exigent que la seconde invention attribuée à Terpandre soit également sous la dépendance du verbe προσετίθεσαν. Quoi qu'il en soit, nous voyons que certains historiens attribuaient à Terpandre l'invention de la mixolydisti, qu'Aristoxène donnait à Sappho, Clément d'Alexandrie à Marsyas (note 154). Terpandre et Sappho appartiennent tous deux à l'école éolienne ; la différence chronologique n'est pas très grande. Nous croyons néanmoins que les auteurs suivis ici par Plutarque se sont trompés en confondant le mixolydien primitif, qui (son nom l'indique) était une combinaison du mode dorien avec le mode lydien (§ 156, et le mixolydien de Lamproclès, qui n'est pas autre chose qu'un heptacorde dorien conjoint, plus un ton séparatif. A distance, Terpandre pouvait être considéré comme l'inventeur de ce dernier mode, qui se composait de son heptacorde usuel, plus la « nète dorienne » introduite par lui. Le mot ὅλον s'oppose au §270,

outre l'orthien, le trochée sémantique. On dit aussi qu'il inventa le mode mixolydien tout entier. En outre, comme le dit Pindare, Terpandre fut l'inventeur des chansons de table dites scolies.

« Semblablement, Archiloque inventa la rythmopée des trimètres, et leur combinaison avec des rythmes d'une autre espèce, puis la paracataloge et l'accompagnement instrumental qui convient à ces diverses formes de chant.

Inventions d'Archiloque.

où il n'était question que de l'addition d'une note au mode dorien. Burette considère προσεξ. comme un passif et traduit : « on dit aussi que le mode mixolydien a été entièrement trouvé après les autres ».

274. Ce texte, méprisé par Bergk (*Gr. Lit.*, II, 217), négligé par Reitzenstein (*Epigramm und Skolion*, 1893) et qui ne figure pas dans les fr. de Pindare, est probablement extrait du scolion à Hiéron, cité note 270. Quant à sa valeur historique elle est douteuse ; le plus ancien auteur de *scolia* connu est un Ionien, Pythermos de Téos (Ath. XIV, p. 625 C .

275. Sur les inventions rythmiques d'Archiloque en général, voir Marius Victorinus, IV, 1, 17 ; il semble d'ailleurs qu'on ait groupé sous ce nom célèbre beaucoup d'inventions ou plus anciennes ou plus récentes. — Notre texte lui attribue d'abord la rythmopée des trimètres (iambiques) ; il est, en effet, le plus ancien poète qui ait élevé à la dignité littéraire le rythme iambique, d'origine populaire ; mais c'est aller trop loin que de lui attribuer, avec Horace (A. P. 79 , Ovide (*Ibis*, 521 et divers métriciens, l'invention de l'iambe lui-même. En ce qui concerne le trimètre, nous n'osons alléguer contre la priorité d'Archiloque le *Margitès*, dont la véritable date est inconnue.

276. ἐντείνω (*intendere*) signifie parfois mettre en vers un texte prosaïque (Plut. *Solon*, 3 ; Platon, *Phé-*

don, p. 60 D etc.). Ici, il semble que ἔντασιν ait encore pour complément τριμέτρων et qu'il s'agisse de la combinaison, dans un même couplet, du *trimètre* iambique avec d'autres formes rythmiques, d'un γένος différent. Des exemples de ces combinaisons seront donnés plus loin (note 281, 3° ; note 282). Il y en a encore d'autres, comme le distique composé d'un hexamètre dactylique et d'un trimètre iambique (Horace, *Epode* XVI).

277. La paracataloge, comme l'indique l'étymologie, est un genre de débit semblable (παρά, cp. πάριπος), mais non identique, à la simple récitation (καταλογή, de καταλέγω). Elle se distingue de la récitation pure et simple par l'accompagnement instrumental, peut-être aussi par une certaine emphase rythmique, une scansion nettement mesurée et comme martelée ; elle se distingue du chant par l'absence de toute mélodie proprement dite, autre que le *mélos* naturel des accents toniques. De là l'effet tragique, pathétique, de la παρακαταλογή survenant au milieu de parties chantées, ἐν ταῖς ᾠδαῖς (Arist., *Prob.*, XIX, 6) : c'est notre récitation mélodramatique, non le récitatif chanté. Cf. Christ, *Die Parakataloge im griechischen und römischen Drama*, dans les *Abhandlungen der Bayrischen Akademie*, XIII, p. 155-222. — Τὴν περὶ ταῦτα κροῦσιν désigne en général les différents modes d'ac-

Πρώτωι δ' αὐτῶι τά τ' ἐπωιδὰ καὶ τὰ τετράμετρα καὶ τὸ * κρητικὸν καὶ τὸ προσοδιακὸν ἀποδέδοται, (279) καὶ ἡ τοῦ * ἡρώιου αὔξησις, (280) ὑπ' ἐνίων δὲ καὶ τὸ ἐλεγεῖον · (281) πρὸς δὲ τούτοις ἥ τε τοῦ

N. C. — **278.** κρητικόν] *libri* προκριτικόν, *corr. Burette* (Ritschl : προκρητικόν). — **279.** τοῦ ἡρώιου] *libri* τοῦ πρώτου Par. 4, 5 : τοῦ omisso ηρ. aut πρ.), Par. 3, V3 : τούτου. *Corr. Salmasius*.

---

compagnement musical dont Archiloque soutenait les iambes purs ou mélangés, chantés ou déclamés : car la παρακαταλογή elle-même, comme nous le verrons tout de suite 283), comportait un accompagnement de ce genre.
278. L'ἐπωιδόν (je ne connais pas d'autre exemple de ce neutre est un poème en distiques, le second vers (στίχος ἐπωιδός) plus court que le premier. La disposition la plus ordinaire est celle qui combine un trimètre iambique avec un dimètre :

πάτερ Λυκάμβα ποῖον ἐφράσω τόδε ;
τίς σὰς παρήειρε φρένας ;

(Archiloque, fr. 94 B.). Tout un livre d'Horace, imité d'Archiloque, est intitulé *Epodón liber*. On y rencontre quelquefois le mélange des genres. — Les τετράμετρα sont les tétramètres trochaïques catalectiques, abondamment représentés dans les fragments d'Archiloque (fr. 50-78 Bergk, 47-73 Crusius). Ce vers s'appelait, en effet, souvent τετράμετρον par excellence (Aristote, *Rhét.*, III, 8 ; Suidas, v. Φρύνιχος). C'est le *metrum Archilochium* de Marius Victorinus. — Le mot κρητικόν désigne dans la terminologie antique tantôt un pied de 5 temps — ∪ — équivalent au péon, tantôt un ditrochée — ∪ — ∪ où le premier trochée représente le temps fort, le second le temps faible (Arist. Quint., I, 17, p. 40 Meib.). La première acception doit être exclue, entre autres raisons, parce qu'elle est trop directement en contradiction avec ce qu'on a vu plus haut (§ 99), qu'Archiloque n'a pas employé παίωνα καὶ κρητικὸν ῥυθμόν. (Il est vrai que de toutes façons ce texte est difficilement conciliable avec le nôtre). Reste le ditrochée que précisément Aristoxène appelait κρητικός (Schol. Heph. p. 173 Gaisf. διτρόχαιος... ὁ καὶ κρητικὸς κατ' Ἀριστόξενον ; cf. le fr. Grenfell, II, 7). Plutarque a surtout en vue ici la combinaison de deux ditrochées, le second catalectique, qu'on appelle vulgairement *ithyphallique* (χάρψεται γὰρ ἤδη, fr. 100 ; il y a de nombreux exemples de ce mètre dans Archiloque et l'invention lui en est attribuée par Héphestion (c. 6). — Quant au prosodiaque, ainsi nommé de son emploi dans les chants processionnels (προσόδια), c'est, d'après l'analyse la plus simple (Héphestion, c. 15, etc. , un mètre composé d'un ionique majeur et d'un choriambe ; exemple (Sappho, fr. 82 Bergk : αὖτα δὲ σὺ Καλλιόπα. La première longue de l'ionique peut être remplacée par une brève : τὸν Ἑλλάδος ἀγαθέας, Plut., *Lysand.* 18.) Ce prosodiaque est aussi nommé ἐνόπλιος Schol. *Nub.* 651 . Par extension on trouve aussi le nom de prosodiaque appliqué : 1º au mètre ∪∪ — ∪∪ — Arist. Quint.,I, 17, p. 39 M. avec la correction de Westphal, *Gr. Rythm.*, p. 119), qui est en réalité anapestique ; 2º à la tripodie dactylique (Schol., *Hecub.* 461) ; 3º à l'antibacchius — — ∪ employé soi-disant dans les processions dionysiaques (Schol. Heph., p. 134 Westphal) ; 4º à des combinaisons variées de l'ionique

On lui attribue aussi le premier emploi des épodes, des tétramètres (trochaïques), du crétique (ditrochée) et du prosodiaque, l'allongement du vers héroïque, et, suivant quelques-uns même, le distique élégiaque; en outre, la majeur ou mineur avec le choriambe, le diiambe et le molosse (Denys, *De comp. verb.* 4). Dans les fragments d'Archiloque le prosodiaque proprement dit se rencontre seulement en combinaison avec le dimètre iambique (fr. 79) :

$$\smile - \smile \smile | - \smile \smile - | \smile - \smile - | \smile$$
Ἐρασμονίδη Χαρίλαε, χρῆμά τοι γέ-
$$\overline{\lambda\text{οῖον.}}$$

C'est le *metrum prosodiacum hyporchematicum* de Plotius. En analysant ce vers, les métriciens ont préféré isoler les six dernières syllabes pour en faire un ithyphallique et rattacher la syllabe précédente au premier κῶλον, de manière à composer un prosodiaque hypermètre (Héph., c. 15; cp. Christ, *Metrik*, p. 570). Cette division, conforme aux césures d'Archiloque, est en contradiction avec la pratique de Cratinos (Héph., *ibid.*); le vers tout entier peut être considéré comme un tétramètre ionique, admettant les substitutions connues du choriambe et du diiambe. Au surplus, il ne nous paraît pas du tout impossible que par προσοδιακός l'auteur copié par Plutarque n'ait entendu tout simplement le rythme anapestique; nous avons vu plus haut (note 84) que le mot ἐνόπλιος paraît avoir eu primitivement le même sens. Voir *infrà*, note 289.

279. L' « augmentation du vers héroïque » paraît désigner, comme l'a conjecturé Rossbach (*Specielle Metrik*, p. 384) le grand Archiloquien : οὐκέθ'
$$\smile | - \quad - | - \quad \smile \smile | - \quad \smile \smile | | - \quad \smile | -$$
ὁμῶς θάλλεις ἁπαλόν χρόα· κάρφεται γάρ ἤδη. Ce vers qui a une syllabe de plus que l'hexamètre dactylique (d'où le terme ici employé) peut être scandé de différentes façons :

soit en 6 mesures (dont la 5ᵉ serait un ditrochée *accéléré*), soit en 8, comme nous l'avons marqué. C'est en tout cas « un asynartète composée d'une tétrapodie dactylique et d'un ithyphallique » (Héphestion, XV, 2).

280. Le pentamètre, du moins sous sa forme purement dactylique, est quelquefois qualifié de Ἀρχιλογεῖον (Héliodore dans Schol. Aristoph., *Pac.* 1199; Plotius, p. 512). D'autres attribuaient l'invention du distique élégiaque à Callinos (Schol. Bob. sur le *Pro Archia*, p. 358 Orelli; Terent. Maurus, etc.), tandis qu'Horace (A. P. 77-78) et Didyme laissaient la question incertaine; elle est encore aujourd'hui controversée, ainsi que l'antériorité relative de Callinos et d'Archiloque. Mais Plutarque aurait pu se rappeler que plus haut (§ 39) il a attribué des distiques élégiaques à Clonas et admis que Clonas était plus ancien qu'Archiloque (§ 52).

281. Sur le péon ἐπιβατός (par opposition au péon διάγυιος, $- \smile \smile \smile$) nous ne possédons que les renseignements d'Aristide Quintilien : dans le premier passage (I, 16, p. 38 M.) il le déclare formé d'une *thésis* longue, d'une *arsis* longue, de deux *thésis* longues et d'une *arsis* longue, soit : $\underline{\ } \ \underline{\ } \ \underline{\ } \ \underline{\ } \ \underline{\ }$; dans le second (II, 15, p. 98 M.), il dit que ce mètre trouble l'âme par la double *thésis* et l'élève par la grandeur de l'*arsis* (τῶι μεγέθει τῆς ἄρσεως), ce qui n'est guère compréhensible. Il y a apparence (comme l'a supposé Buchholtz) que ce mètre dérive de l'antique invocation Ἰὴ παιήων. En tout cas, notre texte est inconciliable avec le § 99 où Plutarque (Glaucos?) nous a déclaré

ἰαμβείου πρὸς τὸν ἐπιβατὸν παίωνα ἔντασις, (282) καὶ ἡ τοῦ
ηὐξημένου ἡρώιου εἴς τε τὸ προσοδιακὸν καὶ τὸ κρητικόν. (283)
Ἔτι δὲ τῶν ἰαμβείων τὸ τὰ μὲν λέγεσθαι παρὰ τὴν κροῦσιν τὰ δ'
ᾄδεσθαι, Ἀρχίλοχόν φασι καταδεῖξαι, (284) εἶθ' οὕτω χρήσασθαι
τοὺς τραγικοὺς ποιητάς, Κρέξον δὲ λαβόντα εἰς * διθυράμβων χρῆσιν
B ἀγαγεῖν. (285) Οἴονται δὲ καὶ τὴν κροῦσιν τὴν ὑπὸ τὴν ᾠδὴν
τοῦτον πρῶτον εὑρεῖν, τοὺς δ' ἀρχαίους * πάντα πρόσχορδα κρούειν.

N. C· — 281. ἐπιβατόν] Par. 3 : ἐπεμβατόν. — 282. καὶ ἡ τοῦ] ἡ om. AEP.
— τὸ προσοδ.. τὸ κρητ.] Par. 3 et Ritschl., alii. Ceteri libri (etiam V) τὸν προσ.,
τὸν κρητ. — 284. εἰς διθυράμβων χρῆσιν] *AER* : εἰς διθύραμβον χρῆσιν ; V, Par. 4, 5, F2, Barb. : εἰς διθύραμβον χρήσασθαι ; *Par. 3* : εἰς
δισύλλαδον χρήσασθαι. Corr. *Volkmann*. — 285. τοῦτον] Par. 5 : τοῦτο.
— πάντα] libri πάντας, corr. *Westphal*.

qu'Archiloque ignorait les rythmes hémioles. Il y a lieu de croire que le grammairien copié ici par Plutarque appelait péon épibate la penthémimère dactylique ⊥ ⌣⌣ ⊥ ⌣⌣ ⊥, qui compte, comme lui, 10 temps, et dont Archiloque offre, en effet, de nombreux exemples en combinaison ἔντασις) avec des mètres iambiques. Exemples : 1° penthémimère + dimètre iambique : ἀλλά μ' ὁ λυσιμελής, ὦ 'ταῖρε, δάμναται πόθος (fr. 85); 2° dimètre iambique + penthémimère : nivesque deducunt Iovem, nunc mare nunc siluae (Horace, *Epod.* 13 ; cf. Servius, p. 377); 3° trimètre iambique (ἰαμβεῖον) + penthémimère : ἐρέω τιν' ὑμῖν αἶνον, ὦ Κηρυκίδη, ἀχνυμένη σκυτάλη (fr. 104).

282. Les fr. d'Archiloque n'offrent aucun exemple des deux (?) combinaisons ici mentionnées : le grand Archiloquien (héroïque augmenté n'y apparaît en combinaison qu'avec le trimètre iambique catalectique (fr. 103). Cependant, comme d'après Héphestion (p. 50 West.) le grand archiloquien était très fréquent παρὰ τοῖς νεωτέροις et qu'il s'y montre dans toutes sortes de combinaisons (Rossbach, p. 385-6), il n'est pas du tout impossible que les deux mentionnées par Plutarque se rencontrassent réellement soit chez le créateur du mètre, soit chez ses imitateurs.

283-284. Nous savons (Phillis ap. Ath., XIV, p. 636 B) qu'on appelait ἰαμβύκη l'instrument dont on accompagnait les iambes chantés, et κλεψίαμβος celui ἐν οἷς παρ[ακατ]ελογίζοντο τὰ ἐν τοῖς μέτροις (? τριμέτροις ?). Plus tard, au temps de Socrate, l'acteur Nicostratos récitait (κατέλεγεν) des tétramètres (trochaïques avec accompagnement de flûte Xénophon, *Sympos.* VI, 3). — La phrase de Plutarque est un peu vague : elle semble signifier que les tragiques et les dithyrambistes (depuis Crexos) ont emprunté à Archiloque ce double mode d'exécution des iambes : la récitation accompagnée et le chant proprement dit ; il faudrait y ajouter, au moins pour la tragédie, la récitation sans accompagnement, qui était de règle dans le dialogue iambique. La récitation avec accompagnement n'est pas autre chose, semble-t-il, que la combinaison du vers iambique avec le péon épibate et celle du vers héroïque allongé avec le prosodiaque et le crétique. De plus, c'est Archiloque, dit-on, qui enseigna tantôt de chanter les vers iambiques, tantôt de les réciter aux sons d'un instrument; les poètes tragiques lui auraient emprunté cet usage et Crexos s'en empara à son tour pour le dithyrambe. On pense aussi que c'est Archiloque le premier qui imagina l'accompagnement divergent, à l'aigu du chant, tandis que chez les anciens l'accompagnement était toujours à l'unisson.

παρακαταλογή dont il a déjà été question (note 277); dans la tragédie elle trouvait surtout son emploi dans les trimètres intercalés parmi des vers lyriques, au milieu d'un Κομμός. — Crexos, déjà nommé au § 124 parmi les corrupteurs de la musique, est encore mentionné par Philodème (De musica, p. 74 Kemke) : τὸ τοῦ Κρέξου ποίημα, καίπερ οὐκ ὂν ἀνάρμοστον, πολὺ σεμνότερον φαίνεσθαι τοῦ μέλους προστεθέντος.

285. Dans la plus ancienne terminologie musicale des Grecs, qui dérive du jeu de la lyre, les notes les plus *graves* sont dites « plus hautes », ὑπέρ, les plus *aiguës* sont dites « plus basses », ὑπό (cf. Jan, *Musici script.*, p. 143 suiv., et dans les *Neue Jahrbücher für Philologie*, t. CIII, p. 369). Des traces de cet usage sont les noms ὑπάτη (= ὑπερτάτη) pour la note la plus grave de l'heptacorde, ὑπερυπάτη pour celle qui la suit au grave (Thrasylle ap. Théon, p. 88 Hiller; Arist. Quint., I, 6), ὑπερπαρανήτη (= trité; Psellus ap. Vincent, *Notice*, p. 347), ὑπερμέση (= lichanos; Nicom., *Ench.*, 3, p. 242 Jan). Plus tard, une terminologie toute contraire, et identique à la nôtre, s'introduisit sous l'influence du jeu de la flûte, où effectivement les sons les plus graves sont donnés par les trous les plus bas, les plus éloignés de la bouche. Ce langage nouveau s'insinuait déjà au IVᵉ siècle (Héraclide ap. Ath., XIV, 625 A; Aristoxène, p. 38 M.); il avait triomphé au temps de Ptolémée, bien que celui-ci, copiant un auteur plus ancien, le critique encore (*Harm.*, II, 10). Dans notre passage, l'auteur suivi par Plutarque se sert encore, à notre avis, de la terminologie ancienne : κροῦσις ὑπὸ τὴν ᾠδήν signifie pour lui un accompagnement à *l'aigu* du chant (cp. Arist., *Prob.* XIX, 39 *b* : καθάπερ τοῖς ὑπὸ τὴν ᾠδὴν κρούουσιν) et nous savons, en effet, que tel était l'usage ordinaire dans la musique grecque (Arist., *Prob.*, XIX, 12; Plut., *Conj. praec.*, 11; *Quaest. conv.*, IX, 9; cf. Gevaert, I, 365). L'accompagnement ὑπὸ τὴν ᾠδήν de Plutarque, c'est donc, en définitive, la même chose que l'accompagnement divergent, l'hétérophonie que Platon (*Lois*, VII, p. 812 D) oppose, comme ici, à l'unisson, au πρόσχορδα κρούειν (cf. Arist. *Prob.* XIX, 9) et exclut de l'enseignement élémentaire. Très probablement, l'accompagnement hétérophone fut suggéré à Archiloque par le jeu de l'aulos double (cf. note 173); il s'introduisit aussi dans la musique concertante de cithare, σύγκρουσις (Ptol., *Harm.*, II, 12), mais ne pénétra jamais dans la musique purement vocale où les Grecs n'ont connu que le chant à l'unisson ou à l'octave (*Prob.*, XIX, 14, 18, 40).

c. 29 (**286**) Πολυμνήστωι δὲ τὸν θ' ὑπολύδιον νῦν ὀνομαζόμενον τόνον ἀνατιθέασι, (**287**) καὶ τὴν ἔκλυσιν καὶ τὴν ἐκβολὴν [πολὺ μείζω] πεποιηκέναι φασὶν αὐτόν.

(**288**) Καὶ αὐτὸν δὲ τὸν Ὄλυμπον ἐκεῖνον, ὧι δὴ τὴν ἀρχὴν τῆς Ἑλληνικῆς τε καὶ νομικῆς μούσης ἀποδιδόασι, τό τε τῆς ἁρμονίας

N. C. — **286.** Πολυμνήστωι] *libri* Πολυμνάστῳ, *correximus.* — τὸν θ' ὑπολύδιον] Par. 3 : τὸν καθυπολύδιον. — **287.** ἔκλυσιν] AE : ἔλκυσιν, P : ἔκλισιν. — Post ἐκβολὴν lacunam indicavit Westphal. — πολὺ μείζω] *inclusimus.* Vide not. exeg. — **288.** Par. 4 : καὶ αὐτὸν δὲ τὸν διὰ τον' (= διάτονον!) Ὄλυμπον. In A post δέ nescio quid erasum. V : αὐτὸν δὲ τὸν δὲ τον Ὄλ. — τό τε τῆς] Par. 4, 5 : τόν τε τῆς.

286. La figure 31 donne la forme de l'octave hypolydienne dans les deux premiers genres d'après Cléo-

Fig. 31

HYPOLYDIEN Diatonique

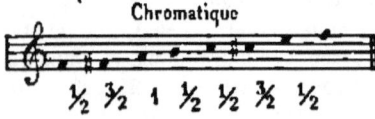

Chromatique

nide, c. 9, et Gaudence, c. 19. Leur forme enharmonique (fig. 32) est identique à la gamme enharmonique que décrit Aristide Quintilien (p. 22 Meib.) sous le nom de λυδιστί et qui, dans sa pensée, représente la chalarolydisti

Fig. 32.

de Platon. On en a donc conclu que le mode appelé hypolydien depuis la fin du IVᵉ siècle (τὸν ὑπολύδιον νῦν ὀνομαζόμενον τόνον) était identique à l'ancien mode charalydisti. Cependant il y a, contre cette identification, une grave objection : c'est que Polymnestos, auquel on attribue ici l'invention de l'hypolydien, est un compositeur du commencement du VIᵉ siècle (§ 62), tandis que Damon, Pythocleidès et Mélanippidès, qui ont été nommés plus haut (157-159) comme inventeurs de la chalarolydisti, appartiennent au Vᵉ siècle. Est-il admissible que, pour une invention de ce genre, la tradition ait pu hésiter entre des musiciens distants de plus de cent ans ? En dehors de la chalarolydisti, la seule harmonie platonicienne qui ne soit pas identifiée sûrement avec l'un des modes nouveaux du IIIᵉ siècle, c'est l'iastien (relâché) du § 157 (Platon, 398 E). Il est à la rigueur possible que ce soit cette harmonie qui ait pris, vers le temps d'Aristoxène, le nom d'hypolydienne, c'est-à-dire semblable au lydien relâché) : les deux modes, « dissolus et avinés », sont, en effet, de même famille, Polymnestos est un Ionien, et le caractère moral du mode ionien relâché s'accorde bien avec la réputation équivoque des Πολυμνάστια (note 42). On sait, en outre, que ce mode était déjà connu de Pratinas, c'est-à-dire vers l'an 500 (fr. 5 Bergk). Resterait, il est vrai, à expliquer l'erreur commise par Aristide Quintilien ou l'auteur qu'il copie.

287. D'après les théoriciens (Bacchius, § 41-42 ; Aristide Quintilien, I, 10, p. 28 Meib.), ces deux intervalles

DE LA MUSIQUE   113

« On fait honneur à Polymnestos du mode aujourd'hui   *Polymnestos.*
appelé hypolydien et l'on dit aussi qu'il créa l'eclysis (intervalle de 3/4 de ton) et l'ecbolé (5/4 de ton).

« Et cet Olympos lui-même, auquel on fait remonter l'ori-   *Olympos.*
gine de la musique hellénique et nomique, découvrit, dit-on,

exceptionnels, πάθη τῶν διαστημάτων, représentent l'un, l' ἔκλυσις, un intervalle *descendant* de trois diésis enharmoniques (3/4 de ton), l'autre, l'ἐκβολή, un intervalle *ascendant* de 5 diésis (5/4 de ton). (Nous avons vu plus haut, note 111, que, d'après Aristide Quintilien, l'intervalle ascendant de 3 diésis s'appelait σπονδειασμός; aucun auteur ne donne le nom de l'intervalle descendant de 5 diésis.) Bacchius prétend (§ 37 que ces deux intervalles se rencontraient dans le genre enharmonique; cela peut être vrai de l'ἐκβολή (voir, par exemple, note 116, fig. 10, dans le diagramme du phrygien enharmonique : l'intervalle entre le La et le Si altéré est ce mot négligemment écrit ou abrégé se sera introduit dans le texte sous la forme πολὺ μείζω.

288-291. Ce morceau ne vient pas à sa place chronologique, alors même qu'il s'agirait d'Olympos le jeune. Nous nous sommes cependant abstenus de proposer une transposition; de même que dans le discours de Lysias le chapitre sur Olympos (§ 75 suiv.) ne vient qu'après des détails sur des compositeurs beaucoup plus récents, ainsi il est fort possible que les « historiens de l'harmonique » abrégés par Plutarque aient commencé par rapporter les inventions dues à des compositeurs helléniques, Terpandre, Archiloque, Polymnestos,

une ἐκβολή), mais l'intervalle ne faisait pas partie de la *gamme* enharmonique; il en est de même de l'ἔκλυσις. En revanche, les deux intervalles se rencontraient dans la gamme du diatonique mou, μαλακόν (fig. 33), dont l'invention, dès lors appartient peut-être à Polymnestos : ce genre « amolli » convient à l'auteur des Πολυμνήστεια. — Les mots πολὺ μείζω n'ont aucun sens. Nous supposons qu'un commentateur aura écrit en marge de αὐτόν : Πολύμνηστον ou Πολύμνιστον et avant de passer à la part des Barbares. Il est même possible que le morceau sur Olympos soit puisé à une autre source (Aristoxène?) que les précédents, ce qui expliquerait la contradiction formelle entre les §§ 278 et 289, qui attribuent l'invention du prosodiaque l'un à Archiloque, l'autre à Olympos.

288. Sur l'invention du genre enharmonique par Olympos, voir plus haut l'extrait d'Aristoxène, § 104 suiv.

γένος ἐξευρεῖν φασι, (**289**) καὶ τῶν ῥυθμῶν τόν τε προσοδιακὸν ἐν ὧι· ὁ τοῦ Ἄρεως νόμος, (**290**) καὶ τὸν χορεῖον ὧι πολλῶι κέχρηται ἐν τοῖς Μητρώιοις · (**291**) ἔνιοι δὲ καὶ τὸν βαχχεῖον Ὄλυμπον οἴονται εὑρηκέναι.

(**292**) Δηλοῖ δ' ἕκαστον τῶν ἀρχαίων μελῶν, ὅτι ταῦθ' οὕτως ἔχει.

c (**293**) Λᾶσος δ' ὁ Ἑρμιονεύς, εἰς τὴν διθυραμβικὴν ἀγωγὴν μεταστήσας τοὺς ῥυθμοὺς καὶ τῆι τῶν αὐλῶν πολυφωνίαι κατακολουθή-

---

N. C. — 290. κέχρηται] Nonnulli edd. κέχρηνται (sic Venetus sec. Wytt. ?).
— 292. δηλοῖ] libri δῆλον, corr. Wytt. — οὕτως] Burette (et Amyot?) οὔπως.

---

289. Sur le prosodiaque voir plus haut note 278. Le nome (aulétique) à Arès paraît avoir été déjà mentionné plus haut § 166. Le rythme alerte et martial du prosodiaque, analogue ou identique à l'anapeste, convient très bien à un « nome » en l'honneur d'Arès : on se rappelle que ce rythme s'appelle aussi ἐνόπλιος Schol. Nub., 651). Cp. Xénophon, Anab., VI, 1, 11 : ἐπὶ δὲ τούτωι ἐπιόντες οἱ Μαντινεῖς καὶ ἄλλοι τινὲς τῶν Ἀρκάδων ἀναστάντες ἐξοπλισάμενοι ὡς ἐδύναντο κάλλιστα ἤιεσάν τε ἐν ῥυθμῶι πρὸς τὸν ἐνόπλιον ῥυθμὸν αὐλούμενοι καὶ ἐπαιάνισαν καὶ ὠρχήσαντο ὥσπερ ἐν ταῖς πρὸς τοὺς θεοὺς προσόδοις. Nous sommes portés à croire que les prétendus prosodiaques d'Olympos ne sont autres que des anapestes, souvent confondus avec les prosodiaques proprement dits. L'un des prosodiaques décrits par Aristide Quintilien (I, 17 n'est pas autre chose qu'une dipodie anapestique. Cf. la description de la fête des Hyacinthies lacédémoniennes Polycratès, FHG, IV, 480 = Didyme ap. Ath., IV, p. 139 D : παῖδές τε γὰρ κιθαρίζουσιν ἐν χιτῶσιν ἀνεζωσμένοις καὶ πρὸς αὐλόν (Wilamowitz rectè : προσόδιον) ἄιδοντες πάσας ἅμα τῶι πλήκτρωι τὰς χορδὰς ἐπιτρέχοντες (?) ἐν ῥυθμῶι μὲν ἀναπαίστωι, μετ' ὀξέος δὲ τόνου, τὸν θεὸν Ἀπόλλων? ἄιδουσιν.

290. Le mot χορεῖος, littéralement le « dansant », signifie soit le trochée — ⌣ Quintilien, IX, 4, 80 et 140 et beaucoup de grammairiens), soit le tribraque ⌣ ⌣ ⌣ (Arist. Quint., I, 22). Nous ne parlons pas des ἄλογοι χορεῖοι, ib., I, 17.) Il me paraît probable qu'il est pris ici dans le premier sens; le trochée pouvait d'ailleurs être remplacé par le tribraque de rythme trochaïque ⌣⌣ ⌣.Sur les Mètrôa airs de flûte dansants en l'honneur de la Mère des Dieux cf. suprà, note 182.

291. Le nom βακχεῖος a été employé pour les pieds les plus différents, tels que — — ⌣, ⌣ — — Schol. Heph., p. 134 , ⌣ ⌣ — — (Bacchius, § 101 , ⌣ — — ⌣. Arist. Quint. I, 16 . Ici, il nous paraît incontestablement désigner le pied appelé choriambe par les grammairiens — ⌣ ⌣ — Bassus, p. 263 : bacchium musici, choriambicon grammatici vocant; cp. Arist. Quint., loc. cit., et autres textes ap. Christ, Metrik, 2ᵉ éd., p. 460-461, auxquels il faut ajouter Aristoxène, fr. Grenfell, II, 12 ; on le désignait quelquefois plus précisément sous le nom de βακχεῖος κατὰ τροχαῖον Schol. Heph., p. 135 West-

le genre enharmonique, et parmi les rythmes, le prosodiaque, dans lequel est écrit le nome d'Arès, et le chorée, dont il fait grand usage dans les cantiques en l'honneur de la Mère des dieux; quelques-uns pensent qu'Olympos inventa aussi le bacchius (choriambe).

« Chacun des anciens airs prouve que les choses se sont passées ainsi.

XVI. — *Des corrupteurs de la musique.*

« Mais Lasos d'Hermione, en imprimant aux rythmes une allure dithyrambique, en s'inspirant de la multiplicité des

Lasos d'Hermione.

phal). C'est un rythme essentiellement dansant.

292. Les ἀρχαῖα μέλη sont les airs antérieurs à la fin du vie siècle; avec Lasos d'Hermione commence un nouveau chapitre dans l'histoire de la musique.

293. Chaméléon d'Héraclée avait écrit une biographie de Lasos (Ath. VIII, p. 338 B). Fils de Charminos, originaire d'Hermione, il naquit, d'après Suidas, dans la 58e Olympiade (548-545 avant J.-C.). Hipparque l'appela à Athènes où il démasqua l'imposture d'Onomacrite (Hérod. VII, 6). Il fut le rival de Simonide (Schol. *Vesp.* 1410) et le maître de Pindare (Thom. Magister). Lasos ne s'était pas borné à l'étude de la musique : il était un sophiste distingué ; ses bons mots, Λασίσματα, étaient célèbres (Hésych., Ath., VIII, 338 B-C) et quelques-uns le comptaient au nombre des sept sages (Suid., Diog. La. I, 42). Il s'occupa aussi de recherches acoustiques (Théon, c. 12) et écrivit le premier (Suid.) un ouvrage didactique sur la musique; la division de cet ouvrage (Mart. Capella, IX, p. 352 Eyss.) a été adoptée par tous ses successeurs. Comme musicien, Lasos composa notamment : 1° des hymnes, entre autres le fameux hymne à Déméter d'Hermione d'où la lettre *sigma* était exclue (Héracl. ap. Ath., XIV, p. 624 E ; cp. Pindare fr. 79, et Aristoxène ap. Ath. IX, p. 467 AB ; les *Centaures*, dont l'attribution était contestée, présentaient la même particularité); 2° des dithyrambes ou chœurs cycliques (Élien, *H. An.*, VII, 47). Il introduisit le premier (Suid.) ce genre dans les concours attiques, probablement en 508 (Marm. Par., ep. 46); par erreur, certains grammairiens le considéraient comme inventeur du dithyrambe (Schol. Pind. *Olymp.* XIII, 25; Schol. Aristoph., *Av.* 1403; Clém. Alex. *Strom.* I, 16, p. 791 Migne; Suid. v. κυκλοδιδάσκαλος). — Par διθυραμβικὴ ἀγωγή il faut entendre probablement la rythmopée libre du dithyrambe nouveau (cf. note 35), non soumis à la disposition antistrophique (Arist. *Prob.*, XIX, 15). Mais il est plus que douteux que Lasos ait déjà pratiqué cette licence : Denys (*De comp. verb.*, 19), opposant les libertés du nouveau dithyrambe au style réglé (τεταγμένος) de l'ancien, nomme comme premier novateur Timothée ; Aristote, Mélanippidès ; d'autres ont pensé à Pindare (*numerisque fertur lege solutis.* Horace, IV, 2, 11); mais les dithyrambes de Bacchylide sont encore antistrophiques.

σας, (**294**) πλείοσί τε φθόγγοις καὶ διερριμμένοις χρησάμενος, εἰς μετάθεσιν τὴν προϋπάρχουσαν ἤγαγε μουσικήν.

(295) Ἀλλὰ γὰρ καὶ αὐλητικὴ ἀφ' ἁπλουστέρας εἰς ποικιλωτέραν μεταβέβηκε μουσικήν. (296**) Τὸ γὰρ παλαιὸν [ἕως εἰς Μελα- D νιππίδην τὸν τῶν διθυράμβων ποιητήν] συμβεβήκει τοὺς αὐλητὰς παρὰ τῶν ποιητῶν λαμβάνειν τοὺς μισθούς, πρωταγωνιστούσης δηλονότι τῆς ποιήσεως, τῶν δ' αὐλητῶν ὑπηρετούντων τοῖς διδασκάλοις · (**297**) ὕστερον δὲ καὶ τοῦτο διεφθάρη...**

c. 30 (**298**) Ὁμοίως δὲ καὶ Μελανιππίδης ὁ μελοποιὸς ἐπιγενόμενος οὐκ ἐνέμεινε τῆι προϋπαρχούσηι μουσικῆι, ἀλλ' οὐδὲ Φιλόξενος, οὐδὲ Τιμόθεος · (**299**) [οὗτος γάρ, ἑπταφθόγγου τῆς λύρας ὑπαρ-

N. C. — **294.** προϋπάρχουσαν... μουσικήν] F2 : μουσικὴν προϋπάρχουσαν ἤγαγεν. — **295-7, 298-9.** *ita disposuit Wytt. Libri* 298-9, 295-7. — **295.** ἀφ'] om. Par. 3. — **296.** ἕως... ποιητήν] *inclusit Volkmann.* — **298.** οὐδὲ Τιμόθεος] *libri* ὁ δὲ Τιμόθεος.

294. La seconde innovation attribuée à Lasos n'est pas plus claire que la première. Bien entendu, il ne s'agit pas, comme l'a cru Westphal, de nouveautés « polyphoniques » au sens moderne; la polyphonie en question n'a rien à voir avec l'harmonie simultanée ; c'est celle qui résulte de l'emploi successif dans un même morceau de sons nombreux (πλείοσι), répartis sur une grande échelle (διερριμμένοις). Cette polyphonie, à l'époque de Lasos, n'était pas réalisable sur la cithare qui ne comptait que 7, tout au plus 8 cordes ; les instruments polychordes étaient réputés barbares; seules, outre la voix humaine, les flûtes permettaient ces effets, soit que le nombre des trous de chaque tuyau fût déjà supérieur à quatre (nous ignorons malheureusement l'époque de Diodore de Thèbes, auteur de ce progrès, Pollux IV, 80), soit qu'on combinât dans un même concert plusieurs flûtes de tessiture différente. Lasos avait donc profité dans ses compositions (pour la flûte ou la voix) de cette faculté nouvelle d'élargir le champ mélodique et de multiplier les notes ; mais on ne nous dit pas positivement qu'il ait augmenté le nombre des cordes de la lyre et il n'est jamais nommé parmi les auteurs de cette augmentation. Aussi n'avons-nous pu nous décider à rapprocher, avec Volkmann, le § 299 du § 294.

295. Les progrès ou, si l'on veut, les complications de l'aulétique furent surtout liés à deux inventions sur lesquelles nous sommes très mal édifiés : 1º celle des trous obliques, disposés par groupes susceptibles d'être fermés *simultanément* à l'aide d'un seul clapet (Pollux, IV, 80 : καὶ τέως μὲν τέτταρα τρυπήματα εἶχεν ὁ αὐλός· πολύτρητον δ' αὐτὸν ἐποίησε Διόδωρος ὁ Θηβαῖος, πλαγίας ἀνοίξας τῶι πνεύματι τὰς ὁδούς); 2º celle des πλάσματα due à Antigénidas (note 198 .

296. Les mots ἕως εἰς Μελανιππίδην etc., signifieraient que Mélanippide a modifié la relation existant jusqu'alors entre le χοροδιδάσκαλος et l'aulète, dans le sens d'une plus grande indépendance ou même d'une

sons des flûtes, en employant des notes plus nombreuses et plus espacées, opéra une révolution dans la musique de son temps.

« L'aulétique elle-même passa d'un genre plus simple à plus de variété. Anciennement, il était d'usage que les joueurs de flûte reçussent leur salaire des poètes : c'est que la poésie jouait le premier rôle et que les aulètes n'étaient que les serviteurs des poètes-instructeurs. Plus tard, la corruption s'introduisit là aussi...

Changements dans l'aulétique.

« Pareillement Mélanippidès le compositeur lyrique, qui vint ensuite, ne se contenta pas de la musique de son temps, pas plus que Philoxène et Timothée. [Ce fut lui qui divisa

Mélanippidès et ses successeurs.

prééminence accordée à ce dernier. Or, ce renseignement est incompatible avec les sentiments dédaigneux pour l'aulétique dont faisait profession Mélanippidès. Cf. son fr. 2 (Ath., XIV, p. 616 E) : ὃ μέν τις ἔφη τὸν Μελανιππίδην καλῶς ἐν τῶι Μαρσύαι διασύροντα τὴν αὐλητικὴν εἰρηκέναι περὶ τῆς Ἀθηνᾶς : « ἁ μὲν Ἀθάνα | τὤργαν' ἔρριψέν θ' ἱερᾶς ἀπὸ χειρός, | εἶπε τ' · "Ερρετ' αἴσχεα, σώματι λύμα, | οὔ με τᾶιδ' ἐγώ (?) κακότατι δίδωμι. » L'attaque était si célèbre qu'elle provoqua, longtemps après, une riposte de Télestès (fr. 1 Bergk). Il est donc bien certain que Mélanippidès ne peut pas avoir été l'auteur du changement blâmé par Plutarque. Les mots ἕως etc. sont ou bien une glose inepte, ou une *correction* aux mots ἕως... Ἀντισσαῖον du § (interpolé) 299.

297. Ὕστερον, à l'époque de Pratinas, vers 500 av. J. C. Voir Athénée, XIV, p. 617 C : Πρατίνας δὲ ὁ Φιλιάσιος, αὐλητῶν καὶ χορευτῶν μισθοφόρων κατεχόντων τὰς ὀρχήστρας, ἀγανακτεῖν ⟨φησί⟩ τινας ἐπὶ τῶι τοὺς αὐλητὰς μὴ συναυλεῖν τοῖς χοροῖς, καθάπερ ἦν πάτριον, ἀλλὰ τοὺς χοροὺς συνάιδειν τοῖς αὐληταῖς · ὃν οὖν εἶχεν κατὰ τῶν ταῦτα ποιούντων θυμὸν ὁ Πρατίνας ἐμφανίζει διὰ τοῦδε τοῦ ὑπορχήματος (suit le célèbre fr. 1 de Pratinas : τίς ὁ θόρυβος

ὅδε ; τί τάδε τὰ χορεύματα ; etc.). Je crois extrêmement probable : 1° que tout ce passage d'Athénée est pris, comme le morceau correspondant de Plutarque, dans un ouvrage d'Aristoxène ; 2° que dans le texte original du *De Musica* les mots ὕστερον ...διεφθάρη étaient suivis du fragment de Pratinas, qui faisait ainsi pendant à la citation de Phérécrate.

298. Cp. Clem. Alex. *Strom.*, V, 14, p. 169 Migne : ὁ μελοποιὸς δὲ Μελανιππίδης. Le mot ἐπιγενόμενος désigne un poète postérieur à Lasos, par conséquent Mélanippide le jeune, à supposer que Mélanippide l'ancien ait jamais existé (voir *infrà*, note 303 . Ensuite Philoxène aurait dû être nommé après Timothée quoiqu'il soit mort avant lui.

299. Ainsi placée, cette phrase, qui ne peut se rapporter grammaticalement qu'au dernier personnage nommé, Timothée, n'offre aucun sens satisfaisant. Entre Terpandre et Timothée, il y a eu près de trois siècles : comment donc peut-on dire que Timothée multiplia le nombre des cordes de la lyre qui « jusqu'à Terpandre » n'en avait que sept? En outre, la phrase est d'un grec barbare : ἕως εἰς est un latinisme, et après le génitif absolu ὑπαρχούσης, le régime λύραν

χούσης ἕως εἰς Τέρπανδρον τὸν Ἀντισσαῖον, διέρριψεν εἰς πλείονας φθόγγους] · *(300) ὡς καὶ Φερεκράτη τὸν κωμικὸν εἰσαγαγεῖν τὴν Μουσικὴν ἐν γυναικείωι σχήματι, ὅλην κατηικισμένην τὸ σῶμα · (301) ποιεῖ δὲ τὴν Δικαιοσύνην διαπυνθανομένην τὴν αἰτίαν τῆς λώβης καὶ * ἐκείνην λέγουσαν ·

(302)   Λέξω μὲν οὐκ ἄκουσα · σοί τε γὰρ κλύειν   1
        ἐμοί τε λέξαι * μῦθος ἡδονὴν ἔχει.   2

N. C. — **299**. *Inclusimus*. Volkmann post 294 ponebat et includebat tantum ἕως.... Ἀντισσαῖον. Westphal : οὗτοι γάρ... εἰς Ἀριστοκλείδην Τερπάνδριον τὸν Ἀντισσαῖον, διέρριψαν κτλ. — **301**. ἐκείνην] *libri* τὴν Ποίησιν, *correximus*. Valgulius, etc. : τὴν Μουσικήν, Bothe τὴν simpliciter dictum, Bern. τὴν Μουσ. τὴν Ποίησιν (αἰτίαν εἶναι. — **302**. v. 1. ἄκουσα Par. 3 : ἄμουσα (lepide erratum. — v. 2. μῦθος] *libri* θῦμος, *Kock* μῦθον; μῦθος *nos*.

devrait être répété. On pourrait, il est vrai, corriger le texte en écrivant τέως, ἐκ Τερπάνδρου τοῦ Ἀντισσαίου, διέρριψεν αὐτήν et, en outre, avec Westphal, οὗτοι... διέρριψαν. Mais en réalité tout indique que nous sommes en présence d'un glose inepte sur le § 294 Volkmann a déjà rapproché les deux § : le glossateur a voulu expliquer les mots un peu obscurs πλείοσι... χρησάμενος par l'idée fausse d'ailleurs, que Lasos, aurait, le premier, augmenté le nombre des cordes de la lyre fixé à sept par Terpandre.

300. Phérécrate, un des sept poètes les plus célèbres de l'ancienne comédie, est un peu plus ancien qu'Aristophane : sa victoire sous l'archontat de Théodoros 438 7 marque sans doute le commencement de son ἀκμή. Acerbe à ses débuts, il s'humanisa ensuite (comme Aristophane et s'acquit une réputation comme inventeur de mythes nouveaux. On lui attribuait 18 pièces (Anon. περὶ Κωμωιδίας, p. XIV et XVII Did.). Notre fragment (p. 326 Meineke, 110 Bothe, 187, n° 145 Kock est extrait de la comédie *Chiron*, qui appartient évidemment à la deuxième manière du poète, donc entre 430 et 410 av. J. C. environ. C'était un *locus classicus* dans la matière ; cf. Ps. Nicomaque, *Exc*. 4, qui, après avoir raconté l'histoire de l'accroissement des cordes de la lyre, ajoute, exactement comme Plutarque : ὥσπερ καὶ Φερεκράτης ὁ κωμικὸς ἐν τῶι ἐπιγραφομένωι Χείρωνι καταμεμφόμενος αὐτοὺς (codd. : αὐτόν) τῆς περὶ τὰ μέλη ῥαιδιουργίας φαίνεται. Cependant l'authenticité du *Chiron* était contestée ; d'autres l'attribuaient à Nicomaque ὁ κωμικός (codd. : ὁ ῥυθμικός (Ath., VIII, p. 364 A) et la même hésitation existait au sujet des Μεταλλῆς Ératosthène, ap. Harpoc. s. v. .

301. Chiron avait enseigné aux héros à la fois la justice et la musique (*infra*, § 418 ; cette tradition, on le voit, avait été ingénieusement utilisée par Phérécrate.

303. Suidas connaît deux Mélanippidès, tous deux dithyrambistes, tous deux fils de Criton ce qui est plus qu'invraisemblable, le second petit-fils *ex filia* du premier. Mélanippidès l'ancien aurait fleuri (γεγονώς? dans

en un plus grand nombre de sons la lyre qui était restée heptacorde jusqu'à Terpandre d'Antissa.]

Aussi le poète comique Phérécrate a-t-il mis en scène la Musique, sous les habits d'une femme, le corps tout maltraité. Il représente la Justice l'interrogeant sur la cause de sa disgrâce, et celle-ci répond :

« Je parlerai sans me faire prier : mon récit t'amusera à « entendre, comme moi à le faire. Mes maux commen-

Allégorie de Phérécrate : Cinésias, Phrynis, Timothée.

la 65ᵉ Olympiade (520-17 ; Mélanippidès II aurait vécu à la cour de Perdiccas, roi de Macédoine (454-413 ; le texte de Plutarque, *Non posse suaviter vivi*, etc., 13, *semble* nommer Archélaos ; c'est ce dernier qui est donné ailleurs comme plus jeune que Pindare et Bacchylide (Suidas, v. Διαγόρας), comme contemporain d'Agathon (Praxiphanès, ap. Marcell. *Vit. Thuc.* 29), comme maître de Philoxène (Suid. Φιλόξενος). Xénophon (*Memor.*, I, 4, 3) ne paraît connaître qu'un seul Mélanippidès qu'il considère comme le maître du genre dithyrambique. Nous ne doutons pas qu'il ne s'agisse de Mélanippidès II, auquel Suidas attribue, comme Phérécratès, de nombreuses innovations ἐν τῆι τῶν διθυράμβων μελοποιίαι. La plus importante de ces innovations fut la substitution à la structure antistrophique du dithyrambe (telle qu'on la trouve encore dans Bacchylide) des longues périodes libres dites ἀναβολαί (Aristote, *Rhét.*, III, 9). — Phérécrate est le seul auteur qui attribue à Mélanippidès l'addition de cordes à la lyre ; il fut *le premier* ἐν τοῖσι πρῶτος, cf. pour le sens de cet idiotisme, Thuc., I, 6) à entrer dans cette voie. Comme le chiffre normal, fixé depuis Simonide, était 8 Ps. Nicom., *Exc.* 4 , c'est donc la 9ᵉ corde que Mélanippidès introduisit ; d'où notre correction nécessaire ἐννέα pour δώδεκα. D'autres attribuaient cette innovation à Prophrastos de Piérie (Nicom., *Exc.* 4), musicien totalement inconnu, et qui pourrait bien n'être qu'un pseudonyme de Mélanippidès qui vécut à la cour « piérienne » de Perdiccas.

Il sera utile de résumer ici les renseignements, autres que ceux de Phérécrate, que nous possédons sur l'histoire du nombre des cordes de la lyre. Pour l'époque préhistorique, les textes attribuent à la lyre tantôt trois cordes, hypate, mèse, nète (fr. *post Censorinum* 12, p. 65 Hultsch), tantôt, d'après le célèbre fr. 5 de Terpandre mal compris, quatre cordes (Strab., XIII, 3, 4 ; Nicomaque, ap. Boèce, *De mus.*, I, 20), hypate, mèse, paramèse, nète ; la paramèse aurait été ajoutée, d'après fr. *post Censor.* 12, par Lycorès (cf. Paus. X, 6, 3), d'après Lysanias (ap. Æl. Fest. Apht., p. 241 Gaisford) par Méliné. Ensuite, la 5ᵉ corde est ajoutée par Torrhébos, roi de Lydie (Boèce, *loc. cit.*), la 6ᵉ par Hyagnis (ib.), ou par Chrysothémis (fr. *p. Censor.* 12, elle est appelée *synemmenos*, la 7ᵉ par Terpandre (Boèce, *l. c.* ; Pline, VII, § 204 Jan ; fr. *p. Cens.* : *adjectione diezeugmenu*, sans doute la nète « dorienne »). D'après Strabon (l. c.) Terpandre aurait ajouté d'un seul coup les cordes 5-7. D'autres textes attribuent à la lyre primitive sept cordes (Hymn. hom. ad Merc. 51 ; Luc., *Dial. deor.*, VII, 223 ; Horace, *Carm.*, I, 15 ; le chiffre 9 donné par Ps. Ératosth., *Catast.* 24, est tout à fait isolé. — Pour l'époque historique, les renseignements ne sont pas moins discordants. La 8ᵉ corde (trité) est attribuée à

ΠΕΡΙ ΜΟΥΣΙΚΗΣ

E (303) Ἐμοὶ γὰρ ἦρξε τῶν κακῶν Μελανιππίδης,   3
         ἐν τοῖσι * πρῶτος ὃς λαβὼν ἀνῆκέ με   4
         χαλαρωτέραν τ' ἐποίησε χορδαῖς * ἐννέα ·   5
(304)   ἀλλ' οὖν ὅμως οὗτος μὲν ἦν ἀποχρῶν ἀνὴρ   6
         ἔμοιγε _ ∪ _ ∪ πρὸς τὰ νῦν κακά.   7
(305)   Κινησίας δέ<μ'> ὁ κατάρατος Ἀττικός,   8
         ἐξαρμονίους καμπὰς ποιῶν ἐν ταῖς στροφαῖς,   9
         ἀπολώλεχ' οὕτως, ὥστε τῆς ποιήσεως   10
F   τῶν διθυράμβων, καθάπερ ἐν ταῖς ἀσπίσιν,   11

N. C. — 303. v. 4. πρῶτος] libri πρώτοις, corr. Meineke. — τοῖσι] F2 : τίσι — v. 5. ἐννέα] libri δώδεκα, correximus (Volkmann : χορδαῖσιν δέκα). — V: χαλαιωτέραν (sic). — 304. v. 6. οὖν] Xylander, Burette : οὐχ. — v. 7. Kock : <εἰς τὴν τέχνην> ἔμοιγε πρὸς τὰ νῦν κακά. — Bothe (5-7) : χορδαῖς δώδεκα | <πρὶν ἔνδεκ' οὐσῶν>, ἀλλ' ὅμως οὗτος μὲν ἦν | ἀποχρῶν ἀνὴρ ἔμοιγε πρὸς τὰ νῦν κακά. Post 304 Meineke inserit 307-308, sic quoque Volkin. — 305. v. 8. μ(ε) inseruit Meineke. Brunck : Κιν. γάρ. — v. 9. V : ποιως (sic) τροφαῖς (sic). — v. 10. Libri ἀπολώλεκε (P : ἀπολώλεκα) μ' οὕτως; corr. Meineke.

Terpandre (Lac. inst., c. 17; contra Arist., Prob., XIX, 32); à Lycaon de Samos (Boèce), à Pythagore (Nicom., Ench. 5), à Simonide (Pline; Suidas, Σιμωνίδης a); la 9ᵉ (hyperhypate) à Prophrastos de Piérie (?) (Nicom., Exc. 4; Boèce) ou à Timothée (Pline). D'autres attribuent l'addition simultanée des cordes 8-9 à Phrynis de Mitylène (Plut., Lac. Apopht., p. 220 C; Agis, 10; De prof. in virt., c. 13) ou à Timothée (fr. p. Censor. 12 : paramesen et hyperbolaeon!) Ensuite la 10ᵉ corde (parhypate des hypates) est ajoutée par Histiée de Colophon (Nicom., Exc. 4, Boèce), la 11ᵉ (hypate des hypates) par Timothée ib.), tandis que Suidas attribue à ce dernier l'addition des cordes 10 et 11 à la fois.

303. χαλαρωτέραν fait-il allusion à la gamme *chalarolydisti* attribuée par quelques-uns (§ 159) à Mélanippidès?

304. L'imparfait ἦν, ici comme aux vers 11 et 18, semble indiquer qu'à l'époque de la représentation du *Chiron*, Mélanippidès, Cinésias, Phrynis étaient déjà morts ou du moins retirés de la scène.

305. Il y a eu deux poètes dithyrambiques du nom de Cinésias, comme le savait Aristote (fr. 629 Rose=Schol. *Aves*, 1379) : ὁ δὲ Ἀριστοτέλης ἐν ταῖς Διδασκαλίαις δύο (Κινησίας) φησὶ γεγονέναι; mais il est très difficile de distinguer entre les renseignements littéraires ceux qui se rapportent à Cinésias Iᵉʳ ou à Cinésias II. Déjà Plutarque Q. conv. VII, 8, 3 ; IV, p. 289 Bern.) considère comme une question érudite τίς ὁ Κινησίας παρὰ Πλάτωνι (le comique ; les modernes ont confondu les deux homonymes en un seul personnage. Voici, ce semble, comment doivent se répartir les témoignages : 1º Cinésias Iᵉʳ, celui dont il est question ici, était mort avant le *Chiron*, puisque Phérécrate parle de lui à l'imparfait ἦν, v. 13). Quoiqu'il eût passé pour novateur dans son temps, il s'indigna des hardiesses de Timothée (vers 420?) et protesta contre les premiers vers de

« cèrent avec Mélanippidès : c'est lui le premier qui me prit,
« me détendit et me relâcha en me donnant neuf cordes. Pour-
« tant c'était encore, pour moi, un homme passable, quand
« je le compare à mes maux présents. Ensuite vint Cinésias,
« le maudit Athénien, qui, en chargeant ses strophes de
« modulations discordantes, m'a si bien démolie, que dans
« la composition (?) de ses dithyrambes, comme lorsqu'on
« se regarde dans un bouclier, la droite paraît à gauche.

son nome *Artémis* (Plutarque, *De superst.* 10; *De aud. poet.* 4). Son ἀκμή se place donc vers 440 av. J.-C.; 2º Cinésias II, dont un scholiaste (*Ran.* 153) fait un Thébain (mais Θηβαῖος est sans doute une faute pour Ἀθηναῖος), fut aussi un poète dithyrambique (ἀπὸ τῶν κυκλίων Κινησίας, Aristoph. fr. 149 Kock, écrit vers 400). Une inscription chorégique du début du ivᵉ siècle (CIA. II, 3, nº 1253) porte Κινησίας ἐδίδασκεν. Mais il abandonna son art pour se faire sycophante, c'est-à-dire politicien (Lysias, fr. 139-140 Didot). C'est en cette qualité qu'il propose un décret en l'honneur de Denys le tyran et peut-être du dithyrambiste Philoxène (CIA. II, 8; an 394/3). Il fut aussi l'auteur du décret abolissant, après la guerre du Péloponnèse, la chorégie comique (Schol. *Ran.* 404). Cela lui valut le surnom de χοροκτόνος et la haine acharnée des poètes comiques (Lysias, l. cit.). L'un d'eux, Strattis, lui consacra toute une comédie intitulée Κινησίας (Kock, I, 715 suiv.). On y flétrissait son impiété (fr. 19), son mépris des lois ; les mêmes censures se retrouvaient dans les deux discours que Lysias dirigea contre lui. D'autres accusations ou critiques étaient moins sérieuses. On lui reprochait d'avoir souillé une statue d'Hécate (*Ran.* 366, *Eccl.* 330; d'où l'expression proverbiale τὰ Κινησίου δρᾶν, App. Prov. IV, 81) ; on raillait sa façon de danser la pyrrhique (*Ran.* 153), on se moquait de sa maigreur digne de l'Hadès (Aristoph. *Ran.* 1437; fr. du *Gerytades*, 149-150 ; Elien, *Var. hist.* X, 16). D'après cela le Cinésias « en écorce de tilleul », φιλύρινος, dont Aristophane, dès 414, parodie la manière dans les *Oiseaux* (v. 1372 suiv. cf. Ath. XII, p. 551 D), est Cinésias II. C'est lui aussi très probablement qu'a en vue Plutarque quand il parle d'un dithyrambiste Cinésias χλευαζόμενος ὑπὸ τῶν κωμῳδοποιῶν (*De glor. Ath.* 5 = II, 462 Bern.). Il est plus difficile de savoir : 1º auquel des Cinésias appartiennent les fragments conservés (Bergk, III, 593-594) ; 2º lequel des deux Cinésias Platon a en vue lorsqu'il censure, comme un courtisan du goût populaire, un poète dithyrambique Κινησίας ὁ Μέλητος, dont le père était selon lui un citharisten ennuyeux (cf. Phérécrate, Ἄγριοι, fr. 6, I, 146 Kock, joué en 421/0 et où Mélès est déjà mort). Le passage est dans le *Gorgias* (p. 501 E) qui foisonne, on le sait, d'anachronismes. En somme, le plus ancien témoignage certain relatif à Cinésias II est de 414, époque où Cinésias I était probablement mort depuis plusieurs années. Quant au Cinésias de *Lysistrata* (v. 838 suiv., an 411) ce n'est sans doute qu'un personnage imaginaire, dont le nom a été choisi dans une intention obscène (= Βινησίας?). — Si στροφαί, au vers 9, est pris dans son sens ordinaire et technique, il faut en conclure que Cinésias Iᵉʳ n'avait pas adopté les ἀναβολαί de Mélanippidès, à la différence de Cinésias II

ΠΕΡΙ ΜΟΥΣΙΚΗΣ

ἀριστέρ' αὐτοῦ φαίνεται τὰ δεξιά · 12
(306) ἀλλ' * οὖν * ἀνεκτὸς * χοὖτος ἦν ὅμως * ἐμοί. 13
(307) Φρῦνις δ' ἴδιον στρόβιλον ἐμβαλών τινα 14
κάμπτων με καὶ στρέφων ὅλην διέφθορεν, 15
ἐν † πέντε χορδαῖς † δώδεχ' ἁρμονίας ἔχων · 16

N. C. — 306. v. 13. Libri ἀλλ' οὐκ (corr. Wytt.) ἂν εἴποις (corr. Emperius) οὕτως (V, Par. 3, 4, 5, F2 : οὗτος) ἦν ὅμως ὅμως (non habent P3, Barb. corr. Wytt.) Alii olim aliter; Burette : ὠμὸς δ'ἦν οὕτως ὅμως; Wytt : ἀλλ' οὖν ἐπιεικής, etc. χοὖτος scripsimus. — 307. v. 15. κάμπτων] Par. 5 : κάμπων (sic). — P : διέφθηρεν. — v. 16. Par. 3 πενταχόρδοις; V, Par. 4, 5, F2 : πενταχόρδαις. Pro πέντε Burette ἑπτά, Ulrici ἐννέα. V. not. exeg.

à qui Aristophane fait chanter ἀεροδονήτους καὶ νιφοβόλους ἀναβολὰς Oiseaux, 1385). Cependant nous avons vu (§ 62) le mot στροφή employé dans un sens plus large; d'autre part le scholiaste sur Nuées, 333 κυκλίων τε χορῶν αἱματοκάμπτας) va jusqu'à identifier les mots καμπαί et στροφαί. Sur l'abus des modulations dans le nouveau dithyrambe, cp. le passage déjà cité de Denys, De comp. verb. 19. Cinésias a mis le dithyrambe « sens dessus dessous », comme si on le regardait dans le miroir d'un bouclier ; cette métaphore, incomprise de nos devanciers, devient très claire en présence de certaines statues de Niké et d'Aphrodite au bouclier Clarac-Reinach, 319, 6 ; 348, 1 etc. .

307. Phrynis de Mitylène, fils de Camon, Scamon (Pollux IV, 66 ou Canops (Istros ap. Suid.), d'abord aulode, ensuite élève du citharède terpandrien Aristocleidas qui florissait vers 480 ; il remporta le prix au concours des Panathénées ἐπὶ Καλλίου ἄρχοντος, 456 ʒ Schol. Nub. 971, Suid.); d'autres corrigent avec vraisemblance en ἐπὶ Καλλι <μάχ> ου, 446/5 (car 456 n'est pas une année de Grandes Panathénées). Dans sa vieillesse il fut vaincu par Timothée (Plut. De se ipsum laud. c. 1). — Phrynis fut un des maîtres du nome citharodique : ses compositions, bientôt classiques (Phainias ap. Ath. XIX, 638 C) furent les premières, dans ce genre, à combiner l'hexamètre avec les rythmes libres Proclus, Chrest. p. 245 ; suprà, note 38 . — En ce qui concerne la mélopée, Phérécrate signale ici deux innovations de Phrynis : 1° l'abus des modulations (καμπαί ; c'est une critique souvent formulée contre Phrynis : il est μονοκάμπτας Timothée, fr. 11 , il use μέλεσι πολυκαμπέσι τοῖς ὑπὸ τῶν κωμικῶν Nub. 970) δυσκολοκάμπτοις κληθεῖσι Poll. IV, 66 ; il a brisé (ἔκλασεν) la mélodie παρὰ τὸ ἀρχαῖον ἐπὶ τὸ μαλθακώτερον (Schol. Nub. 971; Suid.); il est le précurseur de Timothée dans le genre varié Aristote, Metaph., I, 1, p. 993 B : εἰ μὲν γὰρ Τιμόθεος μὴ ἐγένετο, ποικίλην [sic Bergk ; mss. πολλήν] ἂν μελοποιίαν οὐκ εἴχομεν, εἰ δὲ μὴ Φρῦνις, Τιμόθεος οὐκ ἂν ἐγένετο) ; 2° l'augmentation du nombre des cordes de la lyre. D'autres textes attribuent en effet à Phrynis une pareille augmentation Proclus, l. c. , et dans trois passages (Lac. apopht. p. 220 C.; De prof. in virt., p. 84 A ; Agis,

« Et pourtant lui aussi m'était encore supportable. Après
« cela Phrynis, introduisant un tourbillon de sa façon,
« à force de me plier et de me tourner, acheva de me
« détruire, avec ses *onze* cordes où il logeait *quatre*

c. 10) Plutarque atteste que Phrynis ajouta *deux* cordes à la lyre. Il est vrai que Plutarque prétend que c'était la 8ᵉ et la 9ᵉ, mais c'est là une erreur évidente, puisque la 8ᵉ corde existait depuis la fin du vıᵉ siècle et la 9ᵉ depuis Mélanippidès. Les deux cordes en question sont donc la 10ᵉ et la 11ᵉ, et effectivement Ion de Chios, contemporain un peu plus jeune de Phrynis et mort en 422 avant J.-C., a célébré dans une épigramme fameuse (fr. 3 Bergk = Cléonide, c. 12) la lyre hendécacorde, δεκαχάμονα τάξιν ἔχοισα. Quant au nombre des *harmonies*, c'est-à-dire des octaves différentes, qu'on pouvait exécuter sur la lyre hendécacorde, il y en a quatre (voir fig. 34) : ce sont les gammes de Si Mixolydien, Ut lydien, Ré (phrygien), Mi (dorien). Ces résultats étant inconciliables avec le texte des

se corrompre et être ensuite corrigés arbitrairement pour rétablir le mètre. La lyre de Phrynis serait donc l'échelle hendécacorde décrite par Ptolémée, *Harm.* II, 4 (cf. Porph., p. 340), mais il y a ici une contradiction sérieuse avec Ion qui, dans l'épigramme citée, si l'on accepte l'interprétation ordinaire, ne mentionne que trois *harmonies* : τὰς συμφωνούσας ἁρμονίας τριόδους (adjectif d'ailleurs inconnu). Il n'est guère croyable qu'Ion ait eu en vue l'hendécacorde conjoint, dit petit système parfait (Ptol. II, 4 et 6; Cléonide, c. 10) auquel manque le mixolydien (fig. 35). Bien plutôt le mot τριόδους (mss. τριώδους) est altéré; peut-être faut-il rétablir τέτοραξ, forme éolienne qui s'accorde bien avec ἔχοισα du v. 1 (mss. : ἔχοις ἀεί). — Le στρόβιλος du v. 8 paraît se rap-

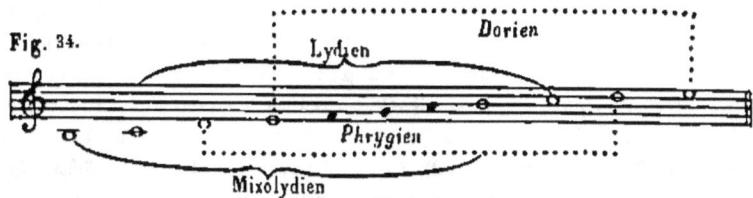

Fig. 34.

Fig. 35.

mss. au v. 16 — texte que nous renonçons à expliquer, même si l'on prend δώδεκα au sens hyperbolique — on pourrait écrire ἐν ἕνδεκα χορδαῖς τέτταρας ἁρμονίας ἔχων. Les nombres, écrits en chiffres, ont pu

porter à des hardiesses rythmiques. Cf. le comique Platon (fr. 254 Kock) : στρόβιλος· Πλάτων καὶ μεταφορικῶς κέχρηται ἐπὶ ᾠδῆς κιθαρῳδικῆς πολὺν ἐχούσης τάραχον.

(308) ἀλλ' οὖν ἔμοιγε χοῦτος ἦν ἀποχρῶν ἀνήρ·   17
      * εἰ γάρ τι κἀξήμαρτεν, αὖθις ἀνέλαβεν.   18
(309) Ὁ δὲ Τιμόθεός μ', ὦ φιλτάτη, κατορώρυχε   19
      καὶ διακέκναικ' αἴσχιστα. — (310) Ποῖος οὑτοσὶ 20
      <ὁ> Τιμόθεος; — (311) Μιλήσιός τις Πυρρίας. — 21
p. 1142 (312) Κακά *σοι παρέσχε* χοῦτος; — (313) Ἅπαντας οὓς λέγω 22
      παρελήλυθ', * ἐσάγων ἐκτραπέλους μυρμηκιὰς   23
      ** ἐξαρμονίους, ὑπερβολαίους τ' ἀνοσίους,   24
      καὶ νιγλάρους, ὥσπερ τε τὰς ῥαφάνους ὅλην   25
      * καμπῶν με κατεμέστωσε _ ∪ _ ∪ _ **   26

N. C. 308. v. 18. εἰ] *omisit* P : *cett. libri* ἦν (*invita grammatica*). τι] V : τις. — αὖθις] V, Par. 4, 5, F2 : αὖτις. — **309.** v. 20. διακέκναικ'] *libri* διακέκναιχ' (P : διακέχηναι χ'), *corr*. Brunck. Par. 5 : αἴσχισται (*sic*). — **310.** οὑτοσί] Bern. : οὑτοσίν. — v. 21. ὁ] *restituit Meineke* (olim Xyl. alii : Τιμόθεός ἐστι:). — **311.** τις] om. Par. 5. — **312.** v. 21-22. Personarum divisionem restituit Westphal. — v. 22. *Libri* : κακά μοι (*corr*. Westphal) παρέσχεν · οὗτος *corr*. Westph.). P : οὕτως. Kock. : κακά μοι παρέχων ἅπαντας οὗτος. etc. — **313.** v. 23. *Libri* : παρελήλυθε (V, Par. 3, 4, 5 : παρελήλυθεν) παρελήλυθ' (om. Par. 3 et F2) ἄγων. *Correximus* Fritzsche ᾄδων, Kock ἀγαπῶν). — v. 24-26. *Libri post 314, praemissis verbis* ἡ δὲ Μουσικὴ λέγει, ταῦτα; *corr*. Westphal. (Valgulius haec post v. 28. — v. 25. τε] om. Par. 3. — v. 26. καμπῶν] *Libri* κάμπτων (Par. 5 : κάμπων ; om. Par. 3, *correxit Elmsley*. Lacunam alii aliter tentaverunt : Bergk ποικιλώτατα, Kock κάλυμήνατο sed potius in genitivum nominis feminini (-κίας' versus desinebat, unde 24-26 post 23 (μυρμηκιάς) omissa.

---

309. Timothée de Milet, le grand révolutionnaire de la musique (fr. 12 Bergk), est trop connu pour que nous retracions sa biographie. Rappelons seulement que, d'après la Chronique de Paros (l. 88), il mourut à l'âge de quatre-vingt-dix ans (quatre-vingt-dix-sept selon Suidas), l'année de l'avènement de Philippe 359 av. J.-C.). Il naquit donc en 449 et ses débuts, applaudis par Euripide (Plut., *An seni sit*, c. 23 ; V, 23 Bern.), peuvent se placer vers 420. Il était déjà célèbre lorsque Archélaos (413-399) l'appela à la cour de Pella. On remarquera que Phérécrate parle de Timothée comme d'un compositeur déjà en vogue, mais qui n'est pas encore passé classique et dont ses auditeurs ne sont pas obligés de connaître l'origine ; le *Chiron* est donc contemporain des premières audaces de Timothée, soit entre 420 et 413.

311. Πυρρίας, « le Roux », « Roussot », est un nom d'esclave assez fréquent chez les comiques. Il semble que cette couleur de cheveux ait été particulièrement répandue chez les Ioniens d'Asie-Mineure, qui n'avaient pas trop bonne réputation à Athènes. Cf. *Ranae*, v. 730 : τοῖς δὲ χαλκοῖς καὶ

« octaves différentes ; lui aussi, malgré tout, je pouvais le
« supporter, car le mal qu'il faisait, il finissait par le réparer.
« Mais Timothée, ma chère, celui-là m'a enfoncée et mas-
« sacrée sans la moindre vergogne. — Quel est donc ce
« Timothée ? — Un Milésien au poil roux. — Il t'a fait
« du mal, lui aussi ? — Lui ? Il a dépassé en méchanceté
« tous ceux que j'ai nommés. Il a introduit des fourmille-
« ments monstrueux, hors de toute harmonie, des notes
« suraiguës et illicites, des fioritures, il m'a remplie tout
« entière de chenilles comme une rave... et quand il me

ξένοις καὶ πυρρίαις | καὶ πονηροῖς κἀκ πονηρῶν εἰς ἅπαντα χρώμεθα.

313. Pour εἰσάγων, cp. le pseudo décret des éphores contre Timothée (Boèce, *De Mus.*, I, 1) : πολυφωνίαν εἰσάγων λυμαίνεται τὰρ ἀκοὰρ τῶν νέων. Les mélodies pleines de modulations de Timothée sont appelées μυρμηκιαὶ parce que les chemins tracés par les fourmis sont tortueux : Élien, *H. An.*, VI, 43 : μυρμήκων ἐν γεωρυχίαι ποικίλας τε ἀτραποὺς καὶ ἑλιγμοὺς καὶ περιόδους. La même image est appliquée par Aristophane aux mélodies d'Agathon (*Thesmoph.*, 100) : μύρμηκος ἀτραποὺς ἢ τί διαμινύρεται. L'épithète ἐξαρμονίους, que nous avons déjà rencontrée (v. 9), précise la nature de ces modulations : c'étaient des modulations de mode (voir le texte de Denys, *De comp. verb.*, 19 cité plus haut. — Les sons ὑπερβολαῖοι sont ceux du tétracorde placé à l'aigu de la nète dorienne (note 156, fig. 16). Le fr. *post Censor.* 12 attribue aussi à Timothée *paramesen* (?) *et hyperbolaeon*. L'emploi de ces sons ne suppose pas nécessairement l'addition de nouvelles cordes à la lyre. Placés à l'octave aiguë des « moyennes », ils pouvaient s'obtenir en pinçant les cordes des moyennes par leur milieu et en faisant vibrer une seule des moitiés de la corde ainsi coupée. Sur ce procédé, dit διάληψις, cf. Théon, p. 59 Hiller; Arist. *Prob.* XIX, 12;

Gevaert, II, 268 et 637 ; Th. Reinach, *Rev. ét. gr.* IX, 186. L'invention pourrait en remonter à Timothée.

νιγλάρους. — Cf. Aristophane, *Acharn.*, 554 : l'arsenal sera plein αὐλῶν κελευστῶν, νιγλάρων, συριγμάτων (Scholie : ὁ νίγλαρος κροῦμά ἐστι καὶ μέλος μουσικὸν παρακελευστικόν). Eupolis, fr. 110 Kock : τοιαῦτα μέντοι νιγλαρεύων κρούματα (Photius : νιγλαρεύων · τερετίζων. Καὶ ὁ νίγλαρος κρουματικῆς διαλέκτου ὄνομα). Phrynichos, fr. 69 : ⟨καὶ νιγ⟩λάρους θρηνεῖν ἐν οἷσι Λάμπρος ἐναπέθνησκεν. En somme, le νίγλαρος est une variété de « trait » instrumental, sans qu'on sache au juste de quelle nature.

καμπῶν. — Noter le jeu de mots entre καμπή, modulation, et κάμπη, chenille ; au génitif pluriel l'accentuation est la même.

ὁδοιζούσηι μόνηι. — Il s'agit, comme l'a vu Burette, de la musique instrumentale pure.

δώδεκα. — Suivant tous les autres renseignements (Nicomaque, *Exc.*, 4; Boèce, I, 20 ; Suidas, v. Τιμόθεος) c'est la *onzième* (ou la 10ᵉ et la 11ᵉ) corde que Timothée aurait ajoutée à la lyre, ou tout au moins il se présenta à Lacédémone avec une lyre à 11 cordes (Paus., III, 12, 10 ; Boèce, I, 1 . D'après cela Meineke corrigeait, dans notre texte, δώδεκα en ἕνδεκα; mais nous avons vu que déjà Phrynis avait porté à 11 le nombre des cordes; si Timo-

κἂν ἐντύχηι πού μοι βαδιζούσηι μόνηι, 27
* ἀπέδυσε κἀνέλυσε χορδαῖς δώδεκα. 28

(314) Καὶ Ἀριστοφάνης ὁ κωμικὸς μνημονεύει Φιλοξένου καὶ φησιν, ὅτι εἰς τοὺς κυκλίους χοροὺς <προβατίων αἰγῶν τε> μέλη εἰσηνέγκατο (***). (315) Καὶ ἄλλοι δὲ κωμῳδοποιοὶ ἔδειξαν τὴν
B ἀτοπίαν τῶν μετὰ ταῦτα τὴν μουσικὴν κατακεκερματικότων.

c. 31 (316) Ὅτι δὲ παρὰ τὰς ἀγωγὰς καὶ τὰς μαθήσεις διόρθωσις ἢ διαστροφὴ γίγνεται, δῆλον Ἀριστόξενος ἐποίησε. (317) Τῶν γὰρ

N. C. — 313. v. 27. ἐντύχηι] Par. 3 : ἐντύχοι (Wytt. κᾀτ' ἐντυχών). — v. 28. ἀπέδυσε] libri ἀπέλυσε, corr. Wytt. sed deinde κἀνέδυσε. — δώδεκα Meziriac, Meineke : ἔνδεκα. — 314. Φιλοξένου] Dübner : τοῦ Φιλ. — προβατίων αἰγῶν τε] addidimus. Westphal : μονῳδικὰ μέλη. — Post 314 libri ἡ δὲ Μουσική, λέγει ταῦτα et v. 24-26. — 315. Par. 3 : κατακερματικότων, Par. 5 : κατακεχειρματικότων. — 316. παρά] Barb. Volkm. Westphal. : περί.

---

thée l'a augmenté il faut bien qu'il en ait eu au moins 12. Ajoutons que

Fig. 36
Heptacorde primitif
Heptacorde de Terpandre
Octocorde de Pythagore
Ennéacorde de Mélanippidès
Hendécacorde de Phrynis
Dodécacorde de Timothée

même en ne tenant pas compte de Phrynis, il est peu vraisemblable que Timothée (né en 449) fût l'inventeur de l'hendécacorde que connaît déjà Ion (mort en 422). Enfin, le dodécacorde, connu d'Aristoxène (Arist. Quint., I, 10, p. 23 M.) et déjà de Platon (τριπλάσια διαστήματα, note 208), doit bien avoir été inventé par quelqu'un. Nous croyons donc très probable que Timothée ajouta à l'hendécacorde conjoint de Phrynis la 12e corde (proslambanomène ou prosmélodos, Boèce, p. 211 Friedlein) et réalisa ainsi le dodécacorde décrit par Ptolémée II, 4; cf. Porph., p. 339 . — La fig. 36 résume, d'après le texte amendé de Plutarque et de Phérécrate, l'histoire de la lyre jusqu'à la fin du ve siècle. On voit qu'en cette matière, comme en toutes les autres, les cinquante années de 460 à 410 furent une période de progrès rapides, presque vertigineux. Une histoire complète de cette question avait été écrite ou projetée par Nicomaque ἐν τοῖς κατὰ πλάτος (Ench., 11, p. 23 fin. Meib.)

« rencontrait par hasard me promenant seule, il me désha-
« billait et me mettait en pièces avec douze cordes. »

« Le comique Aristophane mentionne de même Philoxène *Philoxène.*
et dit qu'il introduisit dans les chœurs cycliques « des
« chants de moutons et de chèvres ». Et d'autres poètes
comiques ont dénoncé l'absurdité de ceux qui, dans la suite,
ont achevé de mettre la musique en miettes. »

XVII. — *Importance et programme de l'éducation musicale.*

« Que le talent puisse être dévié ou redressé par (?) *Influence d'une*
l'éducation et les préceptes, c'est ce qu'a bien fait voir *bonne éducation musicale; histoire*

314. D'après cela on peut conclure que Philoxène n'était pas mentionné dans le *Chiron ;* cela contribue à fixer la date de cette pièce avant 405. — Philoxène, fils d'Eulétidas, de Cythère, vécut de 435 à 380 (Marm. Par. l. 82); Diodore (XIV, 46 place son ἀκμή en 399. Esclave, puis élève de Mélanippidès, il séjourna longtemps à la cour de Denys de Syracuse et termina sa vie à Tarente ou à Éphèse (Suidas) ; la confusion perpétuelle avec son homonyme et contemporain Philoxène de Leucade embrouille beaucoup sa biographie. Philoxène avait composé 24 dithyrambes qui restèrent classiques (Antiphane ap. Ath., XIV, 643 D; Plut. *Alex.* 8; Arist. *Pol.* VIII, 7 ; Polyb. IV, 20 . Le plus célèbre était le *Cyclope* ou *Galatée*. Le passage d'Aristophane auquel Plutarque fait allusion *Plutus*, 293-294) est précisément (Schol., p. 341 Did.) une parodie du *Cyclope*. Carion, dans sa joie, imite les fredons de cithare, les danses du Cyclope amoureux et le bêlement de ses troupeaux : ἀλλ' εἶα τέκεα θαμίν' ἐπαναβοῶντες | βληχώμενοι τε προβατίων | αἰγῶν τε κιναβρώντων μέλη. Nous avons cru nécessaire d'introduire dans le texte de Plutarque les mots soulignés ; le seul fait d'avoir introduit des chants (μέλη dans le dithyrambe ne constituait pas une innovation, ni surtout une innovation ridicule.

315. Nous ne savons pas au juste à quels passages d'auteurs comiques Plutarque fait ici allusion ; mais il est certain que la musique du ivᵉ siècle trouva d'aussi impitoyables railleurs que celle du vᵉ finissant. Voici, par exemple, comment s'exprime Antiphane (II, 102 Kock = Ath. XIV, 643 E sur les successeurs de Philoxène: θεὸς ἐν ἀνθρώποισιν ἦν | ἐκεῖνος, εἰδὼς τὴν ἀληθῶς μουσικήν · | οἱ νῦν δὲ κισσόπλεκτα καὶ χρυσαῖα καὶ | ἀνθεσιπότατα μέλεα μελέοις ὀνόμασι | ποιοῦσιν ἐμπλέκοντες ἀλλότρια μέλη.

316-321. = Aristoxène fr. 73 Müller (FHG. II, 287). Müller classait ce fr. au Περὶ μουσικῆς, Westphal aux Σύμμικτα συμποτικά.) — Le sens de la première phrase est obscur, soit qu'on prenne παρά au sens ordinaire « contrairement à », soit qu'on lui attribue le sens « par suite de » (Thuc. I, 141 : οὐδεὶς παρὰ τὴν ἑαυτοῦ ἀμέλειαν οἴεται βλάψειν). Ἀγωγή est l'éducation pratique, « l'entraînement », μάθησις l'enseignement théorique.

κατὰ τὴν αὐτοῦ ἡλικίαν φησὶ Τελεσίαι τῶι Θηβαίωι συμβῆναι νέωι μὲν ὄντι τραφῆναι ἐν τῆι καλλίστηι μουσικῆι καὶ μαθεῖν ἄλλα τε τῶν εὐδοκιμούντων καὶ δὴ καὶ τὰ Πινδάρου, τά τε Διονυσίου τοῦ Θηβαίου καὶ τὰ Λάμπρου καὶ τὰ Πρατίνου καὶ τῶν λοιπῶν, ὅσοι τῶν λυρικῶν ἄνδρες ἐγένοντο ποιηταὶ <μελῶν καὶ> κρουμάτων ἀγαθοί · (318) καὶ αὐλῆται δὲ καλῶς καὶ περὶ τὰ λοιπὰ μέρη τῆς c συμπάσης παιδείας ἱκανῶς διαπονηθῆναι · (319) παραλλάξαντα δὲ τὴν τῆς ἀκμῆς ἡλικίαν, οὕτω σφόδρα ἐξαπατηθῆναι ὑπὸ τῆς σκηνικῆς τε καὶ ποικίλης μουσικῆς, ὡς καταφρονῆσαι τῶν καλῶν ἐκείνων, ἐν οἷς ἀνετράφη, τὰ Φιλοξένου δὲ καὶ Τιμοθέου ἐκμανθάνειν, καὶ τούτων αὐτῶν τὰ ποικιλώτατα καὶ πλείστην ἐν αὑτοῖς ἔχοντα καινοτομίαν · (320) ὁρμήσαντα τ' ἐπὶ τὸ ποιεῖν μέλη καὶ διαπειρώμενον ἀμφοτέρων τῶν τρόπων, τοῦ τε Πινδαρείου καὶ Φιλοξενείου, μὴ δύνασθαι κατορθοῦν ἐν τῶι Φιλοξενείωι γένει · (321) γεγενῆσθαι δ' αἰτίαν τὴν ἐκ παιδὸς καλλίστην ἀγωγήν.

32 (322) Εἰ οὖν τις βούλεται μουσικῆι καλῶς καὶ κεκριμένως χρῆσθαι, τὸν ἀρχαῖον ἀπομιμείσθω τρόπον · (323) ἀλλὰ μὴν καὶ τοῖς ἄλλοις αὐτὴν μαθήμασιν ἀναπληρούτω καὶ φιλοσοφίαν ἐπιστησάτω παιδαγωγόν · (324) αὕτη γὰρ ἱκανὴ κρῖναι τὸ μουσικῆι πρέπον μέτρον καὶ τὸ χρήσιμον.

N. C. — 317. αὐτοῦ] sic Par. 4 ἑαυτοῦ , cett.. αὐτοῦ, corr. Volkm. — Ποκτίνου P. : Κρατίνου. — μελῶν καὶ] addid. — 318. διαπονηθῆναι] Barb. : διαποιηθῆναι. — 319. μουσικῆς] F2 : μούσης. — αὑτοῖς] libri αὐτοῖς. — Post καταφρον. Turn. alii inserunt μέν. — 320. ἐπί τὸ ποιεῖν] Barb. : ἐπὶ τῷ ποιεῖν. — Φιλοξενείωι] Par. 5 : Φιλοξενείου. — Post 321 Westph. ita disponit : 325-9, 322-4, deinde inserit τῷ δὲ μέλλοντι κρῖναι τὴν μουσικὴν πρῶτον μὲν γνωστέον περὶ τῆς συνεχείας τῶν τῆς μουσικῆς μερῶν. — 322. καλῶς καὶ κεκριμένως] καὶ om. Par. 3. — 323. μαθήμασιν] Par 5 : ἀναθήμασιν. — Post 324 libri 336 ; correximus.

---

317. Télésias de Thèbes est d'ailleurs inconnu. Denys de Thèbes est probablement le musicien célèbre qui enseigna à Épaminondas la citharistique et la citharédie ; il était, dit Népos (Epam. 2), non minore in musicis gloria quam Damon aut Lamprus. — Lampros, nommé dans ce texte, est cité par Platon (Ménexène, p. 236 A, texte mal compris par Athénée XI, 506 F, qui y a vu une intention ironique) comme un maître éminent de musique, comparable à ce qu'était Antiphon pour la rhétorique. On a prétendu (Athénée, I, p. 20 F) que Sophocle ἔτι παῖς ὢν eut

Aristoxène par l'exemple suivant. Un de ses contemporains, dit-il, Télésias de Thèbes, avait dans sa jeunesse été élevé dans le culte de la plus belle musique et avait appris les airs des plus célèbres compositeurs, notamment ceux de Pindare, de Denys de Thèbes, de Lampros, de Pratinas, et des autres lyriques qui ont excellé dans la composition *vocale et* instrumentale. Il jouait aussi fort bien de la flûte et s'était appliqué avec succès aux autres branches de l'instruction générale. Cependant, après avoir dépassé la fleur de l'âge, il se laissa séduire à tel point par la musique théâtrale et variée, qu'il prit en mépris ces beaux modèles dont s'était nourrie son enfance, et se mit à apprendre par cœur les œuvres de Philoxène et de Timothée, en choisissant même de préférence celles où la variété et la nouveauté étaient portées au comble. Mais ensuite, lorsqu'il voulut composer lui-même et s'essaya dans les deux genres, celui de Pindare et celui de Philoxène, il ne put jamais réussir dans ce dernier, et la cause en était l'excellente éducation qu'il avait reçue dès l'enfance.

de Télésias de Thèbes.

« Si donc on veut cultiver la musique avec choix et distinction, il faut imiter le style ancien, il faut aussi compléter l'étude de la musique par celle des autres sciences et lui adjoindre pour guide la philosophie : car c'est cette dernière qui est seule capable de fournir à la musique une règle de convenance et un principe d'utilité.

Nécessité d'une culture encyclopédique et philosophique pour former un musicien accompli.

---

pour maître de danse et de musique Lampros. Mais, dans un fragment de Phrynichus le comique (Kock, I, 388 = Ath. II, p. 44 D), c'est-à-dire de l'époque de la guerre du Péloponnèse, il est question de Lampros, dont la maigreur était proverbiale, comme d'un artiste mort récemment ; il est donc impossible qu'il ait été le maître de Sophocle « enfant » et l'on corrigera Λάμπρωι dans Athénée et dans le Βίος en Λαμπροκλεῖ. — Nous avons vu § 202 que les « anciens » variaient leurs accompagnements plus que les « modernes » ; mais la désignation de Pindare, Pratinas, etc., comme simplement ποιηταὶ κρουμάτων ἀγαθοί n'en est pas moins inadmissible, d'autant plus que Télésias écrivit des μέλη, (320) ; nous avons donc intercalé les mots μελῶν ΚΑΙ qui ont dû tomber après ποιηΤΑΙ.

322. Il semble qu'après ce § il manque une phrase disant : « il faut étudier toutes les parties de la musique. » Dans tout ce qui suit, jusqu'au § 387, même après les transpositions de Westphal et les nôtres, la suite des idées laisse souvent à désirer, comme si Plutarque avait découpé un peu au hasard son Aristoxène.

ΠΕΡΙ ΜΟΥΣΙΚΗΣ

(325) Τριῶν γὰρ ὄντων μερῶν εἰς ἃ διήιρηται τὴν καθόλου διαίρεσιν ἡ πᾶσα μουσική, <ἁρμονικῆς ῥυθμικῆς μετρικῆς>, ἐπιστήμονα χρὴ εἶναι <τούτων τε καὶ> τῆς τούτοις χρωμένης ποιήσεως τὸν μουσικῆι προσιόντα καὶ τῆς ἑρμηνείας τῆς τὰ πεποιημένα παραδιδούσης ἐπήβολον.

E (326) Πρῶτον μὲν οὖν κατανοητέον ὅτι πᾶσα μάθησις τῶν περὶ τὴν μουσικὴν ἐθισμός ἐστιν, οὐδέπω προσειληφὼς τὸ τίνος ἕνεκα τῶν διδασκομένων ἕκαστον τῶι μανθάνοντι μαθητέον ἐστί.

(327) Μετὰ δὲ τοῦτ' ἐνθυμητέον, ὅτι πρὸς τὴν τοιαύτην ἀγωγήν τε καὶ μάθησιν οὐδέπω προσάγεται τρόπων ἐξαρίθμησις. (328) Ἀλλ' οἱ μὲν πολλοὶ εἰκῆι μανθάνουσιν ὃ ἂν τῶι διδάσκοντι ἢ τῶι μαν-

---

N. C. — 325. μερῶν] Bur. Volkm. : γενῶν. — ἡ πᾶσα μουσική] E : ἡ μους. πᾶσα. — ἁρμονικῆς... μετρικῆς] libri : διατόνου χρώματος ἁρμονίας (cf. 331). Correximus. — τούτων τε καὶ] inseruimus. — ἐπήβολον] Par. 4 : ἐπίβολον. — 326. περὶ τὴν μουσικήν] τὴν om. F2.

---

325. Les mots ἁρμονικῆς ῥυθμικῆς μετρικῆς, qui sont indispensables, paraissent avoir été expulsés du texte par une glose qui, en réalité, se rapportait au § 331 : les deux §§ étaient sans doute, dans l'archétype, vis-à-vis l'un de l'autre. — La classification des différentes branches de l'enseignement musical est esquissée par beaucoup d'auteurs, mais nous ne possédons que deux divisions vraiment scientifiques, l'une par Lasos d'Hermione (conservée par Martianus Capella, p. 352 Eyss.), l'autre par Aristide Quintilien. Le tableau ci-après les résume.

Ces deux classifications appartiennent, on le voit, à la même famille; celle d'Aristide Quintilien est seulement un élargissement de celle de Lasos, mais elles ont pour commun principe de séparer rigoureusement la théorie élémentaire de l'application. Tel est aussi le principe de la classification esquissée ici par Plutarque (Aristoxène). Elle distingue :

1° Classification de Lasos.

		PARTIES		
Genres ou branches.	A. Ὑλικόν (= théorie élémentaire.)	1. Harmonica.	2. Rhythmica.	3. Metrica.
	B. ἀπεργαστικόν (pratique.)	1. μελοποιία.	(2. ῥυθμοποιία? mss. πλοκή	3. Lexis.
	C. ἐξαγγελτικόν (interprétation.)	1. ὀργανικόν.	2. ὠιδικόν.	3. ὑποκριτικόν.

« En effet, comme, dans sa division la plus générale, la musique se compose de trois branches, *harmonique, rythmique, métrique*, il faut que celui qui se mêle de musique connaisse *ces parties elles-mêmes,* la composition qui les met en œuvre et l'interprétation qui transmet les compositions.

« Considérons d'abord que tout enseignement musical n'est qu'une routine qui laisse de côté la connaissance du pourquoi chacune des choses dont elle traite doit être apprise par l'élève. *Insuffisance de l'enseignement élémentaire. 1° Il ignore le pourquoi des choses.*

« Rappelons-nous, en outre, que dans cet enseignement élémentaire on ne fait même pas entrer un dénombrement complet des divers modes. Mais la plupart apprennent au *2° Il est limité à un petit nombre de modes.*

2° Classification d'Aristide Quintilien (*De mus.*, I, 5, p. 8 Meib.).

I. θεωρητικόν.	A. φυσικόν.	1. ἀριθμητικόν.	2. φυσικόν. proprement dit.	
	B. τεχνικόν.	1. ἁρμονικόν.	2. ῥυθμικόν.	3. μετρικόν.
II. πρακτικόν ou παιδευτικόν.	C. χρηστικόν.	1. μελοποιία.	2. ῥυθμοποιία.	3. ποίησις.
	D. ἐξαγγελτικόν.	1. ὀργανικόν.	2. ᾠδικόν.	3. ὑποκριτικόν.
		PARTIES		

1° l'enseignement théorique (le ὑλικόν de Lasos, τεχνικόν d'Aristide) subdivisé en trois parties (harmonique, rythmique, métrique); 2° l'application ou composition, ποίησις (= ἀπεργαστικόν, χρηστικόν), subdivisée en trois parties parallèles à celles de la théorie; 3° l'interprétation, ἑρμηνεία (= ἐξαγγελτικόν). Mais nous verrons tout à l'heure, qu'à l'époque d'Aristoxène la plupart des professeurs confondaient le χρηστικόν avec le τεχνικόν et faisaient de la mélopée, de la rythmopée, etc., de simples chapitres complémentaires des enseignements théoriques correspondants. — Προστιέναι μουσικῇ ne peut pas signifier aborder l'*étude* de la musique (sans quoi on ferait dire à Aristoxène l'absurdité que pour apprendre la musique, il faut d'abord la connaître dans toutes ses parties!), mais aborder l'exercice de la profession de musicien ou de juge musical. C'est dans le même sens que Plutarque écrit (*De Stoic. repugn.*, 3, p. 1033 F., VI, 216 Bern.) : ὅσοι δ' ἄλλοι πολιτείαι προσίασιν, « tous ceux qui s'occupent de politique ».

326. Ἐθισμός « accoutumance » (Arist., *Eth. Nic.* I, 7, 21) étonne un peu; on attendrait ἔθισμα « routine » (Xénophon, *Equit.* VI, 13).

327. Τρόπος désigne certainement ici et au § 330 non l'échelle de transposition (sens ordinaire de ce mot), mais le mode, comme dans Bacchius, § 46, ou peut-être, plus vaguement, le « style ».

θάνοντι ἀρέσηι · **(329)** οἱ δὲ συνετοὶ τὸ εἰκῆι ἀποδοκιμάζουσιν, ὥσπερ Λακεδαιμόνιοι τὸ παλαιὸν καὶ Μαντινεῖς καὶ Πελληνεῖς · F **(330)** ἕνα γάρ τινα τρόπον ἢ παντελῶς ὀλίγους ἐκλεξάμενοι, οὓς ᾤοντο πρὸς τὴν τῶν ἠθῶν ἐπανόρθωσιν ἁρμόττειν, *ταύτηι τῆι μουσικῆι ἐχρῶντο (***).

(331) Τριῶν δ' ὄντων γενῶν, εἰς ἃ διαιρεῖται τὸ ἡρμοσμένον, <διατόνου χρώματος ἁρμονίας>, ἴσων τοῖς τε τῶν συστημάτων μεγέθεσι καὶ ταῖς τῶν φθόγγων δυνάμεσιν, ὁμοίως δὲ καὶ τοῖς τῶν τετραχόρδων, περὶ ἑνὸς μόνου οἱ παλαιοὶ ἐπραγματεύσαντο · **(332)** ἐπειδήπερ οὔτε περὶ χρώματος οὔτε περὶ διατόνου οἱ πρὸ ἡμῶν ἐπεσκόπουν, ἀλλὰ περὶ μόνου τοῦ ἐναρμονίου, καὶ αὖ τούτου περὶ ἕν τι μέγεθος συστήματος, τοῦ καλουμένου διὰ πασῶν · **(333)** περὶ μὲν γὰρ τῆς χρόας διεφέροντο, περὶ δὲ τοῦ μίαν εἶναι αὐτὴν τὴν ἁρμονίαν σχεδὸν πάντες συνεφώνουν.

N. C. — **329.** Μαντινεῖς] Par 5 : Μαντιεῖς. — **330.** ταύτηι] *libri* αὐτῇ; *correx.* (Bern. : malim αὐτῇ μουσικῇ . — *Post 330 libri § 363-387 (c. 33 integrum). Correxit Westphal.* — **331-333.** Burette post 389 transponit, Westphal post 393, Volkmann delet. — **331.** γενῶν] V1 : τῶν γενῶν. — διατόνου χρώματος ἁρμονίας] *inseruimus*. — ἴσων] Westph. ἀνίσων. Idem mox pro συστ. scripsit διαστημάτων, et ταῖς τῶν τετραχόρδων <διαιρέσεσι>. — **332.** οἱ] om. V1. — καὶ αὖ] F2 καὶ αὐτοῦ. V1 : καὶ αὐτοῦ τοῦ. — **333.** γάρ] om. AE Barb. et vulg. ante Wytt. — χρόας] Xyland. : χρείας. — εἶναι] V1 F2 Par. 3, 4, 5 : εἶναι μόνην.

329. La sévérité des Lacédémoniens en fait de musique est universellement connue. Quant aux Mantinéens, chez lesquels Aristoxène avait fait un séjour prolongé (Suidas), nous ne connaissons guère que leur danse nationale (Aristox. fr. 49) ; mais nous savons d'ailleurs combien les études musicales faisaient l'objet de la sollicitude du gouvernement arcadien (Virgile, *Ecl.* X, 33 ; Polyb. IV, 20). Les Pelléniens sont un peuple d'Achaïe ; nous ne savons rien de leur musique. Il est probable que les Théoxénies qu'ils célébraient en l'honneur d'Apollon (Paus., VII, 27) comportaient une partie musicale.

330. Πρὸς τὴν τῶν ἠθῶν ἐπανόρθωσιν. Cette idée a déjà été esquissée aux § 256 suiv. et sera reprise aux § 388 suiv. — Le déplacement du chapitre 33, dû à Westphal, rétablit la clarté dans tout ce développement.

331. Cp. Aristoxène, *Harm.*, p. 19 Meib. : ἑλόμενον δ' ἂν εἴη τῶν εἰρημένων τὸ καθόλου λεγόμενον μέλος διελεῖν εἰς ὅσα φαίνεται γένη διαιρεῖσθαι · φαίνεται δ' εἰς τρία · πᾶν γὰρ τὸ λαμβανόμενον μέλος τὸ εἰς τὸ ἡρμοσμένον ἤτοι διάτονόν ἐστιν ἢ χρωματικὸν ἢ ἐναρμόνιον. De même p. 44 Meib. — Les trois genres sont semblables : 1° par l'étendue des gammes qu'on peut y exécuter (systèmes de 8, 11,

hasard ce qui plaît au maître ou à l'élève ; les hommes de sens dédaignent d'agir au hasard ; tels jadis les Lacédémoniens, les gens de Pellène et de Mantinée : choisissant un mode unique ou un très petit nombre de modes qu'ils croyaient convenir au redressement des mœurs, ils s'en tenaient, dans l'usage, à cette musique limitée.

« Semblablement, quoique la matière mélodique se subdivise en trois genres, *diatonique, chromatique, enharmonique*, égaux par l'étendue des gammes et les rangs des sons comme des tétracordes, cependant les anciens n'ont traité que d'un seul des trois : en effet, nos prédécesseurs n'ont jamais fait porter leurs recherches ni sur le chromatique ni sur le diatonique, mais uniquement sur l'enharmonique, et même ce genre ils ne l'ont étudié que dans les limites d'une seule gamme, l'octave. Ils ne s'entendaient pas sur la nuance exacte de l'accord, mais que ce fût là l'unique « harmonie » véritable, c'était leur avis presque unanime.

3° Étude exclusive de l'enharmonique par les anciens.

15 sons) ; 2° par les noms qui indiquent les rangs (δυνάμεις) des cordes dans ces gammes (ces noms sont, en effet, les mêmes dans les trois genres ; on distingue seulement les notes mobiles de même rang, dont l'intonation diffère suivant le genre, par une épithète accessoire, διάτονος, χρωματική, ἐναρμόνιος) ; 3° par les noms qui indiquent les rangs des tétracordes (hypates, moyennes, etc.).

332. Cf. Aristoxène, p. 2 Meib. : τοὺς μὲν οὖν ἔμπροσθεν — ἁρμονικοὺς εἶναι βούλεσθαι μόνον, αὐτῆς γὰρ τῆς ἁρμονίας ἥπτοντο μόνον, τῶν δ' ἄλλων γενῶν οὐδεμίαν πώποτ' ἔννοιαν εἶχον... ἀλλ' ἀποτεμνόμενοι τῆς ὅλης μελωιδίας (= μουσικῆς τοῦ τρίτου μέρους ἕν τι γένος, μέγεθος δὲ τὸ διὰ πασῶν, περὶ τούτου πᾶσαν πεποίηνται πραγματείαν. P. 35 M. : οὐ γὰρ ἐπραγματεύοντο περὶ τῶν δύο γενῶν, ἀλλὰ περὶ αὐτῆς τῆς ἁρμονίας. Aristoxène n'allègue pas d'autre preuve de son affirmation (contre laquelle proteste déjà Adraste ap. Porphyre, Commentaire sur le *Timée*, p. 192 A Schneider) que le fait que les anciens diagrammes des gammes ne considèrent que des octocordes enharmoniques (par exemple ceux qu'a reproduits Aristide Quintilien, p. 22 Meibom) ; mais Westphal et Marquard ont déjà répondu que si les anciens théoriciens n'ont dressé de diagrammes que pour le genre enharmonique, c'est sans doute parce que c'est le seul qui offrait des difficultés pour la perception. — Le § de Plutarque est certainement pris mot pour mot dans un ouvrage d'Aristoxène et il a eu l'étourderie de laisser subsister les mots οἱ πρὸ ἡμῶν où le jeune plagiaire montre le bout de l'oreille ; Volkmann a eu grand tort d'y voir la marque d'une « interpolation ».

333. Chaque genre ou plutôt chaque subdivision (διαίρεσις) de genre est susceptible, entre certaines limites, de petites modifications dans l'accord des cordes mobiles ; ce sont ces modifications qui constituent les χρόαι ou « nuances », au sujet desquelles régnait dans l'antiquité la

F (334) Οὐκ ἂν οὖν ποτε συνίδοι τὰ περὶ τὴν ἁρμονικὴν πραγματείαν ὁ μέχρι αὐτῆς τῆς γνώσεως ταύτης προεληλυθώς, (335) ἀλλὰ δηλονότι <ὁ> παρακολουθῶν ταῖς τε κατὰ μέρος ἐπιστήμαις καὶ τῶι συνόλωι σώματι τῆς μουσικῆς καὶ ταῖς τῶν μερῶν μίξεσί τε καὶ συνθέσεσιν · (336) ὁ γὰρ μόνον ἁρμονικὸς περιγέγραπται τρόπωι τινί.

p. 1144
c. 35 (337) Ἀεὶ γὰρ ἀναγκαῖον τρί' ἐλάχιστα εἶναι τὰ πίπτοντα ἅμ' εἰς τὴν ἀκοήν, φθόγγον τε καὶ χρόνον καὶ συλλαβὴν ἢ γράμμα · (338) συμβήσεται δ' ἐκ τῆς μὲν κατὰ τὸν φθόγγον πορείας τὸ ἡρμοσμένον γνωρίζεσθαι, ἐκ δὲ τῆς κατὰ χρόνον τὸν ῥυθμόν, ἐκ δὲ τῆς κατὰ γράμμα ἢ συλλαβὴν τὸ λεγόμενον · (339) ὁμοῦ δὲ προβαινόντων, ἅμα τὴν τῆς αἰσθήσεως ἐπιφορὰν ἀναγκαῖον ποιεῖσθαι.

p. 1143 F
c. 34 (340) Καθόλου μὲν οὖν εἰπεῖν, ὁμοδρομεῖν δεῖ τήν τ' αἴσθησιν καὶ τὴν διάνοιαν ἐν τῆι κρίσει τῶν τῆς μουσικῆς μερῶν, καὶ μήτε

N. C. — 334. προεληλυθώς] V1 : προσεληλυθώς. — 335. δηλονότι] Par. 3 : δῆλον ὡς — ὁ] inseruimus. — 336. περιγέγραπται] Par. 4, 5 : περίγραπται. — 337-342. Libri ita disponunt : 340-342; 337-339. Correximus. — 338. ἐκ τῆς μέν] V1 F2 Par. 4, 5 : ἐκ μὲν τῆς. — τὸ λεγόμενον] Amyot ut vid.) : τὸ λεγ. ἦθος. — 340. δεῖ] P : δή.

---

plus grande variété d'opinion. Cf. Aristoxène, p. 49 Meib. : οὐ γὰρ δὴ πρὸς τὴν αὐτὴν διαίρεσιν βλέποντες πάντες οὔτε τὸ χρῶμα οὔτε τὴν ἁρμονίαν ἁρμόττονται. On n'était même pas d'accord sur le point de savoir s'il existait plusieurs nuances légitimes d'enharmonique ou une seule. Aristoxène, qui se range à la première opinion, pense que toute note comprise entre Mi + 2 3 (la plus grave lichanos chromatique) et Mi + 2 4 la plus grave lichanos enharmonique) peut être considérée comme une lichanos enharmonique légitime, à laquelle correspond une parhypate qui divise en deux moitiés sensiblement égales l'intervalle du pycnon p. 26 Meib.). D'autres étaient du même avis puisque, selon Aristoxène, ils rapprochaient l'enharmonique du chromatique (p. 23 Meib.), ce qui ne peut s'expliquer que par l'emploi de lichanos enharmoniques plus aiguës que H + 1/2. — Aristoxène eût peut-être été embarrassé de donner une preuve que ses prédécesseurs n'admettaient pas d'autre octave ἁρμονία) que l'octave enharmonique; il n'aurait guère pu alléguer que la rédaction de leurs diagrammes et le nom même de ἁρμονία, qui désigne l'octave enharmonique comme l'octave par excellence.

334. αὐτῆς = μόνης; le sens est donc « même pour embrasser la science harmonique, il ne suffit pas d'avoir étudié cette seule science. » La suite justifiera ce paradoxe en montrant les liens intimes de toutes les parties de la musique; mais on est choqué 1° par οὖν; 2° par l'absence de οὐδέ après συνίδοι.

336. Cp. Aristoxène, p. 32 Meib. :

DE LA MUSIQUE   135

« Jamais donc la science harmonique ne pourra être em- | A. *Nécessité de l'intelligence du tout pour comprendre un seul élément musical.*
brassée complètement par quelqu'un qui aura borné ses
études à cette seule connaissance ; pour y arriver, il faut
s'être rendu familier avec toutes les sciences spéciales et
le corps entier de la musique, ainsi qu'avec les mélanges et
combinaisons de ses parties : car celui qui n'est qu'harmonicien est toujours borné par quelque endroit.

« En effet, toute perception musicale comprend nécessairement trois éléments qui tombent à la fois dans l'ouïe :
un son, un temps et une syllabe ou une lettre. De la succession des sons résultera la connaissance de la mélodie,
de celle des temps la connaissance du rythme, de celle
des lettres ou syllabes la connaissance du texte. Or,
comme ces trois successions s'avancent conjointement,
il est nécessaire que la sensation s'y applique en même
temps.

« Pour parler en général, il faut donc que dans le jugement appliqué aux différentes parties de la musique, la sensation marche toujours de front avec l'intelligence, sans

μέρος γάρ ἐστιν ἡ ἁρμονικὴ πραγματεία τῆς τοῦ μουσικοῦ ἕξεως, καθάπερ ἥ τε ῥυθμικὴ καὶ ἡ μετρικὴ καὶ ἡ ὀργανική. — De même p. 1 : τῆς περὶ μέλους (= μουσικῆς ἐπιστήμης πολυμεροῦς οὔσης καὶ διῃρημένης εἰς πλείους ἰδέας, μίαν τινὰ αὐτῶν ὑπολαβεῖν δεῖ, τὴν ἁρμονικήν, etc. Aristoxène lui-même aimait à s'intituler μουσικός par opposition à ses prédécesseurs, les ἁρμονικοί (p. 40 M.); la postérité lui a conservé ce titre (S. Emp., *Adv. Math.*, VI, p. 357; Gell. IV, 11).

337-348. Il nous paraît évident que les § 340-2, donnés par les mss. après 336, interrompent l'enchaînement des idées et sont mal placés ; il est plus difficile de déterminer la place qui leur convient. On pourrait aussi les intercaler entre 347 et 348. La vérité est qu'ils sont gênants partout.

337. συλλαβή, la syllabe proprement dite composée de plusieurs lettres ; γράμμα, la voyelle isolée for-

mant syllabe à elle seule (cp. Aristox. *Rythm.*, p. 278 Morelli : διαιρήσει τὸν χρόνον ἡ λέξις — γράμμασι καὶ συλλαβαῖς). Au reste, dans un langage courant, qui même au point de vue scientifique est plus satisfaisant, la voyelle isolée s'appelle elle-même συλλαβή ; cf. Hérondas III, 22 : οὐδ' ἄλφα συλλαβήν.

338. Cf. Aristoxène, fr. 29 Mahne (Stob. *Flor.* I, 10, 67 Mein.) ἐπιθυμίαν ἐπιφοράν τινα εἶναι τῆς ψυχῆς.

340. Aristote aussi fait consister le sens critique dans l'alliance de la διάνοια et de l' αἴσθησις (*infrà*, note 379). Par διάνοια, il faut entendre ici surtout la mémoire. Cp. Aristoxène, *Harm.*, p. 38 Meib. : ὅτι δὲ τὸ ξυνιέναι τῶν μελῳδουμένων <ἕκαστον> τῆι τε ἀκοῆι καὶ τῆι διανοίαι κατὰ πᾶσαν διαφορὰν τοῖς γιγνομένοις παρακολουθεῖ... ἐκ δύο γὰρ τούτων ἡ τῆς μουσικῆς ξύνεσίς ἐστιν, αἰσθήσεώς τε καὶ μνήμης · αἰσθάνεσθαι μὲν γὰρ δεῖ

136   ΠΕΡΙ ΜΟΥΣΙΚΗΣ

προάγειν, ὃ ποιοῦσιν αἱ προπετεῖς τε καὶ φερόμεναι τῶν αἰσθήσεων, μήθ' ὑστερίζειν, ὃ ποιοῦσιν αἱ βραδεῖαί τε καὶ δυσκίνητοι· (341) γίγνεται δέ ποτ' ἐπί τινων αἰσθήσεων καὶ τὸ συγκείμενον ἐκ τοῦ συναμφοτέρου, καὶ ὑστεροῦσιν αἱ αὐταὶ καὶ προτεροῦσι, διά τινα φυσικὴν ἀνωμαλίαν. (342) Περιαιρετέον οὖν τῆς μελλούσης ὁμοδρομεῖν αἰσθήσεως ταῦτα.

p. 1144 B   (343) Ἀλλὰ μὴν κἀκεῖνο φανερόν, ὅτι οὐκ ἐνδέχεται, μὴ δυναμένης τῆς αἰσθήσεως χωρίζειν ἕκαστον τῶν εἰρημένων, παρακολουθεῖν τε δύνασθαι τοῖς καθ' ἕκαστα καὶ συνορᾶν τό θ' ἁμαρτανόμενον ἐν ἑκάστωι αὐτῶν καὶ τὸ μή. (344) Πρῶτον οὖν περὶ <χωρισμοῦ, εἶτα περὶ> συνεχείας γνωστέον· (345) ἀναγκαῖον γάρ ἐστιν ὑπάρχειν τῆι κριτικῆι δυνάμει συνέχειαν· (346) τὸ γὰρ εὖ καὶ τὸ ἐναντίως οὐκ ἐν ἀφωρισμένοις τοῖσδε τισὶ γίγνεται φθόγγοις ἢ χρόνοις ἢ γράμμασιν, ἀλλ' ἐν συνεχέσιν, (347) ἐπειδὴ μῖξίς τις ἐστι [τῶν] κατὰ τὴν χρῆσιν ἀσυνθέτων μερῶν.

c   348) Περὶ μὲν οὖν τῆς παρακολουθήσεως τοσαῦτα· (349) τὸ
c. 36 δὲ μετὰ τοῦτο ἐπισκεπτέον, ὅτι οἱ μουσικῆς ἐπιστήμονες πρὸς τὴν κριτικὴν πραγματείαν οὐκ εἰσιν αὐτάρκεις. (350) Οὐ γὰρ οἷόν τε τέλεον γενέσθαι μουσικόν τε καὶ κριτικὸν ἐξ αὐτῶν τῶν δοκούντων εἶναι μερῶν τῆς ὅλης μουσικῆς, οἷον ἔκ τε τῆς τῶν ὀργάνων ἐμπειρίας καὶ τῆς περὶ τὴν ὠιδήν, ἔτι δὲ τῆς περὶ τὴν αἴσθησιν συγγυμ-

---

N. C. — 340. αἱ προπετεῖς] Par. 4 : οἱ προπ. — 343. τε δύνασθαι] Par. 4 : τὸ δυν. — 344. χωρισμοῦ εἶτα περὶ inseruimus. — 347. τῶν inclusimus; Volkm. etc. : κατὰ τὴν χρῆσιν τῶν. An ἀσυνθέτων? — 349. οὐχ] om. Par. 3.

τὸ γιγνόμενον, μνημονεύειν δὲ τὸ γεγονός. On voit que pour Aristoxène ἀκοή = αἴσθησις, μνήμη = διανοία. Le mot ὁμοδρομεῖν signifie donc que la sensation et la mémoire doivent marcher de pair, agir ensemble si l'on veut arriver à la pleine intelligence de l'œuvre musicale. Il faut bien se garder de confondre cette théorie avec la question de savoir si le critère musical doit être cherché dans l'ἀκοή, ou dans le λόγος, question qui, on le sait, divisait les pythagoriciens et les aristoxéniens.

344. Le mot οὖν suppose que dans la phrase précédente il a déjà été question d'une qualité que Plutarque exige de la sensibilité musicale ; or, dans cette phrase, il a été parlé d'analyse χωρίζειν et non de synthèse. Le supplément que nous avons inséré s'impose donc absolument ; l'omission

jamais prendre les devants, comme le font les sensations emportées et précipitées, ni sans rester en arrière, comme le font celles qui sont lentes et difficiles à émouvoir ; quelques-unes même cumulent ces deux défauts, tantôt prenant les devants, tantôt restant en arrière, par je ne sais quelle anomalie naturelle. Il faut donc corriger de ces imperfections la sensation si l'on veut qu'elle marche de pair avec l'intelligence.

« Et, autre chose évidente, si la sensation n'est pas capable de séparer chacun des trois éléments susdits, il ne lui sera pas possible de saisir le fil de chacune des trois successions séparées et d'apercevoir les fautes ou les beautés dans chacune d'elles. Il faut donc acquérir d'abord la faculté *de séparer, ensuite celle* de rétablir la continuité : car le sentiment de la continuité est nécessaire au sens critique, puisque le beau et le laid ne résident pas dans certains sons, temps ou lettres isolés, mais dans une série continue : ils consistent, en effet, dans une certaine combinaison, par l'usage, de parties incomposées.

« Voilà pour ce qui concerne la compréhension musicale. Il faut ensuite observer que la connaissance de la musique ne suffit pas encore pour la critique musicale. Il n'est pas possible, en effet, de devenir à la fois un musicien et un juge musical accompli par la seule réunion des connaissances qui passent pour être les parties de la musique intégrale, telles

B. L'ensemble des connaissances techniques ne suffit pas à la critique musicale.

s'explique par les deux περί. Pour χωρισμός cf. Aristox., p. 4 Meib. ; Plut. *adv. Colot.*, 22, p. 1119 E.

345. La συνέχεια, considérée ici comme une faculté de la perception, ne doit pas être confondue avec la συνέχεια objective, les principes qui régissent l'enchaînement mélodique des sons (Aristox.. p. 4 et 27 Meib.)

350-352. Cette énumération un peu confuse des différentes branches de l'enseignement musical est difficile à mettre en harmonie avec la classification plus scientifique de Lasos d'Hermione et d'Aristide Quintilien (*suprà*, note 325). Il semble cependant que les branches théoriques (πραγματεῖαι, θεωρίαι) soient énumérées au § 352, les branches pratiques (ἐμπειρίαι) au § 350 ; on obtiendrait ainsi le tableau suivant :

θεωρητικὸν καὶ ποιητικόν.	{ 1. ἁρμονική.	2. ῥυθμική.	3. λέξις.	4. κροῦσις (?)
(ἑρμηνεία).	{ 1. ὀργανική. (cp. Aristox. p. 32)	2. ᾠδική.		
(παίδευσις ?).	{ συγγυμνασία.			

νασίας (351) — λέγω δὲ τῆς συντεινούσης εἰς τὴν τοῦ ἡρμοσμένου <καὶ τοῦ λεγομένου> ξύνεσιν καὶ ἔτι τὴν τοῦ ῥυθμοῦ, — (352) πρὸς δὲ τούτοις ἔκ τε τῆς ῥυθμικῆς καὶ τῆς ἁρμονικῆς πραγματείας καὶ τῆς περὶ τὴν κροῦσίν τε καὶ λέξιν θεωρίας, καὶ εἴ τινες ἄλλαι τυγχάνουσι λοιπαὶ οὖσαι. (353) Δι' ἃς δ' αἰτίας οὐχ οἷόν τ' ἐξ αὐτῶν τούτων γενέσθαι κριτικόν, πειρατέον καταμαθεῖν.

(354) Πρῶτον ἐκ τοῦ ἡμῖν ὑποκεῖσθαι τὰ μὲν τῶν κρινομένων τέλεια, τὰ δ' ἀτελῆ · (355) τέλεια μέν, αὐτό τε τῶν ποιημάτων ἕκαστον, οἷον τὸ ᾀδόμενον ἢ αὐλούμενον ἢ κιθαριζόμενον, ἢ ἡ ἑκάστου *αὐτῶν ἑρμηνεία, οἷον ἥ τ' αὔλησις καὶ ἡ ᾠδὴ καὶ τὰ λοιπὰ τῶν τοιούτων · (356) ἀτελῆ δέ, τὰ πρὸς ταῦτα συντείνοντα καὶ [τὰ] τούτων ἕνεκα γιγνόμενα · τοιαῦτα δὲ τὰ μέρη τῆς <ποιήσεως καὶ τῆς> ἑρμηνείας.

(357) Δεύτερον ἐκ <τοῦ κρίνειν δεῖν ἡμᾶς καὶ περὶ τῆς οἰκειότητος τῆς τε ἑρμηνείας καὶ> τῆς ποιήσεως · (358) ὡσαύτως γὰρ καὶ *αὕτη ὑπο<κεῖται>.

(359) < Οὐ μόνον>κρίνειε γὰρ ἄν τις ἀκούων αὐλητοῦ, πότερον

N. C. — 351. καὶ τοῦ λεγομένου] *inseruimus*. — 352. P : λέξιν τε καὶ κροῦσιν. — εἴ τινες] P : οἵτινες. — 353. Barb. δι' αἰτίας. — 355. ἢ ἡ] Westph. καὶ ἡ. — αὐτῶν] *libri* αὐτοῦ, *corr. Volkm.* — 356. τὰ] *inclusimus*. — ποιήσεως καὶ τῆς] *addid.* — 357-360. Verba δεύτερον — ἑρμηνείας om. Par. 3. — 357. τοῦ... καὶ] *inseruimus*. — 358. αὕτη] *libri* αὐτή (P : αὐτά), *correx.* — ὑποκεῖται] *libri* ὑποκρίνειε (in F2 spatio inter ὑπο et κρ. relicto). *Correx.* (Bern : sententia requirit ἀπορήσειε). — 359. οὐ μόνον *addid.* — αὐλητοῦ] Volkm. αὐλῳδοῦ. — πότερον] P : ὁπότερον.

Le θεωρ. et le ποιητ., ici confondus, sont distingués ailleurs par Aristoxène (*infra*, note 364). Ainsi l'ἁρμονική comprend la mélopée, la ῥυθμική la rythmopée, et inversement la λέξις comprend la μετρική. Il est difficile de savoir ce qu'Aristoxène entend ici par ἡ περὶ τὴν κροῦσιν θεωρία. Ce ne peut être la pratique du jeu des instruments (qui rentrerait dans l' ὀργανική); c'est plutôt l'étude de l'instrumentation.

351. Cette συγγυμνασία de la sensibilité, qui ne figure dans aucune des autres divisions connues de la musique, est précisément celle qui a été décrite dans les §§ 337 suiv. et qui comprend : 1° le réglage de l'« allure » de la sensation; 2° l'art d'analyser le phénomène musical en ses éléments (343); 3° celui de reconstituer par la pensée les séries parallèles, mélodique, rythmique, poétique, et de les embrasser d'un seul coup d'œil (345). — Le supplément καὶ τοῦ λεγομένου est imposé par la comparaison avec

que la pratique des instruments et du chant, l'exercice de la perception simultanée — j'entends celle qui s'applique à la fois à l'intelligence de la mélodie, *du texte*, et du rythme, — puis encore la science de la rythmique et de l'harmonique, la théorie de l'accompagnement et du style poétique, et d'autres encore, s'il s'en trouve. Pourquoi toutes ces connaissances ne suffisent pas à faire un critique, c'est ce qu'il nous reste à montrer.

« D'abord, parce que, parmi les objets soumis à notre appréciation, les uns ont leur fin en eux-mêmes, les autres ne l'ont pas. A sa fin en elle chaque composition musicale elle-même, comme un air de chant, de flûte ou de cithare, ou l'interprétation de chacune de ces choses, comme le jeu de flûte, le chant et autres semblables. N'ont pas leur fin en eux-mêmes, les moyens tendant à ces buts et mis en œuvre pour les atteindre, tels que les différentes parties de *la composition et de* l'interprétation.

Distinction entre les moyens et les fins dans l'art musical.

« En second lieu, parce que *nous avons à juger également de la convenance de l'interprétation et* de la composition : car elle aussi nous est soumise.

L'éthos, suprême objet du jugement musical.

« Ainsi, en entendant un joueur de flûte, on ne doit pas

L'éthos dans l'exécution.

le § 338; d'ailleurs, la locution καὶ ἔτι suppose au moins deux termes précédents.

356. Il est difficile de croire qu'après avoir cité parmi les objets « complets » soumis à notre jugement : 1° les compositions musicales elles-mêmes 2° leur exécution, Plutarque ne cite, parmi les objets « incomplets », que les parties de l'*exécution;* de là notre supplément ποιήσεως καὶ τῆς.

357. Le texte des mss. est inintelligible; notre supplément n'a d'autre prétention que d'indiquer le sens; le copiste a sûrement sauté une ligne entière.

358. ὑποκρίνειε des mss. n'est point grec; le scribe a sauté du Κ de ΥΠΟΚΕΙΤΑΙ à celui de ΚΡΙΝΕΙΕ. Plusieurs mss. indiquent une lacune. — Toutefois οὐ μόνον nous inspire des doutes et γάρ à la 4ᵉ place est insolite. De plus tout le texte et la suite des idées sont un peu flottants. L'exposé des *deux* raisons pour lesquelles la connaissance des parties de la musique ne suffit pas au critique paraît tenir dans les §§ 354-358. Viennent ensuite des exemples à l'appui, relatifs : 1° au jugement de l'interprétation (359-361) : 2° à celui de la composition, à savoir : a) de la mélopée (364-370) b) de la rythmopée (371-378). Mais les articulations du raisonnement sont mal marquées, et les « deux raisons » n'en font réellement qu'une, car le jugement sur l'ensemble ne se distingue pas essentiellement du jugement sur l'appropriation des moyens au but.

359. Comme il n'est question que d'un seul aulète, le mot συμφωνεῖν doit s'entendre de l'accord des deux

ΠΕΡΙ ΜΟΥΣΙΚΗΣ

ποτε συμφωνοῦσιν οἱ αὐλοὶ ἢ οὔ, καὶ πότερον ἡ διάλεκτος σαφὴς ἢ τοὐναντίον · (360) τούτων δ' ἕκαστον μέρος ἐστὶ τῆς αὐλητικῆς ἑρμηνείας, οὐ μέντοι τέλος, ἀλλ' ἕνεκα τοῦ τέλους γιγνόμενον. (361) Παρὰ ταῦτα γὰρ αὖ καὶ τὰ τοιαῦτα πάντα, κριθήσεται τὸ τῆς ἑρμηνείας ἦθος, εἰ οἰκεῖον ἀποδίδοται τῶι παραδοθέντι ποιήματι, ὃ μεταχειρίσασθαι καὶ ἑρμηνεῦσαι ὁ ἐνεργῶν βεβούληται.

(362) Ὁ αὐτὸς δὲ λόγος καὶ ἐπὶ τῶν <ἠθῶν καὶ τῶν> παθῶν τῶν ὑπὸ τῆς ποιητικῆς σημαινομένων ἐν τοῖς ποιήμασι. (363) Φανερὸν δ' ἂν γένοιτο εἴ τις ἑκάστην ἐξετάζοιτο τῶν < μουσικῶν > ἐπιστημῶν, τίνος ἐστὶ θεωρητική.

p. 1142 F
c. 88

(364 Δῆλον γὰρ ὅτι ἡ μὲν ἁρμονικὴ γενῶν τε τῶν τοῦ ἡρμο-

N. C. — 360. αὐλητικῆς] Volkm. αὐλῳδικῆς. — 361. εἰ οἰκεῖον] E : εἰς οἰκ. — παραδοθέντι] F₂. — Par. 3, 4, 5, V1 : παραποδοθέντι, ceteri et vulgo παραποιηθέντι. — ὃ] P : ὁ καὶ. — βεβούληται] Par. 3 βούλεται. — 362. ἠθῶν καὶ τῶν] inseruimus. — 363-387. Libri post 329, transposuit Westphal. — 363. φανερὸν] P : φανερῶς. — μουσικῶν] addidimus.

tuyaux de flûte entre eux cf. *suprà*, note 173. Pour διάλεκτος, cp. *suprà*, note 202 ; mais le mot est pris ici dans un sens légèrement différent, puisqu'il s'agit d'exécution et non de composition ; c'est le « phrasé » plutôt que la phrase.

362. ΠΑΘΩΝ pourrait être une simple faute de copiste pour ΗΘΩΝ ; dans tout ce qui suit il ne sera question que de l'*éthos*, jamais du *pathos*. A défaut d'une correction, notre supplément s'impose.

363-387. Cet intéressant développement avait peut-être été écrit après coup sur un feuillet séparé, qui s'est ensuite égaré à une fausse place. La transposition, proposée par Westphal, paraît absolument certaine. Toutefois, les mots ἑκάστην τῶν ἐπιστημῶν gagneraient en clarté s'ils étaient rapprochés de l'énumération des ἐπιστῆμαι, § 350-352. Il ést donc possible que les § 354-362, qui interrompent la connexion, aient été ajoutés après coup.

363. τῶν ἐπ.στημῶν, ce sont les sciences particulières, les branches de la musique, dont il a été question plus haut, § 350 suiv. et qui seront appelées plus loin (387) τὰ καθ' ἓν μέρος λεγομενα. Le supplément μουσικῶν paraît indispensable à cette distance.

364. Cette énumération des parties de l'harmonique offre plusieurs particularités remarquables : 1° l'étude des γένη est placée en tête, comme dans les *Éléments* d'Aristoxène p. 35 suiv., disposition critiquée par Porphyre sur Ptol., p. 258) et abandonnée par les auteurs de manuels ultérieurs, qui placent toujours en tête les φθόγγοι et relèguent les γένη, à la 3° place (Cléonide, c. 1) ou à la 4° (Arist. Quint. p. 9 ; Alyp. c. 2 ; Gaud. c. 5 ; An. Bell. 20 et 31 ; Mart. Cap. IX, p. 353 Eyss.) ; ce seul détail suffit à prouver l'origine aristoxénienne de notre texte ; 2° la μελοποιία, septième partie de l'harmonique d'après les *Éléments* d'Aristoxène (p. 38 M.) et les manuels postérieurs, est ici complètement omise : nous traiterons

juger seulement si les flûtes sont d'accord ou non, si le phrasé est clair ou non ; tout cela ne représente que des parties de l'interprétation aulétique, ces choses ne sont pas fin en elles-mêmes, mais ont lieu en vue d'une fin déterminée. Mais au-delà de ces détails et d'autres du même genre, nous avons encore à juger le caractère de l'interprétation, s'il est conforme à l'esprit de la composition donnée, que le virtuose s'est proposé de transmettre et de traduire.

« Même observation pour *le caractère et* les sentiments exprimés par l'art créateur dans les compositions musicales. La chose sera claire si nous considérons quel est l'objet de chacune des sciences particulières *dont se compose la musique.*

L'éthos dans la composition.

« L'harmonique, par exemple, a évidemment pour objet les

Dans l'harmonie.

cette question plus loin (note 381); 3° les τόνοι doivent, conformément à la terminologie d'Aristoxène, désigner ici les tons (échelles de transposition, *vulgo* τρόποι et non, comme dans d'autres passages du dialogue, les modes : ceux-ci sont compris ici sous la rubrique συστήματα, qui sert souvent, chez Aristoxène et ailleurs, à désigner spécialement les diverses formes de systèmes octocordes, c'est-à-dire les modes (harmonies). Voir Aristox. p. 2 et 36 Meib., p. 284 Morelli; Arist. Quint. I, 11, p. 29 : ἀπὸ

An. Bell. 63). Il faut en conclure que c'est l'espèce la plus importante, et, en effet, d'après ce qu'on vient de voir, la métabole συστηματική n'est pas autre chose que la métabole de mode. C'est ce que signifie, bien interprété, le texte de Bacchius, c. 51. Chez les autres auteurs, cette expression a pris un sens beaucoup plus restreint : elle désigne, d'après eux, le passage du système conjoint au système disjoint ou réciproquement (fig. 37); la métabole modale n'est pas mentionnée. Mais tout en doutant de

Fig. 37.

ποίου τῆς φωνῆς τὸ σύστημα τόπου ποιητέον; Proclus, *Chrestom.*, p. 245 Westph. : ὁ νόμος ἁρμόζεται τῶι συστήματι τῶι τῶν κιθαρωιδῶν Αἰολίωι; et ici même *infrà*, §§ 370 et 377; 4° parmi les *métaboles* qui rentrent dans le cadre de l'harmonique, Plutarque ne nomme ici que les « métaboles de système », omettant les métaboles de genre et de ton (trope) que nomment les abréviateurs (Cléon. 13: Bacch. 50;

l'exactitude de cette définition, il faut remarquer que le changement ainsi défini constitue réellement, comme le dit Ptolémée II, 6) une μεταβολὴ τοῦ μέλους, c'est-à-dire une métabole de mode. Si l'on considère, en effet, une cithare ordinaire (éolienne) de 18 cordes, il est facile de voir que c'est par ce passage du tétracorde conjoint au disjoint ou *vice versa* — autrement dit par l'échange

σμένου καὶ διαστημάτων καὶ συστημάτων καὶ φθόγγων καὶ τόνων καὶ μεταβολῶν συστηματικῶν ἐστι γνωστική · (365) πορρωτέρω δ' οὐκέτι ταύτηι *προελθεῖν οἷόν τε. (366) Ὥστ' οὐδὲ ζητεῖν παρὰ ταύτης τὸ διαγνῶναι δύνασθαι, πότερον οἰκείως εἴληφεν ὁ ποιητής, *οἷον εἰπεῖν, ἐν *Μυσοῖς τὸν Ὑποδώριον τόνον ἐπὶ τὴν ἀρχήν, ἢ τὸν Μιξολύδιόν τε καὶ Δώριον ἐπὶ τὴν ἔκβασιν, ἢ τὸν Ὑποφρύγιόν τε καὶ Φρύγιον ἐπὶ *τὸ *μέσον · (367) οὐ γὰρ διατείνει *ἡ *ἁρμονικὴ * πραγματεία πρὸς τὰ τοιαῦτα, προσδεῖται δὲ πολλῶν ἑτέρων · (368) τὴν γὰρ τῆς οἰκειότητος δύναμιν ἀγνοεῖ. (369) Οὔτε γὰρ τὸ χρωματικὸν γένος οὔτε τὸ ἐναρμόνιον ἥξει ποτ' ἔχον τὴν τῆς οἰκειότητος

N. C. — 364. καὶ συστημάτων] om. P. — συστηματικῶν] Volkm. addit καὶ μελοποιίας. — 365. προελθεῖν] libri (excepto, ut videtur, F2?) προσελθεῖν, corr. Bern. — 366. οἷον] libri ὅμοιον, correx. (Wytt. καὶ οἷον, Dübner ὡς οἷον.) — ἐν Μύσοις] P, Bergk. Par. 8 ἐν μουσικοῖς, cett. ἐν μούσοις (F2 Barb. εὐμούσοις?), Wytt. εὐμούσως. — τὸ μέσον] libri τὴν μέσην, corr. Volkm. — 367. ἡ ἁρμ. πραγμ.] libri τῇ ἁρμ. πραγμ. corr. Burette. — 368=369. ἀγνοεῖ... δύναμιν] om. P. — 369. τὸ χρωμ.] τὸ om. F3. — ποτ' ἔχον] Westph. : ποτ' ἐν αὐτῷ ἔχον.

du Si bémol et du Si naturel — qu'on peut le plus aisément et le plus agréablement pour l'oreille moduler du mode dorien au mixolydien, de l'hypodorien au dorien, de l'hypophrygien au phrygien, de l'hypolydien au lydien (fig. 38). Il y a donc lieu de croire que dans la pratique de la citharodie, de même que les métaboles de ton se faisaient de préférence entre tons « relatifs », κατὰ σύμφωνα διαστήματα (Cléon. 13), ainsi les mé-

Fig. 38 Passage du DORIEN au MIXOLYDIEN

Passage de l'HYPODORIEN au DORIEN

Passage de l'HYPOPHRYGIEN au PHRYGIEN

Passage de l'HYPOLYDIEN au LYDIEN

genres de la mélodie, les intervalles, les modes, les sons, les tons et les modulations modales. Elle n'est pas capable d'aller plus loin. Ainsi il ne faut même pas lui demander de décider si le compositeur a choisi à propos, par exemple, dans les « Mysiens » le mode hypodorien pour le début, le mixolydien et le dorien pour le final, l'hypophrygien et le phrygien pour le milieu. La science harmonique ne s'étend pas jusqu'à ces questions ; elle a besoin, pour les résoudre, du secours de beaucoup d'autres études : car elle ignore la vertu de la convenance esthétique. En effet, ni le genre chromatique ni l'enharmonique n'aura jamais en lui-même la raison suffisante de cette convenance et le secret de ce

taboles modales s'opéraient presque exclusivement entre modes apparentés (τὴν πρὸς ἄλληλα μελωιδίαν τῶν συστημάτων, Aristox. p. 7 Meib.) et par l'artifice du passage du tétracorde disjoint au conjoint, ou *vice versa*. Les deux grands hymnes delphiques offrent des exemples de ce procédé.

366. ὁ ποιητής, c'est Philoxène. Cp. Aristote, *Polit.* VIII, 7, p. 1342 B : οἷον ὁ διθύραμβος ὁμολογουμένως εἶναι δοκεῖ Φρύγιον· καὶ τούτου πολλὰ παραδείγματα λέγουσιν οἱ περὶ τὴν σύνεσιν ταύτην ἄλλα τε καὶ διότι Φιλόξενος ἐγχειρήσας ἐν τῆι Δωριστὶ ποιῆσαι διθύραμβον τοὺς Μυσοὺς (libri : μύθους) οὐχ οἷός τ' ἦν, ἀλλ' ὑπὸ τῆς φύσεως αὐτῆς ἐξέπεσεν εἰς τὴν Φρυγιστὶ τὴν προσήκουσαν ἁρμονίαν πάλιν. (Remarquons en passant que le rapprochement de nos deux textes prouve bien qu'ici encore τόνος = ἁρμονία). Il est peu probable que Philoxène ait été réellement, comme le croit Aristote, entraîné « malgré lui » à changer le mode qu'il avait d'abord adopté ; bien plutôt y avait-il là une modulation voulue, savante, et correspondant à un changement d'éthos dans le poème. On remarquera qu'Aristote a l'air de dire que le début du dithyrambe était en mode dorien (δωριστί), tandis que Plutarque parle d'hypodorien ; mais ce n'est pas une raison de changer le texte de Plutarque, comme l'a proposé Bergk : l'hypodorien est de la famille du dorien, comme l'hypophrygien de celle du phrygien, et les deux modes, dans un langage un peu vulgaire, devaient être confondus sous une seule rubrique ; on sait d'ailleurs qu'Aristote connaît et semble approuver l'opinion qui range tous les modes, συντάγματα, (συστήματα?) dans deux catégories, εἴδη, dorien et phrygien (*Polit.* IV, 3, p. 1290 A). Le proverbe ἀπὸ Δωρίου ἐπὶ Φρύγιον (Apostol. III, 61 ; Synésius) se rattache peut-être à l'anecdote des *Mysiens*. L'emploi de l'hypophrygien dans le dithyrambe est encore attesté par Proclus, *Chrestom.* p. 245 W. : ὁ μὲν γὰρ (διθύραμβος) τῶι φρυγίωι καὶ ὑποφρυγίωι ἁρμόζεται. — Ἔκβασις pour ἔξοδος n'est connu que par cet exemple.

368. Cf. Aristoxène, *Harm.* p. 7 M. : περὶ δὲ συστημάτων καὶ τόπων οἰκειότητος λεκτέον. De même dans Aristote, *Prob.* XIX, 27, il faut probablement lire αὕτη (ἡ κίνησις) ἔχει οἰκειότητα (libri : ὁμοιότητα) ἔν τε τοῖς ῥυθμοῖς καὶ ἐν τῆι τῶν φθόγγων τάξει.

369. Sur l'éthos des genres voir les définitions de Théon p. 85 suiv., Arist. Quintilien, p. 19 et 111, Anon.

p. 1143 δύναμιν τελείαν καὶ καθ' ἣν τὸ τοῦ πεποιημένου μέλους ἦθος ἐπιφαίνεται, ἀλλὰ τοῦτο τοῦ τεχνίτου ἔργον · (370) φανερὸν δὴ ὅτι ἑτέρα τοῦ συστήματος ἡ φωνὴ τῆς ἐν τῶι συστήματι κατασκευασθείσης μελοποιίας, περὶ ἧς οὐκ ἔστι θεωρῆσαι τῆς ἁρμονικῆς πραγματείας.

(371) Ὁ αὐτὸς δὲ λόγος καὶ περὶ τῶν ῥυθμῶν · (372) οὐδεὶς γὰρ ῥυθμὸς τὴν τῆς τελείας οἰκειότητος δύναμιν ἥξει ἔχων ἐν αὑτῶι. (373) Τὸ γὰρ οἰκείως ἀεὶ λεγόμενον πρὸς ἦθός τι βλέποντες λέγομεν, τούτου δέ φαμεν αἰτίαν εἶναι σύνθεσίν τινα ἢ μῖξιν ἢ ἀμφότερα · (374) οἷον Ὀλύμπωι τὸ ἐναρμόνιον γένος ἐπὶ Φρυγίου τόνου τεθὲν παίωνι ἐπιβατῶι μιχθέν · (375) τοῦτο γὰρ τῆς ἀρχῆς τὸ ἦθος ἐγέννησεν ἐπὶ τῶι τῆς Ἀθηνᾶς νόμωι · (376) προσληφθείσης γὰρ μελοποιίας καὶ ῥυθμοποιίας (***) συνέστη [τὸ Ὀλύμπου ἐναρμόνιον γένος] · (377) ἀλλὰ μὴν καὶ τοῦ ἐναρμόνιον γένους καὶ τοῦ Φρυγίου τόνου διαμενόντων καὶ πρὸς τούτοις τοῦ συστήματος παντός, **τεχνικῶς τε *μεταβληθέντος τοῦ ῥυθμοῦ μόνον αὐτοῦ καὶ γενομένου τροχαίου ἀντὶ παίωνος **, μεγάλην ἀλλοίωσιν ἔσχηκε τὸ

N. C. — 369. μέλους] E. Cett. μέλος. Corr. Bur. — 370. δή] Barb. δέ (an rectè?) — συστήματι] Par. 4, 5 : διχοστήματι. — οὐχ ἔστι] V : οὐχ ἔτι. — 372. αὑτῶι] Par. 3, E, F2 (ἑαυτῶι); ceteri αὐτῷ. — 373. εἶναι] om. AE Barb. F3 R1 etc. — 375. τὸ ἦθος] R3 : καὶ τὸ ἦθος. — ἐγέννησεν Par. 3 : ἐγέντ,σεν. — 376-377. *Libri*: π ρ ο σ λ. γ ὰ ρ μ ε λ. κ α ὶ ῥ υ θ μ. τ ε χ ν ι κ ῶ ς τ ε (*an* δέ?) μ ε τ α λ η φ θ έ ν τ ο ς (*corr.* Wagener) τ ο ῦ ῥ υ θ μ ο ῦ μ ό ν ο ν α ὑ τ ο ῦ κ α ὶ γ ε ν. τ ρ ο χ. ἀ ν τ ὶ π α ί. σ υ ν έ σ τ η τ ὸ Ὀ λ ύ μ π ο υ ἐ ν α ρ μ ό ν ι ο ν γ έ ν ο ς · ἀ λ λ ὰ μ ὴ ν κ α ὶ τ ο ῦ ἐ ν α ρ μ. γ έ ν. κ α ὶ τ ο ῦ φ ρ υ γ. τ ό ν. δ ι α μ. κ α ὶ π ρ ὸ ς τ ο ύ τ ο ι ς τ ο ῦ σ υ σ τ. π α ν τ ό ς, μ ε γ ά λ η ν ἀ λ λ ο ί ω σ ι ν ἔ σ χ η κ ε τ ὸ ἦ θ ο ς. *Transposuimus, correximus.*

Bellerm., § 26, Martianus Capella, etc., qui remontent sans doute à Aristoxène Gevaert, I, 295).

370. Cf. Aristox., *Rhythm.* p. 283-284 Morelli : ὥσπερ γὰρ ἐν τῆι τοῦ μέλους φύσει τεθεωρήκαμεν, ὅτι ο ὐ τὸ αὐτὸ σύστημά τε καὶ μελοποιία οὐδὲ τόνος.

372. Sur l'éthos des rythmes voir surtout Aristide Quintilien II, 15 et le travail d'Amsel, *De vi atque indole rhythmorum Breslauer philologische Abhandlungen*, I, 3.

374-375. L'expression ἐπὶ τόνου τεθέν, rapprochée de passages comme Aristoxène, p. 7, Meibom τῶν συστημάτων οἷς ἐπὶ τῶν τόνων κειμένοις συμβαίνει , et p. 37 M. (τόνους ἐφ' ὧν τιθέμενα τὰ συστήματα μελωδεῖται), oblige d'admettre qu'ici le mot τόνος est pris exceptionnellement dans le sens de ton (échelle de transposition).

qui exprime l'*éthos* de la composition : ceci dépend du talent de l'artiste. Et certes il est clair qu'autre est la mélodie d'un mode, autre la mélopée composée dans ce mode, laquelle mélopée n'est pas du ressort de la science harmonique.

« Il en va de même des rythmes. Aucun rythme n'aura en lui-même la raison suffisante de la convenance complète. Quand nous parlons de convenance, en effet, nous avons toujours en vue un certain caractère ; et ce caractère, nous le savons, est le produit d'une combinaison, d'un mélange ou de l'un et de l'autre. Ainsi, chez Olympos, le mélange du genre enharmonique, placé sur le ton phrygien, avec le péon épibate : c'est cette association, en effet, qui détermine le caractère du début du nome d'Athéna, avec une mélopée et une rythmopée appropriées. Maintenant, alors que le genre enharmonique et le ton phrygien restent invariables, et par surcroît le mode tout entier, mais que le rythme seul subit une modulation habile et passe du péon au trochée, le caractère esthétique éprouve un changement considérable : en effet, le morceau appelé Harmonie

2° Dans le choix des rythmes.

Le ton phrygien était usité par les aulètes, (Anon. Bell. 28.) On ne nous dit pas dans quel mode était écrit ce nome d'Athéna, mais, comme il s'agit d'un nome aulétique d'Olympos, il me paraît très probable qu'il était aussi en mode phrygien ; cf. Anon. Bell. 28 : ἡ φρύγιος ἁρμονία πρωτεύει ἐν τοῖς ἐμπνευστοῖς ὀργάνοις · μάρτυρες οἱ πρῶτοι εὑρεταί, Μαρσύας καὶ Ὕαγνις καὶ Ὄλυμπος, οἱ Φρύγες. On sait, d'ailleurs, que dans le système de Ptolémée, ton et mode se confondent : le pentédécacorde à limites immuables où Ptolémée exécute tous les airs prend un nombre de bémols suffisant pour que l'octave « moyenne » ait la figure du mode voulu : cette armure de clef correspond précisément à celle du *ton homonyme* dans la nomenclature aristoxénienne. Pour le diagramme de l'enharmonique phrygien cf. *suprà*, note 116, fig. 10. Pour le péon épibate, *suprà*, note 281. Mais s'agit-il ici du véritable péon épibate défini par Aristide Quintilien ⊥ _ ⊥ ⊥ _ ou du pseudo-épibate que Plutarque retrouve chez Archiloque ⊥ ⌣ ⊥ ⌣ ⊥ ?

377. Ici σύστημα désigne encore sûrement le mode (probablement le phrygien). — Le trochée est soit le trochée ordinaire — ⌣ (qu'Olympos avait employé dans ses *Métrôa*, *suprà*, note 290, soit le trochée sémantos ⌣⌣ ⌣⌣. Cette métabole rythmique, du genre hémiole au genre double, a son parallèle dans les nombreux passages des chœurs tragiques et comiques où le rythme passe du péon ordinaire (5/4) aux trochées.

c ἦθος · (378) ἡ γὰρ καλουμένη ἁρμονία ἐν τῶι τῆς Ἀθηνᾶς νόμωι πολὺ διέστηκε κατὰ τὸ ἦθος τῆς ἀναπείρας.

(379) Εἰ οὖν προσγένοιτο τῶι τῆς μουσικῆς ἐμπείρωι τὸ κριτικόν, δῆλον ὅτι οὗτος ἂν εἴη ὁ ἀκριβὴς ἐν μουσικῆι. (380) Ὁ γὰρ εἰδὼς τὸ Δωριστί, ἄνευ τοῦ κρίνειν ἐπίστασθαι τὴν τῆς χρήσεως αὐτοῦ οἰκειότητα, οὐκ εἴσεται ὃ ποιεῖ, ἀλλ' οὐδὲ τὸ ἦθος σώισει · (381) ἐπεὶ καὶ περὶ αὐτῶν τῶν [Δωρίων] μελοποιῶν ἀπορεῖται, πότερόν ἐστι διαγνωστικὴ ἡ ἁρμονικὴ πραγματεία <τούτων>, καθάπερ τινές οἴονται, [τῶν Δωρίων] ἢ οὔ. (382) Ὁ αὐτὸς δὲ λόγος
D καὶ περὶ τῆς ῥυθμικῆς ἐπιστήμης πάσης · (383) ὁ γὰρ εἰδὼς τὸν παίωνα, τὴν τῆς χρήσεως αὐτοῦ οἰκειότητα οὐκ εἴσεται διὰ τὸ αὐτὴν μόνην εἰδέναι τὴν τοῦ παίωνος *σύνθεσιν · (384) ἐπεὶ καὶ περὶ αὐτῶν τῶν [παιωνικῶν] ῥυθμοποιῶν ἀπορεῖται, πότερόν ἐστι διαγνωστικὴ ἡ ῥυθμικὴ πραγματεία τούτων, καθάπερ τινές φασιν, ἢ οὐ διατείνει μέχρι τούτου. (385) Ἀναγκαῖον οὖν δύο τοὐλάχιστον γνώσεις ὑπάρχειν τῶι μέλλοντι διαγνώσεσθαι τό τ' οἰκεῖον καὶ τὸ ἀλλότριον ·

N. C. — 378. ἁρμονία] delet Westphal, lacunam indicat. — κατά] V, F2 Par. 3, 4, 5, Volkm. Omittunt ceteri. — 380. χρήσεως] Barb. κρίσεως. — ποιεῖ] Barb. ποιεῖν. — 381. μελοποιιῶν] Par. 3 : μελῶν. Barb. : μελοποιῶν. — Δωρίων et τῶν Δωρίων inclusimus. — 383. χρήσεως;] vulgo ante Bur. κρίσεως (sic Barb.). — μόνην] Volkm. Westph. : μόνον. — σύνθεσιν] Libri σύνεσιν (Par. 3), ξύνεσιν (F2), ξύνοισιν (AEPV Barb.), corr. Wytt. (ξύνθεσιν, sed cf. 386). — 384. παιωνικῶν inclusimus. — F3 διαγνωστικόν. — ἡ ῥυθμικὴ] Par. 3, 4, 5, Xylander. Ceteri : ἢ ῥυθ. VP : ῥυθμητική. — ἢ οὔ] Par. 3. Ceteri οὐ (om. ἢ, etiam V, Par. 4, 5). F2, Xyl. Wyttenbach : ἢ καθάπερ τινές φασιν οὔ, etc.

378. Dans le nome pythique décrit par Strabon IX, 3, 10, la première partie après le prélude (ἀνάκρουσις) porte également le nom de ἄμπειρα = ἀνάπειρα (chez Pollux, IV, 84, πεῖρα). Quant au nom ἁρμονία il est inexpliqué; mais une composition de Terpandre portait le même nom (infrà, note 423).

379. Τὸ κριτικόν, la faculté de juger au point de vue esthétique. Aristote emploie ce mot dans un sens un peu différent, De anima, III, 9, 1 : ἡ ψυχὴ κατὰ δύο ὥρισται δυνάμεις — τῶι τε κριτικῶι, ὃ διανοίας ἔργον ἐστὶ καὶ αἰσθήσεως. Plutarque (Aristoxène) ne donne malheureusement aucune indication sur les moyens d'acquérir cette précieuse faculté, mais en se reportant aux § 323-4 on voit qu'elle est, pour lui, inséparable de l'étude de la philosophie.

380. Τὸ δωριστί. Nous ne connaissons pas d'autre texte où ce mot ou un mot de même formation soit employé au neutre; on peut sous-entendre σύστημα.

381. La question, assez obscuré-

dans le nome d'Athéna diffère beaucoup, par le caractère, de l'introduction.

« Pour faire un musicien complet, il faut donc réunir à la science musicale le sens critique. Car celui qui connaît le mode dorien, sans savoir juger de la convenance de son emploi, ne saura ce qu'il fait et ne préservera même pas le caractère du genre ; puisque, même en ce qui concerne les mélopées, c'est une question de savoir si la science harmonique doit s'occuper de les distinguer ou non. De même pour toute la science rythmique : celui qui connaît le péon ne connaîtra pas la convenance de son emploi par cela seul qu'il sait comment est fait un péon, puisque, au sujet des rythmopées elles-mêmes, c'est une question si la science rythmique doit en connaître, ou si elle ne s'étend pas jusque-là. Il est donc nécessaire, pour juger de ce qui est convenable et de ce qui ne l'est pas, de posséder au moins deux connaissances : d'abord celle du caractère

La mélopée et la rythmopée dépassent les sciences théoriques.

ment posée ici et au § 384, était celle-ci : la mélopée, la rythmopée (et aussi la métropée ou λέξις) doivent elles se rattacher comme un simple chapitre complémentaire aux enseignements théoriques correspondants, harmonique, rythmique, (métrique), ou doivent-elles former une branche distincte de l'enseignement musical, la branche de la composition? On a vu plus haut que le vieux Lasos, comme plus tard Aristide Quintilien, se décidaient dans le second sens, et tel était aussi le sentiment d'Aristoxène dans son premier traité d'harmonique, les *Archai*. Cp. *Harm.*, p. 1 Meib. : (ἡ ἁρμονικὴ τυγχάνει οὖσα πρώτη τῶν θεωρητικῶν · ταῦτα (lire ταύτης) δ'ἐστίν ὅσα συντείνει πρὸς τὴν τῶν συστημάτων τε καὶ τόνων θεωρίαν ... τὰ δ' ἀνώτερον, ὅσα θεωρεῖται χρωμένης ἤδη τῆς ποιητικῆς τοῖς τε συστήμασι καὶ τοῖς τόνοις, οὐκέτι ταύτης ἐστίν, etc. De même dans l'ouvrage dont est extrait notre § 364, la mélopée ne figurait pas parmi les parties constitutives de l'harmonique. Mais le courant était probablement en sens contraire et Aristoxène lui-même finit par y céder : dans ses *Éléments* (*Harm.*, p. 38 Meib.), il compte la mélopée comme septième partie de l'harmonique ; dans la *Rythmique* (p. 284 il rattache de même la ῥυθμοποιία à la ῥυθμικὴ comme χρῆσις ῥυθμῶν, et Aristide Quintilien, s'inspirant probablement d'Aristoxène, fait de la rythmopée la cinquième partie de la rythmique (p. 32 Meibom).

383. Il est évidemment question ici du péon ordinaire ou διάγυιος –⏑⏑⏑. Le mot σύνθεσις ne doit pas être pris dans un sens technique, car, d'après la définition d'Aristoxène (*Rythm.*, p. 298 Mor.), un pied σύνθετος est celui qui peut se décomposer en deux ou plusieurs autres pieds ; or, tel n'est pas le cas du péon, puisqu'un des éléments composants serait fatalement un pyrrhique ⏑⏑, qu'Aristoxène refuse de ranger au nombre des pieds. Pour un emploi vulgaire analogue de σύνθετος cf. Platon, *Resp.* 400 B (*suprà*, note 84).

(386) πρῶτον μὲν τοῦ ἤθους οὗ ἕνεκα ἡ σύνθεσις γεγένηται, ἔπειτα τούτων ἐξ ὧν ἡ σύνθεσις.

(387) Ὅτι μὲν οὖν οὔθ' ἡ ἁρμονική, οὔθ' ἡ ῥυθμική, οὔτ' ἄλλη οὐδεμία τῶν καθ' ἓν μέρος λεγομένων αὐτάρκης αὐτὴ καθ' αὑτὴν B τοῦ ἤθους εἶναι *διαγνωστικὴ καὶ τῶν * μελῶν κριτική, ἀρκέσει τὰ εἰρημένα (***).

p. 1144, P
c. 37

(388) ** Ἅτ' οὖν ἠθῶν μάλιστα φροντίδα πεποιημένοι οἱ παλαιοὶ τὸ σεμνὸν καὶ ἀπερίεργον τῆς ἀρχαίας μουσικῆς προετίμων. (389) Ἀργείους μὲν γὰρ καὶ κόλασιν ἐπιθεῖναί ποτέ φασι τῇ εἰς τὴν μουσικὴν παρανομίᾳ, ζημιῶσαί τε τὸν [ἐπιχειρήσαντα] πρῶτον [τοῖς] πλείοσι τῶν ἑπτὰ χρήσασθαι παρ' αὐτοῖς χορδῶν καὶ παραμιξολυδιάζειν ἐπιχειρήσαντα. (390) Πυθαγόρας δ' ὁ σεμνὸς ἀπεδοκίμαζε τὴν κρίσιν τῆς μουσικῆς τὴν διὰ τῆς αἰσθήσεως · (391) νῶι γὰρ ληπτὴν τὴν ταύτης ἀρετὴν ἔφασκεν εἶναι · (392) τοιγάρτοι

N. C. — 387. P : οὔθ' ἁρμ. (om. ἡ), mox ῥυθμητική. — οὔθ' ἡ ῥυθμική] om. Par. 4, 5. — διαγνωστική] libri καὶ γνωστική, corr. Westphal. — μελῶν] libri ἄλλων, correximus. — 388. προετίμων] P : ἐτίμων. — 389. ἐπιχειρήσαντα] inclusit Volkm. — τοῖς] (Volkm. ταῖς) inclusimus. — χορδῶν] Westph. : τόνων. — 391. νῶι] omnes quos vidimus libri ; quidam, sec. Westph., νῦν et sic vulgo ante Wytt. — ληπτήν] Barb. (alii?) : λεπτήν et sic vulgo ante Wytt.

---

387. Nous ne comprenons pas la leçon des mss. (τῶν ἄλλων) : comment a-t-on jamais pu supposer qu'une science partielle ait à juger les autres sciences partielles? D'autre part, ἄλλα ne peut guère désigner « les autres qualités » soumises au jugement critique.

388-407. Malgré le mot οὖν il n'y a aucun lien logique entre ce développement et le précédent (le mot ἦθος n'est pas pris dans le même sens). Dans le plan primitif de Plutarque cette section faisait sans doute suite au § 267 ou au § 321, et si nous n'avions pas reculé devant un trop grand remaniement c'est là que nous l'aurions transporté.

389. L'histoire des magistrats rigoristes qui retranchent les cordes superflues de la lyre est souvent racontée, mais est toujours mise sur le compte des Lacédémoniens. Quant au musicien coupable, il s'appelle tantôt Terpandre Plut. Inst. Lac. 17 ; II, 185 Bern.), tantôt Phrynis (Lac. apopht. p. 220 C = II, 134 Bern.; De prof. in virt. p. 84 A=I, 202 Bern ; Agis, c. 10), tantôt Timothée (Inst. Lac. 17 ; Dion Chrys. XXXII, p. 20 Dind., Paus. III, 12, 10. Boèce, De mus., I, 1 donne le texte du décret des éphores. Cf. Artémon ap. Ath. XIV, 636 E). Il est à remarquer que Plutarque Inst. Lac. 17) raconte la même histoire successivement de Terpandre et de Timothée, et que, d'après un autre texte (Ath. XIV, 628 B , les Lacédémoniens se vantaient d'avoir trois fois sauvé la musique, τρὶς ἤδη σεσωκέναι διαφθει-

esthétique en vue duquel a lieu la combinaison, ensuite celle des éléments qui entrent dans la combinaison.

« Ce que nous venons de dire suffit à montrer que ni l'harmonique, ni la rythmique, ni aucune autre des sciences dites particulières ne suffit, à elle seule, à distinguer le caractère et à juger les compositions.

Conclusion.

XVIII. — *Anciens et modernes. Abandon du genre enharmonique.*

« Ainsi, c'est à cause du grand souci qu'ils avaient des mœurs, que les Anciens accordaient la préférence au caractère grave et sobre de la vieille musique. On dit même que les Argiens établirent autrefois une punition contre les infractions aux lois de la musique et infligèrent une amende à celui qui, le premier, s'avisa chez eux d'employer plus de sept cordes et de s'écarter de la gamme mixolydienne. Le grave Pythagore rejetait le témoignage de la sensation dans le jugement de la musique ; il disait que la vertu de cet art doit se percevoir par l'intelligence, et par conséquent il la

La simplicité de l'ancienne musique défendue par les lois. Opinion de Pythagore.

ρομένην αὐτήν. — Le mot παραμιξολυδιάζειν est un ἅπαξ. On ne doit pas l'entendre dans le sens d'ajouter un « ton » plus aigu que le « ton » mixolydien (cf. Arist. Quint. p. 23 Meib., Héraclide, ap. Ath. XIV, 625 D ; Ptol. *Harm.* II, 9 qui mentionnent un trope mixolydien aigu ou hypermixolydien), et nous croyons que les mots χρήσασθαι πλείοσι τῶν ἑπτὰ χορδῶν et παραμιξολυδιάζειν n'expriment qu'un seul et même fait qui consiste dans l'addition d'une 8ᵉ corde à l'heptacorde primitif. Cet heptacorde primitif (la lyre dorienne avant Terpandre) se composait (fig. 30, p. 104) de deux tétracordes doriens conjoints et se confondait ainsi — moins la nète — avec la gamme mixolydienne telle qu'elle a été fixée par Lamproclès (note 156, fig. 16). L'addition d'une 8ᵉ corde permit d'employer deux tétracordes *disjoints* au lieu de tétracordes *conjoints* : au point de vue des musicologues du IVᵉ siècle cette transformation revenait à « s'écarter du type mixolydien », παραμιξολυδιάζειν.

390-392. Malgré l'épithète admirative σεμνός il ne faut pas voir dans ces lignes l'adhésion sans réserve d'Aristoxène (?) à la méthode exclusivement mathématique des Pythagoriciens. L'enseignement musical d'Aristoxène repose entièrement sur les critères sensibles et, dans son *Harmonique*, il condamne ceux qui excluent la sensation du jugement musical pour n'admettre que νοηταὶ αἴτιαι καὶ λόγοι τινὲς ἀριθμῶν (*Harm.* p. 32 Meib.). On sait que dans la suite l'antagonisme entre les Aristoxéniens et les « canoniciens » ne fit que s'accentuer, malgré certaines tentatives de conciliation comme celle

p. 1145 τῆι μὲν ἀκοῆι οὐκ ἔκρινεν αὐτήν, τῆι δ' ἀναλογικῆι ἁρμονίαι·
(393) αὔταρκες τ' ἐνόμιζε μέχρι τοῦ διὰ πασῶν στῆσαι τὴν τῆς μουσικῆς ἐπίγνωσιν.

c. 38 (394) Οἱ δὲ νῦν τὸ μὲν κάλλιστον τῶν γενῶν, ὅπερ μάλιστα διὰ σεμνότητα παρὰ τοῖς ἀρχαίοις ἐσπουδάζετο, παντελῶς παρῃτήσαντο, ὥστε μηδὲ τὴν τυχοῦσαν ἀντίληψιν τῶν ἐναρμονίων διαστημάτων τοῖς πολλοῖς ὑπάρχειν. (395) Οὕτω δ' ἀργῶς διάκεινται καὶ ῥαιθύμως, ὥστε μηδ' ἔμφασιν νομίζειν παρέχειν καθόλου τῶν ὑπὸ τὴν αἴσθησιν πιπτόντων τὴν ἐναρμόνιον δίεσιν, ἐξορίζειν δ' αὐτὴν ἐκ τῶν μελῳδημάτων, πεφλυαρηκέναι τε <λέγειν> τοὺς δοξά<σα>ντάς τι περὶ τούτου καὶ τῶι γένει τούτωι κεχρημένους.

B (396) Ἀπόδειξιν δ' ἰσχυροτάτην τοῦ τἀληθῆ λέγειν φέρειν οἴονται μάλιστα μὲν τὴν αὐτῶν ἀναισθησίαν, ὡς πᾶν, ὅ τι περ ἂν αὐτοὺς ἐκφύγηι, τοῦτο καὶ δὴ πάντως ἀνύπαρκτον ὂν παντελῶς καὶ ἄχρηστον· (397) εἶτα καὶ τὸ μὴ δύνασθαι ληφθῆναι διὰ συμφωνίας τὸ

N. C. — Post 393 Volkm. lacunam statuit, Westphal 330-332 inseruit. — 394. P : παρῃτήσατο. — 395. παρέχειν] P, Barb. : παρέχει. — τὴν ἐναρμ.] F3 τὸ. — λέγειν] inseruimus. — δοξάσαντας] libri : δόξαντας, corr. Bern. — τούτωι] P : τοῦτο. — 396. λέγειν φέρειν] F3 Par. 3 : φέρειν λέγειν. — αὐτῶν] F2, F3, Barb. Par. 5 : αὐτῶν. — περ] delet Volkm. — πάντως] P : πάντων. — ὂν] F3 : ἢ ; P : ὄν.

d'Archestratos (Porphyre sur Ptol. p. 211. Sous Néron, Claude Didyme écrivit un livre sur les différences des deux écoles (ib. p. 191); Ptolémée, qui prétend rester indépendant mais se rattache en réalité aux canoniciens, traite aussi de ce sujet (Harm. I, 2, p. 8 et Porph. p. 205).

394-407. Tout ce développement est bien certainement tiré d'Aristoxène. Dans son Harmonique p. 23 Meib. il laisse entendre les mêmes doléances sur le dédain et l'oubli où est tombé de son temps le genre enharmonique : ὅτι δ' ἔστι τις μελοποιία διτόνου λιχανοῦ δεομένη (ayant besoin d'une lichanos, ou 3° degré, éloignée de 2 tons de la mèse ou 4°) καὶ οὐχ ἡ φαυλοτάτη γε ἀλλὰ σχεδὸν ἡ καλλίστη, τοῖς μὲν πολλοῖς τῶν νῦν ἁπτομένων μουσικῆς οὐ πάνυ εὔδηλόν ἐστι, γένοιτο μένταν ἐπαχθεῖσιν αὐτοῖς · τοῖς δὲ συνειθισμένοις τῶν ἀρχαϊκῶν τρόπων τοῖς τε πρώτοις καὶ τοῖς δευτέροις ἱκανῶς δῆλόν ἐστι τὸ λεγόμενον. Οἱ μὲν γὰρ τῇ νῦν κατεχούσῃ μελοποιίαι συνήθεις μόνον ὄντες εἰκότως τὴν δίτονον λιχανὸν ἐξορίζουσι. Un peu plus loin, il admet que de temps à autre les contemporains se servent encore de l'enharmonique (ὅταν δ' ἀφίκωνταί ποτε εἰς τὴν ἁρμονίαν), mais qu'alors ils le dénaturent en le rapprochant du chromatique, entraînés par leur penchant au « style douceâtre ».

395. Déjà négligé et contesté au temps d'Aristoxène, le genre enharmonique est complètement aban-

jugeait non d'après l'oreille, mais d'après l'harmonie mathématique ; il estimait aussi qu'il fallait borner l'étude de la musique aux limites de l'octave.

Désuétude du genre enharmonique.

« Mais voyez les musiciens d'aujourd'hui : le plus beau des genres, celui que les anciens cultivaient de préférence à cause de sa gravité, ils l'ont complètement abandonné, à tel point que chez la plupart on ne trouve plus même la moindre compréhension des intervalles enharmoniques. Ils poussent si loin l'inertie et la nonchalance que, à les entendre, la diésis enharmonique n'offre même pas l'apparence d'un phénomène perceptible aux sens, qu'ils la bannissent de la mélodie et prétendent que ceux qui ont raisonné de cet intervalle et employé ce genre n'ont fait que divaguer.

Raisons alléguées pour cet abandon; réfutation.

« La preuve la plus solide qu'ils croient apporter de la vérité de leur dire, c'est d'abord leur propre insensibilité — comme si tout ce qui leur échappait devait être nécessairement inexistant et impraticable ! Puis, que l'intervalle

donné à l'époque alexandrine et romaine à cause de sa difficulté d'exécution ou de l'« ouïe obtuse des contemporains ». Denys d'Halicarnasse, *De comp. verb.* 11, s'exprime en termes sceptiques : ἡ δ' ὀργανική τε καὶ ᾠδικὴ μοῦσα διαστήμασί τε χρῆται πλείοσιν, οὐ τῶι διὰ πέντε μόνον (comme le discours parlé), ἀλλ' ἀπὸ τοῦ διὰ πασῶν ἀρξαμένη καὶ τὸ διὰ πέντε μελωιδεῖ καὶ τὸ διὰ τεσσάρων <καὶ τὸ δίτονον καὶ τὸν τόνον> καὶ τὸ ἡμιτόνιον, ὡς δέ τινες οἴονται καὶ τὴν δίεσιν αἰσθητῶς. Théon de Smyrne, p. 55-56 Hiller : καλεῖσθαι δέ φησιν Ἀριστόξενος τοῦτο τὸ προειρημένον γένος ἁρμονίαν διὰ τὸ εἶναι ἄριστον, ἀπενεγκάμενον τοῦ παντὸς ἡρμοσμένου τὴν προσηγορίαν · ἔστι δὲ δυσμελωιδητότατον καί, ὡς ἐκεῖνός φησι, φιλότεχνον καὶ πολλῆς δεόμενον συνηθείας, ὅθεν οὐδ' εἰς χρῆσιν ῥαιδίως ἔρχεται (il est difficile de savoir si ces derniers mots proviennent d'Aristoxène ou sont une addition de Théon.) Aristide Quintilien p. 19 Meib. : τεχνικώτερον δὲ τὸ χρῶμα — ἀκριβέστερον δὲ τὸ ἐναρμόνιον · παρὰ γάρ τοῖς ἐπιφανεστάτοις ἐν μουσικῇ τετύχηκε παραδοχῆς, τοῖς δὲ πολλοῖς ἐστιν ἀδύνατον · ὅθεν ἀπέγνωσάν τινες τὴν κατὰ δίεσιν μελωιδίαν, διὰ τὴν αὐτῶν ἀσθένειαν καὶ παντελῶς ἀμελώιδητον εἶναι τὸ διάστημα ὑπολαβόντες. Au temps de Gaudence (c. 6, p. 6 Meib.) et de Macrobe (*In somnium Scipionis*, IV, 13), le genre diatonique reste seul en usage ; l'enharmonique a été abandonné *propter nimiam sui difficultatem*.

397. Pour construire une échelle musicale, par exemple pour accorder un instrument à cordes, le procédé normal consiste à partir d'une note fondamentale et à opérer une suite de bonds de quarte et de quinte, intervalles consonants, que l'oreille

Fig. 39.

saisit sans peine. Un exemple de ce procédé, λῆψις διὰ συμφωνίας, est donné par Aristoxène, *Harm.* p. 55 Meib. (fig. 39) ; c'est également ainsi

μέγεθος, καθάπερ τό τε ἡμιτόνιον καὶ τὸν τόνον καὶ τὰ λοιπὰ δὲ τῶν τοιούτων διαστημάτων. (398) Ἠγνοήκασι δ' ὅτι καὶ τὸ τρίτον μέγεθος οὕτως ἂν καὶ τὸ πέμπτον ἐκβάλλοιτο καὶ τὸ ἕβδομον · (399) ὧν τὸ μὲν τριῶν, τὸ δὲ πέντε, τὸ δ' ἑπτὰ διέσεών ἐστι · (400) καὶ καθόλου πάνθ' ὅσα περιττὰ φαίνεται τῶν διαστημάτων

c ἀποδοκιμάζοιτ' ἂν ὡς ἄχρηστα, παρ' ὅσον οὐδὲν αὐτῶν διὰ συμφωνίας λαβεῖν ἔστι · (401) ταῦτα δ' ἂν εἴη, ὅσα ὑπὸ τῆς ἐλαχίστης διέσεως μετρεῖται περισσάκις. (402) Οἷς ἀκολουθεῖν ἀνάγκη καὶ τὸ μηδεμίαν τῶν τετραχορδικῶν διαιρέσεων χρησίμην εἶναι, πλὴν μόνην ταύτην, δι' ἧς πᾶσιν ἀρτίοις χρῆσθαι διαστήμασι συμβέβηκεν · (403) αὕτη δ' ἂν εἴη ἥ τε τοῦ συντόνου [καὶ] διατόνου καὶ

c. 39 ἡ τοῦ τονιαίου χρώματος.

(404) Τὸ δὲ τὰ τοιαῦτα λέγειν τε καὶ ὑπολαμβάνειν, οὐ μόνον

N. C. — 398. ἡγνοήκασι] Par. 3 : ἀγνοήκασι. — καὶ τὸ τρίτον] καί om. Par. 3. — 400. περιττὰ φαίνεται] V : φαίνεται περ. — ὅσον] F3 ὅσων. — αὐτῶν] Par. 5 αὐτῷ. — 402. μόνην] V, Par. 4, 5, F2 : μόνον. F3 : ταύτην μόνην. — δι' ἧς P : δι' οἷς. — 403. καὶ] post Burette inclus. Volkm. Westph. — καὶ ἡ] ἡ om. Par. 3. — Post 403 Westph. inser. 111-113. — 404. τὰ τοιαῦτα] τά om. Par. 3. — οὐ μόνον τοῖς] Volkm. West.: οὐ μόνον τῶν τοῖς.

---

qu'Aristide Quintilien (p. 23 M. détermine les proslambanomènes des divers tropes. Il est clair que par cet enchaînement on peut construire une échelle continue de demi-tons conformément au principe de la gamme tempérée), mais qu'on ne réalisera jamais des quarts de ton.

398-399. Les anciens théoriciens (Damon?), antérieurs à Aristoxène, avaient construit des échelles où l'octave était divisée en quarts de ton αἱ τῶν διαγραμμάτων καταπυκνώσεις, Aristox. p. 28 Meib. et dont un spécimen nous a été conservé par Aristide Quintilien p. 15 Meib. . Les intervalles compris entre le son initial et chacun des sons successifs avaient, dans ce système, un numéro d'ordre exprimé par le nombre de quarts de ton qu'ils renfermaient. Les trois intervalles cités en exemple par Plutarque étaient tous d'un emploi pra-

Fig. 40.

tique ; ils se rencontraient notamment dans cette variété de la gamme diatonique dite διάτονον μαλακόν (fig. 40 .

400. Cp. Aristide Quintilien, p. 14, Meib. : ἔτι δὲ αὐτῶν (διαστημάτων) ἃ μέν ἐστιν ἄρτια, ἃ δὲ περιττά, ἄρτια μὲν τὰ εἰς ἴσα διαιρούμενα, ὡς ἡμιτόνιον καὶ τόνος, περιττὰ δὲ τὰ εἰς ἄνισα, ὡς αἱ γ διέσεις καὶ ε' καὶ ζ'.

401. Ἐλαχίστη δίεσις, parce qu'il y avait aussi des diésis chromatiques valant 1 3, 3 8, 1 2 ton.

402-403. Aristoxène reconnaît

en question ne peut être obtenu par une chaîne de consonances, comme le sont le demi-ton, le ton et les autres intervalles semblables. Ils ignorent qu'à ce compte il faudrait rejeter aussi le troisième intervalle, le cinquième et le septième, qui se composent respectivement de trois, cinq et sept diésis ; et, en général, tous les intervalles dits « impairs » devraient être écartés comme impraticables, puisqu'aucun d'eux ne peut s'obtenir par une chaîne de consonances : ces intervalles sont tous ceux qui ont pour mesure un nombre impair de diésis enharmoniques. Il résulterait encore de là qu'aucune des divisions du tétracorde ne pourrait être utilisée, excepté celles qui font uniquement usage d'intervalles « pairs » : à savoir le diatonique synton et le chromatique tonié.

« Mais dire et imaginer cela, ce n'est pas seulement se *Contradictions*

(p. 51 Meib. suiv.) six manières principales d'accorder le tétracorde « dorien » ; ce sont celles qu'indique notre figure 41. Plutarque (Aristoxène) constate que si l'on pose en principe que tout intervalle musical doit pouvoir être obtenu par une chaîne de quintes, les seuls types admissibles du tétracithare et de lyre employait à côté des types 1 (diatonique ditonique d'Ératosthène) et 3 (chromatique synton) des types de tétracordes à intervalles tout à fait irrationnels, à savoir le diatonique μαλακόν (n° 2) et un diatonique d'Archytas dont les cordes sont deux à deux dans les rapports

Fig. 41.

corde sont les formes 1 (diatonique σύντονον) et 3 (chromatique τονιαῖον). C'est, en effet, à cette simplification qu'on devait aboutir à la fin de l'antiquité et dans notre système musical moderne, mais la persistance des anciennes habitudes fut si forte que même au temps de Ptolémée (ou du théoricien qu'il copie, la musique de
28/27, 8/7, 9/8 (intervalles approximatifs : 1/4, 5/4, 1. Cette dernière forme était même, au dire de Ptolémée, la seule qui s'employât pure, c'est-à-dire dans toute l'étendue de l'octave ; les trois autres formes s'employaient dans des combinaisons mixtes avec elle (Ptol., *Harm.*, II, 14 suiv.)

τοῖς φαινομένοις ἐναντιουμένων ἐστὶν ἀλλὰ καὶ αὐτοῖς μαχομένων. (405) Χρώμενοι γὰρ αὐτοὶ τοιαύταις τετραχόρδων μάλιστα φαίνονται διαιρέσεσιν, ἐν αἷς τὰ πολλὰ τῶν διαστημάτων ἤτοι περιττὰ ἐστὶν ἢ *ἄλογα· (406) μαλάττουσι γὰρ ἀεὶ τάς τε λιχανοὺς καὶ τὰς παρανήτας, ἤδη δὲ καὶ τῶν ἑστώτων τινὰς παρανιᾶσι φθόγγων ἀλόγωι τινὶ διαστήματι, προσανιέντες αὐτοῖς τάς τε τρίτας καὶ τὰς *παρυπάτας· (407) καὶ τὴν τοιαύτην εὐδοκιμεῖν μάλιστά πως οἴονται τῶν συστημάτων χρῆσιν, ἐν ἧι τὰ πολλὰ τῶν διαστημάτων ἐστὶν ἄλογα, οὐ μόνον τῶν κινεῖσθαι πεφυκότων φθόγγων ἀλλὰ καί τινων ἀκινήτων ἀνιεμένων, ὡς ἐστι δῆλον τοῖς αἰσθάνεσθαι τῶν τοιούτων δυναμένοις.

(408) Χρῆσιν δὲ μουσικῆς προσήκουσαν ἀνδρὶ ὁ καλὸς Ὅμηρος ἐδίδαξε· (409) δηλῶν γάρ, ὅτι ἡ μουσικὴ πολλαχοῦ χρησίμη, τὸν Ἀχιλλέα πεποίηκε τὴν ὀργὴν πέττοντα τὴν πρὸς τὸν Ἀγαμέμνονα διὰ μουσικῆς, ἧς ἔμαθε παρὰ τοῦ σοφωτάτου Χείρωνος·

(410) « τὸν δ' εὗρον — φησί — φρένα τερπόμενον φόρμιγγι λιγείηι,

---

N. C. — 404. P : ἐναντιούμενον. — αὐτοῖς] A : αὐτοῖς. — 405. F3, R1 : διαίρεσιν. — ἄλογα] libri : ἀνάλογα, corr. *Meziriac* (II, 325.) — 407. προσανιέντες] Par. 3 : προσανιόντες. — παρυπάτας] libri παρανήτας, corr. *Westph*. — 408. μουσικῆς] om. Par. 4. — 409. P : δῆλον. — μουσική] Par. 3 : μουχή (sic). — F3 χρησίμην. — πρὸς τὸν Ἀγ.] τὸν om. P. — ἧς] Par 3 : ἦν. — P: ἔμαθες. — 410. R1, F3 : τερπόμενα.

---

405. Cf. Arist. Quint., p. 13 M. : Τῶν διαστημάτων — ἂ μὲν ῥητά, ἂ δὲ ἄλογα· ῥητὰ μέν, ὧν καὶ λόγον ἐστὶν εἰπεῖν οἷον — λόγον δέ φημι τὴν πρὸς ἄλληλα κατ' ἀριθμὸν σχέσιν — ἄλογα δέ, ὧν οὐδεὶς πρὸς ἄλληλα λόγος εὑρίσκεται. A proprement parler cette définition est absurde, car on peut toujours calculer le rapport, λόγος, entre les sons composant un intervalle, seulement ce rapport peut être très compliqué. Aristoxène réserve le nom d'ἄρτιον à l'intervalle qui embrasse un nombre pair de quarts de ton autrement dit un nombre exact de demi-tons); l'intervalle περιττόν est celui qui embrasse un nombre impair : de quarts de ton (exemple : diatonique mou ; l'intervalle ἄλογον celui qui n'est pas mesurable par le quart de ton (exemple : chromatique hémiole et mou).

406. On ne doit pas chercher une contradiction entre la pratique ici signalée et celle que dénonce ailleurs Aristoxène (*Harm.*, p. 23 M.) : συντονωτέραις (λιχανοῖς) χρῶνται σχεδὸν οἱ πλεῖστοι τῶν νῦν, etc. Comme le prouve, en effet, la suite de ce dernier texte, il s'agit de musiciens qui rapprochaient l'enharmonique du chromatique, sans doute en combinant une parhypate enharmonique avec une lichanos chromatique (chromatique

mettre en contradiction avec les faits, mais encore avec soi-même. Nous voyons, en effet, ces mêmes gens employer avec prédilection celles des divisions du tétracorde où la plupart des intervalles sont ou impairs ou irrationnels, car ils abaissent toujours les médiantes et les sensibles ; bien plus, ils vont jusqu'à relâcher certains des sons fixes d'un intervalle irrationnel, et en rapprochent par un relâchement correspondant les sixtes et les secondes. Ainsi ils estiment par dessus tout l'emploi de gammes où la plupart des intervalles sont irrationnels, par suite du relâchement non seulement des sons mobiles, mais encore de certains sons fixes, comme il est clair pour quiconque est capable de percevoir ces choses.

où tombent les ennemis de l'enharmonique.

XIX. — *Utilité de la musique.*

« Quant à l'usage de la musique, tel qu'il convient à un homme, c'est l'excellent Homère qui nous l'a enseigné. Voulant montrer, en effet, que la musique est souvent utile, il nous représente Achille, pour calmer la colère qu'il a conçue contre Agamemnon, faisant appel à la musique, qu'il avait apprise du très sage Chiron :

Achille musicien chez Homère.

« Ils le trouvèrent (dit-il) charmant son âme aux sons de la

d'Archytas), de même que dans le chromatique lui-même on pouvait combiner la parhypate du μαλακόν avec la lichanos du τονιαῖον (*Harm.*, p. 52 M.). Tout autre est l'abus que dénonce Plutarque (Aristoxène) dans notre texte. Il s'agit d'une gamme évidemment diatonique où les 3⁰ et 7⁰ degrés sont abaissés, μαλαττόμενοι, en d'autres termes où l'intervalle entre le 2⁰ et le 3⁰ degré de chaque tétracorde est moindre qu'un ton : c'est précisément le diatonique μαλακόν d'Aristoxène (fig. 41, n° 2), dont il existait d'ailleurs de nombreuses sous-variétés ou « nuances ».

407. Même en admettant la correction de Westphal (παρυπάτας pour παρανήτας) nous avouons ne pas bien comprendre la gamme altérée que décrit ici Aristoxène. Si les sons *mobiles* qui sont abaissés vers (προσανιέντες) les sons fixes altérés sont la parhypate (2⁰ degré) et la trité (6⁰), il en résulte nécessairement que les sons *fixes* abaissés sont l'hypate (1ᵉʳ) et la paramèse (5⁰). Mais nous venons de voir (§ 406) que la lichanos (3⁰) et la paranète (7⁰) sont *toujours* — ἀεί — abaissées. Il résulterait de là une gamme où la mèse (4⁰) et la nète (8⁰) conserveraient seules leurs valeurs normales, consonant à la quinte, tandis que toutes les autres notes seraient abaissées d'un intervalle non déterminé ; alors les deux tétracordes ne seraient plus des tétracordes, puisque leurs sons extrêmes ne consoneraient plus à la quarte !

410. *Iliade*, IX, 186-189. La citation

καλῆι δαιδαλέηι · ἐπὶ δ' ἀργύρεον ζυγὸν ἧεν ·
τὴν ἄρετ' ἐξ ἐνάρων πόλιν Ἠετίωνος ὀλέσσας ·
τῆι ὅγε θυμὸν ἔτερπεν, ἄειδε δ' ἄρα κλέα ἀνδρῶν. »

(411) Μάθε, φησὶν Ὅμηρος, πῶς δεῖ μουσικῆι χρῆσθαι · (412) κλέα γὰρ ἀνδρῶν ἄιδειν καὶ πράξεις ἡμιθέων ἔπρεπεν Ἀχιλλεῖ τῶι Πηλέως τοῦ δικαιοτάτου. (413) Ἔτι δὲ καὶ τὸν καιρὸν τῆς χρήσεως τὸν ἁρμόττοντα διδάσκων Ὅμηρος ἀργοῦντι γυμνάσιον ἐξεῦρεν ὠφέλιμον καὶ ἡδύ · (414) πολεμικὸς γὰρ ὢν καὶ πρακτικὸς ὁ Ἀχιλλεύς, διὰ τὴν γενομένην αὐτῶι πρὸς τὸν Ἀγαμέμνονα μῆνιν οὐ μετεῖχε τῶν κατὰ τὸν πόλεμον κινδύνων · (415) ὠιήθη οὖν Ὅμηρος πρέπον εἶναι τὴν ψυχὴν τοῖς καλλίστοις τῶν μελῶν παραθήγειν τὸν ἥρωα, ἵν' ἐπὶ τὴν μετὰ μικρὸν αὐτῶι γενησομένην ἔξοδον παρεσκευασμένος ἦι · (416) τοῦτο δ' ἐποίει δηλονότι μνημονεύων τῶν πάλαι πράξεων.

(417) Τοιαύτη ἦν ἡ ἀρχαία μουσικὴ καὶ εἰς τοῦτο χρησίμη · (418) Ἡρακλέα τε γὰρ ἀκούομεν κεχρημένον μουσικῆι καὶ Ἀχιλλέα καὶ πολλοὺς ἄλλους, ὧν παιδευτὴς ὁ σοφώτατος Χείρων παραδέδοται, μουσικῆς τε ἅμα ὢν καὶ δικαιοσύνης καὶ ἰατρικῆς διδάσκαλος.

(419) Καθόλου δ' ὅ γε νοῦν ἔχων οὐ τῶν ἐπιστημῶν ἔγκλημα δήπου θείη, εἴ τις αὐταῖς μὴ κατὰ τρόπον χρῶιτο, ἀλλὰ τῆς τῶν χρωμένων κακίας ἴδιον εἶναι τοῦτο νομίσειεν. (420) Εἰ *γοῦν τις τὸν παιδευτικὸν τῆς μουσικῆς τρόπον ἐκπονήσας τύχοι ἐπιμελείας

N. C. — 410. V. 2: ἐπί libri : περί (Barb. ἐπί, sed corr.). Codd. Hom. ἐπί. ἀργύρεον] R1, F3, Par. 5 : ἀργύριον. Barb : ἀργύρεος ζυγός, mox πτόλιν. — 412. Barb. : ἄδει. — πράξεις P : προσάξεις. — 413. Ὅμηρος] Par. 4 : ὁ Ὅμηρος. — 414. αὐτῶι] Barb. : αὐτῆ. — πρὸς τὸν Ἀγ.] τόν om. Par. 4. — 415. Ὅμηρος] Par. 5 : Ὅμηρον. — παραθήγειν] Par. 3 et vett. edd. : παραθίγειν. — τοῖς καλλίστοις] V : τῆς καλλίστης. Idem : παρασκευασμένος εἴη. — 416. δηλονότι] Par. 3 : δῆλον ὡς; om. E. — 417. ἡ ἀρχαία] ἡ om. Par. 5. — 418. Par. 3 : καὶ ἰατρικῆς καὶ δικαιοσύνης. — 419. αὐταῖς] libri αὐτός, corr. nescio quis. — δήπου] Par. 3 : που. — 420. εἰ γοῦν] libri : εἶτ' (Barb. : εἶτ') οὖν. Correx.

était classique parmi les apologistes de la musique. Cp. S. Empiricus, Adv. Mus., §10. Dans les scholies on trouve l'observation spirituelle : Πιθανῶς ἔφη

phorminx harmonieuse, — belle, artistement travaillée, traversée par un joug d'argent ; — il l'avait choisie parmi les dépouilles de la ville d'Eétion, détruite par lui ; — c'est avec elle qu'il charmait son cœur, et il chantait les gloires des héros. »

« Apprenez, nous dit Homère, quel usage il faut faire de la musique : chanter les gloires des héros et les hauts faits des demi-dieux, voilà ce qui convenait à Achille, fils du très juste Pélée. Homère nous enseigne encore quel est le temps le plus propre à cette occupation : il en fait l'exercice utile et agréable des moments de loisir. Né pour la guerre et l'action, Achille, par suite de sa colère contre Agamemnon, ne prenait plus aucune part aux périls de la guerre. Homère estime donc qu'il était convenable de montrer le héros aiguisant son courage par les plus beaux airs, de manière à rester prêt pour sa prise d'armes qui devait bientôt survenir ; et c'est ce qu'il faisait en se rappelant les hauts faits d'autrefois.

« Telle était la musique ancienne et tel l'usage qu'on en faisait. Nous apprenons, en effet, que cet art fut cultivé par Héraclès, par Achille et par beaucoup d'autres, qui eurent, dit-on, pour maître le très sage Chiron, lequel enseignait à la fois la musique, la justice et la médecine. *Chiron et ses élèves.*

« En général, l'homme sensé ne fera jamais un reproche aux diverses disciplines du mauvais usage qu'on en peut faire ; il n'en accusera que la méchanceté de ceux qui s'y adonnent. Si donc un homme a étudié dans son enfance le style éducatif de la musique et a été instruit avec tout le *Utilité morale de la musique.*

ἐκ λαφύρων κεκτῆσθαι τὴν κιθάραν (sic) τὸν Ἀχιλλέα · ἀνοίκειον γὰρ εἰς πόλεμον ἥκοντα κιθάραν ἐπικομίζεσθαι · εὑρόντα οὖν, φησίν, παρελθεῖν ὡς ἄμουσον ἀπρεπὲς ἦν.

418. L'auteur se répète : il nous a déjà dit qu'Achille avait eu Chiron pour maître de musique (409). Quant à Héraclès, d'autres récits lui donnaient pour maître Linos (Paus., IX, 29 ; Apollod., II, 4). Dans l'insistance avec laquelle Chiron est donné pour professeur de médecine, de droit et de philosophie à la fois, n'y aurait-il pas une allusion à l'enseignement encyclopédique du médecin Onésicratès?

420. Pour le παιδευτικὸς τρόπος cf. *supra*, 267. Aristoxène ne tombe pas dans le panégyrique à outrance, comme le maître de musique du *Bourgeois gentilhomme;* il ne dit pas que la musique en général améliore les hommes, etc. ; mais seulement une certaine espèce de musique, la

της προσηκούσης ἐν τῆι τοῦ παιδὸς ἡλικίαι, τὸ μὲν καλὸν ἐπαινέσει
B τε καὶ ἀποδέξεται, ψέξει δὲ τὸ ἐναντίον ἔν τε τοῖς ἄλλοις καὶ ἐν τοῖς
κατὰ μουσικήν, καὶ ἔσται ὁ τοιοῦτος καθαρὸς πάσης ἀγεννοῦς
πράξεως · (421) διὰ μουσικῆς *δὲ τὴν μεγίστην ὠφέλειαν καρπω-
σάμενος, ὄφελος ἂν μέγα γένοιτο αὑτῶι τε καὶ πόλει, μηδενὶ μήτ᾽
ἔργωι μήτε λόγωι χρώμενος ἀναρμόστωι, σώιζων <δ᾽> ἀεὶ καὶ
πανταχοῦ τὸ πρέπον καὶ σῶφρον καὶ κόσμιον.

c. 42 (422) Ὅτι δὲ καὶ ταῖς εὐνομωτάταις τῶν πόλεων ἐπιμελὲς γεγένηται φροντίδα ποιεῖσθαι τῆς γενναίας μουσικῆς, πολλὰ μὲν καὶ
ἄλλα μαρτύρια παραθέσθαι ἔστι. (423) Τέρπανδρον δ᾽ ἄν τις παρα-
λάβοι, τὸν τὴν γενομένην ποτὲ παρὰ Λακεδαιμονίοις στάσιν καταλύ-
C σαντα, (424) καὶ Θαλήταν τὸν Κρῆτα, ὅν φασι κατά τι πυθό-
χρηστον Λακεδαιμονίους παραγενόμενον διὰ μουσικῆς ἰάσασθαι,
ἀπαλλάξαι τε τοῦ κατασχόντος λοιμοῦ τὴν Σπάρτην, καθάπερ φησὶ
Πρατίνας. (425) Ἀλλὰ γὰρ καὶ Ὅμηρος τὸν κατασχόντα λοιμὸν
τοὺς Ἕλληνας παύσασθαι λέγει διὰ μουσικῆς · (426) ἔφη γοῦν

« οἱ δὲ πανημέριοι μολπῆι θεὸν ἱλάσκοντο,
καλὸν ἀείδοντες παιήονα, κοῦροι Ἀχαιῶν,
μέλποντες ἑκάεργον · ὁ δὲ φρένα τέρπετ᾽ ἀκούων. »

N. C. — 420. ἀγεννοῦς] Par. 3 Barb. : ἀγενοῦς. — 421. διὰ μουσικῆς δὲ] libri : τε, corr. Dübner. — αὑτῶι τε] V (et alii? αὐτῷ. — καὶ πόλει] Bern. : « Malim καὶ τῇ πόλει. » — 423. παραλάβοι] Bern. « scrib. videtur παραβάλοι. » — 424. Θαλήταν] Par. 4, 5 : Θαλήσαντα sic). — τοῦ om. Barb. — φησὶ Πρατ.] F3 φασί. — 425. λέγει] Par. 4, 5 : λέγειν. — 426. v. 3 ὁ δὲ] F3 οἱ δὲ.

musique sévère et élevée, le παιδευτικὸς τρόπος. Cf. dans le même sens
Harm. p. 31 Meib. Cette opinion est
longuement combattue par Sextus
Empiricus ; la controverse était classique et remontait sans doute aux
sophistes de la fin du vᵉ siècle. Les
Platoniciens avaient pris nettement
parti pour l'utilité morale de la musique, les Épicuriens contre.

423. Terpandre avait visité Sparte
et remporté le prix au concours des
Carnées (note 47), mais l'histoire de
son intervention comme pacificateur
d'une sédition paraît être une simple
légende, calquée sur l'anecdote relative à Thalétas, ou bâtie sur le nom
d'Harmonie que portait un air de Terpandre. Le plus ancien témoignage
est celui de Diodore, VIII, fr. 27
(d'après Éphore ?), qui rapporte précisément que sur l'ordre d'un oracle,
Terpandre αὐτοὺς πάλιν συνήρμοσε τῆς
Ἁρμονίας τῆι ὠιδῆι. Philodème (p. 18

soin nécessaire, on le verra toujours louer et approuver le bien, blâmer le mal en toute matière et particulièrement en musique ; jamais un tel homme ne se souillera par une action déshonnête ; mais retirant de la musique les plus grands avantages, il sera aussi utile à lui-même qu'à sa patrie : il ne blessera jamais l'harmonie ni dans sa conduite ni dans ses discours, toujours et en tout lieu il respectera l'ordre, la décence et la sagesse.

« Aussi les états les mieux gouvernés ont-ils pris le plus grand soin de conserver à la musique un caractère élevé. Parmi beaucoup d'autres preuves qu'on pourrait en citer, rappelons Terpandre, qui apaisa jadis la sédition née à Lacédémone, et Thalétas le Crétois, qui, appelé, dit-on, sur l'ordre de la Pythie, guérit les Lacédémoniens par la musique et délivra Sparte de la peste qui la ravageait, comme le raconte Pratinas. D'ailleurs, Homère lui-même nous montre les Grecs apaisant, par l'emploi de la musique, la peste qui les dévastait ; il s'exprime ainsi :

Son utilité politique : Terpandre, Thalétas.

« Eux, pendant tout le jour, apaisaient le dieu par leur chant, — entonnant un beau péan, les fils des Achéens ; — ils chantaient Celui qui frappe au loin, et lui, réjouissait son cœur à les entendre. »

---

et 80 Kemke) raconte le même fait (probablement d'après Diogène de Babylone) comme affirmé par πολλοὶ τῶν μουσοληπτων, lui-même le révoque en doute. Voir encore schol. Odyss. III, 267 ; Zénobius, *Prob.*, V, 9 ; Christodore, *Anth. Pal.* II, 113. C'est à tort que Bergk interprète aussi en ce sens le prétendu fr. 268 de Pindare cité par Philodème ; en réalité, Philodème fait ici allusion à l'hyporchème célèbre par lequel Pindare lui-même essaya d'apaiser les séditions de Thèbes ; nous possédons les vers en question (fr. 109) ; le fr. 268 fait donc double emploi.

424. Pratinas, fr. 8 Bergk. — A la même source remonte Philodème, *De musica*, p. 85 Kemke (à travers Diogène de Babylone ?), qui s'exprime en termes presque identiques à ceux de Plutarque. Voir aussi Plutarque, *Cum princip. philos.* 4 (p. 779 A) ; *Lycurg.* 4 ; Paus. I, 14, 4 ; S. Emp. *Adv. math.* II, 21 ; Mart. Capella, p. 348 Eyss. ; Boèce, *De mus.* I, 1. Tandis que notre texte et ceux de Pausanias et de Capella ne parlent que d'une peste, Plutarque dans les deux autres textes parle d'une sédition ; cette seconde version, qui paraît remonter à Éphore (à cause du synchronisme ridicule Lycurgue-Thalétas, Strab. X, 4, 19) ne mérite aucune créance. Le rôle d'Épiménide à Athènes se borna également à un exorcisme.

426. *Iliade*, I, 472 suiv.

(427) Τούτους τους στίχους, ἀγαθὲ διδάσκαλε, κολοφῶνα τῶν περὶ τῆς μουσικῆς λόγων πεποίημαι, ἐπεὶ φθάσας σὺ τὴν μουσικὴν δύναμιν διὰ τούτων προαπέφηνας ἡμῖν· (428) τῶι γὰρ ὄντι, τὸ πρῶτον αὐτῆς καὶ κάλλιστον ἔργον ἡ εἰς τοὺς θεοὺς εὐχάριστός ἐστιν ἀμοιβή, ἑπόμενον δὲ τούτωι καὶ δεύτερον τὸ τῆς ψυχῆς καθάρσιον καὶ ἐμμελὲς καὶ ἐναρμόνιον σύστημα. »

(429) Ταῦτ' εἰπὼν ὁ Σωτήριχος· « ἔχεις, — ἔφη, — τοὺς ἐπικυλικίους περὶ μουσικῆς λόγους, ἀγαθὲ διδάσκαλε. »

c. 48 (430) Ἐθαυμάσθη μὲν οὖν ὁ Σωτήριχος ἐπὶ τοῖς λεχθεῖσι, καὶ γὰρ ἐνέφαινε διὰ τοῦ προσώπου καὶ τῆς φωνῆς τὴν περὶ μουσικὴν σπουδήν. (431) Ὁ δ' ἐμὸς διδάσκαλος· « Μετὰ τῶν ἄλλων — ἔφη — καὶ τοῦτ' ἀποδέχομαι ἑκατέρου ὑμῶν, ὅτι τὴν τάξιν ἑκάτερος τὴν αὑτὸς αὑτοῦ ἐφύλαξεν· (432) ὁ μὲν γὰρ Λυσίας, ὅσα μόνον χειρουργοῦντι κιθαρωιδῶι προσῆκεν εἰδέναι, τούτοις ἡμᾶς εἱστίασεν· (433) ὁ δὲ Σωτήριχος, ὅσα καὶ πρὸς ὠφέλειαν καὶ πρὸς θεωρίαν, ἀλλὰ γὰρ καὶ δύναμιν καὶ χρῆσιν μουσικῆς συντείνει, διδάσκων ἡμᾶς ἐπεδαψιλεύσατο. (434) Ἐκεῖνο δ' οἶμαι ἑκόντας αὐτοὺς ἐμοὶ καταλελοιπέναι· (435) οὐ γὰρ καταγνώσομαι αὐτῶν δειλίαν, ὡς αἰσχυνθέντων κατασπᾶν μουσικὴν εἰς τὰ συσσίτια· (436) εἰ γάρ που καὶ χρησίμη, καὶ *παρὰ *πότον, ὡς ὁ καλὸς Ὅμηρος ἀπέφηνε·

F « μολπὴ — γάρ πού φησιν — ὀρχηστύς τε, τὰ γὰρ τ' ἀναθήματα δαιτός ».

(437) Καί μοι μηδεὶς ὑπολαβέτω, ὅτι πρὸς τέρψιν μόνον χρησίμην ᾠήθη μουσικὴν Ὅμηρος διὰ τούτων, ἀλλὰ γὰρ βαθύτερός ἐστι νοῦς ἐγκεκρυμμένος τοῖς ἔπεσιν· (438) εἰς γὰρ ὠφέλειαν καὶ

N. C. — 427. τῶν περὶ τῆς μουσικῆς] τῆς om. Par. 4, F2. — 428. ἑπόμενον δὲ τούτῳ] Par. 3 om. δέ. — 429. F2 : ἔφης ἔχει. — ἐπικυλικίους] libri plerique; V ἐπικυχλίους, Wytt. alii ἐγκυκλίους, sed cf. Ath. I, 2A; Diog. La. IV, 42; Poll. VI, 108. — περὶ μουσικῆς om. Par. 3. — 430. F3 : ἐνέφηνε. — 431. ἑκατέρου vid. delendum. — ὑμῶν] V, Barb. : ἡμῶν. — τὴν αὑτὸς αὑτοῦ] τήν om. Par. 3; αὑτός delent Volkm. Westph. — An ἐφυλάξατε? — 436. εἰ γάρ που κα.] καί om. F2. — παρὰ πότον ὡς Libri : παρατετονώς (Par. 3 : παραγεγονώς ; corr. Bryan. — 437. P : χρησίμη.

---

427. Allusion au § 14, supra.   428. Ptolémée Harm. III, 5 ad fin.)

« Ces vers, mon bon maître, j'en ai fait la conclusion de mon discours sur la musique, comme toi-même tu les as cités en commençant pour nous faire sentir la puissance de cet art. Et, en vérité, sa première, sa plus belle fonction, c'est de rendre aux dieux la reconnaissance due à leurs bienfaits; puis, en second lieu, de faire de notre âme comme un ensemble pur, mélodique et harmonieux. »

Ayant ainsi parlé : « Voilà, dit Sotérichos, mon bon maître, mon discours de table sur la musique. »

XX. — Épilogue.

Le discours de Sotérichos fut fort admiré; en effet, son visage, sa voix exprimaient l'ardeur de son zèle pour la musique. Alors mon maître reprenant la parole :

« Entre tant de mérites, dit-il, j'approuve singulièrement en vous que chacun de vous ait gardé son rôle : Lysias nous a payé son écot en exposant seulement tout ce qu'a besoin de connaître un citharède de profession ; Sotérichos nous a servi, en guise de dessert, tout ce qui concerne l'utilité et la théorie de la musique, aussi bien que sa puissance et son emploi. Il y a pourtant encore un sujet qu'ils ont sans doute voulu me réserver : car je ne les soupçonnerai pas d'avoir péché par mauvaise honte en refusant de faire descendre la musique au festin. Si, en effet, il est un endroit où la musique est utile, c'est au milieu des coupes, comme nous l'a indiqué l'excellent Homère quand il dit :

« Le chant et la danse, ce sont là les ornements d'un festin. »

« Que personne n'aille s'imaginer qu'en parlant ainsi Homère ait voulu dire que la musique ne pouvait servir qu'au divertissement : ces vers cachent un sens plus profond. Homère a voulu nous apprendre que la musique était

---

compare pareillement la justice ou état parfait de l'âme à un τέλειον σύστημα. Pour l'expression ἐναρμόνιον

cf. Plut. De defectu orac. 36 : ἐναρμόνιος δὲ καὶ ἡ τοῦ κόσμου σύνταξις.
436. Iliade, I, 152.

βοήθειαν τὴν μεγίστην *τοιούτοις καιροῖς παρέλαβε μουσικήν, λέγω δ' εἰς τὰ δεῖπνα καὶ τὰς συνουσίας τῶν ἀρχαίων · (**439**) συνέβαινε γὰρ εἰσάγεσθαι μουσικήν, ὡς ἱκανὴν ἀντισπᾶν καὶ πραΰνειν τὴν τοῦ οἴνου ὑπόθερμον δύναμιν, καθάπερ πού φησι καὶ ὁ ὑμέτερος Ἀριστόξενος · (**440**) ἐκεῖνος γὰρ ἔλεγεν εἰσάγεσθαι μουσικήν, παρ' ὅσον

p. 1147 ὁ μὲν οἶνος σφάλλειν πέφυκε τῶν ἄδην αὐτῶι χρησαμένων τά τε σώματα καὶ τὰς διανοίας, (**441**) ἡ δὲ μουσικὴ τῆι περὶ *αὐτὴν τάξει τε καὶ συμμετρίαι εἰς τὴν ἐναντίαν κατάστασιν ἄγει τε καὶ πραΰνει. (**442**) Παρὰ τοῦτον οὖν τὸν καιρὸν ὡς βοηθήματι τῆι μουσικῆι τοὺς ἀρχαίους φησὶ κεχρῆσθαι Ὅμηρος.

c. 44 (**443**) Ἀλλὰ δὴ καὶ τὸ μέγιστον *ὑμῖν, ὦ ἑταῖροι, καὶ μάλιστα σεμνοτάτην ἀποφαῖνον μουσικὴν παραλέλειπται. (**444**) Τὴν γὰρ τῶν ὄντων φορὰν καὶ τὴν τῶν ἀστέρων κίνησιν οἱ περὶ Πυθαγόραν καὶ Ἀρχύταν καὶ Πλάτωνα καὶ οἱ λοιποὶ τῶν ἀρχαίων φιλοσόφων οὐκ ἄνευ μουσικῆς γίγνεσθαι καὶ συνεστάναι ἔφασκον · (**445**) πάντα γὰρ καθ' ἁρμονίαν ὑπὸ τοῦ θεοῦ κατεσκευάσθαι φασίν. (**446**) Ἄκαιρον δ' ἂν εἴη νῦν ἐπεκτείνειν τοὺς περὶ τούτου λόγους · (**447**) ἀνώτατον δὲ καὶ μουσικώτατον τὸ παντὶ τὸ προσῆκον μέτρον ἐπιτιθέναι. »

(**448**) Ταῦτ' εἰπὼν ἐπαιώνισε, καὶ σπείσας τῶι Κρόνωι καὶ τοῖς τούτου παισὶ θεοῖς πᾶσι καὶ Μούσαις ἀπέλυσε τοὺς ἑστιωμένους.

N. C. — **438.** τοιούτοις] V, AE, Barb. : αὐτοῖς; Par. 3, 4, 5 : ἐν τοῖς; R3 : τὰ τοῖς; Volkm., etc. : τοῖς; Bernard. : « scrib. vid. αὐτοῖς χοροῖς » (? . Correximus. — παρέλαβε] Libri. Bern. παρέβαλε, in notis « παρέλαβε? » (sic). — **439.** καθάπερ] Par. 3 : καθά. — ὑμέτερος] Par. 5, F2, 3. Ceteri ἡμέτερος (sed in V corr. in ὑμέτερος ut videtur). — **440.** P : αὐτοῦ. — **441.** αὐτήν] Libri : αὐτήν; corr. Westph. — P : συμμετρίαν. — **443.** ὑμῖν] Libri plerique ὑμῶν; nonnulli sec. Westph. : ἡμῖν. Corr. Wytt. — **446.** ἐπεκτείνειν] V, Par. 3, 4, 5. — AE Barb. Rl : ἀπεκτείνειν; F3 ἀποκτείνειν; Herwerden : ἀποτείνειν. — τούτου] Par. 3 : τούτων. — **447.** Amyot ut vid.) ἁγιώτατον. — τὸ παντί] Par. 3 : τῷ παντί. — παντὶ τὸ] τό om. V. — **448.** παισὶ θεοῖς] Plerique. παισὶ σὺν θεοῖς R3, edd. — P3 om. παισί. V om. τοῖς. — ἑστιωμένους Par. 5 : αἰτιωμένους.

439-442 = Aristoxène, fr. 91 Didot. Aristoxène avait sans doute traité ce sujet dans ses Propos de table ou Σύμμικτα συμποτικά cités ailleurs par Athénée (XIV, p. 632 A). On reconnaît un fragment du même

d'un secours et d'une utilité singulière en de pareilles occasions, je veux dire dans les repas et les frairies des anciens. On y introduisait la musique, ainsi que le dit quelque part votre Aristoxène, comme capable de contrebalancer et d'adoucir la puissance échauffante du vin. Il assure qu'elle y fut introduite parce que le vin fait chanceler les corps et les intelligences de ceux qui en usent trop librement ; la musique, par l'ordre et la symétrie qui résident en elle, les ramène, dit-il, à une disposition contraire et les adoucit. En pareille occasion, selon Homère, c'est donc comme un secours que les Anciens invoquaient la musique.

« Vous avez encore laissé de côté un point de vue, camarades, le plus élevé de tous et qui manifeste le mieux la dignité de la musique. C'est que le cours de l'univers, le mouvement des astres, si l'on en croit Pythagore, Archytas, Platon et les autres anciens philosophes, ne s'accomplissent et ne se développent point sans musique : car tout, disent-ils, a été organisé par Dieu selon l'harmonie. Mais il serait hors de saison de nous étendre maintenant là-dessus : la vertu suprême et musicale par excellence, c'est d'apporter en tout une juste mesure. »

La musique des sphères célestes.

Après avoir ainsi parlé il chanta le péan ; puis, ayant offert une libation à Saturne et à tous les dieux qu'il engendra ainsi qu'aux Muses, il congédia ses convives.

Conclusion.

---

développement dans Athénée XIV, p. 627 E : ὅθεν ἔοικεν καὶ Ὅμηρος διατηρῶν τὴν ἀρχαίαν τῶν Ἑλλήνων κατάστασιν λέγειν « φόρμιγγός θ' ἣν δαιτὶ θεοὶ ποίησαν ἑταίρην » Od. VIII, 99) ὡς καὶ τοῖς εὐωχουμένοις χρησίμης οὔσης τῆς τέχνης. Ἦν δ' ὡς ἔοικε τοῦτο νενομισμένον, πρῶτον μὲν ὅπως ἕκαστος τῶν εἰς μέθην καὶ πλήρωσιν ὡρμημένων ἰατρὸν λαμβάνηι τῆς ὕβρεως καὶ τῆς ἀκοσμίας τὴν μουσικήν, εἶθ' ὅτ. τὴν αὐθάδειαν πραΰνει, etc. Des idées analogues sur l'influence adoucissante de la musique sont développées par Dion Chrysostome, XXXII, p. 681 R ; et Plutarque, *De superst.* c. 5 (p. 167). Plus spirituellement, la nourrice de Médée énonce le paradoxe que la musique est inutile dans les festins, où les hommes sont déjà assez portés à la gaieté ; ce qu'il faudrait trouver c'est un genre de chants propre à consoler les mortels dans l'affliction (*Médée*, v. 190 suiv.).

444. Allusion à la fameuse théorie de l'« harmonie des sphères ». Il ne paraît pas bien certain que cette théorie remonte à Pythagore ni même à ses premiers disciples : on n'en trouve aucune trace chez Philolaos ; M. Tannery en attribue la paternité à Archytas auquel l'emprunta Platon (*Recherches sur l'histoire de l'astronomie ancienne*, p. 527).

ADDENDA ET CORRIGENDA

Nous donnons ici, outre quelques *errata* et *omissa*, les résultats de la collation des manuscrits F2, F3, R1, R3 faite par Th. Reinach en octobre 1899, et dont les leçons n'ont pu être incorporées dans nos notes critiques qu'à partir du § 325.

P. XXIII, note 1. Effacer le nom de MM. Croiset. M. Maurice Croiset (*Hist. de la litt. grecque*, V, 522) se prononce contre l'authenticité du dialogue. — P. XXXVII, l. 5 du bas. Au lieu de « retrouve », lire « trouve ». — P. LIV, l. 7. Écrire : $\frac{2}{1} = \frac{3}{2} \times \frac{4}{3}$. — P. LVI, dern. l. du texte. Accentuer δίεσις. — P. LXIII, l. 10. Accentuer τῶι.

§ 3. ποιοῦντα] F2, ut videtur, ποιοῦνται. — § 5. ὅσωι] F3 ὅσον (et tamen τοσούτῳ). — § 6. NE. Accentuer (deux fois) Κρόνια. — § 12. Etiam R1 ἐπιστήμῃ. — P. 7, l. 11. Lire « en quel nombre ». — § 17. εἶπεν] F2 εἶπ et vacuum (rasura ?). — § 20. F3 : συντεταχόντων. — § 25. NC. Voss : τῶν περὶ μουσικῆς. — § 30, l. 3. Écrire περί. — § 35. Barb. : καὶ ἀρχαίων. — § 36. κατὰ νόμον] F3 R1 V2 κατὰ νόμων. — Après nouvel examen nous croyons que ἔφη doit se traduire « dit encore *Héraclide* »; modifier en conséquence la traduction et les NE. 36 et 37. — § 37. λέγει] F3 R3 λέγειν. — § 38. ὅτι δ' οἱ κιθαρ.] F3 ὅτι δὲ κιθ. — § 41. In N. C. pro N1 lege R4. — § 44. F3 : Τερπάνδριόν τε. — § 50. αὐλητικῶν] Bergk : αὐλητικῶν νόμων. Voss (*De Heraclidis Pontici vita et scriptis*) : αὐλωιδιῶν (perperam). — P. 21, l. 2 (texte) du bas. Supprimer les guillemets. — § 54. Voss : γεγονέναι δὲ καὶ Πολύμνηστον ⟨πρὸ Κλονᾶ νόμων αὐλωιδιῶν⟩ ποιητήν. — § 55. Barb. : ἀναγραφότες. — § 59. R1 F3, 5, V2 : μεμελωποιημένα. NE. 4ᵉ ligne du bas. Lisez : « entendez. » — § 62. τόνων] F3 τόπων. — § 68. Arnim ap. Vossium : παραβῆναι ⟨τὸ⟩

καθ' ἕκαστον νενομισμένον εἶδος, quod videtur rectius. — Post § 69 Westph. lacunam suspicatur. — § 70. NE. Lire (l. 4) : « Nous ne croyons pas ». — § 72. F2 Καρνίᾳ (non Καρνία ut Stud.) F2 N1 R3 Καρνία. — § 75. Barb. habet νόμους in textu, μόνους in mg. — § 80. Meziriac : Ὀλ. <τοῦ μαθητοῦ> τοῦ M. Voss : τοῦ Μαρσύου <μαθητοῦ>. — § 84. καὶ ἔτι] F3 καὶ ὅτι. — Ἀρχίλοχον jam Meziriac (II, 322). Lectionem F2 ὅ τινες recte tradidit Marq. — § 86. In N. C. lege : R1 V2 Μίμνεσμον. — § 90. F3 : Ξενόκροτος... κοπολύμνηστος. — § 91. F3 τὰς περὶ Γυμνοπαιδίας. In NC. pro N1 repone R4. — ἐν Ἄργει] ἐν om. Barb. — § 92. F2 οἱ μὲν. — § 94. τοῦ om. Volkm. — § 98. F3 μεμιμεῖσθαι... φησι τοῦ Α. In NC bis pro N1 lege R4. — § 100. Etiam Barb. ἐξειργάσασθαι. — § 101. F2, F3, R4 (non N1) : Ξενοκράτους. — § 103. F2, R4 (non N1) Ξενοκράτου, F3 Ξενοκράτους. — § 105. F3 : διάστονα. — § 107. τὴν διάτονον] F3 τὴν διὰ τόν. — § 109. ἀλλ' οὐδὲ tuetur etiam Laloy. — § 111. R3 συντονότερον. — § 113. ἐν τῇ τοῦ] τοῦ om. F3. — § 115. τὸ γὰρ] Ruelle, qui traditum ordinem servat, τὸ δὲ. — ἀσύνθετον] R3 σύνθετον. — § 116. Barb. : ὕστερον τὸ δὲ. — ἕν τε τοῖς Α.] R3 ἐν ται τοῖς Α. — P. 49. NE. dernière l. Lire : « nous le montrerons ». De même, p. 50, NE., l. 3. : « Nous ne voulons pas ». — § 123. καί habet jam F2. — § 124. NC. Lege : κατ' αὐτήν. F3 φιλόξενοι.. διώκοντες. — Legendum φιλάνθρωπον <τρόπον> κτλ. — § 126. πρώτων Volkm. — § 134. Etiam R3 μόνη (sine οὐ). — § 136. τῆς μους.] R1 F3 τῆς τῆς μους. — § 138. NE. col. II, l. 10 du bas. Lire : « avons-nous cru. » Plus loin accentuer Ἐπιφάνειαι. — § 139. ὥστε om. R3. — § 141. F3 τὸν παλαιόν. In NC leg. R4 non N1) φέρεσθαι. — § 142. αὐτὸν F3 αὐτοί. — § 143. In NC sic lege : F2 Ἀπόλλω, plerique Ἀπόλλωνα. — § 147. In NC. lege R4 (non N1) Πλάτων καὶ. — § 156. ἀπὸ παραμέσης] ἀπὸ om. F3. — § 157. NE., l. 10 du bas, lire ἁρμονίαι. — § 160. NE., 2ᵉ col., l. 7. Lire « dans ». — § 162. NE., 1ʳᵉ col., l. 4 du bas. Lire « nous croirions ». — § 165. καὶ ἔτι προσ.] F2 R3 : καὶ ὅτι. — NE., 2ᵉ col., l. 12 : « nous n'en connaissons. » — § 169. Accentuer πολυχορδίαν. — Barb : αὐτῆς. — § 171. NC. Pro N1 lege R4. — § 172. Etiam F3 γενομένη. NE., col. 2, l. 11. Au lieu de « n'aurait aucun sens », lire « serait bien difficile. » — § 174. ὅτι τὸ τοῦ] τὸ om. F3. — § 176. R2 διαφώνω (sic). — § 181. Barb : ἐκείνων. — § 183. Barb : περὶ ὑπατῶν. — § 186. οἷόν τι] F2 οἷόν τε. — § 189. κατὰ τὴν] F3 καὶ κατὰ τὴν. — κατὰ γὰρ αὐτὴν τὴν] AF3 R4 (non N1) κατὰ γὰρ τὴν αὐτὴν τήν. R1 κατὰ γ. τὴν αὐτ. τῶν. — γενῶν] F3 γηγενῶν (lepidum). — § 195. Τυρταίου] F3 τοῦ Τυρτ. — ἴσμεν] F3 οἶμαι. — ὄντων] F3 πάντων. — § 196. εἴασεν] F3 ἐποίησεν. — Depuis que nous avons remarqué le texte de la *Comparatio* (II, 1040 Did.) reproduit p. LXI, nous retirons l'explication proposée dans la note et nous nous rallions à l'opinion de Jan (sauf en ce qui concerne la scholie pindarique). Les textes de Plutarque, d'Aristoxène, du Pseudo-Aristote se rapportent bien à la syringe adaptée à l'aulos, et qui portait aussi le nom de πάντρητον. — § 197. εἴ τις τῶι] R3 ε. τ. τό. — τί φθανοι etiam R3, quod forsan tenendum est. — § 199. F3 : Τιμοθέου... κατύμματα. — § 201. R3 ποικιλοτέρᾳ ; F3 (?) ποικιλωτέρῳ. — § 202. καὶ τά] R3 καὶ τῇ. — F3 R1 R3 κρουσματικάς. — § 206. Πλάτων οὔτ' ἀγνοίαι οὔτ' ἀπειρίαι] R1 prima manus Π. οὔτ' ἀπειρία ; corr. nigriore atramento ἀγνοία inseruit, alterum οὔτ' neglexit. F3 primum statum libri R1 secutus: Π. οὔτ' ἀπειρία. — § 207. Forsan emendandum τὴν περί τε τὰ μαθήματα κτλ. — § 215 Etiam F3 R1 καὶ τῶν δώδεκα. — μέσων τὸν τῶν] F3 μέσον τῶν τόν. — § 217. ὁ τῶν] ὁ om. F3. — § 218. τὸ τῶν δώδεκα] τὸ om. F3 Barb. — ἐπίτριτον] sic jam F3 (sed ἡμιόλια !). — § 220. F3 διεζευγμένου. — § 221. ὑπάτης] habet jam F2. — F3 ut vid.) περιπάτης. — R1 διεζευγμένου. — Totam § 221 omiserat R1, addidit in margine 2ᵃ manus. — § 224. τὰ μὲν ἐννέα τῶν ἕξ] inseruit R1 : τὰ δὲ δώδεκα τῶν ἕξ. — § 228. F3 τρετραμερής. — § 234. F3 R1 πρὸς καθ' ἡμιόλιον. — § 237. συμβαίνει] F3 σημαίνει (scil. Aristoteles?). — § 242. An scrib. Τοιαύτη δ' ἡ ὑπερ.? — § 251 suiv. Nous aurions dû rapprocher Platon, *Phaedo*, p. 92 et Plut. *De anim. procr.* 3 : καθ' ἁρμονίαν συνέστηκεν (ἡ ψυχή). — § 256. καιρόν om. R1 F3. — § 257. μαχεσόμενοι] R3 μαχόμενοι. — § 258. πολεμικοὺς om. R3. — § 259. καὶ om. Volkm. — § 262. R1 F3 τοῦ Ἱέρακος. — § 263. καὶ εἰ] R3 καὶ οἱ. — § 266. NE. Dans *De Is. et Osir.* 60, Plutarque dérive au contraire θεός de θεατής et de θέω. — § 267. Etiam F2 διαφθορᾶς. — § 272. R3 ὀρθιοσήμαντον. — § 276. εἰς om. F3 (apposito signo mendae), R1 in marg. add. — § 278. R1 F3 ἀπεδέδοται. NE, début. Lire : « nous ne connaissons. » — § 284. R1 F3 : εἰς διθύραμβον χρῆσιν ; R3 εἰς διθ. χρήσασθαι. — § 287. R1 F3 ἕλκυσιν. — § 289. τόν τε] R3 τῶν τε. — § 290. NE. Lire : « il nous paraît. » — § 294. Videtur Amyot legisse μετάθεσιν μὴ προϋπ. — § 297. NE., 2ᵉ col., l. 2. Lire : « Nous croyons. » — § 299. NE (p. 117), l. 3 du bas. Effacer les mots : « ἕως εἰς est un latinisme. » — § 304, v. 6. ἦν]

F3 ?) οὖν. — § 305, v. 9. R3 ποιως τροφαῖς. τροφαῖς pro στροφ. etiam R1 F3. — § 306. R3 οὗτος. — § 307. v. 15 : R1 F3 διέφθειρεν. v. 16 : F2 R3 πενταχόρδοις. — § 311. Amyot (ut vid.) μύρια. — § 313. v. 23 : R3 παρελήλυθεν. — ἐκτραπέλους] Jacobs ἀτραπιτούς. — v. 24 : R3 τε καὶ ἀνοσίους. — v. 25 : τε om. F2. — F3 ὅλη. — v. 26 : F3 κατεστόμωσε. — v. 28 : R3 F3 κἂν ἔλυσε. — § 317. φησί] F3 φασί. — § 322. Rétablir en marge « c. 32. » — § 323. In NC. verba « post... correximus » delenda. — P. 141, l. 4. Lire « fins en elles-mêmes. » — § 366. An εἰπεῖν delendum? — § 381. NE., 2ᵉ col., l. 13. Lire « se décidait ». — § 387. A la réflexion, il semble que τῶν ἄλλων, au sens de « les autres qualités », puisse se défendre. — NE 394-407, col. 2, l. 9. Lire « ἐξορίζουσι. » — § 405, NE; col. 2, l. 1. Écrire « un nombre impair de quarts de ton ». — § 436. Accentuer τὰ γάρ τ'.

INDEX

DES NOMS PROPRES ET DES TERMES MUSICAUX

N.-B. Les numéros indiquent les paragraphes (nouveaux).
[4] mot à corriger ou à retrancher <25> mot inséré par conjecture.

Ἀγαμέμνων 34. 409. 414.
ἀγωγή, allure, *tempo*, mouvement (?) 293.
ἀγὼν μουσικός 59.
ἀείδω 410. 426.
Ἀθηνᾶ 143. 166. 375. 378.
Ἀθηναῖος 156. 157. 162.
ᾄδω 31. 36. 38. 59. 62. 283. 412. τὸ ἀδόμενον 355.
Αἰόλιος (νόμος), nome citharodique, 44. τὸ Αἰόλιον, mode éolien <163>.
ᾆσμα 94.
Αἰσχύλος 190.
ἀκίνητος φθόγγος, son fixe, 407.
Ἀκραγαντῖνος 162.
Ἀλέξανδρος (Πολυίστωρ) 22.
Ἀλκαῖος 135.
Ἀλκμάν 56. 142. 163.
Ἀλκμανικός 123.
ἄλογον διάστημα, intervalle irrationnel (non divisible en quarts de ton), <405>, 406. 407.
Ἀμφίων 25.
ἀναπεῖρα, section initiale d'un nome, 378.
Ἀνδρέας ὁ Κορίνθιος 195.
Ἀνθηδών 28.
Ἄνθης 28.
ἀνίημι 407.
Ἀντιγενίδειος (τρόπος) 198.
Ἀντικλ<ειδ>ης 138.
Ἀντισσαῖος [299].
ἀπόδειξις 91.
Ἀπόθετος (νόμος), nome aulodique, 41. 55.
Ἀπόλλων 30. 76. 133. 134. 143.
Ἀργεῖος 58. 90. 260. 389.
Ἄργος 26. 91.
Ἄρδαλος 53.
Ἄρης 166. Ἄρεως νόμος, nome aulétique, 289.

Ἀριστόξενος 104. 150. 154. 161. 316. 439.
Ἀριστοτέλης 226. 238. 245.
Ἀριστοφάνης 314.
Ἀρκαδία 91.
Ἀρκάς 51.
Ἀρμάτειος (νόμος), nome aulétique, 81. 83. 84.
ἁρμονία, harmonie en général, 251. 252. 253. 445. Science de l'harmonie, 206. ἁρμ. ἀναλογική, harmonie mathématique, 392. ἁρμ. ψυχική, 212. Échelle d'octave, 227. 237. 245. 333. Mode 66. 147. 151. 152. 160. 168. 195. 307. Genre enharmonique 109. 188. 288. < 331 >. Section du nome aulétique d'Athéna, 378.
ἁρμονική, la science harmonique, 158. < 325 >. 364. 387.
ἁρμονικός, harmonicien, 20. 88. 336. ἁρμ. νόμος, nome enharmonique, 77. ἁρμ. λόγος, proportion harmonique, 232. ἁρμονικὴ μεσότης, 210. 228. ἁρμ. ὑπεροχή, 242. ἁρμ. ἐμπειρία, science harmonique, 209. ἁρμ. πραγματεία, 334. 352. 367. 370. 381.
ἁρμονικῶς 212.
Ἄρτεμις 30.
ἄρτιον διάστημα, intervalle pair, composé d'un nombre pair de quarts de ton, 402.
Ἀρχίλοχος 47. <84>. 98. 99. 275. 283.
Ἀρχύτας 444.

Ἀσία 71.
Ἀσιάς 71.
ἀσύνθετος 113. 115. [347].
Ἀττικός 305.
αὐλέω = αὐλῶ 24. 86. 115. 142. 143. 150. 257. 318. τὸ αὐλούμενον, 355.
αὔλησις 77. 100. 355.
αὐλητής 60. 76. 85. 140. 158. 296. 359.
αὐλητική, l'art de jouer la flûte, 48. 134. 295.
αὐλητικὸς νόμος, nome pour la flûte seule, 75. 76. 87. αὐλητικόν, air de flûte, 50. αὐλητικὴ τέχνη, 82. αὐλ. ἑρμηνεία, 360.
αὐλοποιός 196.
αὐλός 134. 135. 137. 141. 196. 257. 260. 293. 359.
αὐλωιδικὸς νόμος, nome pour flûte de chant, 39. 41. 43. 51. 75. αὐλωιδικὴ μοῦσα 53.
αὐλωιδός 59.
Ἀφροδίτη 33.
Ἀχαιός 14. 426.
Ἀχιλλεύς 409. 412. 414. 418.

βακχεῖος, choriambe ?), 291.
Βακχυλίδης 163.
Βοιωτία 28.
Βοιώτιος (νόμος, nome citharodique, 44.
Βοιωτός 51.

γένος, genre harmonique, 104. 187. 189. 191. 288. 331. 364. 369. 374. [376]. 377. 394.

395; genre rythmique, 119: style musical, 320.

Γλαῦκος ὁ ἐξ Ἰταλίας, 47. 83. 98. 103.

Γορτύνιος 90.

γυμνοπαιδίαι 91.

Δάκτυλοι 23.

δάκτυλος, dactyle, 84.

Δάμων 157.

Δαναός 261.

Δελφοί 30. 140.

Δελφός 30. 57.

Δηλιακός 138. τὰ Δηλιακά (d'Anticleidès, <138>.

Δῆλος 136. 141.

Δημόδοκος 33.

διάζευξις, ton disjonctif entre deux tétracordes, 156.

διαίρεσις, subdivision du tétracorde, 110. 402. 405.

διάλεκτος, phrasé, 359. δ. κρουματική, dessin instrumental, 202.

διὰ πασῶν, octave, 213. 214. 219. [221]. 233. 236. 332. 393.

διὰ πέντε, quinte juste, 219. 236.

διάστημα, intervalle, 208. 212-214. 219. 235. 364. 394. 397. 400. 402. 405-407.

διὰ τεσσάρων, quarte juste, 219. 221. 236.

διάτονος, diatonique, 105. τὸ διάτονον γένος, genre diatonique, 107. 109. 111. <331>. 332. διάτονον σύντονον, 403. διάτονος παρυπάτη 107. δ. λιχανός, 107.

διαφωνέω, -ῶ employer en dissonance, 179.

διαφώνως 176.

διερριμμένος (φθόγγος) 294.

δίεσις, quart de ton, 112. 395. 398. 401.

διθυραμβικός 38. 293.

διθύραμβος 102. 284. <296>. 305.

δικαιοσύνη 301.

Διονύσιος ὁ Θηβαῖος 317.

Διονύσιος ὁ Ἴαμβος 152.

δίτονον, tierce majeure, 113.

Δράκων 162.

δύναμις 113. 331.

Δώριος. en mode dorien, 165. 183. 381. δ. τόνος, mode dorien, 62. 185. 366. δ. τόνος, ton dorien, 108. δ. τρόπος, ton dorien, 165. δ. νήτη, 270.

Δωριστί, mode dorien, 62. (ἡ) 155. 160. 164. (τὸ) 380.

Δωριώνειος, 198. Δ. τρόπος, 198.

εἶδος, genre rythmique, 84. 119; style musical, 267.

ἔκβασις, final, 366.

ἐκβολή, intervalle de cinq quarts de ton, 287.

ἐκλελυμένος 160.

ἔκλυσις, intervalle de trois quarts de ton, 287.

ἐκμελής 111, 113.

ἐλεγεῖον 39. 58. 59. 92. 280.

Ἔλεγος (νόμος), nome aulodique, 41.

Ἑλλάς 77.

Ἕλλην 22. 77. 255. 264. 423.

Ἑλληνικός 117. 288.

ἐμμελής 31.
ἐναρμόνιος, 104. 110. 114. 115. 332. 369. 374. [376]. 377. 394-395. 428.
Ἐνδυμάτια 91.
ἔντασις, combinaison rythmique, 275. 281.
ἐξαρμόνιος 305. 313.
ἐπανειμένη (λυδιστί), mode lydien relâché, 157.
ἔπος, hexamètre dactylique, 35. 36. 38-39. 45. 49.
ἐπικήδειον 150.
Ἐπικήδειος (νόμος), nome aulodique, <41>.
Ἐπιφανεῖαι, ouvrage d'Istros, 138.
ἑπτάφθογγος [299].
ἐπῳδόν 278.
ἑρμηνεία, interprétation musicale, 195. 339. 355 - 356. <357>. 360-361.
ἑρμηνεύω 361.
Ἑρμιονεύς 293.
ἐρωτικόν 165.
ἑστὼς φθόγγος, son fixe, 406.
Εὔβοια 27.

Ζεύς 25. 161. Ζ. Σθένιος 261.
ζυγόν, traverse de la lyre, 410.

ἡγεμών, la mèse, 112.
Ἡετίων 410.
ἦθος, caractère moral d'une composition, 108. 174. 180. 185. 361. <362>. 369. 373. 375. 377-378. 380. 386-387.
ἡμιτόνιον 115-116. 397.
Ἡρακλείδης (ὁ Ποντικός) 25.

Ἡρακλῆς 139. 418.
ἡρμοσμένον (τό), la matière mélodique, 331. 341. 351. 364.
ἥρωιον, hexamètre dactylique, 279. ἥ. ηὐξημένον 282
Ἥφαιστος 33.

Θαλήτας 84. 90. 92. 97. 100. 103. 122. 424.
Θάμυρις 31.
θεατρικός <124>. 264. 267.
θέατρον 146. 265-266.
Θηβαῖος 51. 317.
Θρᾷξ 31.
Θράσυλλος ὁ Φλιάσιος 195.
θρῆνος 27. 148.
θρηνώδης 149.
θρηνῳδικός 160.

ἰαμβεῖον, trimètre iambique, 281. 283.
Ἰάς, mode ionien, 157. 163.
Ἰδαῖοι Δάκτυλοι 23.
Ἱέραξ 262.
Ἰθακήσιος 34.
Ἴλιον 33.
Ἱμεραῖος 84.
Ἱππῶναξ 74. 86.
Ἱστορικὰ τῆς ἁρμονικῆς 158.
Ἴστρος 138.
Ἰταλία 47. 101.

καμπή, modulation, 305. 313.
Κάρνεια 72.
Καστόρειον μέλος 257.
κατάστασις, institution (musicale), 89.
κάττυμα, pot-pourri (?), 199.

κεχλασμένος 204.
Κερκυραῖος 33.
Κηπίων, compositeur, 70. Nome citharodique, 44.
κιθάρα, cithare, 70. 134. 141. Musique de cithare, 187.
κιθαριζόμενον (τὸ) 355.
κιθαριστική, l'art de jouer la cithare, 134.
κιθαρωιδία, musique pour cithare et voix, 25. 65. 73. Composition citharodique, 66.
κιθαρωιδικός 25. 36. 43-46. 57. 75.
κιθαρωιδός 71-72. 199. 432.
κινεῖσθαι πεφυκότες φθόγγοι, sons mobiles, 407.
Κινησίας 305.
Κλονᾶς 39. 51-53. 55. 64.
Κολοφώνιος 40. 54. 90.
Κορίνθιος 195.
Κόριννα 143.
Κραδίης, nome aulétique, 86.
Κράτης 78.
Κρέξος 124. 284.
Κρής 97. 258. 424.
Κρητικὸς ῥυθμός, rythme crétique, 99. τὸ κρητικόν, le ditrochée, 278. 282.
κριτικός 350. 353. 387. ἡ κριτικὴ πραγματεία 349. τὸ κριτικόν 379.
Κρόνια 6.
Κρόνος 448.
χροῦμα 22. 317.
χρουματικός 202.
χροῦσις 172. 179. 182. 277. 283. 285. 352.
χρούω 285.
Κυθήριος 90.

κύκλιος (χόρος) 314.
Κωράρχιος (νόμος), nome aulodique, 41.
κωμικός 300. 314.
κωμωιδοποιός 315.

Λακεδαιμόνιος 257. 329. 423-424.
Λακεδαίμων 72. 91.
Λαμπροκλῆς 156.
Λάμπρος 317.
Λᾶσος 293.
λεγόμενον (τὸ), le texte poétique, 341. <351>.
λελυμένος 35.
λέξις 25 (λελυμένη), 38 (διθυραμβική) 195. 352.
Λέσβιος 71-73.
Λητώ 30.
Λίνος 27.
λιχανός, troisième note de l'octave, 107. 179. 406.
Λοκροί 101.
Λοκρός 90.
Λύδιος τόνος, mode lydien, 62. Λ. ἁρμονία, mode lydien, 148. 151. τὰ Λύδια, airs en mode lydien, 116.
Λυδιστί, mode lydien, 62. 150. ἡ ἐπανειμένη λυδιστί, mode lydien relâché, 157.
λύρα 137. 258. 299.
λυρικός 317.
Λυσίας 7. 17. 129. 131. 432.

μαλάττω, détendre (abaisser) une corde, 406.
Μαντινεύς 195. 329.
Μαρσύας 24. 77. 80-82. 134.

Μάσσης 82.
Μεγαρικός 196.
μέγεθος, intervalle harmonique, 397-398.
Μέγυλλος <162>.
Μελανιππίδης 159. [296]. 298. 303.
Μέλης 54.
μελοποιέω-ῶ 58-59.
μελοποιία 88. 99. 119. 163. 195. 370. 376. 381.
μελοποιός 35. 298.
μέλος, air de musique, 30. 56. 58. 142. 204. 257. 274. 292. 314. 320. 369. 387. 415. Mélodie, 35-36. 49. 98. 107. 174. <230>. Spécialement opposé à κροῦσις ou κροῦμα, 177. 180. 182. 270. 317. Mode, 159.
μέλπω 14. 426.
μελωιδέω-ῶ 165.
μελώιδημα 395.
μελωιδία 271.
Μέροπες 139.
μέση, la mèse 4ᵉ note de l'octocorde, 107. 176. 219-221. 234. 239. 241. [244]. 249. μέσαι, le tétracorde inférieur de l'octocorde, 115.
μεσότης 208. 210. 212. 227-228. 232. 237.
μεταβάλλω 377.
μεταβολή, modulation, 63. 195. 364.
μεταφέρω, moduler, 66.
μετρική <339>.
μέτρον 35.
Μητρῶια 182. 290.
Μιλήσιος 311.

Μίμνερμος 86.
Μιξολύδιος ἁρμονία, mode mixolydien, 153. M. τόνος, mode mixolydien, 273. 366.
Μιξολυδιστί 154. 157.
μολπή 426. 436.
Μοῦσα 29. 31. 448. μοῦσα αὐλωιδική 53. μ. θεατρική 264. 267. μ. νομική 288.
μουσική 6. 12. 15. 19. 25. 38. 89. 117. 120. 125-128. 131. 133. 136. 144. 147. 207. 213. 235. 255-256. 265. 267. 294-295. 298. 315. 317. 319. 322. 324. 325. 326. 330. 335. 339. 349-350. 379. 388-390. 408-409. 411. 417-418. 420-422. 424-425. 427. 429-430. 433. 435. 437-444. Μουσική personnifiée 300. Περὶ Μουσικῆς d'Aristoxène, 150. Τὰ Μουσικά d'Aristoxène, 161.
μουσικός, adjectif, 15 ἐπιστήμη). 59 ἀγών. 162 (ἐπιστήμη). 212 λόγος. 427 (δύναμις). 447.
μουσικός, substantif, 26. 33. 47. 104. 350.
μυρμηκιαί 313.
Μυσός 85. Μυσοί, dithyrambe de Philoclès, 366.

νέατος (φθόγγος, 233. νεάτη, la nète, 8ᵉ note de l'octocorde, 239. 243-244. 249.
νήτη διεζευγμένων, 215. 220-221.
νίγλαρος 313.
Νιόβη 151.
νομικός 288.

νόμος, solo de chant, 67-68. νόμος κιθαρωιδικός ou τῆς κιθαρωιδίας, 36-38. 43-44. 57. 75. νόμος αὐλωιδικός 39. 41. 43. 51. 54-55. 63-64. 75. νόμος αὐλητικός 75-76. 78-81. 83-88. νόμος ἁρμονικός 77. νόμος "Αρεως 289. νόμος 'Αθηνᾶς 375. 378.

Ξενόδαμος 90. 92-94.
Ξενόκριτος 90. 92. 101. 103.

οἰκειότης, convenance, appropriation de la forme musicale à l'idée, 357. 368-369. 372. 380. 383.
οἶκτος τραγικός 165.
ὀλιγοχορδία 125. 169.
"Ολυμπος 22. 24. 76. 78. 80-81. 83-84. 100. 104. 107. 117. 134. 150. 169-171. 181. 288. 291. 374. [376]. "Ο. ὁ νεώτερος 79-80.
"Ομηρος 14. 36. 49. 69. 408. 411. 413. 415. 423. 436-437. 442.
ὁμογενὴς (ῥυθμός) 276.
ὁμοιότροπος 170.
'Ονησικράτης 6. 18. 41. 130.
ὀξύς, aigu, 148 (ἁρμονία). τὸ ὀξύ, 156. 'Οξὺς νόμος, nome citharodique, 44.
ὄργανον 136. 350.
"Ορθιος, dressé, tendu, 271 (μελωιδία. τὰ "Ορθια, 92. "Ορθιος νόμος, nome aulétique, 84. 88. Grand iambe, 271-272.
'Ορφεύς 49-50. 84. 99.
'Ορφικός 50.
ὀρχηστύς 436.

Παγκράτης 191.
παιάν 92. 93. 96-97. 101. 165. παιᾶνες de Pindare, 151.
παίχων 14. 426.
παίων, rythme péonique, 99. 383. π. ἐπιβατός, grand péon, 281. 374. 377.
παιωνικὸς 384 (ῥυθμοποιία).
Παναθήναια 59.
παρακαταλογή 277.
παραμέση, 5ᵉ note de l'octocorde, 107. 156. [176]. 219-221. 234. [239]. 241. 243. [244. 249.
παραμιξολυδιάζω 389.
παρανήτη, 7ᵉ note de l'octocorde, 176. 179. 406.
παρανίημι 407.
παρθένειον 165.
παρυπάτη, 2ᵉ note de l'octocorde, 107. 173. < 406 >.
Πελληνεύς 329.
Περίκλειτος 72. 74.
Περίπατος 19.
περιττὸν διάστημα, intervalle composé d'un nombre impair de quarts de ton, 400. 405.
Πηλεύς 412.
Πιερία 29.
Πίερος 29.
Πινδάρειος (τρόπος) 194. 320.
Πίνδαρος 36. 61. 95-96. 151. 165. 274. 317.
Πλάτων 147. 160. 162. 206. 212. 225-226. 444.
Πλατωνικός 19.
ποιέω-ῶ, composer, 27. 32-34. 45. 54-55. 57. 62. 76. 80-81.

108. 165. 262. 301. 320. 339. 369. 380. ποιοῦμαι, même sens, 66.
ποίημα 29. 35. 40. 96. 170. 336. 361. 362.
ποίησις 25. 69. 95. [102]. 296. 305. 339. <356>. 357.
ποιητής 26. 31. 36. 39. 47. 50-51. 53. 56. 58. 64. 83. 92-93. 97. 100-102. 110. 124. 142. 186. 284. 296. 317. 366.
ποιητική 362.
ποικιλία 169. 200-201.
ποίκιλος 171. 201-202. 295. 319.
Πολιτεία de Platon, 147.
Πολύειδος 199.
Πολυκέφαλος νόμος, nome aulétique, 76. 78.
Πολυμνήστεια 42.
Πολυμνήστη, nome aulodique, 54.
Πολύμνηστος, compositeur, 40. 54. 56. 62. 87. 90. 92. 121. 286. Nome aulodique, 54.
πολύτροπος 171.
πολυφωνία 293.
πολυχορδία 169. 195.
πολύχορδος 171.
Πρατίνας 79. 93. 317. 424.
προαίρεσις, école (musicale), 169. 193. 195.
προοίμιον 45. 69.
προσανίημι 406.
προσαυλέω-ῶ, 262-263.
προσοδιακὸς (ῥυθμός) 289. τὸ προσοδιακόν 278. 282.
προσόδιον 39. 165.
πρόσχορδα 285.
Πυθαγόρας 390. 444.

Πύθια 46. 60.
Πυθικὸς ἀγών 196.
Πυθοκλείδης 158.
Πύθων 150.
πυκνόν 115.
Πυρρίας 311.

ῥυθμική <339>. 387.
ῥυθμικός 201 (ποικιλία). ἡ ῥυθμικὴ πραγματεία 352. 384. ἡ ῥ. ἐπιστήμη, 382.
ῥυθμοποιία 119. 122. 201. 275. 376. 384.
ῥυθμός 66. 99. 118-119. [187]. 195. 276. 289. 293. 341. 351. 371-372. 377.

Σακάδας 58. 62. 90. 92. 122.
σάλπιγξ 259.
Σαπφώ 154.
Σθένεια 260.
Σθένιος (Ζεύς) 261.
Σικυών (ἡ ἀναγραφὴ ἡ ἐν Σικυῶνι) 26. 64.
Σιμωνίδειος (τρόπος) 194.
Σιμωνίδης 165.
σκηνικὴ μουσική 319.
σκολιός 274 (μέλος).
Σπάρτη 89. 424.
σπονδειάζων τρόπος, style (ou gamme) des airs de libation, 172.
σπονδειακός (τρόπος) 174. 177.
σπονδειασμός, intervalle ascendant de trois quarts de ton, 111. 113.
σπονδεῖον, air de libation, 110. 166.

ET DES TERMES MUSICAUX 177

στενοχωρία, 169.
Στησιχόρειος 123.
Στησίχορος 35. 84.
στρόβιλος 307.
στροφή 62. 305.
συγγυμνασία 350.
συλλαβή 340-341.
συμφωνέω-ῶ, 231. 234. 250. 359.
συμφωνία 212-213. 233. 397. 400.
συμφώνως 173. 176.
συνημμέναι, le tétracorde conjoint, 178.
σύνθετος 113.- <347> (?).
συνίστημι 39. 53. 57.
σύντονος 403 διάτονον). συντονώτερος σπονδειασμός 111. 113.
σῦριγξ 137. 141. 196.
σύστασις 149.
σύστημα, mode, 108. 331. 333. 364. 370. 377. 407.
συστηματικός 364.
σχῆμα 156.
Σχοινίων (νόμος), nome aulodique, 41. 53.
Σωτήριχος Ἀλεξανδρεύς 7. 127. 129. 429-430. 433.

τάσις 67. 68.
Τεγεάτης 51.
Τελεσίας 317.
Τεμπικός 140.
Τερπάνδρειος (τρόπος) 121. Τ. νόμος, nome citharodique, 44.
Τέρπανδρος 36. 39. 43. 45-46. [49]. 51-52. 57. 65. 69-70. 74. 84. 80. 99. 120. 169-170. 270. 274. [299]. 423.

τετράμετρον, tétramètre trochaïque, 278.
Τετραοίδιος (νόμος), nome citharodique, 44.
τετραχορδικός 402.
τετράχορδον 183. 230. 331. 405.
τέχνη κιθαρωιδική 46.
Τηλεφάνης 196.
Τίμαιος 207.
Τιμόθειος (τρόπος 199.
Τιμόθεος 38. 124. 298. 309-310. 319.
Τίτανες 32.
τονιαῖος 113. 236. 403.
τόνος, mode, 62. 184-185. 273. 286. 366. Ton (trope, 178. 364. 374. 377. Intervalle d'un ton, 112. 397.
Τόρηβος ou Τόρρηβος 152.
τραγικός 284.
τραγωιδία 153. 155, 163. 186-187.
τραγωιδοποιός 154.
Τριμελής (νόμος), nome aulodique, 41. 63-64.
τρίμετρον 275.
τρίτη, 6ᵉ note de l'octocorde, 172. 174. 106. Τρίτη συνημμένων <178>.
τρίχορδος 171.
Τροία 34.
Τροιζήνιος 53.
τρόπος, style musical, 120-121. [124]. 171. 194. 198. 267. 271. 320. 322. 420. Mode, 165. 326 (?). 329 (?). Τρόπος σπονδειάζων 172. τ. σπονδειακός 174. 177.
τροχαῖος, trochée, 377. τ. σημαντός,

grand trochée, 272. Τροχαῖος (νόμος), nome citharodique, 44.

Τυρταῖος ὁ Μαντινεύς 195.

Ὕαγνις 24. 82. 134.
ὑμνέω-ῶ, 13.
ὕμνος 28. 135.
ὑπάτη (μέσων), 1ʳᵉ note de l'octocorde, 214-215. 220-221. 234. 239. 243. [244]. 249. ὁ. ὑπατῶν 156. ὑπάται, le tétracorde des hypates, 183.
ὕπατος (φθόγγος 233.
ὑπερβολαῖος 313.
Ὑπερβόρειοι 141.
ὑποδώριος (τόνος), mode hypodorien, 366.
ὑπόθεσις 102.
ὑπολύδιος τόνος, mode hypolydien, 286.
ὑπόρχημα 93-94. 96.
ὑποφρύγιος (τόνος, mode hypophrygien, 366.

Φερεκράτης 300.
Φήμιος 34.
φθόγγος 294. <299>. 330. 340-341. 346. 364. 406-407.
Φιλάμμων 30. 57.
φιλάνθρωπος τρόπος, style populaire, 124
φιλομελής <203>.

Φιλοξένειος 320.
Φιλόξενος 124. 298. 314. 319.
φιλόρρυθμος 203.
Φλιάσιος 195.
φόρμιγξ 410.
Φρυγία 22. 76.
Φρύγιος τόνος, mode phrygien, 62. 366. Ton phrygien, 374. 377. τὰ Φρύγια 116. 181-182.
Φρυγιστί 62.
Φρῦνις 65. 307.
Φρύνιχος 190.
Φωκίων 1.
φωνή, voix, son, 8. 10-13. 231. Mélodie 370.

χαλαρός 303.
Χάρις 136.
χειρουργικός 128.
χειρουργέω-ῶ 432.
Χείρων 409. 418.
χορδή 303. 307. 389.
χορεῖος 290.
χορός 30. 62. 135. 314.
χρῆσις 408 suiv.
χρόα, nuance d'accord, 333.
χρόνος 340-341. 344.
χρῶμα 109. 188. 190. <195>. 331. 332. 403.
χρωματικός 103. 187. 191. 369.

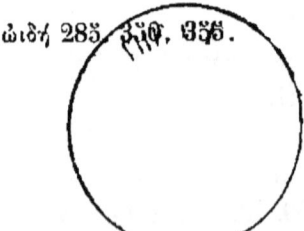

TABLE DES MATIÈRES

	Pages.
INTRODUCTION	I
I. De la composition du *De Musica*	I
II. Des sources du *De Musica*	IV
III. Attribution du dialogue	XXIII
IV. Des manuscrits et de l'état du texte	XXXII
APPENDICE :	
A. Manuscrits	XXXIX
B. Imprimés	XLV
C. *Loci Plutarchi de Musica*	LIII
Signes conventionnels et abréviations	LXXI
PLUTARQUE, DE LA MUSIQUE, texte, traduction et commentaire	1
ADDENDA ET CORRIGENDA	165
Index des noms propres et des termes musicaux	169

La constitution du texte est l'œuvre commune des deux collaborateurs. La traduction, les notes critiques et explicatives, l'introduction, l'appendice et l'index ont été rédigés par Th. Reinach.

Le Puy.   Imprimerie R. MARCHESSOU, boulevard Carnot, 23.

www.ingramcontent.com/pod-product-compliance
Lightning Source LLC
Chambersburg PA
CBHW070649170426
43200CB00010B/2168